ŒUVRES COMPLÈTES

DE

FRÉDÉRIC BASTIAT

LA MÊME ÉDITION

EST PUBLIÉE EN SIX BEAUX VOLUMES IN·8°

Prix des 6 volumes : 30 fr.

CORBEIL, TYP. ET STÉR. DE CRÉTÉ.

OEUVRES COMPLÈTES

DE

FRÉDÉRIC BASTIAT

MISES EN ORDRE

REVUES ET ANNOTÉES D'APRÈS LES MANUSCRITS DE L'AUTEUR

2ᵉ ÉDITION

TOME QUATRIÈME

SOPHISMES ÉCONOMIQUES

PETITS PAMPHLETS

I

PARIS

GUILLAUMIN ET Cⁱᵉ, LIBRAIRES

Editeurs du Journal des Économistes, de la Collection des principaux Économistes,
du Dictionnaire de l'Économie politique,
du Dictionnaire universel du Commerce et de la Navigation, etc.

14, RUE RICHELIEU

1863

PREMIÈRE PARTIE.

SOPHISMES
ÉCONOMIQUES

PREMIÈRE SÉRIE [1].

(6e édition.)

> En économie politique, il y a beaucoup
> à apprendre et peu à faire.
>
> (BENTHAM.)

J'ai cherché, dans ce petit volume, à réfuter quelques-uns des arguments qu'on oppose à l'affranchissement du commerce.

Ce n'est pas un combat que j'engage avec les protectionistes. C'est un principe que j'essaie de faire pénétrer dans l'esprit des hommes sincères qui hésitent parce qu'ils doutent.

Je ne suis pas de ceux qui disent : La protection s'appuie sur des intérêts. — Je crois qu'elle repose sur des erreurs, ou, si l'on veut, sur des *vérités incomplètes*. Trop de personnes redoutent la liberté pour que cette appréhension ne soit pas sincère.

---

[1] Le petit volume, contenant la première série des *Sophismes économiques*, parut à la fin de 1845. Plusieurs des chapitres qu'il contient avaient été publiés par le *Journal des Économistes*, dans les numéros d'avril, juillet et octobre de la même année.

(Note de l'éditeur.)

C'est placer haut mes prétentions, mais je voudrais, je l'avoue, que cet opuscule devînt comme le *manuel* des hommes qui sont appelés à prononcer entre les deux principes. Quand on ne s'est pas familiarisé de longue main avec la doctrine de la liberté, les sophismes de la protection reviennent sans cesse à l'esprit sous une forme ou sous une autre. Pour l'en dégager, il faut à chaque fois un long travail d'analyse, et ce travail, tout le monde n'a pas le temps de le faire; les législateurs moins que personne. C'est pourquoi j'ai essayé de le donner tout fait.

Mais, dira-t-on, les bienfaits de la liberté sont-ils donc si cachés qu'ils ne se montrent qu'aux économistes de profession ?

Oui, nous en convenons, nos adversaires dans la discussion ont sur nous un avantage signalé. Ils peuvent en quelques mots exposer une vérité incomplète ; et, pour montrer qu'elle est *incomplète*, il nous faut de longues et arides dissertations.

Cela tient à la nature des choses. La protection réunit sur un point donné le bien qu'elle fait, et infuse dans la masse le mal qu'elle inflige. L'un est sensible à l'œil extérieur, l'autre ne se laisse apercevoir que par l'œil de l'esprit [1]. — C'est précisément le contraire pour la liberté.

Il en est ainsi de presque toutes les questions économiques.

Dites : Voici une machine qui a mis sur le pavé trente ouvriers ;

Ou bien : Voici un prodigue qui encourage toutes les industries;

---

[1] Cet aperçu a donné lieu plus tard au pamphlet *Ce qu'on voit et ce qu'on ne voit pas*, compris dans le volume suivant.

(*Note de l'éditeur.*)

Ou encore : La conquête d'Alger a doublé le commerce de Marseille ;

Ou enfin : Le budget assure l'existence de cent mille familles ;

Vous serez compris de tous, vos propositions sont claires, simples et vraies en elles-mêmes. Déduisez-en ces principes :

Les machines sont un mal ;

Le luxe, les conquêtes, les lourds impôts sont un bien ;

Et votre théorie aura d'autant plus de succès que vous pourrez l'appuyer de faits irrécusables.

Mais nous, nous ne pouvons nous en tenir à une cause et à son effet prochain. Nous savons que cet effet même devient cause à son tour. Pour juger une mesure, il faut donc que nous la suivions à travers l'enchaînement des résultats, jusqu'à l'effet définitif. Et, puisqu'il faut lâcher le grand mot, nous sommes réduits à *raisonner*.

Mais aussitôt nous voilà assaillis par cette clameur : Vous êtes des théoriciens, des métaphysiciens, des idéologues, des utopistes, des hommes à principes, — et toutes les préventions du public se tournent contre nous.

Que faire donc ? invoquer la patience et la bonne foi du lecteur, et jeter dans nos déductions, si nous en sommes capables, une clarté si vive que le vrai et le faux s'y montrent à nu, afin que la victoire, une fois pour toutes, demeure à la restriction ou à la liberté.

J'ai à faire ici une observation essentielle.

Quelques extraits de ce petit volume ont paru dans le *Journal des Économistes*.

Dans une critique, d'ailleurs très-bienveillante, que M. le vicomte de Romanet a publiée (Voir le *Moniteur industriel* des 15 et 18 mai 1845), il suppose que je demande la *suppression des douanes*. M. de Romanet se trompe. Je demande la suppression du régime protecteur. Nous ne refusons pas

des taxes au gouvernement; mais nous voudrions, si cela
est possible, dissuader les gouvernés de se taxer les uns les
autres. Napoléon a dit : « La douane ne doit pas être un instrument fiscal, mais un moyen de protéger l'industrie. » —
Nous plaidons le contraire, et nous disons : La douane ne
doit pas être aux mains des travailleurs un instrument de
rapine réciproque, mais elle peut être une machine fiscale
aussi bonne qu'une autre. Nous sommes si loin, ou, pour
n'engager que moi dans la lutte, je suis si loin de demander la suppression des douanes, que j'y vois pour l'avenir
l'ancre de salut de nos finances. Je les crois susceptibles de
procurer au Trésor des recettes immenses, et, s'il faut dire
toute ma pensée, à la lenteur que mettent à se répandre
les saines doctrines économiques, à la rapidité avec laquelle
notre budget s'accroît, je compte plus, pour la réforme
commerciale, sur les nécessités du Trésor que sur la force
d'une opinion éclairée.

Mais enfin, me dira-t-on, à quoi concluez-vous?

Je n'ai pas besoin de conclure. Je combats des sophismes,
voilà tout.

Mais, poursuit-on, il ne suffit pas de détruire, il faut édifier. — Je pense que détruire une erreur, c'est édifier la vérité contraire.

Après cela, je n'ai pas de répugnance à dire quel est
mon vœu. Je voudrais que l'opinion fût amenée à sanctionner une loi de douanes conçue à peu près en ces
termes :

Les objets de première nécessité paieront un droit *ad va-*
lorem de. . . . . $5^0/_0$

Les objets de convenance. . . . . . $10^0/_0$

Les objets de luxe. . . . .   15 ou $20^0/_0$

Encore ces distinctions sont prises dans un ordre d'idées
entièrement étrangères à l'économie politique proprement
dite, et je suis loin de les croire aussi utiles et aussi justes

qu'on le suppose communément. Mais ceci n'est plus de mon sujet.

I. — ABONDANCE, DISETTE.

Qu'est-ce qui vaut mieux pour l'homme et pour la société, l'abondance ou la disette ?

Quoi ! s'écriera-t-on, cela peut-il faire une question ? A-t-on jamais avancé, est-il possible de soutenir que la disette est le fondement du bien-être des hommes ?

Oui, cela a été avancé ; oui, cela a été soutenu ; on le soutient tous les jours, et je ne crains pas de dire que la *théorie de la disette* est de beaucoup la plus populaire. Elle défraie les conversations, les journaux, les livres, la tribune, et, quoique cela puisse paraître extraordinaire, il est certain que l'économie politique aura rempli sa tâche et sa mission pratique quand elle aura vulgarisé et rendu irréfutable cette proposition si simple : « La richesse des hommes, c'est l'abondance des choses. »

N'entend-on pas dire tous les jours : « L'étranger va nous inonder de ses produits? » Donc on redoute l'abondance.

M. de Saint-Cricq n'a-t-il pas dit : « La production surabonde ? » Donc il craignait l'abondance.

Les ouvriers ne brisent-ils pas les machines? Donc ils s'effraient de l'excès de la production ou de l'abondance.

M. Bugeaud n'a-t-il pas prononcé ces paroles : « Que le pain soit cher, et l'agriculteur sera riche ! » Or, le pain ne peut être cher que parce qu'il est rare ; donc M. Bugeaud préconisait la disette.

M. d'Argout ne s'est-il pas fait un argument contre l'industrie sucrière de sa fécondité même? Ne disait-il pas : « La betterave n'a pas d'avenir, et sa culture ne saurait s'étendre, parce qu'il suffirait d'y consacrer quelques che-

tares par département pour pourvoir à toute la consommation de la France? » Donc, à ses yeux, le bien est dans la
stérilité, dans la disette ; le mal, dans la fertilité, dans l'a-
bondance.

La *Presse*, le *Commerce* et la plupart des journaux quoti-
diens ne publient-ils pas un ou plusieurs articles chaque
matin pour démontrer aux chambres et au gouvernement
qu'il est d'une saine politique d'élever législativement le
prix de toutes choses par l'opération des tarifs ? Les trois
pouvoirs n'obtempèrent-ils pas tous les jours à cette in-
jonction de la presse périodique ? Or, les tarifs n'élèvent
les prix des choses que parce qu'ils en diminuent la quantité *offerte* sur le marché ! Donc les journaux, les Chambres,
le ministère, mettent en pratique la théorie de la disette, et
j'avais raison de dire que cette théorie est de beaucoup la
plus populaire.

Comment est-il arrivé qu'aux yeux des travailleurs, des
publicistes, des hommes d'État, l'abondance se soit montrée
redoutable et la disette avantageuse ? Je me propose de remonter à la source de cette illusion.

On remarque qu'un homme s'enrichit en proportion de
ce qu'il tire un meilleur parti de son travail, c'est-à-dire de
ce qu'*il vend à plus haut prix*. Il vend à plus haut prix à
proportion de la rareté, de la disette du genre de produit
qui fait l'objet de son industrie. On en conclut que, quant à
lui du moins, la disette l'enrichit. Appliquant successivement ce raisonnement à tous les travailleurs, on en déduit
la *théorie de la disette*. De là on passe à l'application, et,
afin de favoriser tous les travailleurs, on provoque artificiellement la cherté, la disette de toutes choses par la prohibition, la restriction, la suppression des machines et autres
moyens analogues.

Il en est de même de l'abondance. On observe que, quand
un produit abonde, il se vend à bas prix : donc le produc-

teur gagne moins. Si tous les producteurs sont dans ce cas, ils sont tous misérables : donc c'est l'abondance qui ruine la société. Et comme toute conviction cherche à se traduire en fait, on voit, dans beaucoup de pays, les lois des hommes lutter contre l'abondance des choses.

Ce sophisme, revêtu d'une forme générale, ferait peut-être peu d'impression ; mais appliqué à un ordre particulier de faits, à telle ou telle industrie, à une classe donnée de travailleurs, il est extrêmement spécieux, et cela s'explique. C'est un syllogisme qui n'est pas *faux*, mais *incomplet*. Or, ce qu'il y a de *vrai* dans un syllogisme est toujours et nécessairement présent à l'esprit. Mais l'*incomplet* est une qualité négative, une donnée absente dont il est fort possible et même fort aisé de ne pas tenir compte.

L'homme produit pour consommer. Il est à la fois producteur et consommateur. Le raisonnement que je viens d'établir ne le considère que sous le premier de ces points de vue. Sous le second, il aurait conduit à une conclusion opposée. Ne pourrait-on pas dire, en effet :

Le consommateur est d'autant plus riche qu'il *achète* toutes choses à meilleur marché ; il achète les choses à meilleur marché, en proportion de ce qu'elles abondent, donc l'abondance l'enrichit ; et ce raisonnement, étendu à tous les consommateurs, conduirait à la *théorie de l'abondance !*

C'est la notion imparfaitement comprise de l'*échange* qui produit ces illusions. Si nous consultons notre intérêt personnel, nous reconnaissons distinctement qu'il est double. Comme *vendeurs*, nous avons intérêt à la cherté, et par conséquent à la rareté ; comme acheteurs, au bon marché, ou, ce qui revient au même, à l'abondance des choses. Nous ne pouvons donc point baser un raisonnement sur l'un ou l'autre de ces intérêts avant d'avoir reconnu lequel des deux coïncide et s'identifie avec l'intérêt général et permanent de l'espèce humaine.

Si l'homme était un animal solitaire, s'il travaillait exclusivement pour lui, s'il consommait directement le fruit de son labeur, en un mot, *s'il n'échangeait pas*, jamais la théorie de la disette n'eût pu s'introduire dans le monde. Il est trop évident que l'abondance lui serait avantageuse, de quelque part qu'elle lui vînt, soit qu'elle fût le résultat de son industrie, d'ingénieux outils, de puissantes machines qu'il aurait inventées, soit qu'il la dût à la fertilité du sol, à la libéralité de la nature, ou même à une mystérieuse *invasion* de produits que le flot aurait apportés du dehors et abandonnés sur le rivage. Jamais l'homme solitaire n'imaginerait, pour donner de l'encouragement, pour assurer un aliment à son propre travail, de briser les instruments qui l'épargnent, de neutraliser la fertilité du sol, de rendre à la mer les biens qu'elle lui aurait apportés. Il comprendrait aisément que le travail n'est pas un but, mais un moyen ; qu'il serait absurde de repousser le but, de peur de nuire au moyen. Il comprendrait que, s'il consacre deux heures de la journée à pourvoir à ses besoins, toute circonstance (machine, fertilité, don gratuit, n'importe) qui lui épargne une heure de ce travail, le résultat restant le même, met cette heure à sa disposition, et qu'il peut la consacrer à augmenter son bien-être ; il comprendrait, en un mot, qu'*épargne de travail* ce n'est autre chose que *progrès*.

Mais l'*échange* trouble notre vue sur une vérité si simple. Dans l'état social, et avec la séparation des occupations qu'il amène, la production et la consommation d'un objet ne se confondent pas dans le même individu. Chacun est porté à voir dans son travail non plus un moyen, mais un but. L'échange crée, relativement à chaque objet, deux intérêts, celui du producteur et celui du consommateur, et ces deux intérêts sont toujours immédiatement opposés.

Il est essentiel de les analyser et d'en étudier la nature.

Prenons un producteur quel qu'il soit ; quel est son intérêt immédiat ? Il consiste en ces deux choses, 1° que le plus petit nombre possible de personnes se livrent au même travail que lui ; 2° que le plus grand nombre possible de personnes recherchent le produit de ce même travail ; ce que l'économie politique explique plus succinctement en ces termes : que l'offre soit très-restreinte et la demande très-étendue ; en d'autres termes encore : concurrence limitée, débouchés illimités.

Quel est l'intérêt immédiat du consommateur ? Que l'offre du produit dont il s'agit soit étendue et la demande restreinte.

Puisque ces deux intérêts se contredisent, l'un d'eux doit nécessairement coïncider avec l'intérêt social ou général, et l'autre lui est antipathique.

Mais quel est celui que la législation doit favoriser, comme étant l'expression du bien public, si tant est qu'elle en doive favoriser aucun ?

Pour le savoir, il suffit de rechercher ce qui arriverait si les désirs secrets des hommes étaient accomplis.

En tant que producteurs, il faut bien en convenir, chacun de nous fait des vœux antisociaux. Sommes-nous vignerons ? nous serions peu fâchés qu'il gelât sur toutes les vignes du monde, excepté sur la nôtre : *c'est la théorie de la disette.* Sommes-nous propriétaires de forges ? nous désirons qu'il n'y ait sur le marché d'autre fer que celui que nous y apportons, quel que soit le besoin que le public en ait, et précisément pour que ce besoin, vivement senti et imparfaitement satisfait, détermine à nous en donner un haut prix : *c'est encore la théorie de la disette.* Sommes-nous laboureurs ? nous disons, avec M. Bugeaud : Que le pain soit cher, c'est-à-dire rare, et les agriculteurs feront bien leurs affaires ; *c'est toujours la théorie de la disette.*

Sommes-nous médecins ? nous ne pouvons nous empêcher de voir que certaines améliorations physiques, comme l'assainissement du pays, le développement de certaines vertus morales, telles que la modération et la tempérance, le progrès des lumières poussé au point que chacun sût soigner sa propre santé, la découverte de certains remèdes simples et d'une application facile, seraient autant de coups funestes portés à notre profession. En tant que médecins, nos vœux secrets sont antisociaux. Je ne veux pas dire que les médecins forment de tels vœux. J'aime à croire qu'ils accueilleraient avec joie une panacée universelle; mais, dans ce sentiment, ce n'est pas le médecin, c'est l'homme, c'est le chrétien qui se manifeste; il se place, par une noble abnégation de lui-même, au point de vue du consommateur. En tant qu'exerçant une profession, en tant que puisant dans cette profession son bien-être, sa considération et jusqu'aux moyens d'existence de sa famille, il ne se peut pas que ses désirs, ou, si l'on veut, ses intérêts, ne soient antisociaux.

Fabriquons-nous des étoffes de coton? nous désirons les vendre au prix le plus avantageux *pour nous*. Nous consentirions volontiers à ce que toutes les manufactures rivales fussent interdites, et si nous n'osons exprimer publiquement ce vœu ou en poursuivre la réalisation complète avec quelques chances de succès, nous y parvenons pourtant, dans une certaine mesure, par des moyens détournés : par exemple, en excluant les tissus étrangers, afin de diminuer la *quantité offerte*, et de produire ainsi, par l'emploi de la force et à notre profit, la *rareté* des vêtements.

Nous passerions ainsi toutes les industries en revue, et nous trouverions toujours que les producteurs, en tant que tels, ont des vues antisociales. « Le marchand, dit Montaigne, ne fait bien ses affaires qu'à la débauche de la « jeunesse; le laboureur, à la cherté des blés; l'architecte, à « la ruine des maisons; les officiers de justice; aux procez et

« aux querelles des hommes. L'honneur même et practique
« des ministres de la religion se tire de nostre mort et de
« nos vices. Nul médecin ne prend plaisir à la santé de ses
« amis mêmes, ni soldats à la paix de la ville ; ainsi du reste. »

Il suit de là que, si les vœux secrets de chaque producteur
étaient réalisés, le monde rétrograderait rapidement vers la
barbarie. La voile proscrirait la vapeur, la rame proscrirait
la voile, et devrait bientôt céder les transports au chariot,
celui-ci au mulet, et le mulet au porte-balle. La laine exclurait le coton, le coton exclurait la laine, et ainsi de suite,
jusqu'à ce que la disette de toutes choses eût fait disparaître
l'homme même de dessus la surface du globe.

Supposez pour un moment que la puissance législative et
la force publique fussent mises à la disposition du comité
Mimerel, et que chacun des membres qui composent cette
association eût la faculté de lui faire admettre et sanctionner
une petite loi : est-il bien malaisé de deviner à quel code industriel serait soumis le public ?

Si nous venons maintenant à considérer l'intérêt immédiat du consommateur, nous trouverons qu'il est en parfaite
harmonie avec l'intérêt général, avec ce que réclame le
bien-être de l'humanité. Quand l'acheteur se présente sur le
marché, il désire le trouver abondamment pourvu. Que les
saisons soient propices à toutes les récoltes ; que des inventions de plus en plus merveilleuses mettent à sa portée un
plus grand nombre de produits et de satisfactions ; que le
temps et le travail soient épargnés ; que les distances s'effa-
cent ; que l'esprit de paix et de justice permette de diminuer le poids des taxes ; que les barrières de toute nature
tombent ; en tout cela, l'intérêt immédiat du consommateur
suit parallèlement la même ligne que l'intérêt public bien
entendu. Il peut pousser ses vœux secrets jusqu'à la chimère,
jusqu'à l'absurde, sans que ses vœux cessent d'être huma-

nitaires. Il peut désirer que le vivre et le couvert, le toit et
le foyer, l'instruction et la moralité, la sécurité et la paix, la
force et la santé s'obtiennent sans efforts, sans travail et
sans mesure, comme la poussière des chemins, l'eau du torrent, l'air qui nous environne, la lumière qui nous baigne,
sans que la réalisation de tels désirs soit en contradiction
avec le bien de la société.

On dira peut-être que, si ces vœux étaient exaucés, l'œuvre du producteur se restreindrait de plus en plus, et finirait
par s'arrêter faute d'aliment. Mais pourquoi? Parce que,
dans cette supposition extrême, tous les besoins et tous les désirs imaginables seraient complétement satisfaits. L'homme,
comme la Toute-Puissance, créerait toutes choses par un
seul acte de sa volonté. Veut-on bien me dire, dans cette
hypothèse, en quoi la production industrielle serait regrettable?

Je supposais tout à l'heure une assemblée législative composée de travailleurs, dont chaque membre formulerait en
loi son *vœu secret*, en tant que producteur ; et je disais que
le code émané de cette assemblée serait le monopole systé-
matisé, la théorie de la disette mise en pratique.

De même, une Chambre, où chacun consulterait exclusivement son intérêt immédiat de consommateur, aboutirait à
systématiser la liberté, la suppression de toutes les mesures
restrictives, le renversement de toutes les barrières artificielles, en un mot, à réaliser la théorie de l'abondance.

Il suit de là :

Que consulter exclusivement l'intérêt immédiat de la production, c'est consulter un intérêt antisocial;

Que prendre exclusivement pour base l'intérêt immédiat
de la consommation, ce serait prendre pour base l'intérêt
général.

Qu'il me soit permis d'insister encore sur ce point de vue,
au risque de me répéter.

Un antagonisme radical existe entre le vendeur et l'acheteur [1].

Celui-là désire que l'objet du marché soit *rare*, peu offert, à un prix élevé.

Celui-ci le souhaite *abondant*, très-offert, à bas prix.

Les lois, qui devraient être au moins neutres, prennent parti pour le vendeur contre l'acheteur, pour le producteur contre le consommateur, pour la cherté contre le bon marché [2], pour la disette contre l'abondance.

Elles agissent, sinon intentionnellement, du moins logiquement, sur cette donnée : *Une nation est riche quand elle manque de tout.*

Car elles disent : C'est le producteur qu'il faut favoriser en lui assurant un bon placement de son produit. Pour cela, il faut en élever le prix ; pour en élever le prix, il faut en restreindre l'offre ; et restreindre l'offre, c'est créer la disette.

Et voyez : je suppose que, dans le moment actuel, où ces lois ont toute leur force, on fasse un inventaire complet, non en valeur, mais en poids, mesures, volumes, quantités, de tous les objets existants en France, propres à satisfaire les besoins et les goûts de ses habitants, blés, viandes, draps, toiles, combustibles, denrées coloniales, etc.

Je suppose encore que l'on renverse le lendemain toutes les barrières qui s'opposent à l'introduction en France des produits étrangers.

Enfin, pour apprécier le résultat de cette réforme, je sup-

---

[1] L'auteur a rectifié les termes de cette proposition dans un ouvrage postérieur. Voir *Harmonies économiques*, chap. xi.

(Note de l'éditeur.)

[2] Nous n'avons pas en français un substantif pour exprimer l'idée opposée à celle de *cherté* (cheapness). Il est assez remarquable que l'instinct populaire exprime cette idée par cette periphrase : marché avantageux, *bon marché*. Les prohibitionistes devraient bien réformer cette locution. Elle implique tout un système économique opposé au leur.

pose que l'on procède trois mois après à un nouvel inventaire.

N'est-il pas vrai qu'il se trouvera en France plus de blé, de bestiaux, de drap, de toile, de fer, de houille, de sucre, etc., lors du second qu'à l'époque du premier inventaire?

Cela est si vrai que nos tarifs protecteurs n'ont pas d'autre but que d'empêcher toutes ces choses de parvenir jusqu'à nous, d'en restreindre l'offre, d'en prévenir la dépréciation, l'abondance.

Maintenant, je le demande, le peuple est-il mieux nourri, sous l'empire de nos lois, parce qu'il y a *moins* de pain, de viande et de sucre dans le pays? Est-il mieux vêtu parce qu'il y a *moins* de fil, de toiles et de draps? Est-il mieux chauffé parce qu'il y a *moins* de houille? Est-il mieux aidé dans ses travaux parce qu'il y a *moins* de fer, de cuivre, d'outils, de machines?

Mais, dit-on, si l'étranger nous *inonde* de ses produits, il emportera notre numéraire.

Eh qu'importe? L'homme ne se nourrit pas de numéraire, il ne se vêt pas d'or, il ne se chauffe pas avec de l'argent. Qu'importe qu'il y ait plus ou moins de numéraire dans le pays, s'il y a plus de pain aux buffets, plus de viande aux crochets, plus de linge dans les armoires, et plus de bois dans les bûchers?

Je poserai toujours aux lois restrictives ce dilemme :

Ou vous convenez que vous produisez la disette, ou vous n'en convenez pas.

Si vous en convenez, vous avouez par cela même que vous faites au peuple tout le mal que vous pouvez lui faire. Si vous n'en convenez pas, alors vous niez avoir restreint l'offre, élevé les prix et, par conséquent, vous niez avoir favorisé le producteur.

Vous êtes funestes ou inefficaces. Vous ne pouvez être utiles [1].

---

[1] L'auteur a traité ce sujet avec plus d'étendue dans le xi° chapitre

II. — OBSTACLE, CAUSE.

L'obstacle pris pour la cause, — la disette prise pour l'abondance, — c'est le même sophisme sous un autre aspect. Il est bon de l'étudier sous toutes ses faces.

L'homme est primitivement dépourvu de tout.

Entre son dénûment et la satisfaction de ses besoins, il existe une multitude d'*obstacles* que le travail a pour but de surmonter. Il est curieux de rechercher comment et pourquoi ces obstacles mêmes à son bien-être sont devenus, à ses yeux, la cause de son bien-être.

J'ai besoin de me transporter à cent lieues. Mais entre les points de départ et d'arrivée s'interposent des montagnes, des rivières, des marais, des forêts impénétrables, des malfaiteurs, en un mot, des *obstacles;* et, pour vaincre ces obstacles, il faudra que j'emploie beaucoup d'efforts, ou, ce qui revient au même, que d'autres emploient beaucoup d'efforts, et m'en fassent payer le prix. Il est clair qu'à cet égard j'eusse été dans une condition meilleure si ces obstacles n'eussent pas existé.

Pour traverser la vie et parcourir cette longue série de jours qui sépare le berceau de la tombe, l'homme a besoin de s'assimiler une quantité prodigieuse d'aliments, de se garantir contre l'intempérie des saisons, de se préserver ou de se guérir d'une foule de maux. La faim, la soif, la maladie, le chaud, le froid, sont autant d'obstacles semés sur sa route. Dans l'état d'isolement, il devrait les combattre tous

des *Harmonies économiques,* puis, sous une autre forme, dans l'article *Abondance,* écrit pour le *Dictionnaire de l'économie politique,* et que nous reproduisons à la fin du 5e volume.

(*Note de l'éditeur.*)

par la chasse, la pêche, la culture, le filage, le tissage, l'architecture, et il est clair qu'il vaudrait mieux pour lui que ces obstacles n'existassent qu'à un moindre degré ou même n'existassent pas du tout. En société, il ne s'attaque pas personnellement à chacun de ces obstacles, mais d'autres le font pour lui ; et, en retour, il éloigne un des obstacles dont ses semblables sont entourés.

Il est clair encore qu'en considérant les choses en masse, il vaudrait mieux, pour l'ensemble des hommes ou pour la société, que les obstacles fussent aussi faibles et aussi peu nombreux que possible.

Mais si l'on scrute les phénomènes sociaux dans leurs détails, et les sentiments des hommes selon que l'échange les a modifiés, on aperçoit bientôt comment ils sont arrivés à confondre les besoins avec la richesse et l'obstacle avec la cause.

La séparation des occupations, résultat de la faculté d'échanger, fait que chaque homme, au lieu de lutter pour son propre compte avec tous les obstacles qui l'environnent, n'en combat qu'*un ;* le combat non pour lui, mais au profit de ses semblables, qui, à leur tour, lui rendent le même service.

Or, il résulte de là que cet homme voit la cause immédiate de sa richesse dans cet obstacle qu'il fait profession de combattre pour le compte d'autrui. Plus cet obstacle est grand, sérieux, vivement senti, et plus, pour l'avoir vaincu, ses semblables sont disposés à le rémunérer, c'est-à-dire à lever en sa faveur les obstacles qui le gênent.

Un médecin, par exemple, ne s'occupe pas de faire cuire son pain, de fabriquer ses instruments, de tisser ou de confectionner ses habits. D'autres le font pour lui, et, en retour, il combat les maladies qui affligent ses clients. Plus ces maladies sont nombreuses, intenses, réitérées, plus on consent, plus on est forcé même à travailler pour son utilité personnelle. A son point de vue, la maladie, c'est-à-dire un obstacle général au bien-être des hommes, est une cause de bien-être individuel. Tous les producteurs font, en ce qui les concerne, le même raisonnement. L'armateur tire ses profits de l'obstacle qu'on nomme *distance;* l'agriculteur, de celui qu'on nomme *faim ;* le fabricant d'étoffes, de celui qu'on appelle *froid;* l'instituteur vit sur l'*ignorance,* le lapidaire sur la *vanité,* l'avoué sur la *cupidité,* le notaire sur la *mauvaise foi* possible, comme le médecin sur les *maladies* des hommes. Il est donc très-vrai que chaque profession a un intérêt immédiat à la continuation, à l'extension même de l'obstacle spécial qui fait l'objet de ses efforts.

Ce que voyant, les théoriciens arrivent qui fondent un système sur ces sentiments individuels, et disent : Le besoin, c'est la richesse ; le travail, c'est la richesse ; l'obstacle au bien-être, c'est le bien-être. Multiplier les obstacles, c'est donner de l'aliment à l'industrie.

Puis surviennent les hommes d'État. Ils disposent de la force publique ; et quoi de plus naturel que de la faire servir à développer, à propager les obstacles, puisque aussi bien c'est développer et propager la richesse ? Ils disent, par exemple : Si nous empêchons le fer de venir des lieux où il abonde, nous créerons chez nous un obstacle pour s'en procurer. Cet obstacle, vivement senti, déterminera à payer pour en être affranchi. Un certain nombre de nos concitoyens s'attachera à le combattre, et cet obstacle fera leur fortune. Plus même il sera grand, plus le minerai sera rare, inaccessible, difficile à transporter, éloigné des foyers de consommation, plus cette industrie, dans toutes ses ramifications, occupera de bras. Excluons donc le fer étranger ; créons l'obstacle, afin de créer le travail qui le combat.

Le même raisonnement conduira à proscrire les machines.

Voilà, dira-t-on, des hommes qui ont besoin de loger leur

vin. C'est un obstacle ; et voici d'autres hommes qui s'occupent de le lever en fabriquant des tonneaux. Il est donc
heureux que l'obstacle existe, puisqu'il alimente une portion du travail national et enrichit un certain nombre de
nos concitoyens. Mais voici venir une machine ingénieuse
qui abat le chêne, l'équarrit, le partage en une multitude de
douves, les assemble et les transforme en vaisseaux vinaires.
L'obstacle est bien amoindri, et avec lui la fortune des tonneliers. Maintenons l'un et l'autre par une loi. Proscrivons
la machine.

Pour pénétrer au fond de ce sophisme, il suffit de se dire
que le travail humain n'est pas un *but*, mais un *moyen. Il
ne reste jamais sans emploi.* Si un obstacle lui manque, il
s'attaque à un autre, et l'humanité est délivrée de deux obstacles par la même somme de travail qui n'en détruisait
qu'un seul. — Si le travail des tonneliers devenait jamais
inutile, il prendrait une autre direction. — Mais avec quoi,
demande-t-on, serait-il rémunéré? précisément avec ce qui
le rémunère aujourd'hui; car, quand une masse de travail
devient disponible par la suppression d'un obstacle, une
masse correspondante de rémunération devient disponible
aussi. — Pour dire que le travail humain finira par manquer d'emploi, il faudrait prouver que l'humanité cessera
de rencontrer des obstacles. — Alors le travail ne serait pas
seulement impossible, il serait superflu. Nous n'aurions plus
rien à faire, parce que nous serions tout-puissants, et qu'il
nous suffirait de prononcer un *fiat* pour que tous nos besoins et tous nos désirs fussent satisfaits [1].

---

[1] Voyez, sur le même sujet, le chapitre xiv de la seconde Série des
Sophismes, et les chapitres iii et xi des *Harmonies économiques.*

(Note de l'éditeur.)

III. — 'EFFORT, RÉSULTAT.

·Nous venons de voir qu'entre nos besoins et leur satisfaction s'interposent des obstacles. Nous parvenons à les
vaincre ou à les affaiblir par l'emploi de nos facultés. On
peut dire d'une manière très-générale que l'industrie est un
effort suivi d'un résultat.

Mais sur quoi se mesure notre bien-être, notre richesse ?
Est-ce sur le résultat de l'effort ? est-ce sur l'effort lui-même ?
— Il existe toujours un rapport entre l'effort employé et le
résultat obtenu. — Le progrès consiste-t-il dans l'accroissement relatif du second ou du premier terme de ce rapport ?

Les deux thèses ont été soutenues ; elles se partagent, en
économie politique, le domaine de l'opinion.

Selon le premier système, la richesse est le résultat du
travail. Elle s'accroît à mesure que s'accroît le *rapport du
résultat à l'effort*. La perfection absolue, dont le type est
en Dieu, consiste dans l'éloignement infini des deux termes,
en ce sens : effort nul, résultat infini.

Le second professe que c'est l'effort lui-même qui. constitue et mesure la richesse. Progresser, c'est accroître *le
rapport de l'effort au résultat*. Son idéal peut être représenté par l'effort à la fois éternel et stérile de Sisyphe [1].

Naturellement, le premier accueille tout ce qui tend à diminuer la peine et à augmenter le produit : les puissantes
machines qui ajoutent aux forces de l'homme, l'échange
qui permet de tirer un meilleur parti des agents naturels dis-
tribués à diverses mesures sur la surface du globe, l'intelli-

---

[1] Par ce motif, nous prions le lecteur de nous excuser si, pour abréger, nous désignons dans la suite ce système sous le nom de *Sisyphisme*.

gence qui trouve, l'expérience qui constate, la concurrence qui stimule, etc.

Logiquement aussi le second appelle de ses vœux tout ce qui a pour effet d'augmenter la peine et de diminuer le produit : priviléges, monopoles, restrictions, prohibitions, suppressions de machines, stérilité, etc.

Il est bon de remarquer que la *pratique universelle* des hommes est toujours dirigée par le principe de la première doctrine. On n'a jamais vu, on ne verra jamais un travailleur, qu'il soit agriculteur, manufacturier, négociant, artisan, militaire, écrivain ou savant, qui ne consacre toutes les forces de son intelligence à faire mieux, à faire plus vite, à faire plus économiquement, en un mot, *à faire plus avec moins.*

La doctrine opposée est à l'usage des théoriciens, des députés, des journalistes, des hommes d'État, des ministres, des hommes enfin dont le rôle en ce monde est de faire des expériences sur le corps social.

Encore faut-il observer qu'en ce qui les concerne personnellement, ils agissent, comme tout le monde, sur le principe : obtenir du travail la plus grande somme possible d'effets utiles.

On croira peut-être que j'exagère, et qu'il n'y a pas de vrais *Sisyphistes.*

Si l'on veut dire que, dans la pratique, on ne pousse pas le principe jusqu'à ses plus extrêmes conséquences, j'en conviendrai volontiers. Il en est même toujours ainsi quand on part d'un principe faux. Il mène bientôt à des résultats si absurdes et si malfaisants qu'on est bien forcé de s'arrêter. Voilà pourquoi l'industrie pratique n'admet jamais le *Sisyphisme* : le châtiment suivrait de trop près l'erreur pour ne pas la dévoiler. Mais, en matière d'industrie spéculative, telle qu'en font les théoriciens et les hommes d'État, on peut suivre longtemps un faux principe avant d'être averti de sa faussété par des conséquences compliquées auxquelles d'ailleurs on est étranger ; et quand enfin elles se révèlent, on agit selon le principe opposé, on se contredit, et l'on cherche sa justification dans cet axiome moderne d'une incomparable absurdité : en économie politique, il n'y a pas de principe absolu.

Voyons donc si les deux principes opposés que je viens d'établir ne règnent pas tour à tour, l'un dans l'industrie pratique, l'autre dans la législation industrielle.

J'ai déjà rappelé un mot de M. Bugeaud ; mais dans M. Bugeaud il y a deux hommes, l'agriculteur et le législateur.

Comme agriculteur, M. Bugeaud tend de tous ses efforts à cette double fin : épargner du travail, obtenir du pain à bon marché. Lorsqu'il préfère une bonne charrue à une mauvaise ; lorsqu'il perfectionne les engrais ; lorsque, pour ameublir son sol, il substitue, autant qu'il le peut, l'action de l'atmosphère à celle de la herse ou de la houe ; lorsqu'il appelle à son aide tous les procédés dont la science et l'expérience lui ont révélé l'énergie et la perfection, il n'a et ne peut avoir qu'un but : *diminuer le rapport de l'effort au résultat.* Nous n'avons même point d'autre moyen de reconnaître l'habileté du cultivateur et la perfection du procédé que de mesurer ce qu'ils ont retranché à l'un et ajouté à l'autre ; et comme tous les fermiers du monde agissent sur ce principe, on peut dire que l'humanité entière aspire, sans doute pour son avantage, à obtenir soit le pain, soit tout autre produit, à meilleur marché, — à restreindre la peine nécessaire pour en avoir à sa disposition une quantité donnée.

Cette incontestable tendance de l'humanité une fois constatée devrait suffire, ce semble, pour révéler au législateur le vrai principe, et lui indiquer dans quel sens il doit seconder l'industrie (si tant est qu'il entre dans sa mission de la seconder), car il serait absurde de dire que les lois des hommes doivent opérer en sens inverse des lois de la Providence.

Cependant on a entendu M. Bugeaud, député, s'écrier : « Je ne comprends rien à la théorie du bon marché ; j'aimerais mieux voir le pain plus cher et le travail plus abondant. » Et en conséquence, le dép. té de la Dordogne vote des mesures législatives qui ont pour effet d'entraver les échanges, précisément parce qu'ils nous procurent indirectement ce que la production directe ne peut nous fournir que d'une manière plus dispendieuse.

Or, il est bien évident que le principe de M. Bugeaud, député, est diamétralement opposé à celui de M. Bugeaud, agriculteur. Conséquent avec lui-même, il voterait contre toute restriction à la Chambre, ou bien il transporterait sur sa ferme le principe qu'il proclame à la tribune. On le verrait alors semer son blé sur le champ le plus stérile, car il réussirait ainsi à *travailler beaucoup pour obtenir peu*. On le verrait proscrire la charrue, puisque la culture à ongles satisferait son double vœu : le pain plus cher et le travail plus abondant.

La restriction a pour but avoué et pour effet reconnu d'augmenter le travail.

Elle a encore pour but avoué et pour effet reconnu de provoquer la cherté, qui n'est autre chose que la rareté des produits. Donc, poussée à ses dernières limites, elle est le *Sisyphisme* pur, tel que nous l'avons défini : *travail infini, produit nul*.

M. le baron Charles Dupin, le flambeau de la pairie, dit-on, dans les sciences économiques, accuse les chemins de fer de *nuire à la navigation*, et il est certain qu'il est dans la nature d'un moyen plus parfait de restreindre l'emploi d'un moyen comparativement plus grossier. Mais les rail-ways ne peuvent nuire aux bateaux qu'en attirant à eux les transports; ils ne peuvent les attirer qu'en les exécutant à meilleur marché, et ils ne peuvent les exécuter à meilleur marché qu'*en diminuant le rapport de l'effort employé au résultat obtenu*, puisque c'est cela même qui constitue le bon marché. Lors donc que M. le baron Dupin déplore cette suppression du travail pour un résultat donné, il est dans la doctrine du *Sisyphisme*. Logiquement, comme il préfère le bateau au rail, il devrait préférer le char au bateau, le bât au char, et la hotte à tous les moyens de transport connus, car c'est celui qui exige le plus de travail pour le moindre résultat.

« Le travail constitue la richesse d'un peuple, » disait M. de Saint-Cricq, ce ministre du commerce qui a tant imposé d'entraves au commerce. Il ne faut pas croire que c'était là une proposition elliptique, signifiant : « Les résultats du travail constituent la richesse d'un peuple. » Non, cet économiste entendait bien dire que c'est l'*intensité* du travail qui mesure la richesse, et la preuve, c'est que, de conséquence en conséquence, de restriction en restriction, il conduisait la France, et il croyait bien faire, à consacrer un travail double pour se pourvoir d'une quantité égale de fer, par exemple. En Angleterre, le fer était alors à 8 fr. ; en France, il revenait à 16 fr. En supposant la journée du travail à 1 fr., il est clair que la France pouvait, par voie d'échange, se procurer un quintal de fer avec huit journées prises sur l'ensemble du travail national. Grâce aux mesures restrictives de M. de Saint-Cricq, il fallait à la France seize journées de travail pour obtenir un quintal de fer par la production directe. — Peine double pour une satisfaction identique, donc richesse double ; donc encore la richesse se mesure non par le résultat, mais par l'intensité du travail. N'est-ce pas là le *Sisyphisme* dans toute sa pureté !

Et afin qu'il n'y ait pas d'équivoque possible, M. le ministre
a soin de compléter plus loin sa pensée, et de même qu'il
vient d'appeler *richesse* l'intensité du travail, on va l'entendre
appeler *pauvreté* l'abondance des résultats du travail ou des
choses propres à satisfaire nos besoins. «Partout, dit-il, des
machines ont pris la place des bras de l'homme ; partout la
production surabonde ; partout l'équilibre entre la faculté
de produire et les moyens de consommer est rompu. » On
le voit, selon M. de Saint-Cricq, si la France était dans une
situation critique, c'est qu'elle produisait trop, c'est que son
travail était trop intelligent, trop fructueux. Nous étions
trop bien nourris, trop bien vêtus, trop bien pourvus de
toutes choses ; la production trop rapide dépassait tous nos
désirs. Il fallait bien mettre un terme à ce fléau, et pour
cela nous forcer, par des restrictions, à travailler plus pour
produire moins.

J'ai rappelé aussi l'opinion d'un autre ministre du commerce, M. d'Argout. Elle mérite que nous nous y arrêtions
un instant. Voulant porter un coup terrible à la betterave, il
disait : « Sans doute la culture de la betterave est utile, mais
cette utilité est limitée. Elle ne comporte pas les gigantesques développements que l'on se plaît à lui prédire. Pour en
acquérir la conviction, il suffit de remarquer que cette culture sera nécessairement restreinte dans les bornes de la
consommation. Doublez, triplez si vous voulez la consommation actuelle de la France, *vous trouverez toujours qu'une
très-minime portion du sol suffira aux besoins de cette
consommation.* (Voilà, certes, un singulier grief !) En voulez-
vous la preuve ? Combien y avait-il d'hectares plantés en
betterave en 1828 ? 3,130, ce qui équivaut à 1/10540ᵉ du
sol cultivable. Combien y en a-t-il, aujourd'hui que le sucre
indigène a envahi le tiers de la consommation ? 16,700
hectares, soit 1/1978ᵉ du sol cultivable, ou 45 centiares par

commune. Supposons que le sucre indigène ait déjà envahi toute la consommation, nous n'aurions que 48,000 hectares de cultivés en betterave, ou 1/689ᵉ du sol cultivable [1]. »

Il y a deux choses dans cette citation : les faits et la doctrine. Les faits tendent à établir qu'il faut peu de terrain, de capitaux et de main-d'œuvre pour produire beaucoup de sucre, et que chaque commune de France en serait abondamment pourvue en livrant à la culture de la betterave un hectare de son territoire. — La doctrine consiste à regarder cette circonstance comme funeste, et à voir dans la puissance même et la fécondité de la nouvelle industrie la *limite de son utilité.*

Je n'ai point à me constituer ici le défenseur de la betterave ou le juge des faits étranges avancés par M. d'Argout [2] ; mais il vaut la peine de scruter la doctrine d'un homme d'État à qui la France a confié pendant longtemps le sort de son agriculture et de son commerce.

J'ai dit en commençant qu'il existe un rapport variable entre l'effort industriel et son résultat ; que l'imperfection absolue consiste en un effort infini sans résultat aucun ; la perfection absolue en un résultat illimité sans aucun effort ; et la perfectibilité dans la diminution progressive de l'effort comparé au résultat.

Mais M. d'Argout nous apprend que la mort est là où nous croyons apercevoir la vie, et que l'importance d'une industrie est en raison directe de son impuissance. Qu'at-

---

[1] Il est juste de dire que M. d'Argout mettait cet étrange langage dans la bouche des adversaires de la betterave. Mais il se l'appropriait formellement, et le sanctionnait d'ailleurs par la loi même à laquelle il servait de justification.

[2] A supposer que 48,000 à 50,000 hectares suffisent à alimenter la consommation actuelle, il en faudrait 150,000 pour une consommation triple, que M. d'Argout admet comme possible. — De plus, si la betterave entrait dans un assolement de six ans, elle occuperait successivement 900,000 hectares, ou 1/36ᵉ du sol cultivable.

tendre, par exemple, de la betterave ? Ne voyez-vous pas
que 48,000 hectares de terrain, un capital et une main-
d'œuvre proportionnés suffiront à approvisionner de sucre
toute la France ? Donc c'est une industrie *d'une utilité limitée ;* limitée, bien entendu, quant au travail qu'elle exige,
seule manière dont, selon l'ancien ministre, une industrie
puisse être utile. Cette utilité serait bien plus limitée encore si, grâce à la fécondité du sol ou à la richesse de la
betterave, nous recueillions sur 24,000 hectares ce que
nous ne pouvons obtenir que sur 48,000. Oh ! s'il fallait
vingt fois, cent fois plus de terre, de capitaux et de bras
pour arriver au même résultat, à la bonne heure, on pourrait fonder sur la nouvelle industrie quelques espérances,
et elle serait digne de toute la protection de l'État, car elle
offrirait un vaste champ au travail national. Mais produire
beaucoup avec peu ! cela est d'un mauvais exemple, et il
est bon que la loi y mette ordre.

Mais ce qui est vérité à l'égard du sucre ne saurait être
erreur relativement au pain. Si donc l'*utilité* d'une industrie
doit s'apprécier, non par les satisfactions qu'elle est en
mesure de procurer avec une quantité de travail déterminée, mais, au contraire, par le développement de travail
qu'elle exige pour subvenir à une somme donnée de satisfactions, ce que nous devons désirer évidemment, c'est que
chaque hectare de terre produise peu de blé, et chaque grain
de blé peu de substance alimentaire ; en d'autres termes,
que notre territoire soit infertile ; car alors la masse de terres,
de capitaux, de main-d'œuvre qu'il faudra mettre en mouvement pour nourrir la population sera comparativement bien
plus considérable ; on peut même dire que le débouché ouvert au travail humain sera en raison directe de cette inferti-
lité. Les vœux de MM. Bugeaud, Saint-Cricq, Dupin, d'Argout,
seront satisfaits ; le pain sera cher, le travail abondant, et la
France sera riche, riche comme ces messieurs l'entendent.

Ce que nous devons désirer encore, c'est que l'intelligence humaine s'affaiblisse et s'éteigne ; car, tant qu'elle vit, elle cherche incessamment à augmenter le *rapport de la fin au moyen et du produit à la peine.* C'est même en cela, et exclusivement en cela, qu'elle consiste.

Ainsi le *Sisyphisme* est la doctrine de tous les hommes qui ont été chargés de nos destinées industrielles. Il ne serait pas juste de leur en faire un reproche. Ce principe ne dirige les ministères que parce qu'il règne dans les Chambres ; il ne règne dans les Chambres que parce qu'il y est envoyé par le corps électoral, et le corps électoral n'en est imbu que parce que l'opinion publique en est saturée.

Je crois devoir répéter ici que je n'accuse pas des hommes tels que MM. Bugeaud, Dupin, Saint-Cricq, d'Argout, d'être absolument, et en toutes circonstances, *Sisyphistes.* A coup sûr ils ne le sont pas dans leurs transactions privées ; à coup sûr chacun d'entre eux se procure, *par voie d'échange,* ce qu'il lui en coûterait plus cher de se procurer *par voie de production directe.* Mais je dis qu'ils sont *Sisyphistes* lorsqu'ils empêchent le pays d'en faire autant [1].

IV. — ÉGALISER LES CONDITIONS DE PRODUCTION.

On dit... mais, pour n'être pas accusé de mettre des sophismes dans la bouche des protectionistes, je laisse parler l'un de leurs plus vigoureux athlètes.

« On a pensé que la protection devait être chez nous simplement la représentation de la différence qui existe entre le prix de revient d'une denrée que nous produisons

---

[1] Voyez, sur le même sujet, le chapitre xvi de la seconde Série des *Sophismes,* et le chapitre vi des *Harmonies économiques.*

(*Note de l'éditeur.*)

et le prix de revient de la denrée similaire produite chez
nos voisins... Un droit protecteur calculé sur ces bases ne
fait qu'assurer la libre concurrence...; la libre concurrence
n'existe que lorsqu'il y a égalité de conditions et de charges. Lorsqu'il s'agit d'une course de chevaux, on pèse le
fardeau que doit supporter chacun des coureurs, et on
égalise les conditions; sans cela, ce ne sont plus des concurrents. Quand il s'agit de commerce, si l'un des vendeurs
peut livrer à meilleur marché, il cesse d'être concurrent
et devient monopoleur... Supprimez cette protection re-
présentative de la différence dans le prix de revient, dès
lors l'étranger envahit votre marché et le monopole lui est
acquis [1]. »

« Chacun doit vouloir pour lui, comme pour les autres,
que la production du pays soit protégée contre la concurrence étrangère, *toutes les fois que celle-ci pourrait fournir
les produits à plus bas prix* [2]. »

Cet argument revient sans cesse dans les écrits de l'école
protectioniste. Je me propose de l'examiner avec soin, c'est-
à-dire que je réclame l'attention et même la patience du
lecteur. Je m'occuperai d'abord des inégalités qui tiennent
à la nature, ensuite de celles qui se rattachent à la diversité
des taxes.

Ici, comme ailleurs, nous retrouvons les théoriciens de
la protection placés au point de vue du producteur, tandis
que nous prenons en main la cause de ces malheureux consommateurs dont ils ne veulent absolument pas tenir compte. Ils comparent le champ de l'industrie au *turf*. Mais,
au turf, la course est tout à la fois *moyen* et *but*. Le public
ne prend aucun intérêt à la lutte en dehors de la lutte elle-
même. Quand vous lancez vos chevaux dans l'unique *but*

[1] M le vicomte de Romanet.
[2] Mathieu de Dombasle.

de savoir quel est le meilleur coureur, je conçois que vous
égalisiez les fardeaux. Mais si vous aviez pour *but* de faire
parvenir au poteau une nouvelle importante et pressée,
pourriez-vous, sans inconséquence, créer des obstacles à
celui qui vous offrirait les meilleures conditions de vitesse?
C'est pourtant là ce que vous faites en industrie. Vous oubliez son résultat cherché, qui est le *bien-être;* vous en
faites abstraction, vous le sacrifiez même par une véritable
pétition de principes.

Mais puisque nous ne pouvons amener nos adversaires à
notre point de vue, plaçons-nous au leur, et examinons la
question sous le rapport de la production.

Je chercherai à établir :

1° Que niveler les conditions du travail, c'est attaquer l'é-
change dans son principe ;

2° Qu'il n'est pas vrai que le travail d'un pays soit étouffé
par la concurrence des contrées plus favorisées ;

3° Que, cela fût-il exact, les droits protecteurs n'égalisent
pas les conditions de production ;

4° Que la liberté nivelle ces conditions autant qu'elles
peuvent l'être ;

5° Enfin, que ce sont les pays les moins favorisés qui gagnent le plus dans les échanges.

I. Niveler les conditions du travail, ce n'est pas seulement gêner quelques échanges, c'est attaquer l'échange
dans son principe, car il est fondé précisément sur cette diversité, ou, si on l'aime mieux, sur ces inégalités de fertilité, d'aptitudes, de climats, de température, que vous voulez effacer. Si la Guyenne envoie des vins à la Bretagne, et
la Bretagne des blés à la Guyenne, c'est que ces deux provinces sont placées dans des conditions différentes de production. Y a-t-il une autre loi pour les échanges internationaux ? Encore une fois, se prévaloir contre eux des iné-

galités de conditions qui les provoquent et les expliquent,
c'est les attaquer dans leur raison d'être. Si les protectionistes avaient pour eux assez de logique et de puissance,
ils réduiraient les hommes, comme des colimaçons, à l'isolement absolu. Il n'y a pas, du reste, un de leurs sophismes
qui, soumis à l'épreuve de déductions rigoureuses, n'abou-
tisse à la destruction et au néant.

II. Il n'est pas vrai, *en fait*, que l'inégalité des conditions
entre deux industries similaires entraîne nécessairement la
chute de celle qui est la moins bien partagée. Au turf, si un
des coursiers gagne le prix, l'autre le perd ; mais, quand
deux chevaux travaillent à produire des utilités, chacun en
produit dans la mesure de ses forces, et de ce que le plus
vigoureux rend plus de services, il ne s'ensuit pas que le plus
faible n'en rend pas du tout. — On cultive du froment dans
tous les départements de la France, quoiqu'il y ait entre eux
d'énormes différences de fertilité ; et si par hasard il en est
un qui n'en cultive pas, c'est qu'il n'est pas bon, même pour
lui, qu'il en cultive. De même, l'analogie nous dit que, sous
le régime de la liberté, malgré de semblables différences,
on produirait du froment dans tous les royaumes de l'Europe, et s'il en était un qui vînt à renoncer à cette culture,
c'est que, *dans son intérêt*, il trouverait à faire un meilleur
emploi de ses terres, de ses capitaux et de sa main-d'œuvre.
Et pourquoi la fertilité d'un département ne paralyse-t-elle
pas l'agriculteur du département voisin moins favorisé ?
Parce que les phénomènes économiques ont une souplesse,
une élasticité, et, pour ainsi dire, des *ressources de nivellement* qui paraissent échapper entièrement à l'école protectioniste. Elle nous accuse d'être systématiques ; mais c'est
elle qui est systématique au suprême degré, si l'esprit de
système consiste à échafauder des raisonnements sur un fait
et non sur l'ensemble des faits. — Dans l'exemple ci-dessus,

c'est la différence dans la valeur des terres qui compense la différence de leur fertilité. — Votre champ produit trois fois plus que le mien. Oui ; mais il vous a coûté dix fois davantage, et je puis encore lutter avec vous. — Voilà tout le mystère. — Et remarquez que la supériorité, sous quelques rapports, amène l'infériorité à d'autres égards. — C'est précisément parce que votre sol est plus fécond qu'il est plus cher, en sorte que ce n'est pas *accidentellement*, mais *nécessairement* que l'équilibre s'établit ou tend à s'établir : et peut-on nier que la liberté ne soit le régime qui favorise le plus cette tendance ?

J'ai cité une branche d'agriculture ; j'aurais pu aussi bien citer une branche d'industrie. Il y a des tailleurs à Quimper, et cela n'empêche pas qu'il n'y en ait à Paris, quoique ceux-ci paient bien autrement cher leur loyer, leur ameublement, leurs ouvriers et leur nourriture. Mais aussi ils ont une bien autre clientèle, et cela suffit non-seulement pour rétablir la balance, mais encore pour la faire pencher de leur côté.

Lors donc qu'on parle d'égaliser les conditions du travail, il faudrait au moins examiner si la liberté ne fait pas ce qu'on demande à l'arbitraire.

Ce nivellement naturel des phénomènes économiques est si important dans la question, et, en même temps, si propre à nous faire admirer la sagesse providentielle qui préside au gouvernement égalitaire de la société, que je demande la permission de m'y arrêter un instant.

Messieurs les protectionistes, vous dites : Tel peuple a sur nous l'avantage du bon marché de la houille, du fer, des machines, des capitaux ; nous ne pouvons lutter avec lui.

Cette proposition sera examinée sous d'autres aspects. Quant à présent, je me renferme dans la question, qui est de savoir si, quand une supériorité et une infériorité sont en présence, elles ne portent pas en elles-mêmes, celle-ci. la force ascendante, celle-là la force descendante, qui doivent les ramener à un juste équilibre.

Voilà deux pays, A et B. — A possède sur B toutes sortes d'avantages. Vous en concluez que le travail se concentre en A et que B est dans l'impuissance de rien faire. A, dites-vous, vend beaucoup plus qu'il n'achète; B achète beaucoup plus qu'il ne vend. Je pourrais contester, mais je me place sur votre terrain.

Dans l'hypothèse, le travail est très-demandé en A; et bientôt il y renchérit.

Le fer, la houille, les terres, les aliments, les capitaux sont très-demandés en A, et bientôt ils y renchérissent.

Pendant ce temps-là, travail, fer, houille, terres, aliments, capitaux, tout est très-délaissé en B, et bientôt tout y baisse de prix.

Ce n'est pas tout. A vendant toujours, B achetant sans cesse, le numéraire passe de B en A. Il abonde en A, il est rare en B.

Mais abondance de numéraire, cela veut dire qu'il en faut beaucoup pour acheter toute autre chose. Donc, en A, à la *cherté réelle* qui provient d'une demande très-active, s'ajoute une *cherté nominale* due à la surproportion des métaux précieux.

Rareté de numéraire, cela signifie qu'il en faut peu pour chaque emplette. Donc en B, un *bon marché nominal* vient se combiner avec le *bon marché réel.*

Dans ces circonstances, l'industrie aura toutes sortes de motifs, des motifs, si je puis le dire, portés à la quatrième puissance, pour déserter A et venir s'établir en B.

Ou, pour rentrer dans la vérité, disons qu'elle n'aura pas attendu ce moment, que les brusques déplacements répugnent à sa nature, et que, dès l'origine, sous un régime libre, elle se sera progressivement partagée et distribuée

entre A et B, selon les lois de l'offre et de la demande, c'est-
à-dire selon les lois de la justice et de l'utilité.

Et quand je dis que, s'il était possible que l'industrie se
concentrât sur un point, il surgirait dans son propre sein et
par cela même une force irrésistible de décentralisation, je
ne fais pas une vaine hypothèse.

Écoutons ce que disait un manufacturier à la chambre de
commerce de Manchester (je supprime les chiffres dont il
appuyait sa démonstration) :

« Autrefois nous exportions des étoffes ; puis cette expor-
« tation a fait place à celle des fils, qui sont la matière pre-
« mière des étoffes ; ensuite à celle des machines, qui sont
« les instruments de production du fil ; plus tard, à celle des
« capitaux, avec lesquels nous construisons nos machines,
« et enfin, à celle de nos ouvriers et de notre génie indus-
« triel, qui sont la source de nos capitaux. Tous ces élé-
« ments de travail ont été les uns après les autres s'exer-
« cer là où ils trouvaient à le faire avec plus d'avantages, là
« où l'existence est moins chère, la vie plus facile, et l'on
« peut voir aujourd'hui, en Prusse, en Autriche, en Saxe, en
« Suisse, en Italie, d'immenses manufactures fondées avec
« des capitaux anglais, servies par des ouvriers anglais et
« dirigées par des ingénieurs anglais. »

Vous voyez bien que la nature, ou plutôt la Providence,
plus ingénieuse, plus sage, plus prévoyante que ne le suppose votre étroite et rigide théorie, n'a pas voulu cette con-
centration de travail, ce monopole de toutes les supériorités
dont vous arguez comme d'un fait absolu et irrémédiable.
Elle a pourvu, par des moyens aussi simples qu'infaillibles,
à ce qu'il y eût dispersion, diffusion, solidarité, progrès
simultané ; toutes choses que vos lois restrictives paralysent
autant qu'il est en elles, car leur tendance, en isolant les
peuples, est de rendre la diversité de leur condition beaucoup plus tranchée, de prévenir le nivellement, d'empêcher

la fusion, de neutraliser les contre-poids et de parquer les peuples dans leur supériorité ou leur infériorité respective:

III. En troisième lieu, dire que, par un droit protecteur, on égalise les conditions de production, c'est donner une locution fausse pour véhicule à une erreur. Il n'est pas vrai qu'un droit d'entrée égalise les conditions de production. Celles-ci restent après le droit ce qu'elles étaient avant. Ce que le droit égalise tout au plus, ce sont les *conditions de la vente*. On dira peut-être que je joue sur les mots, mais je renvoie l'accusation à mes adversaires. C'est à eux de prouver que *production* et *vente* sont synonymes, sans quoi je suis fondé à leur reprocher, sinon de jouer sur les termes, du moins de les confondre.

Qu'il me soit permis d'éclairer ma pensée par un exemple.

Je suppose qu'il vienne à l'idée de quelques spéculateurs parisiens de se livrer à la production des oranges. Ils savent que les oranges de Portugal peuvent se vendre à Paris 10 centimes, tandis qu'eux, à raison des caisses, des serres qui leur seront nécessaires, à cause du froid qui contrariera souvent leur culture, ne pourront pas exiger moins d'un franc comme prix rémunérateur. Ils demandent que les oranges de Portugal soient frappées d'un droit de 90 centimes. Moyennant ce droit, les *conditions de production*, disent-ils, seront égalisées, et la Chambre, cédant, comme toujours, à ce raisonnement, inscrit sur le tarif un droit de 90 centimes par orange étrangère.

Eh bien! je dis que les *conditions de production* ne sont nullement changées. La loi n'a rien ôté à la chaleur du soleil de Lisbonne, ni à la fréquence ou à l'intensité des gelées de Paris. La maturité des oranges continuera à se faire *naturellement* sur les rives du Tage et *artificiellement* sur les rives de la Seine, c'est-à-dire qu'elle exigera beaucoup plus de travail humain dans un pays que dans l'autre. Ce qui sera égalisé, ce sont les *conditions de la vente :* les Portugais devront nous vendre leurs oranges à 1 franc, dont 90 centimes pour acquitter la taxe. Elle sera payée évidemment par le consommateur français. Et voyez la bizarrerie du résultat. Sur chaque orange portugaise consommée, le pays ne perdra rien; car les 90 centimes payés en plus par le consommateur entreront au Trésor. Il y aura déplacement, il n'y aura pas perte. Mais, sur chaque orange française consommée, il y aura 90 centimes de perte ou à peu près, car l'acheteur les perdra bien certainement, et le vendeur, bien certainement aussi, ne les gagnera pas, puisque, d'après l'hypothèse même, il n'en aura tiré que le prix de revient. Je laisse aux protectionistes le soin d'enregistrer la conclusion.

IV. Si j'ai insisté sur cette distinction entre les conditions de production et les conditions de vente, distinction que messieurs les prohibitionistes trouveront sans doute paradoxale, c'est qu'elle doit m'amener à les affliger encore d'un autre paradoxe bien plus étrange, et c'est celui-ci : Voulez-vous égaliser réellement les *conditions de production?* laissez l'échange libre.

Oh! pour le coup, dira-t-on, c'est trop fort, et c'est abuser des jeux d'esprit. Eh bien ! ne fût-ce que par curiosité, je prie messieurs les protectionistes de suivre jusqu'au bout mon argumentation. Ce ne sera pas long. — Je reprends mon exemple.

Si l'on consent à supposer, pour un moment, que le profit moyen et quotidien de chaque Français est de un franc, il s'ensuivra incontestablement que pour produire *directement* une orange en France, il faudra une journée de travail ou l'équivalent, tandis que, pour produire la contre-valeur d'une orange portugaise, il ne faudra qu'un dixième de cette journée, ce qui ne veut dire autre chose, si ce n'est que le soleil fait à Lisbonne ce que le travail fait à Paris.

Or, n'est-il pas évident que, si je puis produire une orange, ou, ce qui revient au même, de quoi l'acheter, avec un dixième de journée de travail, je suis placé, relativement à cette production, exactement dans les mêmes conditions que le producteur portugais lui-même, sauf le transport, qui doit être à ma charge ? Il est donc certain que la liberté égalise les conditions de production directe ou indirecte, autant qu'elles peuvent être égalisées, puisqu'elle ne laisse plus subsister qu'une différence inévitable, celle du transport.

J'ajoute que la liberté égalise aussi les conditions de jouissance, de satisfaction, de consommation, ce dont on ne s'occupe jamais, et ce qui est pourtant l'essentiel, puisqu'en définitive la consommation est le but final de tous nos efforts industriels. Grâce à l'échange libre, nous jouirions du soleil portugais comme le Portugal lui-même ; les habitants du Havre auraient à leur portée, tout aussi bien que ceux de Londres, et aux mêmes conditions, les avantages que la nature a conférés à Newcastle sous le rapport minéralogique.

V. Messieurs les protectionistes, vous me trouvez en humeur paradoxale : eh bien ! je veux aller plus loin encore. Je dis, et je le pense très-sincèrement, que, si deux pays se trouvent placés dans des conditions de production inégales, *c'est celui des deux qui est le moins favorisé de la nature qui a le plus à gagner à la liberté des échanges.* — Pour le prouver, je devrai m'écarter un peu de la forme qui convient à cet écrit. Je le ferai néanmoins, d'abord parce que toute la question est là, ensuite parce que cela me fournira l'occasion d'exposer une loi économique de la plus haute importance, et qui, bien comprise, me semble destinée à ramener à la science toutes ces sectes qui, de nos jours, cherchent dans le pays des chimères cette harmonie sociale qu'elles n'ont pu découvrir dans la nature. Je veux parler de la loi de a consommation, que l'on pourrait peut-être reprocher à la plupart des économistes d'avoir beaucoup trop négligée.

La consommation est la *fin*, la cause finale de tous les phénomènes économiques, et c'est en elle par conséquent que se trouve leur dernière et définitive solution.

Rien de favorable ou de défavorable ne peut s'arrêter d'une manière permanente au producteur. Les avantages que la nature et la société lui prodiguent, les inconvénients dont elles le frappent, glissent sur lui, pour ainsi dire, et tendent insensiblement à aller s'absorber et se fondre dans la communauté; la communauté, considérée au point de vue de la consommation. C'est là une loi admirable dans sa cause et dans ses effets, et celui qui parviendrait à la bien décrire aurait, je crois, le droit de dire : « Je n'ai pas passé sur cette terre sans payer mon tribut à la société. »

Toute circonstance qui favorise l'œuvre de la production est accueillie avec joie par le producteur, car l'*effet immédiat* est de le mettre à même de rendre plus de services à la communauté et d'en exiger une plus grande rémunération. Toute circonstance qui contrarie la production est accueillie avec peine par le producteur, car l'*effet immédiat* est de limiter ses services et par suite sa rémunération. Il fallait que les biens et les maux *immédiats* des circonstances heureuses ou funestes fussent le lot du producteur, afin qu'il fût invinciblement porté à rechercher les unes et à fuir les autres.

De même, quand un travailleur parvient à perfectionner son industrie, le bénéfice *immédiat* du perfectionnement est recueilli par lui. Cela était nécessaire pour le déterminer à un travail intelligent ; cela était juste, parce qu'il est juste qu'un effort couronné de succès apporte avec lui sa récompense.

Mais je dis que ces effets bons et mauvais, quoique permanents en eux-mêmes, ne le sont pas quant au producteur. S'il en eût été ainsi, un principe d'inégalité progressive et, partant, infinie, eût été introduit parmi les hommes, et c'est pourquoi ces biens et ces maux vont bientôt s'absorber dans les destinées générales de l'humanité..

Comment cela s'opère-t-il? — Je le ferai comprendre par quelques exemples.

Transportons-nous au treizième siècle. Les hommes qui se livrent à l'art de copier reçoivent, pour le service qu'ils rendent, une *rémunération gouvernée par le taux général des profits*. — Parmi eux, il s'en rencontre un qui cherche et trouve le moyen de multiplier rapidement les exemplaires d'un même écrit. Il invente l'imprimerie.

D'abord, c'est un homme qui s'enrichit, et beaucoup d'autres qui s'appauvrissent. A ce premier aperçu, quelque merveilleuse que soit la découverte, on hésite à décider si elle n'est pas plus funeste qu'utile. Il semble qu'elle introduit dans le monde, ainsi que je l'ai dit, un élément d'inégalité indéfinie. Guttenberg fait des profits avec son invention et étend son invention avec ses profits, et cela sans terme, jusqu'à ce qu'il ait ruiné tous les copistes. — Quant au public, au consommateur, il gagne peu, car Guttenberg a soin de ne baisser le prix de ses livres que tout juste ce qu'il faut pour sous-vendre ses rivaux.

Mais la pensée qui mit l'harmonie dans le mouvement des corps célestes a su la mettre aussi dans le mécanisme interne de la société. Nous allons voir les avantages économiques de l'invention échapper à l'individualité, et devenir, pour toujours, le patrimoine commun des masses.

En effet, le procédé finit par être connu. Guttenberg n'est plus le seul à imprimer; d'autres personnes l'imitent. Leurs profits sont d'abord considérables. Elles sont récompensées pour être entrées les premières dans la voie de l'imitation, et cela était encore nécessaire, afin qu'elles y fussent attirées et qu'elles concourussent au grand résultat définitif vers lequel nous approchons. Elles gagnent beaucoup, mais elles gagnent moins que l'inventeur, car la *concurrence* vient de commencer son œuvre. Le prix des livres va toujours baissant. Les bénéfices des imitateurs diminuent à mesure qu'on s'éloigne du jour de l'invention, c'est-à-dire à mesure que l'imitation devient moins méritoire... Bientôt la nouvelle industrie arrive à son état normal ; en d'autres termes, la rémunération des imprimeurs n'a plus rien d'exceptionnel, et, comme autrefois celle des scribes, elle n'est plus gouvernée que *par le taux général des profits*. Voilà donc la production, en tant que telle, replacée comme au point de départ. — Cependant l'invention n'en est pas moins acquise ; l'épargne du temps, du travail, de l'effort pour un résultat donné, pour un nombre déterminé d'exemplaires, n'en est pas moins réalisée. Mais comment se manifeste-t-elle ? par le bon marché des livres. Et au profit de qui ? Au profit du consommateur, de la société, de l'humanité. — Les imprimeurs, qui désormais n'ont plus aucun mérite exceptionnel, ne reçoivent pas non plus désormais une rémunération exceptionnelle. Comme hommes, comme consommateurs, ils sont sans doute participants des avantages que l'invention a conférés à la communauté. Mais voilà tout. En tant qu'imprimeurs, en tant que producteurs, ils sont rentrés dans les conditions ordinaires de tous les producteurs du pays. La société les paie pour leur travail, et non pour l'utilité de l'invention. Celle-ci est devenue l'héritage commun et gratuit de l'humanité entière.

J'avoue que la sagesse et la beauté de ces lois me frappent d'admiration et de respect. J'y vois le saint-simonisme : *A chacun selon sa capacité, à chaque capacité selon ses œuvres.* — J'y vois le communisme, c'est-à-dire la tendance des biens à devenir le *commun* héritage des hommes ; — mais un saint-simonisme, un communisme réglés par la prévoyance infinie, et non point abandonnés à la fragilité, aux passions et à l'arbitraire des hommes.

Ce que j'ai dit de l'imprimerie, on peut le dire de tous les instruments de travail, depuis le clou et le marteau jusqu'à la locomotive et au télégraphe électrique. La société jouit de tous par l'abondance de ses consommations, et *elle en jouit gratuitement*, car leur effet est de diminuer le prix des objets ; et toute cette partie du prix qui a été anéantie, laquelle représente bien l'œuvre de l'invention dans la production, rend évidemment le produit *gratuit* dans cette mesure. Il ne reste à payer que le travail humain, le travail actuel, et il se paie, abstraction faite du résultat dû à l'invention, du moins quand elle a parcouru le cycle que je viens de décrire et qu'il est dans sa destinée de parcourir. — J'appelle chez moi un ouvrier, il arrive avec une scie, je lui paie sa journée à deux francs, et il me fait vingt-cinq planches. Si la scie n'eût pas été inventée, il n'en aurait peut-être pas fait une, et je ne lui aurais pas moins payé sa journée. *L'utilité* produite par la scie est donc pour moi un don gratuit de la nature, ou plutôt c'est une portion de l'héritage que j'ai reçu *en commun*, avec tous mes frères, de l'intelligence de nos ancêtres. — J'ai deux ouvriers dans mon champ. L'un tient les manches d'une charrue, l'autre le manche d'une bêche. Le résultat de leur travail est bien différent, mais le prix de la journée est le même, parce que la rémunération ne se proportionne pas à l'utilité produite, mais à l'effort, au travail exigé.

J'invoque la patience du lecteur et je le prie de croire que je n'ai pas perdu de vue la liberté commerciale. Qu'il veuille bien seulement se rappeler la conclusion à laquelle je suis arrivé : *La rémunération ne se proportionne pas aux* UTILITÉS *que le producteur porte sur le marché, mais à son travail* [1].

[1] Il est vrai que le travail ne reçoit pas une rémunération uniforme. Il y en a de plus ou moins intense, dangereux, habile, etc. La concurrence établit pour chaque catégorie un prix courant, et c'est de ce prix variable que je parle.

J'ai pris mes exemples dans les inventions humaines.
Parlons maintenant des avantages naturels.

Dans tout produit, la nature et l'homme concourent. Mais
la part d'utilité qu'y met la nature est toujours gratuite. Il
n'y a que cette portion d'utilité qui est due au travail humain qui fait l'objet de l'échange et par conséquent de la rémunération. Celle-ci varie sans doute beaucoup à raison de
l'intensité du travail, de son habileté, de sa promptitude, de
son à-propos, du besoin qu'on en a, de l'absence momenta-
née de rivalité, etc., etc. Mais il n'en est pas moins vrai, en
principe, que le concours des lois naturelles appartenant à
tous, n'entre pour rien dans le prix du produit.

Nous ne payons pas l'air respirable, quoiqu'il nous soit si
utile que, sans lui, nous ne saurions vivre deux minutes.
Nous ne le payons pas néanmoins, parce que la nature nous
le fournit sans l'intervention d'aucun travail humain. Que si
nous voulons séparer un des gaz qui le composent, par
exemple, pour faire une expérience, il faut nous donner une
peine, ou, si nous la faisons prendre à un autre, il faut lui
sacrifier une peine équivalente que nous aurons mise dans
un autre produit. Par où l'on voit que l'échange s'opère
entre des peines, des efforts, des travaux. Ce n'est véritablement pas le gaz oxygène que je paie, puisqu'il est partout à
ma disposition, mais le travail qu'il a fallu accomplir pour
le dégager, travail qui m'a été épargné et qu'il faut bien que
je restitue. Dira-t-on qu'il y a autre chose à payer, des dépenses, des matériaux, des appareils ? mais encore, dans
ces choses, c'est du travail que je paie. Le prix de la houille
employée représente le travail qu'il a fallu faire pour l'extraire et la transporter.

Nous ne payons pas la lumière du soleil, parce que la
nature nous la prodigue. Mais nous payons celle du gaz, du
suif, de l'huile, de la cire, parce qu'il y a ici un travail humain à rémunérer ; et remarquez que c'est si bien au travail

et non à l'utilité que la rémunération se proportionne, qu'il
peut fort bien arriver qu'un de ces éclairages, quoique
beaucoup plus intense qu'un autre, coûte cependant moins
cher. Il suffit pour cela que la même quantité de travail
humain en fournisse davantage.

Quand le porteur d'eau vient approvisionner ma maison,
si je le payais à raison de l'*utilité absolue* de l'eau, ma fortune n'y suffirait pas. Mais je le paie à raison de la peine
qu'il a prise. S'il exigeait davantage, d'autres la prendraient,
et, en définitive, au besoin, je la prendrais moi-même.
L'eau n'est vraiment pas la matière de notre marché, mais
bien le travail fait à l'occasion de l'eau. Ce point de vue est
si important et les conséquences que j'en vais tirer si lumi-
neuses, quant à la liberté des échanges internationaux, que
je crois devoir élucider encore ma pensée par d'autres
exemples.

La quantité de substance alimentaire contenue dans les
pommes de terre ne nous coûte pas fort cher, parce qu'on
en obtient beaucoup avec peu de travail. Nous payons davantage le froment, parce que, pour le produire, la nature
exige une plus grande somme de travail humain. Il est évident que, si la nature faisait pour celui-ci ce qu'elle fait pour
celles-là, les prix tendraient à se niveler. Il n'est pas possible que le producteur de froment gagne d'une manière permanente beaucoup plus que le producteur de pommes de
terre. La loi de la concurrence s'y oppose.

Si, par un heureux miracle, la fertilité de toutes les terres
arables venait à s'accroître, ce n'est point l'agriculteur, mais
le consommateur qui recueillerait l'avantage de ce phénomène, car il se résoudrait en abondance, en bon marché.
Il y aurait moins de travail incorporé dans chaque hectolitre
de blé, et l'agriculteur ne pourrait l'échanger que contre un
moindre travail incorporé dans tout autre produit. Si, au
contraire, la fécondité du sol venait tout à coup à dimi-

nuer, la part de la nature dans la production serait moindre, celle du travail plus grande, et le produit plus cher. J'ai donc eu raison de dire que c'est dans la consommation, dans l'humanité que viennent se résoudre, à la longue, tous les phénomènes économiques. Tant qu'on n'a pas suivi leurs effets jusque-là, tant qu'on s'arrête aux effets *immédiats*, à ceux qui affectent un homme ou une classe d'hommes, *en tant que producteurs*, on n'est pas économiste ; pas plus que celui-là n'est médecin qui, au lieu de suivre dans tout l'organisme les effets d'un breuvage, se bornerait à observer, pour le juger, comment il affecte le palais ou le gosier.

Les régions tropicales sont très-favorisées pour la production du sucre, du café. Cela veut dire que là nature fait la plus grande partie de la besogne et laisse peu à faire au travail. Mais alors qui recueille les avantages de cette libéralité de la nature ? Ce ne sont point ces régions, car la concurrence les amène à ne recevoir que la rémunération du travail ; mais c'est l'humanité, car le résultat de cette libéralité s'appelle *bon marché*, et le bon marché appartient à tout le monde.

Voici une zone tempérée où la houille, le minerai de fer, sont à la surface du sol, il ne faut que se baisser pour en prendre. D'abord, les habitants profiteront de cette heureuse circonstance, je le veux bien. Mais bientôt, la concurrence s'en mêlant, le prix de la houille et du fer baissera jusqu'à ce que le don de la nature soit gratuitement acquis à tous, et que le travail humain soit seul rémunéré, selon le taux général des profits.

Ainsi les libéralités de la nature, comme les perfectionnements acquis dans les procédés de la production, sont ou tendent sans cesse à devenir, sous la loi de la concurrence, le patrimoine commun et *gratuit* des consommateurs, des masses, de l'humanité. Donc, les pays qui ne possèdent pas

ces avantages ont tout à gagner à échanger avec ceux qui
les possèdent, parce que l'échange s'accomplit entre *travaux*, abstraction faite des utilités naturelles que ces travaux renferment ; et ce sont évidemment les pays les plus
favorisés qui ont incorporé dans un travail donné le plus de
ces *utilités naturelles*. Leurs produits, représentant moins
de travail, sont moins rétribués ; en d'autres termes, ils sont
à *meilleur marché*, et si toute la libéralité de la nature se
résout en *bon marché*, évidemment ce n'est pas le pays producteur, mais le pays consommateur, qui en recueille le
bienfait.

Par où l'on voit l'énorme absurdité de ce pays consommateur, s'il repousse le produit précisément parce qu'il est
à bon marché ; c'est comme s'il disait : « Je ne veux rien
de ce que la nature donne. Vous me demandez un effort
égal à deux pour me donner un produit que je ne puis créer
qu'avec une peine égale à quatre ; vous pouvez le faire,
parce que chez vous la nature a fait la moitié de l'œuvre.
Eh bien ! moi je le repousse, et j'attendrai que votre climat,
devenu plus inclément, vous force à me demander une
peine égale à quatre, afin de traiter avec vous *sur le pied de
l'égalité.* »

A est un pays favorisé, B est un pays maltraité e la nature. Je dis que l'échange est avantageux à tous deux, mais
surtout à B, parce que l'échange ne consiste pas en *utilités*
contre *utilités*, mais en *valeur* contre *valeur*. Or, A met *plus
d'utilités sous la même valeur,* puisque l'utilité du produit
embrasse ce qu'y a mis la nature et ce qu'y a mis le travail,
tandis que la valeur ne correspond qu'à ce qu'y a mis le
travail. — Donc B fait un marché tout à son avantage. En
acquittant au producteur de A simplement son travail, il
reçoit par-dessus le marché plus d'utilités naturelles qu'il
n'en donne.

Posons la règle générale.

Echange, c'est troc de *valeurs ;* la valeur étant réduite,
par la concurrence, à représenter du travail, échange, c'est
troc de travaux égaux. Ce que la nature a fait pour les produits échangés est donné de part et d'autre *gratuitement et
par-dessus le marché*, d'où il suit rigoureusement que les
échanges accomplis avec les pays les plus favorisés de la nature sont les plus avantageux.

La théorie dont j'ai essayé, dans ce chapitre, de tracer
les lignes et les contours demanderait de grands développements. Je ne l'ai envisagée que dans ses rapports avec mon
sujet, la liberté commerciale. Mais peut-être le lecteur attentif y aura-t-il aperçu le germe fécond qui doit dans sa
croissance étouffer au-dessous de lui, avec la protection, le
fouriérisme, le saint-simonisme, le communisme, et toutes
ces écoles qui ont pour objet d'exclure du gouvernement
du monde la loi de la CONCURRENCE. Considérée au point de
vue du producteur, la concurrence froisse sans doute souvent nos intérêts individuels et *immédiats ;* mais, si l'on se
place au point de vue du but général de tous les travaux, du
bien-être universel, en un mot, de la *consommation*, on
trouvera que la concurrence joue, dans le monde moral, le
même rôle que l'équilibre dans le monde matériel. Elle est
le fondement du vrai communisme, du vrai socialisme, de
cette égalité de bien-être et de conditions si désirée de nos
jours ; et si tant de publicistes sincères, tant de réformateurs de bonne foi les demandent à *l'arbitraire*, c'est qu'ils
ne comprennent pas la *liberté* [1].

[1] La théorie esquissée dans ce chapitre est celle qui, quatre ans plus
tard, fut développée dans les *Harmonies économiques*. Rémunération exclusivement réservée au travail humain ; gratuité des agents naturels ;
conquête progressive de ces agents au profit de l'humanité, dont ils deviennent ainsi le patrimoine commun ; élévation du bien-être général et
tendance au nivellement relatif des conditions : on reconnaît là tous

V. — NOS PRODUITS SONT GREVÉS DE TAXES.

C'est le même sophisme. On demande que le produit étranger soit taxé, afin de neutraliser les effets de la taxe qui pèse sur le produit national. Il s'agit donc encore d'égaliser les conditions de la production. Nous n'aurions qu'un mot à dire : c'est que la taxe est un obstacle artificiel qui a exactement le même résultat qu'un obstacle naturel, celui de forcer la hausse du prix. Si cette hausse arrive au point qu'il y ait plus de perte à créer le produit lui-même qu'à le tirer du dehors en en créant la contre-valeur, *laissez faire*. L'intérêt privé saura bien de deux maux choisir le moindre. Je pourrais donc renvoyer le lecteur à la démonstration précédente ; mais le sophisme que j'ai ici à combattre revient si souvent dans les doléances et les requêtes, j'allais dire les sommations de l'école protectioniste, qu'il mérite bien une discussion spéciale.

Si l'on veut parler d'une de ces taxes exceptionnelles qui frappent certains produits, je conviendrai volontiers qu'il est raisonnable d'y soumettre le produit étranger. Par exemple, il serait absurde d'affranchir de l'impôt le sel exotique ; non qu'au point de vue économique la France y perdît rien, au contraire. Quoi qu'on en dise, les principes sont invariables ; et la France y gagnerait, comme elle gagnera toujours à éviter un obstacle naturel ou artificiel. Mais ici l'obstacle a été mis dans un but fiscal. Il faut bien que ce but soit atteint ; et si le sel étranger se vendait sur notre marché, franc de droit, le Trésor ne recouvrerait pas ses cent millions, et il devrait les demander à quelque autre branche de l'impôt. Il y aurait inconséquence évidente à

les éléments essentiels du plus important des travaux de Bastiat.
(Note de l'éditeur.)

créer un obstacle dans un but pour ne pas l'atteindre. Mieux eût valu s'adresser tout d'abord à cet autre impôt, et ne pas taxer le sel français. Voilà dans quelles circonstances j'admets sur le produit étranger un droit *non protecteur*, mais fiscal.

Mais prétendre qu'une nation, parce qu'elle est assujettie à des impôts plus lourds que ceux de la nation voisine, doit se protéger par ses tarifs contre la concurrence de sa rivale, c'est là qu'est le sophisme, et c'est là que j'entends l'attaquer.

J'ai dit plusieurs fois que je n'entends faire que de la théorie, et remonter, autant que j'en suis capable, aux sources des erreurs des protectionistes. Si je faisais de la polémique, je leur dirais : Pourquoi dirigez-vous les tarifs principalement contre l'Angleterre et la Belgique, les pays les plus chargés de taxes qui soient au monde ? Ne suis-je pas autorisé à ne voir dans votre argument qu'un prétexte ? — Mais je ne suis pas de ceux qui croient qu'on est prohibitioniste par intérêt et non par conviction. La doctrine de la protection est trop populaire pour n'être pas sincère. Si le grand nombre avait foi dans la liberté, nous serions libres. Sans doute c'est l'intérêt privé qui grève nos tarifs, mais c'est après avoir agi sur les convictions. « La volonté, dit Pascal, est un des principaux organes de la créance. » Mais la créance n'existe pas moins pour avoir sa racine dans la volonté et dans les secrètes inspirations de l'égoïsme.

Revenons au sophisme tiré de l'impôt.

L'État peut faire des impôts un bon ou un mauvais usage : il en fait un bon usage quand il rend au public des services équivalents à la valeur que le public lui livre. Il en fait mauvais usage quand il dissipe cette valeur sans rien donner en retour.

Dans le premier cas, dire que les taxes placent le pays qui les paie dans des conditions de production plus défavorables que celui qui en est affranchi, c'est un sophisme. — Nous payons vingt millions pour la justice et la police, c'est vrai ; mais nous avons la justice et la police, la sécurité qu'elles nous procurent, le temps qu'elles nous épargnent ; et il est très-probable que la production n'est ni plus facile ni plus active parmi les peuples, s'il en est, où chacun se fait justice soi-même.. — Nous payons plusieurs centaines de millions pour des routes, des ponts, des ports, des chemins de fer : j'en conviens. Mais nous avons ces chemins, ces ports, ces routes ; et à moins de prétendre que nous faisons une mauvaise affaire en les établissant, on ne peut pas dire qu'ils nous rendent inférieurs aux peuples qui ne supportent pas, il est vrai, de budget de travaux publics, mais qui n'ont pas non plus de travaux publics. — Et ceci explique pourquoi, tout en accusant l'impôt d'être une cause d'infériorité industrielle, nous dirigeons nos tarifs précisément contre les nations qui sont les plus imposées. C'est que les taxes, bien employées, loin de les détériorer, ont amélioré les *conditions de production* de ces peuples. Ainsi, nous arrivons toujours à cette conclusion, que les sophismes protectionistes ne s'écartent pas seulement du vrai, mais sont le contraire, l'antipode de la vérité [1].

Quant aux impôts qui sont improductifs, supprimez-les, si vous pouvez ; mais la plus étrange manière qu'on puisse imaginer d'en neutraliser les effets, c'est assurément d'ajouter aux taxes publiques des taxes individuelles. Grand merci de la compensation ! L'État nous a trop taxés, dites-vous. Eh ! raison de plus pour ne pas nous taxer encore les uns les autres !

Un droit protecteur est une taxe dirigée contre le produit étranger, mais qui retombe, ne l'oublions jamais, sur le consommateur national. Or le consommateur, c'est le

---

[1] Voir *Harmonies*, ch. XVII.   (*Note de l'éditeur.*)

contribuable. Et n'est-ce pas un plaisant langage à lui tenir
que de lui dire : « Parce que les impôts sont lourds, nous
élèverons pour toi le prix de toutes choses ; parce que l'État
prend une partie de ton revenu, nous en livrerons une autre
partie au monopole ? »

Mais pénétrons plus avant dans un sophisme si accrédité
parmi nos législateurs, quoiqu'il soit assez extraordinaire
que ce soient précisément ceux qui maintiennent les impôts
improductifs (c'est notre hypothèse actuelle) qui leur attribuent notre prétendue infériorité industrielle, pour la racheter ensuite par d'autres impôts et d'autres entraves.

Il me semble évident que la protection aurait pu, sans
changer de nature et d'effets, prendre la forme d'une taxe
directe prélevée par l'État et distribuée en primes indemni-
taires aux industries privilégiées.

Admettons que le fer étranger puisse se vendre sur notre
marché à 8 francs et non plus bas, le fer français à 12 francs
et non au-dessous.

Dans cette hypothèse, il y a pour l'État deux manières
d'assurer le marché national au producteur.

La première, c'est de frapper le fer étranger d'un droit
de 5 francs. Il est clair qu'il sera exclu, puisqu'il ne pourrait plus se vendre qu'à 13 francs, savoir : 8 francs pour le
prix de revient et 5 francs pour la taxe, et qu'à ce prix il
sera chassé du marché par le fer français, que nous avons
supposé être de 12 francs. Dans ce cas, l'acheteur, le consommateur aura fait tous les frais de la protection.

L'État aurait pu encore imposer au public une taxe
de 5 francs et la donner en prime au maître de forge.
L'effet protecteur eût été le même. Le fer étranger eût
été également exclu ; car notre maître de forge aurait
vendu à 7 francs, ce qui, avec les 5 francs de prime, lui ferait son prix rémunérateur de 12 francs. Mais en présence
du fer à 7 francs, l'étranger ne pourrait livrer le sien à 8.

Je ne puis voir entre ces deux systèmes qu'une seule différence : le principe est le même, l'effet est le même ; seulement dans un cas la protection est payée par quelques-uns, dans l'autre par tous.

J'avoue franchement ma prédilection pour le second système. Il me semble plus juste, plus économique et plus loyal : plus juste, parce que si la société veut faire des largesses à quelques-uns de ses membres, il faut que tous y contribuent ; plus économique, parce qu'il épargnerait beaucoup de frais de perception, et ferait disparaître beaucoup d'entraves ; plus loyal enfin, parce que le public verrait clair dans l'opération et saurait ce qu'on lui fait faire.

Mais si le système protecteur eût pris cette forme, ne serait-ce pas une chose assez risible que d'entendre dire : « Nous payons de lourdes taxes pour l'armée, la marine, la justice, les travaux publics, l'université, la dette, etc. ; cela passe un milliard. C'est pourquoi il serait bon que l'État nous prît encore un autre milliard pour soulager ces pauvres maîtres de forges, ces pauvres actionnaires d'Anzin, ces malheureux propriétaires de forêts, ces utiles pêcheurs de morue. »

Qu'on y regarde de près, et l'on s'assurera que c'est à cela que se réduit la portée du sophisme que je combats. Vous avez beau faire, messieurs, vous ne pouvez *donner de l'argent* aux uns qu'en le prenant aux autres. Si vous voulez absolument épuiser le contribuable, à la bonne heure ; mais au moins ne le raillez pas, et ne venez pas lui dire : « Je te prends pour compenser ce que je t'ai déjà pris. »

On ne finirait pas si l'on voulait relever tout ce qu'il y a de faux dans ce sophisme. Je me bornerai à trois considérations.

Vous vous prévalez de ce que la France est accablée de taxes, pour en induire qu'il faut protéger telle ou telle industrie. — Mais ces taxes, nous avons à les payer malgré la protection. Si donc une industrie se présente et dit : « Je participe au paiement des taxes ; cela élève le prix de revient de mes produits, et je demande qu'un droit protecteur en élève aussi le prix vénal, » que demande-t-elle autre chose, si ce n'est de se décharger de la taxe sur le reste de la communauté ? Sa prétention est de recouvrer, par l'élévation du prix de ses produits, le montant de sa part de taxes. Or, le total des impôts devant toujours rentrer au Trésor, et la masse ayant à supporter cette élévation de prix, elle paie sa taxe et celle de cette industrie. — Mais, dites-vous, on protégera tout le monde. — D'abord cela est impossible ; et, cela fût-il possible, où serait le soulagement ? Je paierai pour vous, vous paierez pour moi ; mais il ne faudra pas moins que la taxe se paie.

Ainsi, vous êtes dupes d'une illusion. Vous voulez payer des taxes pour avoir une armée, une marine, un culte, une université, des juges, des routes, etc., et ensuite vous voulez affranchir de sa part de taxes d'abord une industrie, puis une seconde, puis une troisième, toujours en en répartissant le fardeau sur la masse. Mais vous ne faites rien que créer des complications interminables, sans autre résultat que ces complications elles-mêmes. Prouvez-moi que l'élévation du prix due à la protection retombe sur l'étranger, et je pourrai voir dans votre argument quelque chose de spécieux. Mais s'il est vrai que le public français payait la taxe avant la loi et qu'après la loi il paie à la fois et la protection et la taxe, en vérité, je ne puis voir ce qu'il y gagne.

Mais je vais bien plus loin : je dis que, plus nos impôts sont lourds, plus nous devons nous empresser d'ouvrir nos ports et nos frontières à l'étranger moins grevé que nous. Et pourquoi ? Pour lui repasser une plus grande partie de notre fardeau. N'est-ce point un axiome incontestable en économie politique, que les impôts, à la longue, retombent

sur le consommateur.? Plus donc nos échanges seront multipliés, plus les consommateurs étrangers nous rembourse-
ront de taxes incorporées dans les produits que nous leur
vendrons ; tandis que nous n'aurions à leur faire, à cet
égard, qu'une moindre restitution, puisque, d'après notre
hypothèse, leurs produits sont moins grevés que les nôtres.

Enfin, ces lourds impôts dont vous arguez pour justifier
le régime prohibitif, vous êtes-vous jamais demandé si ce
n'est pas ce régime qui les occasionne ? Je voudrais bien
qu'on me dit à quoi serviraient les grandes armées permanentes et les puissantes marines militaires si le commerce
était libre .... Mais ceci regarde les hommes politiques ;

> Et ne confondons pas, pour trop approfondir,
> Leurs affaires avec les nôtres [1].

VI. — BALANCE DU COMMERCE.

Nos adversaires ont adopté une tactique qui ne laisse pas
que de nous embarrasser. Établissons-nous notre doctrine ?
ils l'admettent le plus respectueusement possible. Atta-
quons-nous leur principe ? ils l'abandonnent de la meilleure
grâce du monde ; ils ne demandent qu'une chose, c'est que
notre doctrine, qu'ils tiennent pour vraie, soit reléguée dans
les livres, et que leur principe, qu'ils reconnaissent vicieux,
règne dans la pratique des affaires. Cédez-leur le maniement
des tarifs, et ils ne vous disputeront pas le domaine de la
théorie.

« Assurément, disait dernièrement M. Gauthier de Rumilly, personne de nous ne veut ressusciter les vieilles
théories de la balance du commerce. » — Fort bien ; mais,
monsieur Gauthier, ce n'est pas tout que de donner en pas-

---

[1] Voir, au tome V, le pamphlet *Paix et Liberté.*
                                (*Note de l'éditeur.*)

sant un soufflet à l'erreur : il faudrait encore ne pas raisonner, immédiatement après, et deux heures durant, comme
si cette erreur était une vérité.

Parlez-moi de M. Lestiboudois. Voilà un raisonneur conséquent, un argumentateur logicien. Il n'y a rien dans ses
conclusions qui ne soit dans ses prémisses : il ne demande
rien à la pratique qu'il ne justifie par une théorie. Son principe peut être faux, c'est là la question. Mais enfin il a un
principe. Il croit, il proclame tout haut que, si la France
donne dix pour recevoir quinze, elle perd cinq, et il est tout
simple qu'il fasse des lois en conséquence.

« Ce qu'il y a d'important, dit-il, c'est qu'incessamment
le chiffre de l'importation va en augmentant et dépasse le
chiffre de l'exportation, c'est-à-dire que tous les ans la
France achète plus de produits étrangers et vend moins de
produits nationaux. Les chiffres en font foi. Que voyons-
nous ? en 1842, nous voyons l'importation dépasser de
200 millions l'exportation. Ces faits me semblent prouver,
de la manière la plus nette, que le travail national *n'est pas
suffisamment protégé*, que nous chargeons le travail étranger
de notre approvisionnement, que la concurrence de nos rivaux *opprime* notre industrie. La loi actuelle me semble
être une consécration de ce fait, qu'il n'est pas vrai, ainsi
que l'ont déclaré les économistes, que, quand on achète, on
vend nécessairement une portion correspondante de marchandises. Il est évident qu'on peut acheter, non avec ses
produits habituels, non avec son revenu, non avec les fruits
du travail permanent, mais avec son capital, avec les produits accumulés, économisés, ceux qui servent à la reproduction, c'est-à-dire qu'on peut dépenser, dissiper les profits des économies antérieures, qu'on peut s'appauvrir, qu'on
peut marcher à sa ruine, qu'on peut consommer entièrement
le capital national. *C'est précisément ce que nous faisons.
Tous les ans nous donnons 200 millions à l'étranger.* »

Eh bien, voilà un homme avec lequel on peut s'entendre. Il n'y a pas d'hypocrisie dans ce langage. La balance du commerce y est avouée tout net. La France importe 200 millions de plus qu'elle n'exporte. Donc, la France perd 200 millions par an. — Et le remède? C'est d'empêcher les importations. La conclusion est irréprochable.

C'est donc à M. Lestiboudois que nous allons nous attaquer, car comment lutter avec M. Gauthier? Si vous lui dites : La balance du commerce est une erreur, il vous répondra : C'est ce que j'ai avancé dans mon exorde. Si vous lui criez : Mais la balance du commerce est une vérité, il vous dira : C'est ce que j'ai consigné dans mes conclusions.

L'école économiste me blâmera sans doute d'argumenter avec M. Lestiboudois. Combattre la balance du commerce, me dira-t-on, c'est combattre un moulin à vent.

Mais, prenez-y garde, la balance du commerce n'est ni si vieille, ni si malade, ni si morte que veut bien le dire M. Gauthier ; car toute la Chambre, y compris M. Gauthier lui-même, s'est associée par ses votes à la théorie de M. Lestiboudois.

Cependant, pour ne pas fatiguer le lecteur, je n'approfondirai pas cette théorie. Je me contenterai de la soumettre à l'épreuve des faits.

On accuse sans cesse nos principes de n'être bons qu'en théorie. Mais, dites-moi, messieurs, croyez-vous que les livres des négociants soient bons en pratique ? Il me semble que, s'il y a quelque chose au monde qui ait une autorité pratique, quand il s'agit de constater des pertes et des profits, c'est la comptabilité commerciale. Apparemment tous les négociants de la terre ne s'entendent pas depuis des siècles pour tenir leurs livres de telle façon qu'ils leur présentent les bénéfices comme des pertes, et les pertes comme des bénéfices. En vérité, j'aimerais mieux croire que M. Lestiboudois est un mauvais économiste.

Or, un négociant de mes amis, ayant fait deux opérations dont les résultats ont été fort différents, j'ai été curieux de comparer à ce sujet la comptabilité du comptoir à celle de la douane, interprétée par M. Lestiboudois avec la sanction de nos six cents législateurs.

M. T.... expédia du Havre un bâtiment pour les États-Unis, chargé de marchandises françaises, et principalement de celles qu'on nomme *articles de Paris*, montant à 200,000 fr. Ce fut le chiffre déclaré en douane. Arrivée à la Nouvelle-Orléans, il se trouva que la cargaison avait fait 10 p. 0/0 de frais et acquitté 30 p. 0/0 de droits, ce qui la faisait ressortir à 280,000 fr. Elle fut vendue avec 20 p. 0/0 de bénéfice, soit 40,000 fr., et produisit au total 320,000 fr., que le consignataire convertit en coton. Ces cotons eurent encore à supporter, pour le transport, assurances, commission, etc., 10 p. 0/0 de frais : en sorte qu'au moment où elle entra au Havre, la nouvelle cargaison, revenait à 352,000 fr., et ce fut le chiffre consigné dans les états de la douane. Enfin, M. T... réalisa encore, sur ce retour, 20 p. 0/0 de profit, soit 70,400 fr. ; en d'autres termes, les cotons se vendirent 422,400 fr.

Si M. Lestiboudois l'exige, je lui enverrai un extrait des livres de M. T... Il y verra figurer *au crédit* du compte de *profits et pertes*, c'est-à-dire comme bénéfices, deux articles, l'un de 40,000, l'autre de 70,400 fr., et M. T... est bien persuadé qu'à cet égard sa comptabilité ne le trompe pas.

Cependant, que disent à M. Lestiboudois les chiffres que la douane a recueillis sur cette opération? Ils lui apprennent que la France a exporté 200,000 fr. et qu'elle a importé 352,000 fr. ; d'où l'honorable député conclut « *qu'elle a dépensé et dissipé les profits de ses économies antérieures, qu'elle s'est appauvrie, qu'elle a marché vers sa ruine, qu'elle a donné à l'étranger* 152,000 fr. *de son capital.* »

Quelque temps après, M. T... expédia un autre navire

également chargé de 200,000 fr. de produits de notre travail national. Mais le malheureux bâtiment sombra en sortant du port, et il ne resta autre chose à faire à M. T... que d'inscrire sur ses livres deux petits articles ainsi formulés :

Marchandises diverses doivent à X fr. 200,000 pour achats de différents objets expédiés par le navire N.

Profits et pertes doivent à marchandises diverses fr. 200,000 *pour perte définitive et totale* de la cargaison.

Pendant ce temps-là, la douane inscrivait de son côté fr. 200,000 sur son tableau d'*exportations ;* et comme elle n'aura jamais rien à faire figurer en regard sur le tableau des *importations*, il s'ensuit que M. Lestiboudois et la Chambre verront dans ce naufrage *un profit clair et net* de 200,000 fr. pour la France.

Il y a encore cette conséquence à tirer de là, c'est que, selon la théorie de la balance du commerce, la France a un moyen tout simple de doubler à chaque instant ses capitaux. Il suffit pour cela qu'après les avoir fait passer par la douane, elle les jette à la mer. En ce cas, les exportations seront égales au montant de ses capitaux; les importations seront nulles et même impossibles, et nous gagnerons tout ce que l'Océan aura englouti.

C'est une plaisanterie, diront les protectionistes. Il est impossible que nous disions de pareilles absurdités. — Vous les dites pourtant, et, qui plus est, vous les réalisez, vous les imposez pratiquement à vos concitoyens, autant du moins que cela dépend de vous.

La vérité est qu'il faudrait prendre la balance du commerce *au rebours*, et calculer le profit national, dans le commerce extérieur, par l'excédant des importations sur les exportations. Cet excédant, les frais déduits, forme le bénéfice réel. Mais cette théorie, qui est la vraie, mène directement à la liberté des échanges. — Cette théorie, messieurs, je vous la livre comme toutes celles qui ont fait le sujet des précédents chapitres. Exagérez-la tant que vous voudrez, elle n'a rien à redouter de cette épreuve. Supposez, si cela vous amuse, que l'étranger nous inonde de toutes sortes de marchandises utiles, sans nous rien demander; que nos importations sont *infinies* et nos exportations *nulles*, je vous défie de me prouver que nous en serons plus pauvres [1].

VII. — PÉTITION

DES FABRICANTS DE CHANDELLES, BOUGIES, LAMPES, CHANDELIERS, RÉVERBÈRES, MOUCHETTES, ÉTEIGNOIRS, ET DES PRODUCTEURS DE SUIF, HUILE, RÉSINE, ALCOOL, ET GÉNÉRALEMENT DE TOUT CE QUI CONCERNE L'ÉCLAIRAGE.

A MM. les membres de la chambre des députés.

« MESSIEURS,

« Vous êtes dans la bonne voie. Vous repoussez les théories abstraites; l'abondance, le bon marché vous touchent peu. Vous vous préoccupez surtout du sort du producteur. Vous le voulez affranchir de la concurrence extérieure, en un mot, vous voulez réserver le *marché national* au *travail national.*

« Nous venons vous offrir une admirable occasion d'appliquer votre... comment dirons-nous? votre théorie? non, rien n'est plus trompeur que la théorie; votre doctrine? votre système? votre principe? mais vous n'aimez pas les doctrines, vous avez horreur des systèmes, et, quant aux principes, vous déclarez qu'il n'y en a pas en économie so-

---

[1] En mars 1850, l'auteur fut encore obligé de combattre le même sophisme, qu'il entendit produire à la tribune nationale. Il rectifia la démonstration précédente en excluant de ses calculs les frais de transport, etc. Voir la fin du tome V. *(Note de l'éditeur.)*

ciale; nous dirons donc votre pratique, votre pratique sans
théorie et sans principe.

« Nous subissons l'intolérable concurrence d'un rival
étranger placé, à ce qu'il paraît, dans des conditions tellement supérieures aux nôtres, pour la production de la lumière, qu'il en *inonde* notre *marché national* à un prix fabu-
leusement réduit; car, aussitôt qu'il se montre, notre vente
cesse, tous les consommateurs s'adressent à lui, et une
branche d'industrie française, dont les ramifications sont
innombrables, est tout à coup frappée de la stagnation la
plus complète. Ce rival, qui n'est autre que le soleil, nous
fait une guerre si acharnée, que nous soupçonnons qu'il
nous est suscité par la perfide Albion (bonne diplomatie par
le temps qui court!), d'autant qu'il a pour cette île orgueilleuse des ménagements dont il se dispense envers nous.

« Nous demandons qu'il vous plaise de faire une loi qui
ordonne la fermeture de toutes fenêtres, lucarnes, abat-
jour, contre-vents, volets, rideaux, vasistas, œils-de-bœuf,
stores, en un mot, de toutes ouvertures, trous, fentes et fis-
sures par lesquelles la lumière du soleil a coutume de pénétrer dans les maisons, au préjudice des belles industries
dont nous nous flattons d'avoir doté le pays, qui ne saurait
sans ingratitude nous abandonner aujourd'hui à une lutte si
inégale.

« Veuillez, messieurs les députés, ne pas prendre notre
demande pour une satire, et ne la repoussez pas du moins
sans écouter les raisons que nous avons à faire valoir à
l'appui.

« Et d'abord, si vous fermez, autant que possible tout
accès à la lumière naturelle, si vous créez ainsi le besoin de
lumière artificielle, quelle est en France l'industrie qui, de
proche en proche, ne sera pas encouragée?

« S'il se consomme plus de suif, il faudra plus de bœufs
et de moutons, et, par suite, on verra se multiplier les

prairies artificielles, la viande, la laine, le cuir, et surtout les engrais, cette base de toute richesse agricole..

« S'il se consomme plus d'huile, on verra s'étendre la culture du pavot, de l'olivier, du colza. Ces plantes riches et épuisantes viendront à propos mettre à profit cette fertilité que l'élève des bestiaux aura communiquée à notre territoire.

« Nos landes se couvriront d'arbres résineux. De nombreux essaims d'abeilles recueilleront sur nos montagnes des trésors parfumés qui s'évaporent aujourd'hui sans utilité, comme les fleurs d'où ils émanent. Il n'est donc pas une branche d'agriculture qui ne prenne un grand développement.

« Il en est de même de la navigation : des milliers de vaisseaux iront à la pêche de la baleine, et dans peu de temps nous aurons une marine capable de soutenir l'honneur de la France et de répondre à la patriotique susceptibilité des pétitionnaires soussignés, marchands de chandelles, etc.

« Mais, que dirons-nous de l'*article Paris?* Voyez d'ici les dorures, les bronzes, les cristaux en chandeliers, en lampes, en lustres, en candélabres, briller dans de spacieux magasins, auprès desquels ceux d'aujourd'hui ne sont que des boutiques.

« Il n'est pas jusqu'au pauvre résinier, au sommet de sa dune, ou au triste mineur, au fond de sa noire galerie, qui ne voie augmenter son salaire et son bien-être.

« Veuillez y réfléchir, messieurs; et vous resterez convaincus qu'il n'est peut-être pas un Français, depuis l'opulent actionnaire d'Anzin jusqu'au plus humble débitant d'allumettes, dont le succès de notre demande n'améliore la condition.

« Nous prévoyons vos objections, messieurs; mais vous ne nous en opposerez pas une seule que vous n'alliez la ramasser dans les livres usés des partisans de la liberté commerciale. Nous osons vous mettre au défi de prononcer un mot contre nous qui ne se retourne à l'instant contre vous-mêmes et contre le principe qui dirige toute votre politique.

« Nous direz-vous que, si nous gagnons à cette protection, la France n'y gagnera point, parce que le consommateur en fera les frais?

« Nous vous répondrons :

« Vous n'avez plus le droit d'invoquer les intérêts du consommateur. Quand il s'est trouvé aux prises avec le producteur, en toutes circonstances vous l'avez sacrifié. — Vous l'avez fait pour *encourager le travail*, pour *accroître le domaine du travail*. Par le même motif, vous devez le faire encore..

« Vous avez été vous-mêmes au-devant de l'objection. Lorsqu'on vous disait : le consommateur est intéressé à la libre introduction du fer, de la houille, du sésame, du froment, des tissus. — Oui, disiez-vous, mais le producteur est intéressé à leur exclusion. — Eh bien, si les consommateurs sont intéressés à l'admission de la lumière naturelle, les producteurs le sont à son interdiction.

« Mais, disiez-vous encore, le producteur et le consommateur ne font qu'un. Si le fabricant gagne par la protection, il fera gagner l'agriculteur. Si l'agriculture prospère, elle ouvrira des débouchés aux fabriques. — Eh bien! si vous nous conférez le monopole de l'éclairage pendant le jour, d'abord nous achèterons beaucoup de suifs, de charbons, d'huiles, de résines, de cire, d'alcool, d'argent, de fer, de bronzes, de cristaux, pour alimenter notre industrie, et, de plus, nous et nos nombreux fournisseurs, devenus riches, nous consommerons beaucoup et répandrons l'aisance dans toutes les branches du travail national.

« Direz-vous que la lumière du soleil est un don gratuit,

et que repousser des dons gratuits, ce serait repousser la richesse même sous prétexte d'encourager les moyens de
l'acquérir ?

« Mais prenez garde que vous portez la mort dans le
cœur de votre politique ; prenez garde que jusqu'ici vous
avez toujours repoussé le produit étranger *parce qu'il* se
rapproche du don gratuit, et *d'autant plus* qu'il se rapproche du don gratuit. Pour obtempérer aux exigences des
autres monopoleurs, vous n'aviez qu'un *demi-motif;* pour
accueillir notre demande, vous avez un *motif complet*, et
nous repousser précisément en vous *fondant* sur ce que
nous sommes plus *fondés* que les autres, ce serait poser l'é-
quation : $+ \times + = -$; en d'autres termes, ce serait entasser *absurdité* sur *absurdité*.

« Le travail et la nature concourent en proportions diverses, selon les pays et les climats, à la création d'un produit.
La part qu'y met la nature est toujours gratuite ; c'est la
part du travail qui en fait la valeur et se paie.

« Si une orange de Lisbonne se vend à moitié prix d'une
orange de Paris, c'est qu'une chaleur naturelle et par conséquent gratuite fait pour l'une ce que l'autre doit à une
chaleur artificielle et partant coûteuse.

« Donc, quand une orange nous arrive de Portugal, on
peut dire qu'elle nous est donnée moitié gratuitement, moitié à titre onéreux, ou, en d'autres termes, à *moitié prix*
relativement à celle de Paris.

« Or, c'est précisément de cette *demi-gratuité* (pardon du
mot) que vous arguez pour l'exclure. Vous dites : Comment
le travail national pourrait-il soutenir la concurrence du
travail étranger quand celui-là a tout à faire, et que celui-ci
n'a à accomplir que la moitié de la besogne, le soleil se
chargeant du reste ? — Mais si la *demi-gratuité* vous détermine à repousser la concurrence, comment la *gratuité* entière vous porterait-elle à admettre la concurrence ? Ou vous

n'êtes pas logiciens, ou vous devez, repoussant la demi-gratuité comme nuisible à notre travail national, repousser *à fortiori* et avec deux fois plus de zèle la gratuité entière.

« Encore une fois, quand un produit, houille, fer, froment ou tissu, nous vient du dehors et que nous pouvons l'acquérir avec moins de travail que si nous le faisions nous-mêmes, la différence est un *don gratuit* qui nous est conféré. Ce don est plus ou moins considérable, selon que la différence est plus ou moins grande. Il est du quart, de moitié, des trois quarts de la valeur du produit, si l'étranger ne nous demande que les trois quarts, la moitié, le quart du paiement. Il est aussi complet qu'il puisse l'être, quand le donateur, comme fait le soleil pour la lumière, ne nous demande rien. La question, et nous la posons formellement, est de savoir si vous voulez pour la France le bénéfice de la consommation gratuite ou les prétendus avantages de la production onéreuse. Choisissez, mais soyez logiques ; car, tant que vous repousserez, comme vous le faites, la houille, le fer, le froment, les tissus étrangers, *en proportion* de ce que leur prix se rapproche de *zéro*, quelle inconséquence ne serait-ce pas d'admettre la lumière du soleil, dont le prix est à *zéro*, pendant toute la journée ? »

VIII. — DROITS DIFFÉRENTIELS.

Un pauvre cultivateur de la Gironde avait élevé avec amour un plant de vigne. Après bien des fatigues et des travaux, il eut enfin le bonheur de recueillir une pièce de vin, et il oublia que chaque goutte de ce précieux nectar avait coûté à son front une goutte de sueur. « — Je le vendrai, dit-il à sa femme, et avec le prix j'achèterai du fil dont tu feras le trousseau de notre fille. — L'honnête campagnard se rend à la ville, il rencontre un Belge et un Anglais. Le

Belge lui dit : Donnez-moi votre pièce de vin, et je vous donnerai en échange quinze paquets de fil. L'Anglais dit : Donnez-moi votre vin, et je vous donnerai vingt paquets de fil ; car nous autres Anglais, nous filons à meilleur marché que les Belges. Mais un douanier qui se trouvait là dit : Brave homme, échangez avec le Belge, si vous le trouvez bon, mais je suis chargé de vous empêcher d'échanger avec l'Anglais. Quoi ! dit le campagnard, vous voulez que je me contente de quinze paquets de fil venus de Bruxelles, quand je puis en avoir vingt venus de Manchester ? — Certainement ; ne voyez-vous pas que la France perdrait si vous receviez vingt paquets, au lieu de quinze ? — J'ai peine à le comprendre, dit le vigneron. — Et moi à l'expliquer, repartit le douanier ; mais la chose est sûre : car tous les députés, ministres et gazetiers sont d'accord sur ce point, que plus un peuple reçoit en échange d'une quantité donnée de ses produits, plus il s'appauvrit. » Il fallut conclure avec le Belge. La fille du campagnard n'eut que les trois quarts de son trousseau, et ces braves gens en sont encore à se demander comment il se fait qu'on se ruine en recevant quatre au lieu de trois, et pourquoi on est plus riche avec trois douzaines de serviettes qu'avec quatre douzaines.

IX. — IMMENSE DÉCOUVERTE !!!

Au moment où tous les esprits sont occupés à chercher des économies sur les moyens de transport ;

Au moment où, pour réaliser ces économies, on nivelle les routes, on canalise les rivières, on perfectionne les bateaux à vapeur, on relie à Paris toutes nos frontières par une étoile de fer, par des systèmes de traction atmosphériques, hydrauliques, pneumatiques, électriques, etc. ;

Au moment enfin où je dois croire que chacun cherche avec ardeur et sincérité la solution de ce problème :

« *Faire que le prix des choses, au lieu de consommation, se rapproche autant que possible du prix qu'elles ont aux lieux de production ;* »

Je me croirais coupable envers mon pays, envers mon siècle et envers moi-même, si je tenais plus longtemps secrète la découverte merveilleuse que je viens de faire.

Car les illusions de l'inventeur ont beau être proverbiales, j'ai la certitude la plus complète d'avoir trouvé un moyen infaillible pour que les produits du monde entier arrivent en France, et réciproquement, avec une réduction de prix considérable.

Infaillible ! et ce n'est encore qu'un des avantages de mon étonnante invention.

Elle n'exige ni plans, ni devis, ni études préparatoires, ni ingénieurs, ni machinistes, ni entrepreneurs, ni capitaux, ni actionnaires, ni secours du gouvernement !

Elle ne présente aucun danger de naufrages, d'explosions, de chocs, d'incendie, de déraillement !

Elle peut être mise en pratique du jour au lendemain !

Enfin, et ceci la recommandera sans doute au public, elle ne grèvera pas d'un centime le budget ; au contraire. — Elle n'augmentera pas le cadre des fonctionnaires et les exigences de la bureaucratie ; au contraire. — Elle ne coûtera à personne sa liberté ; au contraire.

Ce n'est pas le hasard qui m'a mis en possession de ma découverte, c'est l'observation. Je dois dire ici comment j'y ai été conduit.

J'avais donc cette question à résoudre :

« Pourquoi une chose faite à Bruxelles, par exemple, coûte-t-elle plus cher quand elle est arrivée à Paris ? »

Or, je n'ai pas tardé à m'apercevoir que cela provient de ce qu'il existe entre Paris et Bruxelles des *obstacles* de plusieurs sortes. C'est d'abord la *distance* ; on ne peut la franchir sans peine, sans perte de temps ; et il faut bien s'y soumettre soi-même ou payer pour qu'un autre s'y soumette. Viennent ensuite des rivières, des marais, des accidents de terrain, de la boue : ce sont autant de *difficultés* à surmonter. On y parvient en construisant des chaussées, en bâtissant des ponts, en perçant des routes, en diminuant leur résistance par des pavés, des bandes de fer, etc. Mais tout cela coûte, et il faut que l'objet transporté supporte sa part des frais. Il y a encore des voleurs sur les routes, ce qui exige une gendarmerie, une police, etc.

Or, parmi ces *obstacles*, il en est un que nous avons jeté nous-mêmes, et à grands frais, entre Bruxelles et Paris. Ce sont des hommes embusqués le long de la frontière, armés jusqu'aux dents et chargés d'opposer des *difficultés* au transport des marchandises d'un pays à l'autre. On les appelle *douaniers*. Ils agissent exactement dans le même sens que la boue et les ornières. Ils retardent, ils entravent, ils contribuent à cette différence que nous avons remarquée entre le prix de production et le prix de consommation, différence que notre problème est de réduire le plus possible.

Et voilà le problème résolu. Diminuez le tarif.

— Vous aurez fait le chemin de fer du Nord sans qu'il vous en ait rien coûté. Loin de là, vous épargnerez de gros traitements, et vous commencerez dès le premier jour par mettre un capital dans votre poche.

Vraiment, je me demande comment il a pu entrer assez de bizarrerie dans nos cervelles pour nous déterminer à payer beaucoup de millions dans l'objet de détruire les *obstacles naturels* qui s'interposent entre la France et l'étranger, et en même temps à payer beaucoup d'autres millions pour y substituer des *obstacles artificiels* qui ont exactement les mêmes effets, en sorte que, l'obstacle créé et l'obstacle détruit se neutralisant, les choses vont comme devant, et le résidu de l'opération est une double dépense.

Un produit belge vaut à Bruxelles 20 fr., et, rendu à Paris, 30, à cause des frais de transport. Le produit similaire d'industrie parisienne vaut 40 fr., Que faisons-nous ?

D'abord nous mettons un droit d'au moins 10 fr., sur le produit belge, afin d'élever son prix de revient à Paris à 40 fr., et nous payons de nombreux surveillants pour qu'il n'échappe pas à ce droit, en sorte que dans le trajet il est chargé de 10 fr., pour le transport et 10 fr., pour la taxe.

Cela fait, nous raisonnons ainsi : ce transport de Bruxelles à Paris, qui coûte 10 fr., est bien cher. Dépensons deux ou trois cents millions en rail-ways, et nous le réduirons de moitié. — Évidemment, tout ce que nous aurons obtenu, c'est que le produit belge se vendra à Paris 35 fr., savoir :

20 fr. son prix de Bruxelles.

10 — droit.

5 — port réduit par le chemin de fer.

_____

35 fr. total, ou prix de revient à Paris.

Eh ! n'aurions-nous pas atteint le même résultat en abaissant le tarif à 5 fr. ? Nous aurions alors :

20 fr. prix de Bruxelles.

5 — droit réduit.

10 — port par les routes ordinaires.

_____

35 fr. total, ou prix de revient à Paris.

Et ce procédé nous eût épargné 200 millions que coûte le chemin de fer, plus les frais de surveillance douanière, car ils doivent diminuer à mesure que diminue l'encouragement à la contrebande.

Mais, dit-on, le droit est nécessaire pour protéger l'industrie parisienne. — Soit ; mais alors n'en détruisez pas l'effet par votre chemin de fer.

Car, si vous persistez à vouloir que le produit belge revienne, comme celui de Paris, à 40 fr., il vous faudra porter le droit à 15 fr. pour avoir :

20 fr. prix de Bruxelles.

15 — droit protecteur.

5 — port par le chemin de fer.

40 fr. total à prix égalisés.

Alors je demande quelle est, sous ce rapport, l'utilité du chemin de fer.

Franchement, n'y a-t-il pas quelque chose d'humiliant pour le dix-neuvième siècle d'apprêter aux âges futurs le spectacle de pareilles puérilités pratiquées avec un sérieux imperturbable ? Être dupe d'autrui n'est pas déjà très-plaisant ; mais employer le vaste appareil représentatif à se duper soi-même, à se duper doublement, et dans une affaire de numération, voilà qui est bien propre à rabattre un peu l'orgueil du *siècle des lumières*.

X. — RÉCIPROCITÉ.

Nous venons de voir que tout ce qui, dans le trajet, rend le transport onéreux, agit dans le sens de la protection, ou, si on l'aime mieux, que la protection agit dans le sens de tout ce qui rend le transport onéreux.

Il est donc vrai de dire qu'un tarif est un marais, une ornière, une lacune, une pente roide, en un mot, un *obstacle* dont l'effet se résout à augmenter la différence du prix de consommation au prix de production. Il est de même incontestable qu'un marais, une fondrière, sont de véritables tarifs protecteurs.

Il y a des gens (en petit nombre, il est vrai, mais il y en a) qui commencent à comprendre que les obstacles, pour être artificiels, n'en sont pas moins des obstacles, et que notre bien-être a plus à gagner à la liberté qu'à la protection, précisément par la même raison qui fait qu'un canal lui est plus favorable qu'un « chemin sablonneux, montant et malaisé. »

Mais, disent-ils, il faut que cette liberté soit réciproque. Si nous abaissions nos barrières devant l'Espagne, sans que l'Espagne les abaissât devant nous, évidemment nous serions dupes. Faisons donc des *traités de commerce* sur la base d'une juste réciprocité, concédons pour qu'on nous concède, faisons le *sacrifice* d'acheter pour obtenir l'avantage de vendre.

Les personnes qui raisonnent ainsi, je suis fâché de le leur dire, sont, qu'elles le sachent ou non, dans le principe de la protection ; seulement elles sont un peu plus inconséquentes que les protectionistes purs, comme ceux-ci sont plus inconséquents que les prohibitionistes absolus.

Je le démontrerai par l'apologue suivant.

Stulta et Puera.

Il y avait, n'importe où, deux villes, *Stulta* et *Puera*. Elles construisirent à gros frais une route qui les rattachait l'une à l'autre. Quand cela fut fait, *Stulta* se dit : Voici que *Puera* m'inonde de ses produits, il faut y aviser. En conséquence, elle créa et paya un corps d'*Enrayeurs*, ainsi nommés parce que leur mission était de mettre des obstacles aux convois qui arrivaient de *Puera*. Bientôt après, *Puera* eut aussi un corps d'*Enrayeurs*.

Au bout de quelques siècles, les lumières ayant fait de grands progrès, la capacité de *Puera* se haussa jusqu'à lui faire découvrir que ces obstacles réciproques pourraient bien n'être que réciproquement nuisibles. Elle envoya un diplomate à *Stulta*, lequel, sauf la phraséologie officielle, parla en ce sens : « Nous avons créé une route, et maintenant nous embarrassons cette route. Cela est absurde. Mieux eût valu laisser les choses dans leur premier état.

Nous n'aurions pas eu à payer la route d'abord, et puis les embarras. Au nom de *Puera*, je viens vous proposer, non point de renoncer tout à coup à nous opposer des obstacles mutuels, ce serait agir selon un principe, et nous méprisons autant que vous les principes, mais d'atténuer quelque peu ces obstacles, en ayant soin de pondérer équitablement à cet égard nos *sacrifices* respectifs. » — Ainsi parla le diplomate. *Stulta* demanda du temps pour réfléchir. Elle consulta tour à tour ses fabricants, ses agriculteurs. Enfin, au bout de quelques années, elle déclara que les négociations étaient rompues.

À cette nouvelle, les habitants de *Puera* tinrent conseil. Un vieillard (on a toujours soupçonné qu'il avait été secrètement acheté par *Stulta*) se leva et dit : « Les obstacles créés par *Stulta* nuisent à nos ventes, c'est un malheur. Ceux que nous avons créés nous-mêmes nuisent à nos achats, c'est un autre malheur. Nous ne pouvons rien sur le premier, mais le second dépend de nous. Délivrons-nous au moins de l'un, puisque nous ne pouvons nous défaire des deux. Supprimons nos *Enrayeurs*, sans exiger que *Stulta* en fasse autant. Un jour sans doute elle apprendra à mieux faire ses comptes. »

Un second conseiller, homme de pratique et de faits, exempt de principes et nourri de la vieille expérience des ancêtres, répliqua : « N'écoutons pas ce rêveur, ce théoricien, ce novateur, cet utopiste, cet économiste, ce *stultomane*. Nous serions tous perdus si les embarras de la route n'étaient pas bien égalisés, équilibrés et pondérés entre *Stulta* et *Puera*. Il y aurait plus de difficulté, pour *aller* que pour *venir*, et pour *exporter* que pour *importer*. Nous serions, relativement à *Stulta*, dans les conditions d'infériorité où se trouvent le Havre, Nantes, Bordeaux, Lisbonne, Londres, Hambourg, la Nouvelle-Orléans, par rapport aux villes placées aux sources de la Seine, de la Loire, de la Garonne, du Tage, de la Tamise, de l'Elbe et du Mississipi ; car il y a plus de difficultés à remonter les fleuves qu'à les descendre. — (Une voix : Les villes des embouchures ont prospéré plus que celles des sources.) — Ce n'est pas possible. — (La même voix : Mais cela est.) — Eh bien, elles ont prospéré *contre les règles*. » Un raisonnement si concluant ébranla l'assemblée. L'orateur acheva de la convaincre en parlant d'indépendance nationale, d'honneur national, de dignité nationale, de travail national, d'inondation de produits, de tributs, de concurrence meurtrière ; bref, il emporta le maintien des obstacles; et, si vous en êtes curieux, je puis vous conduire en certain pays où vous verrez de vos yeux des cantoniers et des enrayeurs travaillant de la meilleure intelligence du monde, par décret de la même assemblée législative et aux frais des mêmes contribuables, les uns à déblayer la route et les autres à l'embarrasser.

XI. — PRIX ABSOLUS.

Voulez-vous juger entre la liberté et la protection ? voulez-vous apprécier la portée d'un phénomène économique? Recherchez ses effets *sur l'abondance ou la rareté des choses*, et non *sur la hausse ou la baisse des prix*. Méfiez-vous des *prix absolus :* ils vous mèneraient dans un labyrinthe inextricable.

M. Mathieu de Dombasle, après avoir établi que la protection renchérit les choses, ajoute :

« L'excédant du prix augmente les dépenses de la vie, et « *par conséquent* le prix du travail, et chacun retrouve dans « l'excédant du prix de ses produits l'excédant du prix de « ses dépenses. Ainsi, si tout le monde paie comme con- « sommateur, tout le monde aussi reçoit comme produc- « teur. »

Il est clair qu'on pourrait retourner l'argument et dire :

« Si tout le monde reçoit comme producteur, tout le monde paie comme consommateur. »

Or, qu'est-ce que cela prouve ? Rien autre chose si ce n'est que la protection *déplace* inutilement et injustement la richesse. Autant en fait la spoliation.

Encore, pour admettre que ce vaste appareil aboutit à de simples compensations, faut-il adhérer au *par conséquent* de M. de Dombasle, et s'être assuré que le prix du travail s'élève avec le prix des produits protégés. C'est une question de fait que je renvoie à M. Moreau de Jonnès ; qu'il veuille bien chercher si le taux des salaires a progressé comme les actions des mines d'Anzin. Quant à moi, je ne le pense pas, parce que je crois que le prix du travail, comme tous les autres, est gouverné par le rapport de l'offre à la demande. Or, je conçois bien que la *restriction* diminue l'offre de la houille, et par suite en élève le prix ; mais je n'aperçois pas aussi clairement qu'elle augmente la demande du travail de manière à améliorer le taux des salaires. Je le conçois d'autant moins que la quantité de travail demandé dépend du capital disponible. Or, la protection peut bien déplacer les capitaux, les pousser d'une industrie vers une autre, mais non les accroître d'une obole.

Au surplus, cette question du plus haut intérêt sera examinée ailleurs. Je reviens aux *prix absolus*, et je dis qu'il n'est pas d'absurdités qu'on ne puisse rendre spécieuses par des raisonnements tels que celui de M. de Dombasle.

Imaginez qu'une nation isolée, possédant une quantité donnée de numéraire, s'amuse à brûler, chaque année, la moitié de tout ce qu'elle produit, je me charge de prouver, avec la théorie de M. de Dombasle, qu'elle n'en sera pas moins riche.

En effet, par suite de l'incendie, toutes choses doubleront de prix, et les inventaires faits avant et après le désastre offriront exactement la même valeur *nominale*. Mais alors,

qui aura perdu ? Si Jean achète le drap plus cher, il vend
aussi plus cher son blé ; et si Pierre perd sur l'achat du blé,
il se récupère sur la vente de son drap. « Chacun retrouve
« dans l'excédant du prix de ses produits (dirai-je) l'excé-
« dant du montant de ses dépenses ; et si tout le monde
« paie comme consommateur, tout le monde aussi reçoit
« comme producteur. »

Tout cela, c'est de l'amphigouri et non de la science. La
vérité, réduite à sa plus simple expression, la voici : que les
hommes détruisent le drap et le blé par l'incendie ou par
l'usage, l'effet est le même *quant aux prix*, mais non *quant
à la richesse*, car c'est précisément dans l'usage des choses
que consiste la richesse ou le bien-être.

De même, la restriction, tout en diminuant l'abondance
des choses, peut en hausser le prix de manière à ce que
chacun soit, si vous voulez, *numérairement parlant*, aussi
riche. Mais faire figurer dans un inventaire trois hectolitres
de blé à 20 francs ou quatre hectolitres à 15 francs, parce
que le résultat est toujours 60 francs, cela revient-il au
même, au point de vue de la satisfaction des besoins ?

Et c'est à ce point de vue de la consommation que je ne
cesserai de ramener les protectionistes, car c'est là qu'est la
fin de tous nos efforts et la solution de tous les problèmes [1].
Je leur dirai toujours : N'est-il pas vrai que la restriction,
en prévenant les échanges, en bornant la division du travail, en le forçant à s'attaquer à des difficultés de situation
et de température, diminue en définitive la quantité produite par une somme d'efforts déterminés ? Et qu'importe

---

[1] Cette pensée revient souvent sous la plume de l'auteur. Elle avait
à ses yeux une importance capitale et lui dictait quatre jours avant sa
mort cette recommandation : « Dites à de F. de traiter les questions économiques toujours au point de vue du consommateur, car l'intérêt du
consommateur ne fait qu'un avec celui de l'humanité. »

(*Note de l'éditeur.*)

que la moindre quantité produite sous le régime de la protection ait la même *valeur nominale* que la plus grande quantité produite sous le régime de la liberté? L'homme ne vit pas de *valeurs nominales*, mais de produits réels, et plus il a de ces produits, n'importe le prix, plus il est riche.

Je ne m'attendais pas, en écrivant ce qui précède, à rencontrer jamais un anti-économiste assez bon logicien pour admettre explicitement que la richesse des peuples dépend de la valeur des choses, abstraction faite de leur abondance. Voici ce que je trouve dans le livre de M. de Saint-Chamans (pag. 210) :

« Si 15 millions de marchandises vendues aux étrangers
« sont pris sur le produit ordinaire, estimé 50 millions, les
« 35 millions restants de marchandises, ne pouvant plus suf-
« fire aux demandes ordinaires, augmenteront de prix, et
« s'élèveront à la valeur de 50 millions. Alors, le revenu du
« pays représentera 15 millions de valeur de plus... Il y
« aura donc accroissement de richesses de 15 millions pour
« le pays, précisément le montant de l'importation du nu-
« méraire. »

Voilà qui est plaisant! Si une nation a fait dans l'année pour 50 millions de récoltes et marchandises, il lui suffit d'en vendre le quart à l'étranger pour être d'un quart plus riche! Donc, si elle en vendait la moitié, elle augmenterait de moitié sa fortune, et si elle échangeait contre des écus son dernier brin de laine et son dernier grain de froment, elle porterait son revenu à cent millions! Singulière manière de s'enrichir que de produire l'infinie cherté par la rareté absolue!

Au reste, voulez-vous juger des deux doctrines? soumettez-les à l'épreuve de l'exagération.

Selon celle de M. de Saint-Chamans, les Français seraient tout aussi riches, c'est-à-dire aussi bien pourvus de toutes choses avec la millième partie de leurs produits annuels, parce qu'ils vaudraient mille fois davantage.

Selon la nôtre, les Français seraient infiniment riches si leurs produits annuels étaient d'une abondance infinie, et par conséquent sans valeur aucune [1].

XII. LA PROTECTION ÉLÈVE-T-ELLE LE TAUX DES SALAIRES ?

Un athée déblatérait contre la religion, contre les prêtres, contre Dieu. « Si vous continuez, lui dit un des assistants, peu orthodoxe lui-même, vous allez me convertir. »

Ainsi, quand on entend nos imberbes écrivailleurs, romanciers, réformateurs, feuilletonistes ambrés, musqués, gorgés de glaces et de champagne, serrant dans leur portefeuille les Ganneron, les Nord et les Mackenzie, ou faisant couvrir d'or leurs tirades contre l'égoïsme, l'individualisme du siècle; quand on les entend, dis-je, déclamer contre la dureté de nos institutions, gémir sur le salariat et le prolétariat; quand on les voit lever au ciel des yeux attendris à l'aspect de la misère des classes laborieuses, misère qu'ils ne visitèrent jamais que pour en faire de lucratives peintures, on est tenté de leur dire : Si vous continuez ainsi, vous allez me rendre indifférent au sort des ouvriers.

Oh! l'affectation! l'affectation! voilà la nauséabonde maladie de l'époque! Ouvriers, un homme grave, un philanthrope sincère a-t-il exposé le tableau de votre détresse, son livre a-t-il fait impression, aussitôt la tourbe des réformateurs jette son grappin sur cette proie. On la tourne, on la retourne, on l'exploite, on l'exagère, on la presse jusqu'au dégoût, jusqu'au ridicule. On vous jette pour tout remède les grands mots : organisation, association ; on vous flatte,

[1] V. le chap. v de la seconde série des *sophismes* et le chap. vi des *Harmonies économiques.*   *(Note de l'éditeur.)*

on vous flagorne, et bientôt il en sera des ouvriers comme des esclaves : les hommes sérieux auront honte d'embrasser publiquement leur cause, car comment introduire quelques idées sensées au milieu de ces fades déclamations ?

Mais loin de nous cette lâche indifférence que ne justifierait pas l'affectation qui la provoque !

Ouvriers, votre situation est singulière ! on vous dépouille, comme je le prouverai tout à l'heure... Mais non, je retire ce mot ; bannissons dé notre langage toute expression violente et fausse peut-être, en ce sens que la spoliation, enveloppée dans les sophismes qui la voilent, s'exerce, il faut le croire, contre le gré du spoliateur et avec l'assentiment du spolié. Mais enfin, on vous ravit la juste rémunération de votre travail, et nul ne s'occupe de vous faire rendre *justice*. Oh ! s'il ne fallait pour vous consoler que de bruyants appels à la philanthropie, à l'impuissante charité, à la dégradante aumône, s'il suffisait des grands mots *organisation*, *communisme*, *phalanstère*, on ne vous les épargne pas. Mais *justice*, tout simplement *justice*, personne ne songe à vous la rendre. Et cependant ne serait-il pas *juste* que, lorsque après une longue journée de labeur vous avez touché votre modique salaire, vous le puissiez échanger contre la plus grande somme de satisfactions que vous puissiez obtenir volontairement d'un homme quelconque sur la surface de la terre ?

Un jour, peut-être, je vous parlerai aussi d'association, d'organisation, et nous verrons alors ce que vous avez à attendre de ces chimères par lesquelles vous vous laissez égarer sur une fausse quête.

En attendant, recherchons si l'on ne vous fait pas *injustice* en vous assignant législativement les personnes à qui il vous est permis d'acheter les choses qui vous sont nécessaires : le pain, la viande, la toile, le drap, et, pour ainsi dire, le prix artificiel que vous devez y mettre.

Est-il vrai que la protection, qui, on l'avoue, vous fait payer cher toutes choses et vous nuit en cela, élève proportionnellement le taux de vos salaires?

De quoi dépend le taux des salaires?

Un des vôtres l'a dit énergiquement : Quand deux ouvriers courent après un maître, les salaires baissent; ils haussent quand deux maîtres courent après un ouvrier.

Permettez-moi, pour abréger, de me servir de cette phrase plus scientifique et peut-être moins claire : « Le taux des salaires dépend du rapport de l'offre à la demande du travail. »

Or, de quoi dépend l'*offre* des bras?

Du nombre qu'il y en a sur la place ; et sur ce premier élément la protection ne peut rien.

De quoi dépend la *demande* des bras?

Du capital national disponible. Mais la loi qui dit : « On ne recevra plus tel produit du dehors; on le fera au dedans, » augmente-t-elle ce capital? Pas le moins du monde. Elle le tire d'une voie pour le pousser dans une autre, mais elle ne l'accroît pas d'une obole. Elle n'augmente donc pas la demande des bras.

On montre avec orgueil telle fabrique. — Est-ce qu'elle s'est fondée et s'entretient avec des capitaux tombés de la lune? Non, il a fallu les soustraire soit à l'agriculture, soit à la navigation, soit à l'industrie vinicole. — Et voilà pourquoi si, depuis le règne des tarifs protecteurs, il y a plus d'ouvriers dans les galeries de nos mines et dans les faubourgs de nos villes manufacturières, il y a moins de marins dans nos ports, moins de laboureurs et de vignerons dans nos champs et sur nos coteaux.

Je pourrais disserter longtemps sur ce thème. J'aime mieux essayer de vous faire comprendre ma pensée par un exemple.

Un campagnard avait un fonds de terre de vingt arpents,

qu'il faisait valoir avec un capital de 10,000 francs. Il divisa son domaine en quatre parts et y établit l'assolement suivant : 1° maïs ; 2° froment ; 3° trèfle ; 4° seigle. Il ne fallait pour lui et sa famille qu'une bien modique portion du grain, de la viande, du laitage que produisait la ferme, et il vendait le surplus pour acheter de l'huile, du lin, du vin, etc. — La totalité de son capital était distribuée chaque année en gages, salaires, payements de comptes aux ouvriers du voisinage. Ce capital rentrait par les ventes, et même il s'accroissait d'année en année ; et notre campagnard, sachant fort bien qu'un capital ne produit rien que lorsqu'il est mis en œuvre, faisait profiter la classe ouvrière de ces excédants annuels qu'il consacrait à des clôtures, des défrichements, des améliorations dans ses instruments aratoires et dans les bâtiments de la ferme. Même il plaçait quelques réserves chez le banquier de la ville prochaine, mais celui-ci ne les laissait pas oisives dans son coffre-fort ; il les prêtait à des armateurs, à des entrepreneurs de travaux utiles, en sorte qu'elles allaient toujours se résoudre en salaires.

Cependant le campagnard mourut, et, aussitôt maître de l'héritage, le fils se dit : Il faut avouer que mon père a été dupe toute sa vie. Il achetait de l'huile et payait ainsi *tribut* à la Provence, tandis que notre terre peut à la rigueur faire végéter des oliviers. Il achetait du vin, du lin, des oranges, et payait *tribut* à la Bretagne, au Médoc, aux îles d'Hyères, tandis que la vigne, le chanvre et l'oranger peuvent, tant bien que mal, donner chez nous quelques produits. Il payait *tribut* au meunier, au tisserand, quand nos domestiques peuvent bien tisser notre lin et écraser notre froment entre deux pierres. — Il se ruinait et, en outre, il faisait gagner à des étrangers les salaires qu'il lui était si facile de répandre autour de lui.

Fort de ce raisonnement, notre étourdi changea l'assolement du domaine. Il le divisa en vingt soles. Sur l'une on

cultiva l'olivier, sur l'autre le mûrier, sur la troisième le
lin, sur la quatrième la vigne, sur la cinquième le froment, etc., etc. Il parvint ainsi à pourvoir sa famille de toutes choses et à se rendre *indépendant*. Il ne retirait plus rien
de la circulation générale ; il est vrai qu'il n'y versait rien
non plus. En fut-il plus riche? Non ; car la terre n'était pas
propre à la culture de la vigne; le climat s'opposait aux
succès de l'olivier, et, en définitive, la famille était moins
bien pourvue de toutes ces choses que du temps où le père
les acquérait par voie d'échanges.

Quant aux ouvriers, il n'y eut pas pour eux plus de travail
qu'autrefois. Il y avait bien cinq fois plus de soles à cultiver,
mais elles étaient cinq fois plus petites; on faisait de l'huile,
mais on faisait moins de froment ; on n'achetait plus de lin,
mais on ne vendait plus de seigle. D'ailleurs, le fermier ne
pouvait dépenser en salaires plus que son capital; et son capital, loin de s'augmenter par la nouvelle distribution des
terres, allait sans cesse décroissant. Une grande partie se
fixait en bâtiments et ustensiles sans nombre, indispensables à qui veut tout entreprendre. En résultat, l'offre des
bras resta la même, mais les moyens de les payer décli-
naient, et il y eut forcément réduction de salaires.

Voilà l'image de ce qui se passe chez une nation qui s'i-
sole par le régime prohibitif. Elle multiplie le nombre de
ses industries, je le sais; mais elle en diminue l'importance ;
elle se donne, pour ainsi parler, un *assolement industriel*
plus compliqué, mais non plus fécond, au contraire, puisque le même capital et la même main-d'œuvre s'y attaquent à plus de difficultés naturelles. Son capital fixe absorbe une plus grande partie de son capital circulant,
c'est-à-dire une plus grande part du fonds destiné aux salaires. Ce qui en reste a beau se ramifier, cela n'en augmente
pas la masse. C'est l'eau d'un étang qu'on croit avoir rendue
plus abondante, parce que, distribuée dans une multitude

de réservoirs, elle touche le sol par plus de points et présente au soleil plus de surface ; et l'on ne s'aperçoit pas que c'est précisément pour cela qu'elle s'absorbe, s'évapore et se perd.

Le capital et la main-d'œuvre étant donnés, ils créent une¡ masse de produits d'autant moins grande qu'il rencontrent plus d'obstacles. Il n'est pas douteux que les barrières internationales forçant, dans chaque pays, ce capital et cette main-d'œuvre à vaincre plus de difficultés de climat et de température, le résultat général est moins de produits créés, ou, ce qui revient au même, moins de satisfactions acquises à l'humanité. Or, s'il y a diminution générale de satisfactions, comment votre part, ouvriers, se trouverait-elle augmentée ? Donc les riches, ceux qui font la loi, auraient arrangé les choses de telle sorte que non-seulement ils subiraient leur prorata de la diminution totale, mais même que leur portion déjà réduite se réduirait encore de tout ce qui s'ajoute, disent-ils, à la vôtre ? Cela est-il possible ? cela est-il croyable ? Oh ! c'est là une générosité suspecte, et vous feriez sagement de la repousser [1].

XIII. — THÉORIE, PRATIQUE.

Partisans de la liberté des échanges, on nous accuse d'être des théoriciens, de ne pas tenir assez compte de la pratique.

« Quel terrible préjugé contre M. Say, dit M. Ferrier [2], que cette longue suite d'administrateurs distingués, que cette ligue imposante d'écrivains qui tous ont vu autrement

---

[1] V. au tome VI, le chap. xiv des *Harmonies.*
                                        (*Note de l'éditeur.*)
[2] *De l'Administration commerciale opposée à l'économie politique,* page 5.

que lui, et M. Say ne se le dissimule pas! Écoutons-le :
« On a dit, à l'appui des vieilles erreurs, qu'il faut bien
« qu'il y ait quelque fondement à des idées si généralement
« adoptées par toutes les nations. Ne doit-on pas se défier
« d'observations et de raisonnements qui renversent ce qui
« a été tenu pour constant jusqu'à ce jour, ce qui a été tenu
« pour certain par tant de personnages que rendaient re-
« commandables leurs lumières et leurs intentions? Cet
« argument, je l'avoue, est digne de faire une profonde im-
« pression, et pourrait jeter du doute sur les points les plus
« incontestables, si l'on n'avait vu tour à tour les opinions
« les plus fausses, et que maintenant on reconnaît générale-
« ment pour telles, reçues et professées par tout le monde
« pendant une longue suite de siècles. Il n'y a pas encore
« bien longtemps que toutes les nations, depuis la plus
« grossière jusqu'à la plus éclairée, et que tous les hommes,
« depuis le portefaix jusqu'au philosophe le plus savant,
« admettaient quatre éléments. Personne n'eût songé à
« contester cette doctrine, qui pourtant est fausse ; tellement
« qu'aujourd'hui il n'y a pas d'aide-naturaliste qui ne se dé-
« criât s'il regardait la terre, l'eau et le feu comme des
« éléments. »

Sur quoi M. Ferrier fait cette observation :

« Si M. Say croit répondre ainsi à l'objection très-forte
qu'il s'est proposée, il s'abuse étrangement. Que des
hommes, d'ailleurs très-éclairés, se soient trompés pendant
plusieurs siècles sur un point quelconque d'histoire naturelle, cela se comprend et ne prouve rien. L'eau, l'air, la
terre et le feu, éléments ou non, en étaient-ils moins utiles
à l'homme?.... Ces erreurs-là sont sans conséquence; elles
n'amènent pas de bouleversements, ne jettent pas de mal-
aise dans les esprits, elles ne blessent surtout aucun intérêt,
raison pour laquelle elles pourraient, sans inconvénient,
durer des milliers d'années. Le monde physique marche

donc comme si elles n'existaient pas. Mais en peut-il être
ainsi des erreurs qui attaquent le monde moral ? Conçoit-on
qu'un système d'administration qui serait absolument faux,
dommageable par conséquent, pût être suivi, pendant plusieurs siècles et chez plusieurs peuples, avec l'assentiment
général de tous les hommes instruits ? Expliquera-t-on comment un tel système pourrait se lier avec la prospérité toujours croissante des nations ? M. Say avoue que l'argument
qu'il combat est digne de faire une impression profonde.
Oui certes, et cette impression reste, car M. Say l'a plutôt
augmentée que détruite. »

Écoutons M. de Saint-Chamans :

« Ce n'est guère qu'au milieu du dernier siècle, de ce dix-
« huitième siècle où toutes les matières, tous les principes
« sans exception, furent livrés à la discussion des écrivains,
« que ces fournisseurs d'idées *spéculatives*, appliquées à
« tout sans être applicables à rien, commencèrent à écrire
« sur l'économie politique. Il existait auparavant un système
« d'économie politique non écrit, mais *pratiqué* par les gou-
« vernements. Colbert, dit-on, en était l'inventeur, et il
« était la règle de tous les États de l'Europe. Ce qu'il y a
« de plus singulier, c'est qu'il l'est encore, malgré les ana-
« thèmes et le mépris, malgré les découvertes de l'école
« moderne. Ce système, que nos écrivains ont nommé le
« *système mercantile*, consistait à... contrarier, par des pro-
« hibitions ou des droits d'entrée, les productions étran-
« gères qui pouvaient ruiner nos manufactures par leur
« concurrence..... Ce système a été déclaré inepte, ab-
« surde, propre à appauvrir tout pays, par les écrivains
« économistes de toutes les écoles [1] ; il a été banni de tous

[1] Ne pourrait-on pas dire : C'est un terrible préjugé contre MM. Ferrier
et Saint-Chamans que les économistes *de toutes les écoles*, c'est-à-dire
tous les hommes qui ont étudié la question, soient arrivés à ce résultat :

« les livres, réduit à se réfugier dans la *pratique* de tous
« les peuples ; et on ne conçoit pas que, pour ce qui re-
« garde la richesse des nations, les gouvernements ne s'en
« soient pas rapportés aux savants auteurs plutôt qu'à la
« *vieille expérience* d'un système, etc..... On ne conçoit pas
« surtout que le gouvernement français..... s'obstine, en
« économie politique, à résister aux progrès des lumières
« et à conserver dans sa *pratique* ces vieilles erreurs que
« tous nos économistes de plume ont signalées... Mais en
« voilà trop sur ce système mercantile, qui n'a pour lui *que*
« *les faits*, et qui n'est soutenu par aucun écrivain [1] ! »

Ne dirait-on pas, à entendre ce langage, que les économistes, en réclamant pour chacun *la libre disposition de sa
propriété*, ont fait sortir de leur cervelle, comme les fouriéristes, un ordre social nouveau, chimérique, étrange, une
sorte de phalanstère sans précédent dans les annales du
genre humain ! Il me semble que, s'il y a, en tout ceci,
quelque chose d'inventé, de contingent, ce n'est pas la liberté, mais la protection ; ce n'est pas la faculté d'échanger,
mais bien la douane, la douane appliquée à bouleverser artificiellement l'ordre naturel des rémunérations.

Mais il ne s'agit pas de comparer, de juger les deux systèmes ; la question, pour le moment, est de savoir lequel des
deux s'appuie sur l'expérience.

Ainsi donc, Messieurs les Monopoleurs, vous prétendez
que les *faits* sont pour vous ; que nous n'avons de notre
côté que des *théories*.

Vous vous flattez même que cette longue série d'actes
publics, cette *vieille expérience* de l'Europe que vous invo-

---

après tout, la liberté vaut mieux que la contrainte, et les lois de Dieu
sont plus sages que celles de Colbert.

[1] *Du Système de l'impôt*, etc., par M. le vicomte de Saint-Chamans,
page 11.

quez, a paru imposante à M. Say ; et je conviens qu'il ne vous a pas réfutés avec sa sagacité habituelle. — Pour moi, je ne vous cède pas le domaine des *faits*, car vous n'avez pour vous que des faits exceptionnels et contraints, et nous avons à leur opposer les faits universels, les actes libres et volontaires de tous les hommes.

Que disons-nous et que dites-vous ?

— Nous disons :

« Il vaut mieux acheter à autrui ce qu'il en coûte plus cher de faire soi-même. »

Et vous, vous dites :

« Il vaut mieux faire les choses soi-même, encore qu'il en coûte moins cher de les acheter à autrui. »

Or, Messieurs, laissant de côté la théorie, la démonstration, le raisonnement, toutes choses qui paraissent vous donner des nausées, quelle est celle de ces deux assertions qui a pour elle la sanction de l'*universelle pratique ?*

Visitez donc les champs, les ateliers, les usines, les magasins ; regardez au-dessus, au-dessous et autour de vous ; scrutez ce qui s'accomplit dans votre propre ménage ; observez vos propres actes de tous les instants, et dites quel est le principe qui dirige ces laboureurs, ces ouvriers, ces entrepreneurs, ces marchands ; dites quelle est votre *pratique* personnelle.

Est-ce que l'agriculteur fait ses habits ? est-ce que le tailleur produit le grain qu'il consomme ? est-ce que votre ménagère ne cesse pas de faire le pain à la maison aussitôt qu'elle trouve économie à l'acheter au boulanger ? est-ce que vous quittez la plume pour la brosse, afin de ne pas payer *tribut* au décrotteur ? est-ce que l'économie tout entière de la société ne repose pas sur la séparation des occupations, sur la division du travail, sur l'*échange* en un mot ? et l'échange est-il autre chose que ce calcul qui nous fait, à tous tant que nous sommes, discontinuer la production directe, lorsque l'acquisition indirecte nous présente épargne de temps et de peine?

Vous n'êtes donc pas les hommes de la *pratique*, puisque vous ne pourriez pas montrer un seul homme, sur toute la surface du globe, qui agisse selon votre principe.

Mais, direz-vous, nous n'avons jamais entendu faire de notre principe la règle des relations individuelles. Nous comprenons bien que ce serait briser le lien social, et forcer les hommes à vivre, comme les colimaçons, chacun dans sa carapace. Nous nous bornons à prétendre qu'il domine *de fait* les relations qui se sont établies entre les agglomérations de la famille humaine.

Eh bien, cette assertion est encore erronée. La famille, la commune, le canton, le département, la province, sont autant d'agglomérations qui toutes, sans aucune exception, rejettent *pratiquement* votre principe et n'y ont même jamais songé. Toutes se procurent par voie d'échange ce qu'il leur en coûterait plus de se procurer par voie de production. Autant en feraient les peuples, si vous ne l'empêchiez *par la force*.

C'est donc nous qui sommes les hommes de pratique et d'expérience ; car, pour combattre l'interdit que vous avez mis exceptionnellement sur quelques échanges internationaux, nous nous fondons sur la pratique et l'expérience de tous les individus et de toutes les agglomérations d'individus dont les actes sont volontaires, et peuvent par conséquent être invoqués en témoignage. Mais vous, vous commencez par *contraindre*, par *empêcher*, et puis vous vous emparez d'actes *forcés* ou *prohibés* pour vous écrier : « Voyez, la pratique nous justifie ! »

Vous vous élevez contre notre *théorie*, et même contre la *théorie* en général. Mais, quand vous posez un principe antagonique au nôtre, vous êtes-vous imaginé, par hasard, que vous ne faisiez pas de la *théorie* ? Non, non, rayez cela de vos papiers. Vous faites de la théorie comme nous, mais il y a entre la vôtre et la nôtre cette différence :

Notre théorie ne consiste qu'à observer les *faits* universels, les sentiments universels, les calculs, les procédés universels, et tout au plus à les classer, à les coordonner pour les mieux comprendre.

Elle est si peu opposée à la pratique qu'elle n'est autre chose que *la pratique expliquée*. Nous regardons agir les hommes mus par l'instinct de la conservation et du progrès, et ce qu'ils font librement, volontairement, c'est cela même que nous appelons *économie politique* ou économie de la société. Nous allons sans cesse répétant : Chaque homme est *pratiquement* un excellent économiste, produisant ou échangeant selon qu'il y a plus d'avantage à échanger ou à produire. Chacun, par l'expérience, s'élève à la science, ou plutôt la science n'est que cette même expérience scrupuleusement observée et méthodiquement exposée.

Mais vous, vous faites de la *théorie* dans le sens défavorable du mot. Vous imaginez, vous inventez des procédés qui ne sont sanctionnés par la pratique d'aucun homme vivant sous la voûte des cieux, et puis vous appelez à votre aide la contrainte et la prohibition. Il faut bien que vous ayez recours *à la force*, puisque, voulant que les hommes produisent ce qu'il leur est *plus avantageux* d'acheter, vous voulez qu'ils renoncent à un *avantage*, vous exigez d'eux qu'ils se conduisent d'après une doctrine qui implique contradiction, même dans ses termes.

Aussi, cette doctrine qui, vous en convenez, serait absurde dans les relations individuelles, je vous défie de l'étendre, même en spéculation, aux transactions entre familles, communes, départements ou provinces. De votre propre aveu, elle n'est applicable qu'aux relations internationales.

Et c'est pourquoi vous êtes réduits à répéter chaque jour :

« Les principes n'ont rien d'absolu. Ce qui est *bien* dans l'individu, la famille, la commune, la province, est *mal* dans la nation. Ce qui est *bon* en détail, — savoir : acheter plutôt que produire, quand l'achat est plus avantageux que la production, — cela même est *mauvais* en masse ; l'économie politique des individus n'est pas celle des peuples, » et autres balivernes *ejusdem farinæ.*

Et tout cela, pourquoi ? Regardez-y de près. Pour nous prouver que nous, consommateurs, nous sommes votre propriété ! que nous vous appartenons en corps et en âme ! que vous avez sur nos estomacs et sur nos membres un droit exclusif ! qu'il vous appartient de nous nourrir et de nous vêtir à votre prix, quelles que soient votre impéritie, votre rapacité ou l'infériorité de votre situation !

Non, vous n'êtes pas les hommes de la pratique, vous êtes des hommes d'abstraction..... et d'extorsion [1].

XIV. — CONFLIT DE PRINCIPES.

Il est une chose qui me confond, et c'est celle-ci :

Des publicistes sincères étudiant, au seul point de vue des producteurs, l'économie des sociétés, sont arrivés à cette double formule :

« Les gouvernements doivent disposer des consomma-
« teurs soumis à leurs lois, en faveur du travail national ;

« Ils doivent soumettre à leurs lois des consommateurs
« lointains, pour en disposer en faveur du travail national. »

La première de ces formules s'appelle *Protection ;* la seconde, *Débouchés.*

---

[1] V. ci-après le chap. xv.   *(Note de l'éditeur.)*

Toutes deux reposent sur cette donnée qu'on nomme *Balance du commerce* :

« Un peuple s'appauvrit quand il importe, et s'enrichit quand il exporte. »

Car, si tout achat au dehors est un *tribut payé*, une perte, il est tout simple de restreindre, même de prohiber les importations.

Et si toute vente au dehors est un *tribut reçu*, un profit, il est tout naturel de se créer des *débouchés*, même par la force.

Système protecteur, système colonial : ce ne sont donc que deux aspects d'une même théorie. — *Empêcher* nos concitoyens d'acheter aux étrangers, *forcer* les étrangers à acheter à nos concitoyens, ce ne sont que deux conséquences d'un principe identique.

Or, il est impossible de ne pas reconnaître que, selon cette doctrine, si elle est vraie, l'utilité générale repose sur le *monopole* ou spoliation intérieure, et sur la *conquête* ou spoliation extérieure.

J'entre dans un des chalets suspendus aux flancs de nos Pyrénées.

Le père de famille n'a reçu, pour son travail, qu'un faible salaire. La bise glaciale fait frissonner ses enfants à demi nus, le foyer est éteint et la table vide. Il y a de la laine et du bois et du maïs par delà la montagne, mais ces biens sont interdits à la famille du pauvre journalier ; car l'autre versant des monts, ce n'est plus la France. Le sapin étranger ne réjouira pas le foyer du chalet ; les enfants du berger ne connaîtront pas le goût de la *méture* biscaïenne, et la laine de Navarre ne réchauffera pas leurs membres engourdis. Ainsi le veut l'utilité générale : à la bonne heure ! mais convenons qu'elle est ici en contradiction avec la justice.

Disposer législativement des consommateurs, les réserver au travail national, c'est empiéter sur leur liberté, c'est leur

interdire une action, l'échange, qui n'a en elle-même rien
de contraire à la morale ; en un mot, c'est leur faire *injustice*.

Et cependant cela est nécessaire, dit-on, sous peine de
voir s'arrêter le travail national, sous peine de porter un
coup funeste à la prospérité publique.

Les écrivains de l'école protectioniste arrivent donc à cette
triste conclusion, qu'il y a incompatibilité radicale entre la
Justice et l'Utilité.

D'un autre côté, si chaque peuple est intéressé à *vendre*
et à ne pas *acheter*, une action et une réaction violentes
sont l'état naturel de leurs relations, car chacun cherchera
à imposer ses produits à tous, et tous s'efforceront de repousser les produits de chacun.

Une vente, en effet, implique un achat, et puisque, selon
cette doctrine, vendre c'est bénéficier, comme acheter c'est
perdre, toute transaction internationale implique l'amélioration d'un peuple et la détérioration d'un autre.

Mais, d'une part, les hommes sont fatalement poussés
vers ce qui leur profite ; de l'autre, ils résistent instinctivement à ce qui leur nuit : d'où il faut conclure que chaque
peuple porte en lui-même une force naturelle d'expansion
et une force non moins naturelle de résistance, lesquelles
sont également nuisibles à tous les autres ; ou, en d'autres
termes, que l'antagonisme et la guerre sont l'état *naturel*
de la société humaine.

Ainsi, la théorie que je discute se résume en ces deux
axiomes :

L'Utilité est incompatible avec la Justice au dedans.

L'Utilité est incompatible avec la Paix au dehors.

Eh bien ! ce qui m'étonne, ce qui me confond, c'est qu'un
publiciste, un homme d'État, qui a sincèrement adhéré à
une doctrine économique dont le principe heurte si vio-

lemment d'autres principes incontestables, puisse goûter un
instant de calme et de repos d'esprit.

Pour moi, il me semble que, si j'avais pénétré dans la
science par cette porte, si je n'apercevais pas clairement
que Liberté, Utilité, Justice, Paix, sont choses non-seulement compatibles, mais étroitement liées entre elles, et
pour ainsi dire identiques, je m'efforcerais d'oublier tout ce
que j'ai appris ; je me dirais :

« Comment Dieu a-t-il pu vouloir que les hommes n'arri-
« vent à la prospérité que par l'injustice et la guerre? Com-
« ment a-t-il pu vouloir qu'ils ne renoncent à la guerre et à
« l'injustice qu'en renonçant à leur bien-être ?

« Ne me trompe-t-elle pas, par de fausses lueurs, la science
« qui m'a conduit à l'horrible blasphème qu'implique cette
« alternative, et oserai-je prendre sur moi d'en faire la base
« de la législation d'un grand peuple ? Et lorsqu'une longue
« suite de savants illustres ont recueilli des résultats plus
« consolants de cette même science à laquelle ils ont con-
« sacré toute leur vie, lorsqu'ils affirment que la liberté et
« l'utilité s'y concilient avec la justice et la paix, que tous
« ces grands principes suivent, sans se heurter, et pendant
« l'éternité entière, des parallèles infinis, n'ont-ils pas pour
« eux la présomption qui résulte de tout ce que nous savons
« de la bonté et de la sagesse de Dieu, manifestées dans la
« sublime harmonie de la création matérielle ? Dois-je croire
« légèrement, contre une telle présomption et contre tant
« d'imposantes autorités, que ce même Dieu s'est plu à
« mettre l'antagonisme et la dissonance dans les lois du
« monde moral ? Non, non, avant de tenir pour certain que
« tous les principes sociaux se heurtent, se choquent, se
« neutralisent, et sont entre eux en un conflit anarchique,
« éternel, irrémédiable; avant d'imposer à mes concitoyens
« le système impie auquel mes raisonnements m'ont con-
« duit, je veux en repasser toute la chaîne, et m'assurer s'il

« n'est pas un point de la route où je me suis égaré. »

Que si, après un sincère examen, vingt fois recommencé, j'arrivais toujours à cette affreuse conclusion, qu'il faut opter entre le Bien et le Bon, découragé, je repousserais la science, je m'enfoncerais dans une ignorance volontaire, surtout je déclinerais toute participation aux affaires de mon pays, laissant à des hommes d'une autre trempe le fardeau et la responsabilité d'un choix si pénible [1].

XV. — ENCORE LA RÉCIPROCITÉ.

M. de Saint-Cricq disait : « Sommes-nous sûrs que l'étranger nous fera autant d'achats que de ventes ? »

M. de Dombasle : « Quel motif avons-nous de croire que les producteurs anglais viendront chercher chez nous, plutôt que chez toute autre nation du globe, les produits dont ils pourront avoir besoin, et des produits pour une valeur équivalente à leurs exportations en France ? »

J'admire comme les hommes, qui se disent *pratiques* avant tout, raisonnent en dehors de toute pratique !

Dans la pratique, se fait-il un échange sur cent, sur mille, sur dix mille peut-être, qui soit un troc direct de produit contre produit ? Depuis qu'il y a des monnaies au monde, jamais aucun cultivateur s'est-il dit : je ne veux acheter des souliers, des chapeaux, des conseils, des leçons, qu'au cordonnier, au chapelier, à l'avocat, au professeur qui m'achètera du blé tout juste pour une valeur équivalente ? — Et pourquoi les nations s'imposeraient-elles cette gêne ?

Comment se passent les choses ?

---

[1] V. ci-après les chap. XVIII, XX, et à la fin de ce volume, la lettre à M. Thiers, intitulée *Protectionisme et Communisme.*

(*Note de l'éditeur.*)

Supposons un peuple privé de relations extérieures. — Un homme a produit du blé. Il le verse dans la circulation *nationale* au plus haut cours qu'il peut trouver, et il reçoit en échange... quoi ? Des écus, c'est-à-dire des mandats, des bons fractionnables à l'infini, au moyen desquels il lui sera loisible de retirer aussi de la circulation nationale, quand il le jugera à propos et jusqu'à due concurrence, les objets dont il aura besoin ou envie. En définitive, à la fin de l'opération, il aura retiré de la masse justement l'équivalent de ce qu'il y a versé, et, en valeur, *sa consommation égalera exactement sa production.*

Si les échanges de cette nation avec le dehors sont libres, ce n'est plus dans la circulation *nationale*, mais dans la circulation *générale*, que chacun verse ses produits et puise ses consommations. Il n'a point à se préoccuper si ce qu'il livre à cette circulation générale est acheté par un compatriote ou un étranger ; si les bons qu'il reçoit lui viennent d'un Français ou d'un Anglais ; si les objets contre lesquels il échange ensuite ces *bons*, à mesure de ses besoins, ont été fabriqués en deçà ou au delà du Rhin ou des Pyrénées. Toujours est-il qu'il y a, pour chaque individu, balance exacte entre ce qu'il verse et ce qu'il puise dans le grand réservoir commun ; et si cela est vrai de chaque individu, cela est vrai de la nation en masse.

La seule différence entre les deux cas, c'est que, dans le dernier, chacun est en face d'un marché plus étendu pour ses ventes et ses achats, et a, par conséquent, plus de chances de bien faire les uns et les autres.

On fait cette objection : Si tout le monde se ligue pour ne pas retirer de la circulation les produits d'un individu déterminé, il ne pourra rien retirer à son tour de la masse. Il en est de même d'un peuple.

RÉPONSE : Si ce peuple ne peut rien retirer de la masse, il n'y versera rien non plus ; il travaillera pour lui-même.

Il sera contraint de se soumettre à ce que vous voulez lui imposer d'avance, à savoir : *l'isolement*.

Et ce sera l'idéal du régime prohibitif.

N'est-il pas plaisant que vous lui infligiez d'ores et déjà ce régime, dans la crainte qu'il ne coure la chance d'y arriver un jour sans vous ?

XVI. — LES FLEUVES OBSTRUÉS PLAIDANT POUR LES PROHIBITIONISTES.

Il y a quelques années, j'étais à Madrid. J'allai aux cortès. On y discutait un traité avec le Portugal sur l'amélioration du cours du Duero. Un député se lève et dit : « Si le Duero est canalisé, les transports s'y feront à plus bas prix. Les grains portugais se vendront à meilleur marché dans les Castilles et feront à notre *travail national* une concurrence redoutable. Je repousse le projet, à moins que MM. les ministres ne s'engagent à relever le tarif des douanes de manière à rétablir l'équilibre. » L'assemblée trouva l'argument sans réplique.

Trois mois après, j'étais à Lisbonne. La même question était soumise au sénat. Un noble hidalgo dit : « Senhor presidente, le projet est absurde. Vous placez des gardes, à gros frais, sur les rives du Duero, pour empêcher l'invasion du grain castillan en Portugal, et, en même temps, vous voulez, toujours à gros frais, faciliter cette invasion. C'est une inconséquence à laquelle je ne puis m'associer. Que le Duero passe à nos fils tel que nous l'ont laissé nos pères. »

Plus tard, quand il s'est agi d'améliorer la Garonne, je me suis rappelé les arguments des orateurs ibériens, et je me disais : Si les députés de Toulouse étaient aussi bons économistes que celui de Palencia, et les représentants de

Bordeaux aussi forts logiciens que ceux d'Oporto, assurément on laisserait la Garonne

> Dormir au bruit flatteur de son urne penchante,

car la canalisation de la Garonne favorisera, au préjudice de Bordeaux, l'*invasion* des produits toulousains, et, au détriment de Toulouse, l'*inondation* des produits bordelais.

XVII. — UN CHEMIN DE FER NÉGATIF.

J'ai dit que lorsque, malheureusement, on se plaçait au point de vue de l'intérêt producteur, on ne pouvait manquer de heurter l'intérêt général, parce que le producteur, en tant que tel, ne demande qu'efforts, besoins et obstacles.

J'en trouve un exemple remarquable dans un journal de Bordeaux.

M. Simiot se pose cette question :

Le chemin de fer de Paris en Espagne doit-il offrir une solution de continuité à Bordeaux ?

Il la résout affirmativement par une foule de raisons que je n'ai pas à examiner, mais par celle-ci, entre autres :

Le chemin de fer de Paris à Bayonne doit présenter une lacune à Bordeaux, afin que marchandises et voyageurs, forcés de s'arrêter dans cette ville, y laissent des profits aux bateliers, porte-balles, commissionnaires, consignataires, hôteliers, etc.

Il est clair que c'est encore ici l'intérêt des agents du travail mis avant l'intérêt des consommateurs.

Mais si Bordeaux doit profiter par la lacune, et si ce profit est conforme à l'intérêt public, Angoulême, Poitiers, Tours, Orléans, bien plus, tous les points intermédiaires, Ruffec, Châtellerault, etc., etc., doivent aussi demander des lacunes, et cela dans l'intérêt général, dans l'intérêt bien entendu du travail national, car plus elles seront multipliées, plus seront multipliés aussi les consignations, commissions, transbordements, sur tous les points de la ligne. Avec ce système, on arrive à un chemin de fer composé de lacunes successives, à un *chemin de fer négatif.*

Que MM. les protectionistes le veuillent ou non, il n'en est pas moins certain que le *principe de la restriction* est le même que le *principe des lacunes :* le sacrifice du consommateur au producteur, du but au moyen.

XVIII. — IL N'Y A PAS DE PRINCIPES ABSOLUS.

On ne peut trop s'étonner de la facilité avec laquelle les hommes se résignent à ignorer ce qu'il leur importe le plus de savoir, et l'on peut être sûr qu'ils sont décidés à s'endormir dans leur ignorance, une fois qu'ils en sont venus à proclamer cet axiome : Il n'y a pas de principes absolus.

Vous entrez dans l'enceinte législative. Il y est question de savoir si la loi interdira ou affranchira les échanges internationaux.

Un député se lève et dit :

Si vous tolérez ces échanges, l'étranger vous inondera de ses produits, l'Anglais de tissus, le Belge de houilles, l'Espagnol de laines, l'Italien de soies, le Suisse de bestiaux, le Suédois de fer, le Prussien de blé, en sorte qu'aucune industrie ne sera plus possible chez nous.

Un autre répond :

Si vous prohibez ces échanges, les bienfaits divers que la nature a prodigués à chaque climat seront, pour vous, comme s'ils n'étaient pas. Vous ne participerez pas à l'habileté mécanique des Anglais, à la richesse des mines belges, à la fertilité du sol polonais, à la fécondité des pâturages suisses, au bon marché du travail espagnol, à la chaleur du climat italien, et il vous faudra demander à une production rebelle ce que par l'échange vous eussiez obtenu d'une production facile.

Assurément, l'un de ces députés se trompe. Mais lequel ? Il vaut pourtant la peine de s'en assurer, car il ne s'agit pas seulement d'opinions. Vous êtes en présence de deux routes, il faut choisir, et l'une mène nécessairement à la *misère*.

Pour sortir d'embarras, on dit : Il n'y a point de principes absolus.

Cet axiome, si à la mode de nos jours, outre qu'il doit sourire à la paresse, convient aussi à l'ambition.

Si la théorie de la prohibition venait à prévaloir, ou bien si la doctrine de la liberté venait à triompher, une toute petite loi ferait tout notre code économique. Dans le premier cas, elle porterait : *tout échange au dehors est interdit ;* dans le second : *tout échange avec l'étranger est libre,* et bien des gros personnages perdraient de leur importance.

Mais si l'échange n'a pas une nature qui lui soit propre, s'il n'est gouverné par aucune loi naturelle, s'il est capricieusement utile ou funeste, s'il ne trouve pas son aiguillon dans le bien qu'il fait, sa limite dans le bien qu'il cesse de faire, si ses effets ne peuvent être appréciés par ceux qui l'exécutent ; en un mot, s'il n'y a pas de principes absolus, oh ! alors il faut pondérer, équilibrer, réglementer les transactions, il faut égaliser les conditions du travail, chercher le niveau des profits, tâche colossale, bien propre à donner à ceux qui s'en chargent de gros traitements et une haute influence.

En entrant dans Paris, que je suis venu visiter, je me disais : Il y a là un million d'êtres humains qui mourraient tous en peu de jours si des approvisionnements de toute nature n'affluaient vers cette vaste métropole. L'imagination s'effraie quand elle veut apprécier l'immense multiplicité d'objets qui doivent entrer demain par ses barrières, sous

peine que la vie de ses habitants ne s'éteigne dans les con-
vulsions de la famine, de l'émeute et du pillage. Et cependant tous dorment en ce moment sans que leur paisible
sommeil soit troublé un seul instant par l'idée d'une aussi
effroyable perspective. D'un autre côté, quatre-vingts .dé-
partements ont travaillé aujourd'hui, sans se concerter, sans
s'entendre, à l'approvisionnement de Paris. Comment chaque jour amène-t-il ce qu'il faut, rien de plus, rien de
moins, sur ce gigantesque marché? Quelle est donc l'ingénieuse et secrète puissance qui préside à l'étonnante régularité de mouvements si compliqués, régularité en laquelle
chacun a une foi si insouciante, quoiqu'il y aille du bien-
être et de la vie? Cette puissance, c'est un *principe absolu*,
le principe de la liberté des transactions. Nous avons foi en
cette lumière intime que la Providence a placée au cœur de
tous les hommes, à qui elle a confié la conservation et l'a-
mélioration indéfinie de notre espèce, l'*intérêt*, puisqu'il
faut l'appeler par son nom, si actif, si vigilant, si prévoyant.
quand il est libre dans son action. Où en seriez-vous, habitants de Paris, si un ministre s'avisait de substituer à cette
puissance les combinaisons de son génie, quelque supérieur
qu'on le suppose? s'il imaginait de soumettre à sa direction
suprême ce prodigieux mécanisme, d'en réunir tous les ressorts en ses mains, de décider par qui, où, comment, à
quelles conditions chaque chose doit être produite, trans-
portée, échangée et consommée? Oh! quoiqu'il y ait bien
des souffrances dans votre enceinte, quoique la misère, le
désespoir, et peut-être l'inanition, y fassent couler plus de
larmes que votre ardente charité n'en peut sécher, il est
probable, il est certain, j'ose le dire, que l'intervention arbitraire du gouvernement multiplierait à l'infini ces souffrances, et étendrait sur vous tous les maux qui ne frappent
qu'un petit nombre de vos concitoyens.

Eh bien! cette foi que nous avons tous dans un principe,

quand il s'agit de nos transactions intérieures, pourquoi ne
l'aurions-nous pas, dans le même principe appliqué à nos
transactions internationales, assurément moins nombreuses,
moins délicates et moins compliquées? Et s'il n'est pas nécessaire que la préfecture de Paris réglemente nos industries, pondère nos chances, nos profits et nos pertes, se
préoccupe de l'épuisement du numéraire, égalise les conditions de notre travail dans le commerce intérieur, pourquoi
est-il nécessaire que la douane, sortant de sa mission fiscale,
prétende exercer une action protectrice sur notre commerce
extérieur (¹) ?

XXI — INDÉPENDANCE NATIONALE.

Parmi les arguments qu'on fait valoir en faveur du régime
restrictif, il ne faut pas oublier celui qu'on tire de l'*indépendance nationale*.

« Que ferons-nous en cas de guerre, dit-on, si nous nous
sommes mis à la discrétion de l'Angleterre pour le fer et la
houille? »

Les monopoleurs anglais ne manquent pas de s'écrier de
leur côté :

« Que deviendra la Grande-Bretagne en temps de guerre,
si elle se met, pour les aliments, sous la dépendance des
Français? »

On ne prend pas garde à une chose; c'est que cette sorte
de dépendance qui résulte des échanges, des transactions
commerciales, est une dépendance *réciproque*. Nous ne
pouvons dépendre de l'étranger sans que l'étranger dépende
de nous. Or c'est là l'essence même de la *société*. Rompre

¹ V. au tome Ier, la 1re lettre à M. de Lamartine et, au tome VI, le
chap. 1, des *Harmonies économiques*.

(*Note de l'éditeur.*)

6

des relations naturelles, ce n'est pas se placer dans un état
d'indépendance, mais dans un état d'isolement.

Et remarquez ceci : on s'isole dans la prévision de la
guerre; mais l'acte même de s'isoler est un commencement
de guerre. Il la rend plus facile, moins onéreuse et, partant, moins impopulaire. Que les peuples soient les uns aux
autres des débouchés permanents ; que leurs relations ne
puissent être rompues sans leur infliger la double souffrance
de la privation et de l'encombrement, et ils n'auront plus
besoin de ces puissantes marines qui les ruinent, de ces
grandes armées qui les écrasent; la paix du monde ne sera
pas compromise par le caprice d'un Thiers ou d'un Pal-
merston, et la guerre disparaîtra faute d'aliments, de ressources, de motifs, de prétextes et de sympathie populaire.

Je sais bien qu'on me reprochera (c'est la mode du jour)
de donner pour base à la fraternité des peuples l'intérêt, le
vil et prosaïque intérêt. On aimerait mieux qu'elle eût son
principe dans la charité, dans l'amour, qu'il y fallût même
un peu d'abnégation, et que, froissant le bien-être matériel
des hommes, elle eût le mérite d'un généreux sacrifice.

Quand donc en finirons-nous avec ces puériles déclamations ? Quand bannirons-nous enfin la tartuferie de la
science? Quand cesserons-nous de mettre cette contradiction nauséabonde entre nos écrits et nos actions? Nous
huons, nous conspuons l'*intérêt*, c'est-à-dire l'utile, le bien
(car dire que tous les peuples sont intéressés à une chose,
c'est dire que cette chose est bonne en soi), comme si l'intérêt n'était pas le mobile nécessaire, éternel, indestructible,
à qui la Providence a confié la perfectibilité humaine! Ne
dirait-on pas que nous sommes tous des anges de désintéressement? Et pense-t-on que le public ne commence pas à
voir avec dégoût que ce langage affecté noircit précisément
les pages qu'on lui fait payer le plus cher? Oh ! l'affectation !
l'affectation ! c'est vraiment la maladie de ce siècle.

Quoi ! parce que le bien-être et la paix sont choses cor-
rélatives, parce qu'il a plu à Dieu d'établir cette belle harmonie dans le monde moral, vous ne voulez pas que j'admire, que j'adore ses décrets et que j'accepte avec gratitude
des lois qui font de la justice la condition du bonheur ?
Vous ne voulez la paix qu'autant qu'elle froisse le bien-être,
et la liberté vous pèse parce qu'elle ne vous impose pas des
sacrifices ? Et qui vous empêche, si l'abnégation a pour vous
tant de charmes, d'en mettre dans vos actions privées ? La
société vous en sera reconnaissante, car quelqu'un au moins
en recueillera le fruit ; mais vouloir l'imposer à l'humanité
comme un principe, c'est le comble de l'absurdité ; car l'abnégation de tous, c'est le sacrifice de tous, c'est le mal érigé
en théorie.

Mais, grâce au ciel, on peut écrire et lire beaucoup de ces
déclamations sans que pour cela le monde cesse d'obéir à
son mobile, qui est, qu'on le veuille ou non, l'*intérêt*.

Après tout, il est assez singulier de voir invoquer les sentiments de la plus sublime abnégation à l'appui de la spoliation elle-même. Voilà donc à quoi aboutit ce fastueux
désintéressement ! Ces hommes si poétiquement délicats
qu'ils ne veulent pas de la paix elle-même si elle est fondée
sur le vil *intérêt* des hommes, mettent la main dans la poche d'autrui, et surtout du pauvre ; car quel article du tarif
protége le pauvre ? Eh ! messieurs, disposez comme vous
l'entendez de ce qui vous appartient, mais laissez-nous disposer aussi du fruit de nos sueurs, nous en servir ou l'é-
changer à notre gré. Déclamez sur le renoncement à soi-
même, car cela est beau ; mais en même temps soyez au
moins honnêtes [1].

---

[1] V. le pamphlet *Justice et Fraternité*, au présent volume. — V. aussi
l'introduction de *Cobden et la ligue anglaise*, puis la *seconde campagne
de la ligue*, au tome II.   (*Note de l'éditeur.*)

XX. — TRAVAIL HUMAIN, TRAVAIL NATIONAL.

Briser les machines, — repousser les marchandises étrangères, — ce sont deux actes qui procèdent de la même doctrine.

On voit des hommes qui battent des mains quand une grande invention se révèle au monde, — et qui néanmoins adhèrent au régime protecteur. — Ces hommes sont bien inconséquents !

Que reprochent-ils à la liberté du commerce? De faire produire par des étrangers plus habiles ou mieux situés que nous des choses que, sans elle, nous produirions nous-mêmes. En un mot, on l'accuse de nuire au *travail national*.

De même, ne devraient-ils pas reprocher aux machines de faire accomplir par des agents naturels ce qui, sans elles, serait l'œuvre de nos bras, et, par conséquent, de nuire au *travail humain*?

L'ouvrier étranger, mieux placé que l'ouvrier français, est, à l'égard de celui-ci, une véritable *machine économique* qui l'écrase de sa concurrence. De même, une machine qui exécute une opération à un prix moindre qu'un certain nombre de bras est, relativement à ces bras, un vrai *concurrent étranger* qui les paralyse par sa rivalité.

Si donc il est opportun de protéger le *travail national* contre la concurrence du *travail étranger*, il ne l'est pas moins de protéger le *travail humain* contre la rivalité du *travail mécanique*.

Aussi, quiconque adhère au régime protecteur, s'il a un peu de logique dans la cervelle, ne doit pas s'arrêter à prohiber les produits étrangers : il doit proscrire encore les produits de la navette et de la charrue.

Et voilà pourquoi j'aime bien mieux la logique des

hommes qui, déclamant contre l'*invasion* des marchandises
exotiques, ont au moins le courage de déclamer aussi contre
l'*excès de production* dû à la puissance inventive de l'esprit
humain.

Tel est M. de Saint-Chamans. « Un des arguments les
« plus forts, dit-il, contre la liberté du commerce et le trop
« grand emploi des machines, c'est que beaucoup d'ou-
« vriers sont privés d'ouvrage ou par la concurrence étran-
« gère qui fait tomber les manufactures, ou par les instru-
« ments qui prennent la place des hommes dans les ateliers.
« (*Du Système d'impôts*, p. 438.)

M. de Saint-Chamans a parfaitement vu l'analogie, disons
mieux, l'identité qui existe entre les *importations* et les *machines;* voilà pourquoi il proscrit les unes et les autres ; et
vraiment il y a plaisir d'avoir affaire à des argumenta-
teurs intrépides, qui, même dans l'erreur, poussent un raisonnement jusqu'au bout.

Mais voyez la difficulté qui les attend !

S'il est vrai, *à priori*, que le domaine de l'*invention* et
celui du *travail* ne puissent s'étendre qu'aux dépens l'un de
l'autre, c'est dans les pays où il y a le plus de *machines*, dans
le Lancastre, par exemple, qu'on doit rencontrer le moins
d'*ouvriers*. Et si, au contraire, on constate *en fait* que la mécanique et la main-d'œuvre coexistent à un plus haut degré
chez les peuples riches que chez les sauvages, il faut en conclure nécessairement que ces deux puissances ne s'excluent pas.

Je ne puis pas m'expliquer qu'un être pensant puisse
goûter quelque repos en présence de ce dilemme :

Ou les inventions de l'homme ne nuisent pas à ses travaux comme les faits généraux l'attestent, puisqu'il y a plus
des unes et des autres chez les Anglais et les Français que
parmi les Hurons et les Cherokées, et, en ce cas, j'ai fait
fausse route, quoique je ne sache ni où ni quand je me suis

égaré. Je commettrais un crime de lèse-humanité si j'intro-
duisais mon erreur dans la législation de mon pays.

Ou bien les découvertes de l'esprit limitent le travail des
bras, comme les faits particuliers semblent l'indiquer, puisque je vois tous les jours une machine se substituer à vingt,
à cent travailleurs, et alors je suis forcé de constater une
flagrante, éternelle, incurable antithèse entre la puissance
intellectuelle et la puissance physique de l'homme ; entre
son progrès et son bien-être, et je ne puis m'empêcher de
dire que l'auteur de l'homme devait lui donner de la raison
ou des bras, de la force morale ou de la force brutale, mais
qu'il s'est joué de lui en lui conférant à la fois des facultés
qui s'entre-détruisent.

La difficulté est pressante. Or, savez-vous comment on en
sort ? Par ce singulier apophthegme :

En économie politique il n'y a pas de principe absolu.

En langage intelligible et vulgaire, cela veut dire :

« Je ne sais où est le vrai et le faux ; j'ignore ce qui con-
« stitue le bien ou le mal général. Je ne m'en mets pas en
« peine. L'effet immédiat de chaque mesure sur mon bien-
« être personnel, telle est la seule loi que je consente à re-
« connaître. »

Il n'y a pas de principes ! mais c'est comme si vous disiez :
Il n'y a pas de faits ; car les principes ne sont que des formules qui résument tout un ordre de faits bien constatés.

Les machines, les importations ont certainement des
effets. Ces effets sont bons ou mauvais. On peut à cet égard
différer d'avis. Mais, quel que soit celui que l'on adopte, il
se formule par un de ces deux *principes :* Les machines
sont un bien ; — ou — les machines son un mal. Les importations sont favorables, — ou — les importations sont
nuisibles. — Mais dire : *Il n'y a pas de principes,* c'est certainement le dernier degré d'abaissement où l'esprit humain
puisse descendre, et j'avoue que je rougis pour mon pays

quand j'entends articuler une si monstrueuse hérésie en face des chambres françaises, avec leur assentiment, c'est-à-dire en face et avec l'assentiment de l'élite de nos concitoyens ; et cela pour se justifier de nous imposer des lois en parfaite ignorance de cause.

Mais enfin, me dira-t-on, détruisez le *sophisme*. Prouvez que les machines ne nuisent pas au *travail humain*, ni les importations au *travail national*.

Dans un ouvrage de la nature de celui-ci, de telles démonstrations ne sauraient être très-complètes. J'ai plus pour but de poser les difficultés que de les résoudre, et d'exciter la réflexion que de la satisfaire. Il n'y a jamais pour l'esprit de conviction bien acquise que celle qu'il doit à son propre travail. J'essayerai néanmoins de le mettre sur la voie.

Ce qui trompe les adversaires des importations et des machines, c'est qu'ils les jugent par leurs effets immédiats et transitoires, au lieu d'aller jusqu'aux conséquences générales et définitives.

L'effet prochain d'une machine ingénieuse est de rendre superflue, pour un résultat donné, une certaine quantité de main-d'œuvre. Mais là ne s'arrête point son action. Par cela même que ce résultat donné est obtenu avec moins d'efforts, il est livré au public à un moindre prix ; et la somme des épargnes ainsi réalisée par tous les acheteurs, leur sert à se procurer d'autres satisfactions, c'est-à-dire à encourager la main-d'œuvre en général, précisément de la quantité soustraite à la main-d'œuvre spéciale de l'industrie récemment perfectionnée. — En sorte que le niveau du travail n'a pas baissé, quoique celui des satisfactions se soit élevé.

Rendons cet ensemble d'effets sensible par un exemple.

Je suppose qu'il se consomme en France dix millions de chapeaux à 15 francs ; cela offre à l'industrie chapelière un aliment de 150 millions. — Une machine est inventée qui permet de donner les chapeaux à 10 francs. — L'aliment pour cette industrie est réduit à 100 millions, en admettant que la consommation n'augmente pas. Mais les autres 50 millions ne sont point pour cela soustraits au *travail humain.* Économisés par les acheteurs de chapeaux, ils leur serviront à satisfaire d'autres besoins, et par conséquent à rémunérer d'autant l'ensemble de l'industrie. Avec ces 5 francs d'épargne, Jean achètera une paire de souliers, Jacques un livre, Jérôme un meuble, etc. Le travail humain, pris en masse, continuera donc d'être encouragé jusqu'à concurrence de 150 millions ; mais cette somme donnera le même nombre de chapeaux qu'auparavant, plus toutes les satisfactions correspondant aux 50 millions que la machine aura épargnés. Ces satisfactions sont le produit net que la France aura retiré de l'invention. C'est un don gratuit, un tribut que le génie de l'homme aura imposé à la nature. — Nous ne disconvenons pas que, dans le cours de la transformation, une certaine masse de travail aura été *déplacée;* mais nous ne pouvons pas accorder qu'elle aura été détruite ou même diminuée.

De même quant aux importations. — Reprenons l'hypothèse.

La France fabriquait dix millions de chapeaux dont le prix de revient était de 15 francs. L'étranger envahit notre marché en nous fournissant les chapeaux à 10 francs. — Je dis que le *travail national* n'en sera nullement diminué.

Car il devra produire jusqu'à concurrence de 100 millions pour payer 10 millions de chapeaux à 10 francs.

Et puis, il restera à chaque acheteur 5 francs d'économie par chapeau, ou, au total, 50 millions, qui acquitteront d'autres jouissances, c'est-à-dire d'autres travaux.

Donc la masse du travail restera ce qu'elle était, et les jouissances supplémentaires, représentées par 50 millions d'économie sur les chapeaux, formeront le profit net de l'importation ou de la liberté du commerce.

Et il ne faut pas qu'on essaye de nous effrayer par le tableau des souffrances qui, dans cette hypothèse, accompagneraient le déplacement du travail.

Car si la prohibition n'eût jamais existé, le travail se serait classé de lui-même selon la loi de l'échange, et nul déplacement n'aurait eu lieu.

Si, au contraire, la prohibition a amené un classement artificiel et improductif du travail, c'est elle et non la liberté qui est responsable du déplacement inévitable dans la transition du mal au bien.

A moins qu'on ne prétende que, parce qu'un abus ne peut être détruit sans froisser ceux qui en profitent, il suffit qu'il existe un moment pour qu'il doive durer toujours [1].

XXI. — MATIÈRES PREMIÈRES.

On dit : Le plus avantageux de tous les commerces est celui où l'on donne des objets fabriqués en échange de matières premières. Car ces matières premières sont un aliment pour le *travail national*.

Et de là on conclut :

Que la meilleure loi de douanes serait celle qui donnerait le plus de facilités possible à l'entrée des *matières premières*, et qui opposerait le plus d'obstacles aux objets qui ont reçu leur première façon.

Il n'y a pas, en économie politique, de sophisme plus répandu que celui-là. Il défraye non-seulement l'école protectioniste, mais encore et surtout l'école prétendue libérale ; et c'est là une circonstance fâcheuse, car ce qu'il y a de pire, pour une bonne cause, ce n'est pas d'être bien attaquée, mais d'être mal défendue.

[1] V. dans la seconde série des *Sophismes* le chap. xiv et dans les *Harmonies économiques*, le chap. vi.   (*Note de l'éditeur.*)

La liberté commerciale aura probablement le sort de toutes les libertés; elle ne s'introduira dans nos lois qu'après avoir pris possession de nos esprits. Mais s'il est vrai qu'une réforme doive être généralement comprise pour être solidement établie, il s'ensuit que rien ne la peut retarder comme ce qui égare l'opinion; et quoi de plus propre à l'égarer que les écrits qui réclament la liberté en s'appuyant sur les doctrines du monopole?

Il y a quelques années, trois grandes villes de France, Lyon, Bordeaux et le Havre, firent une levée de boucliers contre le régime restrictif. Le pays, l'Europe entière s'émurent en voyant se dresser ce qu'ils prirent pour le drapeau de la liberté. — Hélas! c'était encore le drapeau du monopole! d'un monopole un peu plus mesquin et beaucoup plus absurde que celui qu'on semblait vouloir renverser. — Grâce au *sophisme* que je vais essayer de dévoiler, les pétitionnaires ne firent que reproduire, en y ajoutant une inconséquence de plus, la doctrine de la *protection au travail national*.

Qu'est-ce, en effet, que le régime prohibitif? Écoutons M. de Saint-Cricq.

« Le travail constitue la richesse d'un peuple, parce que « seul il crée les choses matérielles que réclament nos be- « soins, et que l'aisance universelle consiste dans l'abon- « dance de ces choses. » — Voilà le principe.

« Mais il faut que cette abondance soit le produit du *tra- « vail national*. Si elle était le produit du travail étranger, le « travail national s'arrêterait promptement. » — Voilà l'erreur. (*Voir le sophisme précédent.*)

« Que doit donc faire un pays agricole et manufacturier? Réserver son marché aux produits de son sol et de son industrie. » — Voilà le but.

« Et pour cela, restreindre par des droits et prohiber au « besoin les produits du sol et de l'industrie des autres peu- « ples. » — Voilà le moyen.

Rapprochons de ce système celui de la pétition de Bordeaux.

Elle divisait les marchandises en trois classes.

« La première renferme des objets d'alimentation et des « *matières premières, vierges de tout travail humain. En* « *principe, une sage économie exigerait que cette classe ne fût* « *pas imposée.* » — Ici point de travail, point de protection.

« La seconde est composée d'objets qui ont reçu une *pré-* « *paration. Cette* préparation permet *qu'on la charge de* « *quelques droits.* » — Ici la protection commence parce que, selon les pétitionnaires, commence le *travail national*.

« La troisième comprend des objets perfectionnés, qui « ne peuvent nullement servir au travail national; nous la « considérons comme la plus imposable. » — Ici, le travail, et la protection avec lui, arrivent à leur maximum.

On le voit, les pétitionnaires professaient que le travail étranger nuit au travail national, c'est l'*erreur* du régime prohibitif.

Ils demandaient que le marché français fût réservé au *tra-* *vail* français; c'est le *but* du régime prohibitif.

Ils réclamaient que le travail étranger fût soumis à des restrictions et à des taxes. — C'est le *moyen* du régime pro- hibitif.

Quelle différence est-il donc possible de découvrir entre les pétitionnaires bordelais et le coryphée de la restriction? — Une seule : l'extension plus ou moins grande à donner au mot *travail*.

M. de Saint-Cricq l'étend à tout. — Aussi, veut-il tout *protéger*.

« Le travail constitue *toute* la richesse d'un peuple, dit-il : « protéger l'industrie agricole, *toute* l'industrie agricole; « l'industrie manufacturière, *toute* l'industrie manufac- « turière, c'est le cri qui retentira toujours dans cette « chambre. »

Les pétitionnaires ne voient de travail que celui des fabricants : aussi n'admettent-ils que celui-là aux faveurs de la protection.

« Les matières premières sont *vierges de tout travail humain*. En principe on ne devrait pas les imposer. Les objets fabriqués ne peuvent plus servir au travail national ; nous les considérons comme les plus imposables. »

Il ne s'agit point ici d'examiner si la protection au travail national est raisonnable. M. de Saint-Cricq et les Bordelais s'accordent sur ce point, et nous, comme on l'a vu dans les chapitres précédents, nous différons à cet égard des uns et des autres.

La question est de savoir qui, de M. de Saint-Cricq ou des Bordelais, donne au mot *travail* sa juste acception.

Or, sur ce terrain, il faut le dire, M. de Saint-Cricq a mille fois raison, car voici le dialogue qui pourrait s'établir entre eux.

M. DE SAINT-CRICQ. — Vous convenez que le travail national doit être protégé. Vous convenez qu'aucun travail étranger ne peut s'introduire sur notre marché sans y détruire une quantité égale de notre travail national. Seulement vous prétendez qu'il y a une foule de marchandises pourvues de *valeur*, puisqu'elles se vendent, et qui sont cependant *vierges de tout travail humain*. Et vous nommez, entre autres choses, les blés, farines, viandes, bestiaux, lard, sel, fer, cuivre, plomb, houille, laines, peaux, semences, etc.

Si vous me prouvez que la *valeur* de ces choses n'est pas due au travail, je conviendrai qu'il est inutile de les protéger.

Mais aussi, si je vous démontre qu'il y a autant de travail dans cent francs de laine que dans 100 francs de tissus, vous devrez avouer que la protection est due à l'une comme à l'autre.

Or, pourquoi ce sac de laine *vaut*-il 100 francs ? N'est-ce point parce que c'est son prix de revient ? et le prix de re-

vient est-il autre chose que ce qu'il a fallu distribuer en gages, salaires, main-d'œuvre, intérêts, à tous les travailleurs
et capitalistes qui ont concouru à la production de l'objet?

LES PÉTITIONNAIRES. — Il est vrai que, pour la laine,
vous pourriez avoir raison. Mais un sac de blé, un lingot de
fer, un quintal de houille, sont-ils le produit du travail ?
N'est-ce point la nature qui les *crée ?*

M. DE SAINT-CRICQ. — Sans doute, la nature crée les éléments de toutes ces choses, mais c'est le travail qui en produit la *valeur.* J'ai eu tort moi-même de dire que le travail
crée les objets matériels, et cette locution vicieuse m'a conduit à bien d'autres erreurs. — Il n'appartient pas à l'homme
de *créer* et de faire quelque chose de rien, pas plus au fabricant qu'au cultivateur; si par *production* on entendait
création, tous nos travaux seraient improductifs, et les
vôtres, messieurs les négociants, plus que tous les autres,
excepté peut-être les miens.

L'agriculteur n'a donc pas la prétention d'avoir *créé* le blé,
mais il a celle d'en avoir créé la *valeur*, je veux dire, d'avoir,
par son travail, celui de ses domestiques, de ses bouviers,
de ses moissonneurs, transformé en blé des substances qui
n'y ressemblaient nullement. Que fait de plus le meunier qui
le convertit en farine, le boulanger qui le façonne en pain?

Pour que l'homme puisse se vêtir en drap, une foule d'o-
pérations sont nécessaires. Avant l'intervention de tout travail humain, les véritables *matières premières* de ce produit
sont l'air, l'eau, la chaleur, les gaz, la lumière, les sels qui
doivent entrer dans sa composition. Voilà les *matières premières* qui véritablement sont *vierges de tout travail humain*,
puisqu'elles n'ont pas de *valeur*, et je ne songe pas à les
protéger. — Mais un premier *travail* convertit ces substances en fourrages, un second en laine, un troisième en fil,
un quatrième en tissus, un cinquième en vêtements. Qui
osera dire que tout, dans cette œuvre, n'est pas *travail*, de-

puis le premier coup de charrue qui le commence jusqu'au dernier coup d'aiguille qui le termine ?

Et parce que, pour plus de célérité et de perfection dans l'accomplissement de l'œuvre définitive, qui est un vêtement, les travaux se sont répartis entre plusieurs classes d'industrieux, vous voulez, par une distinction arbitraire, que l'ordre de succession de ces travaux soit la raison unique de leur importance, en sorte que le premier ne mérite pas même le nom de travail, et que le dernier, travail par excellence, soit seul digne des faveurs de la protection ?

LES PÉTITIONNAIRES. — Oui, nous commençons à voir que le blé, non plus que la laine, n'est pas tout à fait *vierge de travail humain :* mais au moins l'agriculteur n'a pas, comme le fabricant, tout exécuté par lui-même et ses ouvriers ; la nature l'a aidé ; et, s'il y a du travail, tout n'est pas travail dans le blé.

M. DE SAINT-CRICQ. — Mais tout est travail dans sa *valeur.* Je veux que la nature ait concouru à la formation matérielle du grain. Je veux même qu'il soit exclusivement son ouvrage ; mais convenez que je l'ai contrainte par mon travail ; et quand je vous vends du blé, remarquez bien ceci, ce n'est pas le *travail de la nature* que je vous fais payer, mais *le mien.*

Et, à votre compte, les objets fabriqués ne seraient pas non plus des produits du travail. Le manufacturier ne se fait-il pas seconder aussi par la nature ? Ne s'empare-t-il pas, à l'aide de la machine à vapeur, du poids de l'atmosphère, comme, à l'aide de la charrue, je m'empare de son humidité ? A-t-il créé les lois de la gravitation, de la transmission des forces, de l'affinité ?

LES PÉTITIONNAIRES. — Allons, va encore pour la laine, mais la houille est assurément l'ouvrage et l'ouvrage exclusif de la nature. Elle est bien *vierge de tout travail humain.*

M. DE SAINT-CRICQ. — Oui, la nature a fait la houille,

mais *le travail en a fait la valeur*. La houille n'avait aucune *valeur* pendant les millions d'années où elle était, enfouie ignorée à cent pieds sous terre. Il a fallu l'y aller chercher : c'est un *travail ;* il a fallu la transporter sur le marché : c'est un autre *travail ;* et, encore une fois, le prix que vous la payez sur le marché n'est autre chose que la rémunération de ces travaux d'extraction et de transport [1].

On voit que jusqu'ici tout l'avantage est du côté de M. de Saint-Cricq ; que la *valeur* des matières premières, comme celle des matières fabriquées, représente les frais de production, c'est-à-dire du *travail ;* qu'il n'est pas possible de concevoir un objet pourvu de *valeur*, et qui soit *vierge de tout travail humain ;* que la distinction que font les pétitionnaires est futile en théorie ; que, comme base d'une inégale répartition de *faveurs*, elle serait inique en pratique, puisqu'il en résulterait que le tiers des Français, occupés aux manufactures, obtiendraient les douceurs du monopole, par la raison qu'ils produisent en *travaillant*, tandis que les deux autres tiers, à savoir la population agricole, seraient abandonnés à la concurrence, sous prétexte qu'ils produisent *sans travailler*.

On insistera, j'en suis sûr, et l'on dira qu'il y a plus d'avantage pour une nation à importer des matières dites

---

[1] Je ne mentionne pas explicitement cette partie de rémunération afférente à l'entrepreneur, au capitaliste, etc., par plusieurs motifs : 1° Parce que si l'on y regarde de près on verra que c'est toujours le remboursement d'avances ou le paiement de *travaux* antérieurs ; 2° parce que, sous le mot général *travail*, je comprends non-seulement le salaire de l'ouvrier, mais la rétribution légitime de toute coopération à l'œuvre de la production ; 3° enfin et surtout, parce que la production des objets fabriqués est, aussi bien que celle des matières premières, grevée d'intérêts et de rémunérations autres que celles du *travail manuel*, et que l'objection, futile en elle-même, s'appliquerait à la filature la plus ingénieuse, tout autant et plus qu'à l'agriculture la plus grossière.

premières, qu'elles soient ou non le produit du travail, et à exporter des objets fabriqués.

C'est là une opinion fort accréditée.

« Plus les matières premières sont abondantes, dit la pé-« tition de Bordeaux, plus les manufactures se multiplient « et prennent d'essor. »

« Les matières premières, dit-elle ailleurs, laissent une « étendue sans limite à l'œuvre des habitants des pays où « elles sont importées. »

« Les matières premières, dit la pétition du Havre, étant « les éléments du travail, il faut les soumettre *à un régime* « *différent* et les admettre *de suite* au taux *le plus faible.* »

La même pétition veut que la protection des objets fabri-qués soit réduite *non de suite*, mais dans un temps indéter-miné ; non au taux *le plus faible*, mais à 20 p. 100.

« Entre autres articles dont le bas prix et l'abondance « sont une nécessité, dit la pétition de Lyon, les fabricants « citent *toutes les matières premières.* »

Tout cela repose sur une illusion.

Nous avons vu que toute *valeur* représente du travail. Or, il est très-vrai que le travail manufacturier décuple, centu-ple quelquefois la *valeur* d'un produit brut, c'est-à-dire ré-pand dix fois, cent fois plus de profits dans la nation. Dès lors on raisonne ainsi : La production d'un quintal de fer ne fait gagner que 15 francs aux travailleurs de toutes classes. La conversion de ce quintal de fer en ressorts de montres, élève leurs profits à 10,000 francs ; et oserez-vous dire que la nation n'est pas plus intéressée à s'assurer pour 10,000 francs que pour 15 francs de travail ?

On oublie que les échanges internationaux, pas plus que les échanges individuels, ne s'opèrent au poids ou à la mesure. On n'échange pas un quintal de fer brut contre un quintal de ressorts de montre, ni une livre de laine en suint contre une livre de laine en cachemire ; — mais bien une certaine valeur d'une de ces chóses *contre une valeur égale* d'une autre. Or, troquer valeur égale contre valeur égale, c'est troquer travail égal contre travail égal. Il n'est donc pas vrai que la nation qui donne pour 100 francs de tissus ou de ressorts gagne plus que celle qui livre pour 100 francs de laine ou de fer.

Dans un pays où aucune loi ne peut être votée, aucune contribution établie qu'avec le consentement de ceux que cette loi doit régir ou que cet impôt doit frapper, on ne peut voler le public qu'en commençant par le tromper. Notre ignorance est la *matière première* de toute extorsion qui s'exerce sur nous, et l'on peut être assuré d'avance que tout *sophisme* est l'avant-coureur d'une spoliation. — Bon public, quand tu vois un sophisme dans une pétition, mets la main sur ta poche, car c'est certainement là que l'on vise.

Voyons donc quelle est la pensée secrète que messieurs les armateurs de Bordeaux et du Havre et messieurs les manufacturiers de Lyon enveloppent dans cette distinction entre les produits agricoles et les objets manufacturés?

« C'est principalement dans cette première classe (celle qui comprend les matières premières, *vierges de tout travail humain*) que se trouve, disent les pétitionnaires de Bordeaux, le *principal aliment de notre marine marchande...* En principe, une sage économie exigerait que cette classe ne fût pas imposée... La seconde (objets qui ont reçu une préparation), on peut la *charger*. La troisième (objets auxquels le travail n'a plus rien à faire), nous la considérons comme *la plus imposable.* »

« Considérant, disent les pétitionnaires du Havre, qu'il est indispensable de réduire *de suite* au taux *le plus bas* les matières premières, afin que l'industrie puisse successivement mettre en œuvre les *forces navales* qui lui fourniront ses premiers et indispensables moyens de travail... »

Les manufacturiers ne pouvaient pas demeurer en reste

de politesse envers les armateurs. Aussi, la pétition de Lyon demande-t-elle la libre introduction des matières premières, « pour prouver, y est-il dit, que les intérêts des villes manufacturières ne sont pas toujours opposés à ceux des villes maritimes. »

Non ; mais il faut dire que les uns et les autres, entendus comme font les pétitionnaires, sont terriblement opposés aux intérêts des campagnes, de l'agriculture et des consommateurs.

Voilà donc, messieurs, où vous vouliez en venir ! Voilà le but de vos subtiles distinctions économiques ! Vous voulez que la loi s'oppose à ce que les produits *achevés* traversent l'Océan, afin que le transport beaucoup plus coûteux des matières brutes, sales, chargées de résidus, offre plus d'aliment à votre marine marchande, et mette plus largement en œuvre vos *forces navales*. C'est là ce que vous appelez une *sage économie*.

Eh ! que ne demandez-vous aussi qu'on fasse venir les sapins de Russie avec leurs branches, leur écorce et leurs racines ; l'or du Mexique à l'état de minerai ; et les cuirs de Buénos-Ayres encore attachés aux ossements de cadavres infects ?

Bientôt, je m'y attends, les actionnaires des chemins de fer, pour peu qu'ils soient en majorité dans les chambres, feront une loi qui défende de fabriquer à Cognac l'eau-de-vie qui se consomme à Paris. Ordonner législativement le transport de dix pièces de vin pour une pièce d'eau-de-vie, ne serait-ce pas à la fois fournir à l'industrie parisienne l'*indispensable aliment de son travail*, et mettre en œuvre les forces des locomotives ?

Jusques à quand fermera-t-on les yeux sur cette vérité si simple ?

L'industrie, les forces navales, le travail ont pour but le bien général, le bien public ; créer des industries inutiles,

favoriser des transports superflus, alimenter un travail surnuméraire, non pour le bien du public, mais aux dépens du
public, c'est réaliser une véritable pétition de principe. Ce
n'est pas le travail qui est en soi-même une chose désirable,
c'est la consommation : tout travail sans résultat est une
perte. Payer des marins pour porter à travers les mers d'i-
nutiles résidus, c'est comme les payer pour faire ricocher
des cailloux sur la surface de l'eau. Ainsi nous arrivons à ce
résultat, que tous les *sophismes économiques,* malgré leur infinie variété, ont cela de commun qu'ils confondent le *moyen*
avec le *but,* et développent l'un aux dépens de l'autre [1].

XXII. — MÉTAPHORES.

Quelquefois le sophisme se dilate, pénètre tout le tissu
d'une longue et lourde théorie. Plus souvent il se comprime,
il se resserre, il se fait principe, et se cache tout entier dans
un mot.

Dieu nous garde, disait Paul-Louis, du malin et de la
métaphore ! Et, en effet, il serait difficile de dire lequel des
deux verse le plus de maux sur notre planète. — C'est le dé-
mon, dites-vous; il nous met à tous, tant que nous sommes,
l'esprit de spoliation dans le cœur. Oui, mais il laisse entière la répression des abus par la résistance de ceux qui en
souffrent. C'est le *sophisme* qui paralyse cette résistance.
L'épée que la *malice* met aux mains des assaillants serait impuissante si le *sophisme* ne brisait pas le bouclier aux bras
des assaillis ; et c'est avec raison que Malebranche a inscrit
sur le frontispice de son livre cette sentence : *L'erreur est la
cause de la misère des hommes.*

[1] Voy., au premier volume, l'opuscule de 1834, intitulé : *Reflexions
sur les Pétitions* de Bordeaux, le Havre, etc.
                              (*Note de l'éditeur.*)

Et voyez ce qui se passe. Des ambitieux hypocrites auront un intérêt sinistre, comme, par exemple, à semer dans le public le germe des haines nationales. Ce germe funeste pourra se développer, amener une conflagration générale, arrêter la civilisation, répandre des torrents de sang, attirer sur le pays le plus terrible des fléaux, l'*invasion*. En tous cas, et d'avance, ces sentiments haineux nous abaissent dans l'opinion des peuples et réduisent les Français qui ont conservé quelque amour de la justice à rougir de leur patrie. Certes ce sont là de grands maux ; et pour que le public se garantît contre les menées de ceux qui veulent lui faire courir de telles chances, il suffirait qu'il en eût la claire vue. Comment parvient-on à la lui dérober ? Par la *métaphore*. On altère, on force, on déprave le sens de trois ou quatre mots, et tout est dit.

Tel est le mot *invasion* lui-même.

Un maître de forges français dit : Préservons-nous de l'*invasion* des fers anglais. Un landlord anglais s'écrie : Repoussons l'*invasion* des blés français ! — Et ils proposent d'élever des barrières entre les deux peuples. — Les barrières constituent l'isolement, l'isolement conduit à la haine, la haine à la guerre, la guerre à l'*invasion*. — Qu'importe ? disent les deux *sophistes* ; ne vaut-il pas mieux s'exposer à une *invasion* éventuelle que d'accepter une *invasion* certaine ? — Et les peuples de croire, et les barrières de persister.

Et pourtant quelle analogie y a-t-il entre un échange et une *invasion* ? Quelle similitude est-il possible d'établir entre un vaisseau de guerre qui vient vomir sur nos villes le fer, le feu et la dévastation, — et un navire marchand qui vient nous offrir de troquer librement, volontairement, des produits contre des produits ?

J'en dirai autant du mot *inondation*. Ce mot se prend ordinairement en mauvaise part, parce qu'il est assez dans les habitudes des inondations de ravager les champs et les moissons. — Si, pourtant, elles laissaient sur le sol une valeur supérieure à celle qu'elles lui enlèvent, comme font les inondations du Nil, il faudrait, à l'exemple des Égyptiens, les bénir, les déifier. — Eh bien ! avant de déclamer contre les *inondations* des produits étrangers, avant de leur opposer de gênants et coûteux obstacles, se demande-t-on si ce sont là des inondations qui ravagent ou de celles qui fertilisent ? — Que penserions-nous de Méhémet-Ali, si, au lieu d'élever à gros frais des barrages à travers le Nil, pour étendre le domaine de ses *inondations*, il dépensait ses piastres à lui creuser un lit plus profond, afin que l'Égypte ne fût pas souillée par ce limon *étranger* descendu des montagnes de la Lune ? Nous exhibons précisément ce degré de sagesse et de raison, quand nous voulons, à grand renfort de millions, préserver notre pays..... — De quoi ? — Des bienfaits dont la nature a doté d'autres climats.

Parmi les *métaphores* qui recèlent toute une funeste théorie, il n'en est pas de plus usitée que celle que présentent les mots *tribut, tributaire*.

Ces mots sont devenus si usuels, qu'on en fait les synonymes d'*achat, acheteur*, et l'on se sert indifféremment des uns ou des autres.

Cependant il y a aussi loin d'un *tribut* à un *achat* que d'un *vol* à un *échange*, et j'aimerais autant entendre dire : Cartouche a enfoncé mon coffre-fort et il y a *acheté* mille écus, que d'ouïr répéter à nos honorables députés : Nous avons payé à l'Allemagne le *tribut* de mille chevaux qu'elle nous a vendus.

Car ce qui fait que l'action de Cartouche n'est pas un *achat*, c'est qu'il n'a pas mis, et de mon consentement, dans mon coffre-fort, une valeur équivalente à celle qu'il a prise.

Et ce qui fait que l'octroi de 500,000 francs que nous avons fait à l'Allemagne n'est pas un *tribut*; c'est justement qu'elle ne les a pas reçus à titre gratuit, mais bien en nous livrant en échange mille chevaux que nous-mêmes avons jugé valoir nos 500,000 francs.

Faut-il donc relever sérieusement de tels abus de langage ? Pourquoi pas, puisque c'est très-sérieusement qu'on les étale dans les journaux et dans les livres.

Et qu'on n'imagine pas qu'ils échappent à quelques écrivains ignorant jusqu'à leur langue ! Pour un qui s'en abstient, je vous en citerai dix qui se les permettent, et des plus huppés encore, les d'Argout, les Dupin, les Villèle, les pairs, les députés, les ministres, c'est-à-dire les hommes dont les paroles sont des lois, et dont les sophismes les plus choquants servent de base à l'administration du pays.

Un célèbre philosophe moderne a ajouté aux catégories d'Aristote le sophisme qui consiste à renfermer dans un mot une pétition de principe. Il en cite plusieurs exemples. Il aurait pu joindre le mot *tributaire* à sa nomenclature. — En effet, il s'agit de savoir si les achats faits au dehors sont utiles ou nuisibles. — Ils sont nuisibles, dites-vous. — Et pourquoi ? — Parce qu'ils nous rendent *tributaires* de l'étranger. — Certes, voilà bien un mot qui pose en fait ce qui est en question.

Comment ce trope abusif s'est-il intoduit dans la rhétorique des monopoleurs ?

Des écus *sortent du pays* pour satisfaire la rapacité d'un ennemi victorieux. — D'autres écus *sortent aussi du pays* pour solder des marchandises. -- On établit l'analogie des deux cas, en ne tenant compte que de la circonstance par laquelle ils se ressemblent et faisant abstraction de celle par laquelle ils diffèrent.

Cependant cette circonstance, c'est-à-dire le non-remboursement dans le premier cas, et le remboursement librement convenu dans le second, établit entre eux une différence telle qu'il n'est réellement pas possible de les classer sous la même étiquette. Livrer 100 francs *par force* à qui vous serre la gorge, ou *volontairement* à qui vous donne l'objet de vos désirs, vraiment, ce sont choses qu'on ne peut assimiler. — Autant vaudrait dire qu'il est indifférent de jeter le pain à la rivière ou de le manger, parce que c'est toujours du pain *détruit*. Le vice de ce raisonnement, comme celui que renferme le mot *tribut*, consisterait à fonder une entière similitude entre deux cas par leur ressemblance et en faisant abstraction de leur différence.

CONCLUSION.

Tous les sophismes que j'ai combattus jusqu'ici se rapportent à une seule question : le système restrictif ; encore, par pitié pour le lecteur, « j'en passe, et des meilleurs » : *droits acquis, inopportunité, épuisement du numéraire*, etc., etc.

Mais l'économie sociale n'est pas renfermée dans ce cercle étroit. Le fouriérisme, le saint-simonisme, le communisme, le mysticisme, le sentimentalisme, la fausse philanthropie, les aspirations affectées vers une égalité et une fraternité chimériques, les questions relatives au luxe, aux salaires, aux machines, à la prétendue tyrannie du capital, aux colonies, aux débouchés, aux conquêtes, à la population, à l'association, à l'émigration, aux impôts, aux emprunts, ont encombré le champ de la science d'une foule d'arguments parasites, de *sophismes* qui sollicitent la houe et la binette de l'économiste diligent.

Ce n'est pas que je ne reconnaisse le vice de ce plan ou plutôt de cette absence de plan. Attaquer un à un tant de sophismes incohérents, qui quelquefois se choquent et plus souvent rentrent les uns dans les autres, c'est se condamner à une lutte désordonnée, capricieuse, et s'exposer à de perpétuelles redites.

Combien je préférerais dire simplement comment les choses *sont*, sans m'occuper de mille aspects sous lesquels l'ignorance les *voit*!... Exposer les lois selon lesquelles les sociétés prospèrent ou dépérissent, c'est ruiner *virtuellement* tous les sophismes à la fois. Quand Laplace eut décrit ce qu'on peut savoir jusqu'ici du mouvement des corps célestes, il dissipa, sans même les nommer, toutes les rêveries astrologiques des Égyptiens, des Grecs et des Hindous, bien plus sûrement qu'il n'eût pu le faire en les réfutant directement dans d'innombrables volumes. — La vérité est une ; le livre qui l'expose est un édifice imposant et durable :

> Il brave les tyrans avides,
> Plus hardi que les Pyramides
> Et plus durable que l'airain.

L'erreur est multiple et de nature éphémère ; l'ouvrage qui la combat ne porte pas en lui-même un principe de grandeur et de durée.

Mais si la force et peut-être l'occasion [1] m'ont manqué pour procéder à la manière des Laplace et des Say, je ne puis me refuser à croire que la forme que j'ai adoptée a aussi sa modeste utilité. Elle me semble surtout bien proportionnée aux besoins du siècle, aux rapides instants qu'il peut consacrer à l'étude.

Un traité a sans doute une supériorité incontestable, mais

---

[1] Nous avons fait remarquer, à la fin du chap. IV, qu'il contient le germe très-apparent des doctrines développées dans les *Harmonies économiques*. Ici maintenant se manifeste, de la part de l'auteur, le désir et l'intention d'écrire ce dernier ouvrage, à la première occasion favorable.

(*Note de l'éditeur.*)

à une condition, c'est d'être lu, médité, approfondi. Il ne s'adresse qu'à un public d'élite. Sa mission est de fixer d'abord et d'agrandir ensuite le cercle des connaissances acquises.

La réfutation des préjugés vulgaires ne saurait avoir cette haute portée. Elle n'aspire qu'à désencombrer la route devant la marche de la vérité, à préparer les esprits, à redresser le sens public, à briser dans des mains impures des armes dangereuses.

C'est surtout en économie sociale que cette lutte corps à corps, que ces combats sans cesse renaissants avec les erreurs populaires ont une véritable utilité pratique.

On pourrait ranger les sciences en deux catégories.

Les unes, à la rigueur, peuvent n'être sues que des savants. Ce sont celles dont l'application occupe des professions spéciales. Le vulgaire en recueille le fruit malgré l'ignorance ; quoiqu'il ne sache pas la mécanique et l'astronomie, il n'en jouit pas moins de l'utilité d'une montre, il n'est pas moins entraîné par la locomotive ou le bateau à vapeur sur la foi de l'ingénieur et du pilote. Nous marchons selon les lois de l'équilibre sans les connaître, comme M. Jourdain faisait de la prose sans le savoir.

Mais il est des sciences qui n'exercent sur le public qu'une influence proportionnée aux lumières du public lui-même, qui tirent toute leur efficacité non des connaissances accumulées dans quelques têtes exceptionnelles, mais de celles qui sont diffusées dans la raison générale. Telles sont la morale, l'hygiène, l'économie sociale, et, dans les pays où les hommes s'appartiennent à eux-mêmes, la politique. C'est de ces sciences que Bentham aurait pu dire surtout : « Ce qui les répand vaut mieux que ce qui les avance. » Qu'importe qu'un grand homme, un Dieu même, ait promulgué les lois de la morale, aussi longtemps que les hommes, imbus de fausses notions, prennent les vertus pour des vices et les vices pour des vertus? Qu'importe que Smith, Say, et, selon M. de Saint-Chamans, les économistes *de toutes les écoles* aient proclamé, en fait de transactions commerciales, la supériorité de la *liberté* sur la *contrainte*, si ceux-là sont convaincus du contraire qui font les lois et pour qui les lois sont faites?

Ces sciences, que l'on a fort bien nommées sociales, ont encore ceci de particulier que, par cela même qu'elles sont d'une application usuelle, nul ne convient qu'il les ignore. — A-t-on besoin de résoudre une question de chimie ou de géométrie? On ne prétend pas avoir la science infuse; on n'a pas honte de consulter M. Thénard ; on ne se fait pas difficulté d'ouvrir Legendre ou Bezout. — Mais, dans les sciences sociales, on ne reconnaît guère d'autorités. Comme chacun fait journellement de la morale bonne ou mauvaise, de l'hygiène, de l'économie, de la politique raisonnable ou absurde, chacun se croit apte à gloser, disserter, décider et trancher en ces matières. — Souffrez-vous? Il n'est pas de bonne vieille qui ne vous dise du premier coup la cause et le remède de vos maux : « Ce sont les humeurs, affirme-t-elle, il faut vous purger. » — Mais qu'est-ce que les humeurs? et y a-t-il des humeurs? C'est ce dont elle ne se met pas en peine. — Je songe involontairement à cette bonne vieille quand j'entends expliquer tous les malaises sociaux par ces phrases banales : C'est la surabondance des produits, c'est la tyrannie du capital, c'est la pléthore industrielle, et autres sornettes dont on ne peut pas même dire : *Verba et voces, prætereaque nihil,* car ce sont autant de funestes erreurs.

De ce qui précède il résulte deux choses : 1° Que les sciences sociales doivent abonder en *sophismes* beaucoup plus que les autres, parce que ce sont celles où chacun ne consulte que son jugement ou ses instincts ; 2° que c'est dans ces sciences que le *sophisme* est spécialement malfaisant, parce qu'il égare l'opinion en une matière où l'opinion c'est la force, c'est la loi.

Il faut donc deux sortes de livres à ces sciences : ceux qui les exposent et ceux qui les propagent, ceux qui montrent la vérité et ceux qui combattent l'erreur.

Il me semble que le défaut inhérent à la forme de cet opuscule, la *répétition*, est ce qui en fait la principale utilité.

Dans la question que j'ai traitée, chaque sophisme a sans doute sa formule propre et sa portée, mais tous ont une racine commune, qui est l'*oubli des intérêts des hommes en tant que consommateurs*. Montrer que les mille chemins de l'erreur conduisent à ce sophisme *générateur*, c'est apprendre au public à le reconnaître, à l'apprécier, à s'en défier en toutes circonstances.

Après tout, je n'aspire pas précisément à faire naître des convictions, mais des doutes.

Je n'ai pas la prétention qu'en posant le livre le lecteur s'écrie : *Je sais ;* plaise au ciel qu'il se dise sincèrement : *J'ignore !*

« J'ignore, car je commence à craindre qu'il n'y ait quelque chose d'illusoire dans les douceurs de la disette. » (Sophisme I.)

« Je ne suis plus si édifié sur les charmes de l'*obstacle*. » (Sophisme II).

«.L'*effort sans résultat* ne me semble plus aussi désirable que le *résultat sans effort*. » (Sophisme III.)

« Il se pourrait bien que le secret du commerce ne consiste pas, comme celui des armes (selon la définition qu'en donne le spadassin du *Bourgeois gentilhomme*), *à donner et à ne pas recevoir.* » (Sophisme VI.)

« Je conçois qu'un objet *vaut* d'autant plus qu'il a reçu plus de façons; mais, dans l'échange, deux valeurs *égales* cessent-elles d'être égales parce que l'une vient de la charrue et l'autre de la Jacquart? » (Sophisme XXI.)

« J'avoue que je commence à trouver singulier que l'humanité s'améliore par des entraves, s'enrichisse par des taxes; et franchement je serais soulagé d'un poids importun, j'éprouverais une joie pure, s'il venait à m'être démontré, comme l'assure l'auteur des *Sophismes*, qu'il n'y a pas incompatibilité entre le bien-être et la justice, entre la paix et la liberté, entre l'extension du travail et les progrès de l'intelligence. » (Sophismes XIV et XX.)

« Donc, sans me tenir pour satisfait par ses arguments, auxquels je ne sais si je dois donner le nom de raisonnements ou de paradoxes, j'interrogerai les maîtres de la science. »

Terminons par un dernier et important aperçu cette monographie du *Sophisme*.

Le monde ne sait pas assez l'influence que le *Sophisme* exerce sur lui.

S'il en faut dire ce que je pense, quand le *droit du plus fort* a été détrôné, le *Sophisme* a remis l'empire au *droit du plus fin*, et il serait difficile de dire lequel de ces deux tyrans a été le plus funeste à l'humanité.

Les hommes ont un amour immodéré pour les jouissances, l'influence, la considération, le pouvoir, en un mot, pour les richesses.

Et, en même temps, ils sont poussés par une inclination immense à se procurer ces choses aux dépens d'autrui.

Mais cet *autrui*, qui est le public, a une inclination non moins grande à garder ce qu'il a acquis, pourvu qu'il le *puisse* et qu'il le *sache*.

La spoliation, qui joue un si grand rôle dans les affaires du monde, n'a donc que deux agents : la *force* et la *ruse*, et deux limites : le *courage* et les *lumières*.

La force appliquée à la spoliation fait le fond des annales humaines. En retracer l'histoire, ce serait reproduire presque en entier l'histoire de tous les peuples : Assyriens,

Babyloniens, Mèdes, Perses, Égyptiens, Grecs, Romains, Goths, Francs, Huns, Turcs, Arabes, Mongols, Tartares, sans compter celle des Espagnols en Amérique, des Anglais dans l'Inde, des Français en Afrique, des Russes en Asie, etc., etc.

Mais, du moins, chez les nations civilisées, les hommes qui produisent les richesses sont devenus assez nombreux et assez *forts* pour les défendre. — Est-ce à dire qu'ils ne sont plus dépouillés? Point du tout; ils le sont autant que jamais, et, qui plus est, ils se dépouillent les uns les autres.

Seulement, l'agent est changé : ce n'est plus par *force*, c'est par *ruse* qu'on s'empare des richesses publiques.

Pour voler le public, il faut le tromper. Le tromper, c'est lui persuader qu'on le vole pour son avantage ; c'est lui faire accepter en échange de ses biens des services fictifs, et souvent pis. — De là le *Sophisme*. — Sophisme théocratique, Sophisme économique, Sophisme politique, Sophisme financier. — Donc, depuis que la force est tenue en échec, le *Sophisme* n'est pas seulement un mal, c'est le génie du mal. Il le faut tenir en échec à son tour. — Et, pour cela, rendre le public plus *fin* que les fins, comme il est devenu plus *fort* que les forts.

Bon public, c'est sous le patronage de cette pensée que je t'adresse ce premier essai, — bien que la Préface soit étrangement transposée, et la Dédicace quelque peu tardive [1].

Mugron, 2 novembre 1845.

---

[1] Cette pensée, qui termine la première série des *Sophismes*, va être reprise et développée par l'auteur, au commencement de la seconde série. L'influence de la Spoliation sur les destinées de l'humanité le préoccupait vivement. Après avoir plusieurs fois abordé ce sujet dans les *Sophismes* et les *Pamphlets* (V. notamment *Propriété et Spoliation*, — *Spoliation et Loi*), il lui destinait une place étendue dans la seconde

partie des *Harmonies*, parmi les *causes perturbatrices*. Enfin, dernier témoignage de l'intérêt qu'il y attachait, il disait, à la veille de sa mort :
« Un travail bien important à faire, pour l'économie politique, c'est
« d'écrire l'histoire de la Spoliation. C'est une longue histoire dans
« laquelle, dès l'origine, apparaissent les conquêtes, les migrations des
« peuples, les invasions et tous les funestes excès de la force aux prises
« avec la justice. De tout cela il reste encore aujourd'hui des traces vi-
« vantes, et c'est une grande difficulté pour la solution des questions
« posées dans notre siècle. On n'arrivera pas à cette solution tant qu'on
« n'aura pas bien constaté en quoi et comment l'injustice, faisant sa part
« au milieu de nous, s'est impatronisée dans nos mœurs et dans nos
« lois. »   *(Note de l'éditeur)*

FIN DE LA PREMIÈRE SÉRIE.

SOPHISMES
ÉCONOMIQUES

DEUXIÈME SÉRIE [1].

(2e édition.)

> La requête de l'industrie au gouvernement
> est aussi modeste que celle de Diogène à
> Alexandre : OTE-TOI DE MON SOLEIL.
>
> (BENTHAM.)

I. — PHYSIOLOGIE DE LA SPOLIATION [2].

Pourquoi irais-je m'aheurter à cette science aride, l'*Économie politique*?

Pourquoi? — La question est judicieuse. Tout travail est assez répugnant de sa nature, pour qu'on ait le droit de demander où il mène.

Voyons, cherchons.

Je ne m'adresse pas à ces philosophes qui font profession

---

[1] La seconde série des *Sophismes économiques*, dont plusieurs chapitres avaient figuré dans le *Journal des Économistes* et le journal *le Libre Echange*, parut à la fin de janvier 1848.

(*Note de l'éditeur.*)

[2] V. au tome VI, les chap. XVIII, XIX, XXII et XXIV pour les développements projetés et commencés par l'auteur sur les *Causes perturbatrices* de l'harmonie des lois naturelles.

(*Note de l'éditeur.*)

d'adorer la misère, sinon en leur nom, du moins au nom de l'humanité.

Je parle à quiconque tient la *Richesse* pour quelque chose. — Entendons par ce mot, non l'opulence de quelques-uns, mais l'aisance, le bien-être, la sécurité, l'indépendance, l'instruction, la dignité de tous.

Il n'y a que deux moyens de se procurer les choses nécessaires à la conservation, à l'embellissement et au perfectionnement de la vie : la Production et la Spoliation.

Quelques personnes disent : La Spoliation est un accident, un abus local et passager, flétri par la morale, réprouvé par la loi, indigne d'occuper l'*Économie politique*.

Cependant, quelque bienveillance, quelque optimisme que l'on porte au cœur, on est forcé de reconnaître que la Spoliation s'exerce dans ce monde sur une trop vaste échelle, qu'elle se mêle trop universellement à tous les grands faits humains pour qu'aucune science sociale, et l'*Économie politique* surtout, puisse se dispenser d'en tenir compte.

Je vais plus loin. Ce qui sépare l'ordre social de la perfection (du moins de toute celle dont il est susceptible), c'est le constant effort de ses membres pour vivre et se développer aux dépens les uns des autres.

En sorte que si la Spoliation n'existait pas, la société étant parfaite, les sciences sociales seraient sans objet.

Je vais plus loin encore. Lorsque la Spoliation est devenue le moyen d'existence d'une agglomération d'hommes unis entre eux par le lien social, ils se font bientôt une loi qui la sanctionne, une morale qui la glorifie.

Il suffit de nommer quelques-unes des formes les plus tranchées de la *Spoliation* pour montrer quelle place elle occupe dans les transactions humaines.

C'est d'abord la Guerre. — Chez les sauvages, le vainqueur tue le vaincu pour acquérir au gibier un droit, sinon incontestable, du moins *incontesté*.

C'est ensuite l'Esclavage. — Quand l'homme comprend qu'il est possible de féconder la terre par le travail, il fait avec son frère ce partage : « A toi la fatigue, à moi le produit.

Vient la Théocratie. — « Selon ce que tu me donneras ou me refuseras de ce qui t'appartient, je t'ouvrirai la porte du ciel ou de l'enfer. »

Enfin arrive le Monopole. — Son caractère distinctif est de laisser subsister la grande loi sociale : *Service pour service*, mais de faire intervenir la force dans le débat, et par suite, d'altérer la juste proportion entre le *service reçu* et le *service rendu*.

La Spoliation porte toujours dans son sein le germe de mort qui la tue. Rarement c'est le grand nombre qui spolie le petit nombre. En ce cas, celui-ci se réduirait promptement au point de ne pouvoir plus satisfaire la cupidité de celui-là, et la Spoliation périrait faute d'aliment.

Presque toujours c'est le grand nombre qui est opprimé, et la Spoliation n'en est pas moins frappée d'un arrêt fatal.

Car si elle a pour agent la Force, comme dans la Guerre et l'Esclavage, il est naturel que la Force à la longue passe du côté du grand nombre.

Et si c'est la Ruse, comme dans la Théocratie et le Monopole, il est naturel que le grand nombre s'éclaire, sans quoi l'intelligence ne serait pas l'intelligence.

Une autre loi providentielle dépose un second germe de mort au cœur de la Spoliation, c'est celle-ci :

La Spoliation ne *déplace* pas seulement la richesse, elle en *détruit* toujours une partie.

La Guerre anéantit bien des valeurs.

L'Esclavage paralyse bien des facultés.

La Théocratie détourne bien des efforts vers des objets puérils ou funestes.

Le Monopole aussi fait passer la richesse d'une poche à l'autre ; mais il s'en perd beaucoup dans le trajet.

Cette loi est admirable. — Sans elle, pourvu qu'il y eût équilibre de force entre les oppresseurs et les opprimés, la Spoliation n'aurait pas de terme. — Grâce à elle, cet équilibre tend toujours à se rompre, soit parce que les Spoliateurs se font conscience d'une telle déperdition de richesses, soit, en l'absence de ce sentiment, parce que le mal empire sans cesse, et qu'il est dans la nature de ce qui empire toujours de finir.

Il arrive en effet un moment où, dans son accélération progressive, la déperdition des richesses est telle que le Spoliateur est moins riche qu'il n'eût été en restant honnête.

Tel est un peuple à qui les frais de guerre coûtent plus que ne vaut le butin.

Un maître qui paie plus cher le travail esclave que le travail libre.

Une Théocratie qui a tellement hébété le peuple et détruit son énergie qu'elle n'en peut plus rien tirer.

Un Monopole qui agrandit ses efforts d'absorption à mesure qu'il y a moins à absorber, comme l'effort de traire s'accroît à mesure que le pis est plus desséché.

Le Monopole, on le voit, est une Espèce du Genre Spoliation. Il a plusieurs Variétés, entre autres la Sinécure, le Privilége, la Restriction.

Parmi les formes qu'il revêt, il y en a de simples et naïves. Tels étaient les droits féodaux. Sous ce régime la masse est spoliée et le sait. Il implique l'abus de la force et tombe avec elle.

D'autres sont très-compliquées. Souvent alors la masse est spoliée et ne le sait pas. Il peut même arriver qu'elle croie tout devoir à la Spoliation, et ce qu'on lui laisse, et ce qu'on lui prend, et ce qui se perd dans l'opération. Il y a plus, j'affirme que, dans la suite des temps, et grâce au mécanisme si ingénieux de la *coutume*, beaucoup de Spoliateurs le sont sans le savoir et sans le vouloir. Les Monopoles de cette variété sont engendrés par la Ruse et nourris par l'Erreur. Ils ne s'évanouissent que devant la Lumière.

J'en ai dit assez pour montrer que l'Économie politique a une utilité pratique évidente. C'est le flambeau qui, dévoilant la Ruse et dissipant l'Erreur, détruit ce désordre social, la Spoliation. Quelqu'un, je crois que c'est une femme, et elle avait bien raison, l'a ainsi définie : *C'est la serrure de sûreté du pécule populaire.*

Commentaire.

Si ce petit livre était destiné à traverser trois ou quatre mille ans, à être lu, relu, médité, étudié phrase à phrase, mot à mot, lettre à lettre, de génération en génération, comme un Koran nouveau ; s'il devait attirer dans toutes les bibliothèques du monde des avalanches d'annotations, éclaircissements et paraphrases, je pourrais abandonner à leur sort, dans leur concision un peu obscure, les pensées qui précèdent. Mais puisqu'elles ont besoin de commentaire, il me paraît prudent de les commenter moi-même.

La véritable et équitable loi des hommes, c'est : *Échange librement débattu de service contre service.* La Spoliation consiste à bannir par force ou par ruse la liberté du débat afin de recevoir un service sans le rendre.

La Spoliation par la force s'exerce ainsi : On attend qu'un homme ait produit quelque chose, qu'on lui arrache, l'arme au poing.

Elle est formellement condamnée par le Décalogue : *Tu ne prendras point.*

Quand elle se passe d'individu à individu, elle se nomme *vol* et mène au bagne ; quand c'est de nation à nation, elle prend nom *conquête* et conduit à la gloire.

Pourquoi cette différence ? Il est bon d'en rechercher la cause. Elle nous révélera une puissance irrésistible, l'Opinion, qui, comme l'atmosphère, nous enveloppe d'une manière si absolue, que nous ne la remarquons plus. Car Rousseau n'a jamais dit une vérité plus vraie que celle-ci : « Il faut beaucoup de philosophie pour observer les faits qui sont trop près de nous. »

Le *voleur*, par cela même qu'il agit isolément, a contre lui l'opinion publique. Il alarme tous ceux qui l'entourent. Cependant, s'il a quelques associés, il s'enorgueillit devant eux de ses prouesses, et l'on peut commencer à remarquer ici la force de l'Opinion ; car il suffit de l'approbation de ses complices pour lui ôter le sentiment de sa turpitude et même le rendre vain de son ignominie.

Le *guerrier* vit dans un autre milieu. L'Opinion qui le flétrit est ailleurs, chez les nations vaincues ; il n'en sent pas la pression. Mais l'Opinion qui est autour de lui l'approuve et le soutient. Ses compagnons et lui sentent vivement la solidarité qui les lie. La patrie, qui s'est créé des ennemis et des dangers, a besoin d'exalter le courage de ses enfants. Elle décerne aux plus hardis, à ceux qui, élargissant ses frontières, y ont apporté le plus de butin, les honneurs, la renommée, la gloire. Les poëtes chantent leurs exploits et les femmes leur tressent des couronnes. Et telle est la puissance de l'Opinion, qu'elle sépare de la Spoliation l'idée d'injustice et ôte au spoliateur jusqu'à la conscience de ses torts.

L'Opinion, qui réagit contre la spoliation militaire, placée non chez le peuple spoliateur, mais chez le peuple spolié, n'exerce que bien peu d'influence. Cependant, elle n'est pas tout à fait inefficace, et d'autant moins que les nations se fréquentent et se comprennent davantage. Sous ce rapport, on voit que l'étude des langues et la libre communication des peuples tendent à faire prédominer l'opinion contraire à ce genre de spoliation.

Malheureusement, il arrive souvent que les nations qui entourent le peuple spoliateur sont elles-mêmes spoliatrices, quand elles le peuvent, et dès lors imbues des mêmes préjugés.

Alors, il n'y a qu'un remède : le temps. Il faut que les peuples aient appris, par une rude expérience, l'énorme désavantage de se spolier les uns les autres.

On parlera d'un autre frein : la moralisation. Mais la moralisation a pour but de multiplier les actions vertueuses. Comment donc restreindra-t-elle les actes spoliateurs quand ces actes sont mis par l'Opinion au rang des plus hautes vertus ? Y a-t-il un moyen plus puissant de moraliser un peuple que la Religion ? Y eut-il jamais Religion plus favorable à la paix et plus universellement admise que le Christianisme ? Et cependant qu'a-t-on vu pendant dix-huit siècles ? On a vu les hommes se battre non-seulement malgré la Religion, mais au nom de la Religion même.

Un peuple conquérant ne fait pas toujours la guerre offensive. Il a aussi de mauvais jours. Alors ses soldats défendent le foyer domestique, la propriété, la famille, l'indépendance, la liberté. La guerre prend un caractère de sainteté et de grandeur. Le drapeau, bénit par les ministres du Dieu de paix, représente tout ce qu'il y a de sacré sur la terre ; on s'y attache comme à la vivante image de la patrie et de l'honneur ; et les vertus guerrières sont exaltées au-dessus de toutes les autres vertus. — Mais le danger passé, l'Opinion subsiste, et, par une naturelle réaction de l'esprit de vengeance qui se confond avec le patriotisme, on aime à promener le drapeau chéri de capitale en capitale. Il semble que la nature ait préparé ainsi le châtiment de l'agresseur.

C'est la crainte de ce châtiment, et non les progrès de la philosophie, qui retient les armes dans les arsenaux, car, on ne peut pas le nier, les peuples les plus avancés en civilisation font la guerre, et se préoccupent bien peu de justice quand ils n'ont pas de représailles à redouter. Témoin l'Hymalaya, l'Atlas et le Caucase.

Si la Religion a été impuissante, si la philosophie est impuissante, comment donc finira la guerre ?

L'Économie politique démontre que, même à ne considérer que le peuple victorieux, la guerre se fait toujours dans l'intérêt du petit nombre et aux dépens des masses. Il suffit donc que les masses aperçoivent clairement cette vérité. Le poids de l'Opinion, qui se partage encore, pèsera tout entier du côté de la paix [1].

La Spoliation exercée par la force prend encore une autre forme. On n'attend pas qu'un homme ait produit une chose pour la lui arracher. On s'empare de l'homme lui-même ; on le dépouille de sa propre personnalité ; on le contraint au travail ; on ne lui dit pas : *Si tu prends cette peine pour moi, je prendrai cette peine pour toi*, on lui dit : *A toi toutes les fatigues, à moi toutes les jouissances.* C'est l'Esclavage, qui implique toujours l'abus de la force.

Or, c'est une grande question de savoir s'il n'est pas dans la nature d'une force incontestablement dominante d'abuser toujours d'elle-même. Quant à moi, je ne m'y fie pas, et j'aimerais autant attendre d'une pierre qui tombe la puissance qui doit l'arrêter dans sa chute, que de confier à la force sa propre limite.

Je voudrais, au moins, qu'on me montrât un pays, une époque où l'Esclavage a été aboli par la libre et gracieuse volonté des maîtres.

L'Esclavage fournit un second et frappant exemple de l'insuffisance des sentiments religieux et philanthropiques

---

[1] Voy., tome I, la lettre adressée au président du Congrès de la paix à Francfort.

(*Note de l'éditeur.*)

aux prises avec l'énergique sentiment de l'intérêt. Cela peut paraître triste à quelques Écoles modernes qui cherchent dans l'abnégation le principe réformateur de la société. Qu'elles commencent donc par réformer la nature de l'homme.

Aux Antilles, les maîtres professent de père en fils, depuis l'institution de l'esclavage, la Religion chrétienne. Plusieurs fois par jour ils répètent ces paroles : « Tous les hommes sont frères ; aimer son prochain, c'est accomplir toute la loi. » — Et pourtant ils ont des esclaves. Rien ne leur semble plus naturel et plus légitime. Les réformateurs modernes espèrent-ils que leur morale sera jamais aussi universellement acceptée, aussi populaire, aussi forte d'autorité, aussi souvent sur toutes les lèvres que l'Évangile ? Et si l'Evangile n'a pu passer des lèvres au cœur par-dessus ou à travers la grande barrière de l'intérêt, comment espèrent-ils que leur morale fasse ce miracle ?

Mais quoi ! l'Esclavage est-il donc invulnérable ? Non ; ce qui l'a fondé le détruira, je veux dire l'*Intérêt*, pourvu que, pour favoriser les intérêts spéciaux qui ont créé la plaie, on ne contrarie pas les intérêts généraux qui doivent la guérir.

C'est encore une vérité démontrée par l'Économie politique, que le travail libre est essentiellement progressif et le travail esclave nécessairement stationnaire. En sorte que le triomphe du premier sur le second est inévitable. Qu'est devenue la culture de l'indigo par les noirs ?

Le travail libre appliqué à la production du sucre en fera baisser de plus en plus le prix. A mesure, l'esclave sera de moins en moins lucratif pour son maître. L'esclavage serait depuis longtemps tombé de lui-même en Amérique, si, en Europe, les lois n'eussent élevé artificiellement le prix du sucre. Aussi nous voyons les maîtres, leurs créanciers et leurs délégués travailler activement à maintenir ces lois, qui sont aujourd'hui les colonnes de l'édifice.

Malheureusement, elles ont encore la sympathie des populations du sein desquelles l'esclavage a disparu ; par où l'on voit qu'encore ici l'Opinion est souveraine.

Si elle est souveraine, même dans la région de la Force, elle l'est à bien plus forte raison dans le monde de la Ruse. A vrai dire, c'est là son domaine. La Ruse, c'est l'abus de l'intelligence ; le progrès de l'opinion, c'est le progrès des intelligences. Les deux puissances sont au moins de même nature. Imposture chez le spoliateur implique crédulité chez le spolié, et l'antidote naturel de la crédulité c'est la vérité. Il s'ensuit qu'éclairer les esprits, c'est ôter à ce genre de spoliation son aliment.

Je passerai brièvement en revue quelques-unes des spoliations qui s'exercent par la Ruse sur une très-grande échelle.

La première qui se présente c'est la Spoliation par ruse théocratique.

De quoi s'agit-il ? De se faire rendre en aliments, vêtements, luxe, considération, influence, pouvoir, des services réels contre des services fictifs.

Si je disais à un homme : — « Je vais te rendre des services immédiats, » — il faudrait bien tenir parole ; faute de quoi cet homme saurait bientôt à quoi s'en tenir, et ma ruse serait promptement démasquée.

Mais si je lui dis : — « En échange de tes services, je te rendrai d'immenses services, non dans ce monde, mais dans l'autre. Après cette vie, tu peux être éternellement heureux ou malheureux, et cela dépend de moi ; je suis un être intermédiaire entre Dieu et sa créature, et puis, à mon gré, t'ouvrir les portes du ciel ou de l'enfer. » — Pour peu que cet homme me croie, il est à ma discrétion.

Ce genre d'imposture a été pratiqué très-en grand depuis l'origine du monde, et l'on sait à quel degré de toute-puissance étaient arrivés les prêtres égyptiens.

Il est aisé de savoir comment procèdent les imposteurs. Il suffit de se demander ce qu'on ferait à leur place.

Si j'arrivais, avec des vues de cette nature, au milieu d'une peuplade ignorante, et que je parvinsse, par quelque acte extraordinaire et d'une apparence merveilleuse, à me faire passer pour un être surnaturel, je me donnerais pour un envoyé de Dieu, ayant sur les futures destinées des hommes un empire absolu.

Ensuite, j'interdirais l'examen de mes titres ; je ferais plus : comme la raison serait mon ennemi le plus dangereux, j'interdirais l'usage de la raison même, au moins appliquée à ce sujet redoutable. Je ferais de cette question, et de toutes celles qui s'y rapportent, des questions *tabou*, comme disent les sauvages. Les résoudre, les agiter, y penser même, serait un crime irrémissible.

Certes, ce serait le comble de l'art de mettre une barrière *tabou* à toutes les avenues intellectuelles qui pourraient conduire à la découverte de ma supercherie. Quelle meilleure garantie de sa durée que de rendre le doute même sacrilège ?

Cependant, à cette garantie fondamentale, j'en ajouterais d'accessoires. Par exemple, pour que la lumière ne pût jamais descendre dans les masses, je m'attribuerais, ainsi qu'à mes complices, le monopole de toutes les connaissances, je les cacherais sous les voiles d'une langue morte et d'une écriture hiéroglyphique, et, pour n'être jamais surpris par aucun danger, j'aurais soin d'inventer une institution qui me ferait pénétrer, jour par jour, dans le secret de toutes les consciences.

Il ne serait pas mal non plus que je satisfisse à quelques besoins réels de mon peuple, surtout si, en le faisant, je pouvais accroître mon influence et mon autorité. Ainsi les hommes ont un grand besoin d'instruction et de morale : je m'en ferais le dispensateur. Par là je dirigerais à mon gré l'esprit et le cœur de mon peuple. J'entrelacerais dans une chaîne indissoluble la morale et mon autorité ; je les représenterais comme ne pouvant exister l'une sans l'autre, en sorte que si quelque audacieux tentait enfin de remuer une question *tabou*, la société tout entière, qui ne peut se passer de morale, sentirait le terrain trembler sous ses pas, et se tournerait avec rage contre ce novateur téméraire.

Quand les choses en seraient là, il est clair que ce peuple m'appartiendrait plus que s'il était mon esclave. L'esclave maudit sa chaîne, mon peuple bénirait la sienne, et je serais parvenu à imprimer, non sur les fronts, mais au fond des consciences, le sceau de la servitude.

L'Opinion seule peut renverser un tel édifice d'iniquité ; mais par où l'entamera-t-elle; si chaque pierre est *tabou*? — C'est l'affaire du temps et de l'imprimerie.

A Dieu ne plaise que je veuille ébranler ici ces croyances consolantes qui *relient* cette vie d'épreuves à une vie de félicités ! Mais qu'on ait abusé de l'irrésistible pente qui nous entraîne vers elles, c'est ce que personne, pas même le chef de la chrétienté, ne pourrait contester. Il y a, ce me semble, un signe pour reconnaître si un peuple est dupe ou ne l'est pas. Examinez la Religion et le prêtre ; examinez si le prêtre est l'instrument de la Religion, ou si la Religion est l'instrument du prêtre.

Si *le prêtre est l'instrument de la Religion*, s'il ne songe qu'à étendre sur la terre sa morale et ses bienfaits, il sera doux, tolérant, humble, charitable, plein de zèle ; sa vie reflétera celle de son divin modèle ; il prêchera la liberté et l'égalité parmi les hommes, la paix et la fraternité entre les nations ; il repoussera les séductions de la puissance temporelle, ne voulant pas faire alliance avec ce qui a le plus besoin de frein en ce monde ; il sera l'homme du peuple, l'homme des bons conseils et des douces consolations, l'homme de l'Opinion, l'homme de l'Évangile.

Si, au contraire, *la Religion est l'instrument du prêtre*, il la traitera comme on traite un instrument qu'on altère, qu'on plie, qu'on retourne en toutes façons, de manière à en tirer le plus grand avantage pour soi. Il multipliera les questions *tabou ;* sa morale sera flexible comme les temps, les hommes et les circonstances. Il cherchera à en imposer par des gestes et des attitudes étudiés ; il marmottera cent fois par jour des mots dont le sens sera évaporé, et qui ne seront plus qu'un vain *conventionalisme.* Il trafiquera des choses saintes, mais tout juste assez pour ne pas ébranler la foi en leur sainteté, et il aura soin que le trafic soit d'autant moins ostensiblement actif que le peuple est plus clairvoyant. Il se mêlera des intrigues de la terre ; il se mettra toujours du côté des puissants à la seule condition que les puissants se mettront de son côté. En un mot, dans tous ses actes, on reconnaîtra qu'il ne veut pas faire avancer la Religion par le clergé, mais le clergé par la Religion ; et comme tant d'efforts supposent un but, comme ce but, dans cette hypothèse, ne peut être autre que la puissance et la richesse, le signe définitif que le peuple est dupe, c'est quand le prêtre est riche et puissant.

Il est bien évident qu'on peut abuser d'une Religion vraie comme d'une Religion fausse. Plus même son autorité est respectable, plus il est à craindre qu'on ne pousse loin l'épreuve. Mais il y a bien de la différence dans les résultats. L'abus insurge toujours la partie saine, éclairée, indépendante d'un peuple. Il ne se peut pas que la foi n'en soit ébranlée, et l'affaiblissement d'une religion vraie est bien autrement funeste que l'ébranlement d'une Religion fausse.

La Spoliation par ce procédé et la clairvoyance d'un peuple sont toujours en proportion inverse l'une de l'autre, car il est de la nature des abus d'aller tant qu'ils trouvent du chemin. Non qu'au milieu de la population la plus ignorante, il ne se rencontre des prêtres purs et dévoués, mais comment empêcher la fourbe de revêtir la soutane et l'ambition de ceindre la mitre ? Les spoliateurs obéissent à la loi malthusienne : ils multiplient comme les moyens d'existence ; et les moyens d'existence des fourbes, c'est la crédulité de leurs dupes. On a beau chercher, on trouve toujours qu'il faut que l'Opinion s'éclaire. Il n'y a pas d'autre Panacée.

Une autre variété de Spoliation par la ruse s'appelle *fraude commerciale*, nom qui me semble beaucoup trop restreint, car ne s'en rend pas coupable seulement le marchand qui altère la denrée ou raccourcit son mètre, mais aussi le médecin qui se fait payer des conseils funestes, l'avocat qui embrouille les procès, etc. Dans l'échange entre deux services, l'un est de mauvais aloi ; mais ici, le service reçu étant toujours préalablement et volontairement agréé, il est clair que la Spoliation de cette espèce doit reculer à mesure que la clairvoyance publique avance.

Vient ensuite l'abus des *services publics*, champ immense de Spoliation tellement immense que nous ne pouvons y jeter qu'un coup d'œil.

Si Dieu avait fait de l'homme un animal solitaire, chacun travaillerait pour soi. La richesse individuelle serait en proportion des services que chacun se rendrait à soi-même.

Mais *l'homme étant sociable, les services s'échangent les uns contre les autres*, proposition que vous pouvez, si cela vous convient, construire à rebours.

Il y a dans la société des besoins tellement généraux, tellement universels, que ses membres y pourvoient en organisant des *services publics*. Tel est le besoin de la sécurité. On se concerte, on se cotise pour rémunérer en *services* divers ceux qui rendent le *service* de veiller à la sécurité commune.

Il n'y a rien là qui soit en dehors de l'Économie politique : *Fais ceci pour moi, je ferai cela pour toi*. L'essence de la transaction est la même, le procédé rémunératoire seul est différent ; mais cette circonstance a une grande portée.

Dans les transactions ordinaires chacun reste juge soit du service qu'il reçoit, soit du service qu'il rend. Il peut toujours ou refuser l'échange ou le faire ailleurs, d'où la nécessité de n'apporter sur le marché que des services qui se feront volontairement agréer.

Il n'en est pas ainsi avec l'Etat, surtout avant l'avénement des gouvernements représentatifs. Que nous ayons ou non besoin de ses services, qu'ils soient de bon ou de mauvais aloi, il nous faut toujours les accepter tels qu'il les fournit et les payer au prix qu'il y met.

Or, c'est la tendance de tous les hommes de voir par le petit bout de la lunette les services qu'ils rendent, et par le gros bout les services qu'ils reçoivent ; et les choses iraient bon train si nous n'avions pas, dans les transactions privées, la garantie du *prix débattu*.

Cette garantie, nous ne l'avons pas ou nous ne l'avons guère dans les transactions publiques. — Et cependant, l'Etat, composé d'hommes (quoique de nos jours on insinue le contraire), obéit à l'universelle tendance. Il veut nous *servir* beaucoup, nous servir plus que nous ne voulons, et nous faire agréer comme service *vrai* ce qui est quelquefois loin de l'être, et cela, pour nous imposer en retour des *services* ou contributions.

L'Etat aussi est soumis à la loi malthusienne. Il tend à dépasser le niveau de ses moyens d'existence, il grossit en proportion de ces moyens, et ce qui le fait exister c'est la substance des peuples. Malheur donc aux peuples qui ne savent pas limiter la sphère d'action de l'Etat. Liberté, activité privée, richesse, bien-être, indépendance, dignité, tout y passera.

Car il y a une circonstance qu'il faut remarquer, c'est celle-ci : Parmi les services que nous demandons à l'Etat, le principal est la *sécurité*. Pour nous la garantir, il faut qu'il dispose d'une force capable de vaincre toutes les forces, particulières ou collectives, intérieures ou extérieures, qui pourraient la compromettre. Combinée avec cette fâcheuse disposition que nous remarquons dans les hommes à vivre aux dépens des autres, il y a là un danger qui saute aux yeux.

Aussi, voyez sur quelle immense échelle, depuis les temps historiques, s'est exercée la Spoliation par abus et excès du gouvernement ? Qu'on se demande quels services ont rendus aux populations et quels services en ont retirés les pouvoirs publics chez les Assyriens, les Babyloniens, les Égyptiens, les Romains, les Persans, les Turcs, les Chinois, les Russes, les Anglais, les Espagnols, les Français ? L'imagination s'effraie devant cette énorme disproportion.

Enfin, on a inventé le gouvernement représentatif et, *à priori*, on aurait pu croire que le désordre allait cesser comme par enchantement.

En effet, le principe de ces gouvernements est celui-ci :

« La population elle-même, par ses représentants, décidera la nature et l'étendue des fonctions qu'elle juge à propos de constituer en *services publics,* et la quotité de la rémunération qu'elle entend attacher à ces *services.* »

La tendance à s'emparer du bien d'autrui et la tendance à défendre son bien étaient ainsi mises en présence. On devait penser que la seconde surmonterait la première.

Certes, je suis convaincu que la chose réussira à la longue. Mais il faut bien avouer que jusqu'ici elle n'a pas réussi.

Pourquoi ? par deux motifs bien simples : les gouvernements ont eu trop, et les populations pas assez de sagacité.

Les gouvernements sont fort habiles. Ils agissent avec méthode, avec suite, sur un plan bien combiné et constamment perfectionné par la tradition et l'expérience. Ils étudient les hommes et leurs passions. S'ils reconnaissent, par exemple, qu'ils ont l'instinct de la guerre, ils attisent, ils excitent ce funeste penchant. Ils environnent la nation de dangers par l'action de la diplomatie, et tout naturellement ensuite, ils lui demandent des soldats, des marins, des arsenaux, des fortifications : souvent même ils n'ont que la peine de les laisser offrir ; alors ils ont des grades, des pensions et des places à distribuer. Pour cela, il faut beaucoup d'argent ; les impôts et les emprunts sont là.

Si la nation est généreuse, ils s'offrent à guérir tous les maux de l'humanité. Ils relèveront, disent-ils, le commerce, feront prospérer l'agriculture, développeront les fabriques, encourageront les lettres et les arts, extirperont la misère, etc., etc. Il ne s'agit que de créer des fonctions et payer des fonctionnaires.

En un mot, la tactique consiste à présenter comme services effectifs ce qui n'est qu'entraves ; alors la nation paie non pour être servie, mais desservie. Les gouvernements, prenant des proportions gigantesques, finissent par absorber la moitié de tous les revenus. Et le peuple s'étonne de travailler autant, d'entendre annoncer des inventions merveilleuses qui doivent multiplier à l'infini les produits et... d'être toujours Gros-Jean comme devant.

C'est que, pendant que le gouvernement déploie tant d'habileté, le peuple n'en montre guère. Ainsi, appelé à choisir ses chargés de pouvoirs, ceux qui doivent déterminer la sphère et la rémunération de l'action gouvernementale, qui choisit-il ? Les agents du gouvernement. Il charge le pouvoir exécutif de fixer lui-même la limite de son activité et de ses exigences. Il fait comme le *Bourgeois gentilhomme*, qui, pour le choix et le nombre de ses habits, s'en remet... à son tailleur [1].

---

[1] Voy., au tome I, la lettre adressée à M. Larnac, et au tome V, les *Incompatibilités parlementaires*.

(Note de l'éditeur.)

Cependant les choses vont de mal en pis, et le peuple ouvre enfin les yeux, non sur le remède (il n'en est pas là encore), mais sur le mal.

Gouverner est un métier si doux que tout le monde y aspire. Aussi les conseillers du peuple ne cessent de lui dire : Nous voyons tes souffrances et nous les déplorons. Il en serait autrement si nous te gouvernions.

Cette période, qui est ordinairement fort longue, est celle des rébellions et des émeutes. Quand le peuple est vaincu, les frais de la guerre s'ajoutent à ses charges. Quand il est vainqueur, le personnel gouvernemental change et les abus restent.

Et cela dure jusqu'à ce qu'enfin le peuple apprenne à connaître et à défendre ses vrais intérêts. Nous arrivons donc toujours à ceci : Il n'y a de ressource que dans le progrès de la Raison publique.

Certaines nations paraissent merveilleusement disposées à devenir la proie de la Spoliation gouvernementale. Ce sont celles où les hommes, ne tenant aucun compte de leur propre dignité et de leur propre énergie, se croiraient perdus s'ils n'étaient *administrés et gouvernés* en toutes choses. Sans avoir beaucoup voyagé, j'ai vu des pays où l'on pense que l'agriculture ne peut faire aucun progrès si l'État n'entretient des fermes expérimentales; qu'il n'y aura bientôt plus de chevaux, si l'État n'a pas de haras ; que les pères ne feront pas élever leurs enfants ou ne leur feront enseigner que des choses immorales, si l'État ne décide pas ce qu'il est bon d'apprendre, etc., etc. Dans un tel pays, les révolutions peuvent se succéder rapidement, les gouvernants tomber les uns sur les autres. Mais les gouvernés n'en seront pas moins gouvernés à merci et miséricorde (car la disposition que je signale ici est l'étoffe même dont les gouvernements sont faits), jusqu'à ce qu'enfin le peuple s'aperçoive qu'il vaut mieux laisser le plus grand nombre pos-

sible de *services* dans la catégorie de ceux que les parties
intéressées échangent *à prix débattu* [1].

Nous avons vu que la société est *échange des services*.
Elle ne devrait être qu'échange de bons et loyaux services.
Mais nous avons constaté aussi que les hommes avaient un
grand intérêt et, par suite, une pente irrésistible à exagé-
rer la valeur relative des services qu'ils rendent. Et véritablement, je ne puis apercevoir d'autre limite à cette prétention que la libre acceptation ou le libre refus de ceux à qui
ces services sont offerts.

De là il arrive que certains hommes ont recours à la loi
pour qu'elle diminue chez les autres les naturelles préroga-
tives de cette liberté. Ce genre de spoliation s'appelle Privilége ou Monopole. Marquons-en bien l'origine et le caractère.

Chacun sait que les services qu'il apporte dans le marché
général y seront d'autant plus appréciés et rémunérés
qu'ils y seront plus rares. Chacun implorera donc l'intervention de la loi pour éloigner du marché tous ceux qui
viennent y offrir des services analogues, — ou, ce qui revient au même, si le concours d'un instrument est indispensable pour que le service soit rendu, il en demandera à la
loi la possession exclusive [2].

Cette variété de Spoliation étant l'objet principal de ce
volume, j'en dirai peu de chose ici, et me bornerai à une
remarque.

Quand le monopole est un fait isolé, il ne manque pas
d'enrichir celui que la loi en a investi. Il peut arriver alors

---

[1] V. au présent tome, *l'État*, *la Loi*, et au tome VI, le chapitre xvii,
Services privés et services publics.   (*Note de l'éditeur.*)

[2] Pour la distinction entre les monopoles véritables et ce qu'on a
nommé les monopoles naturels, voir, au chap. v du tome VI, la note qui
accompagne l'exposé de la doctrine d'Adam Smith sur la *valeur.*

que chaque classe de travailleurs, au lieu de poursuivre la chute de ce monopole, réclame pour elle-même un monopole semblable. Cette nature de Spoliation, ainsi réduite en système, devient alors la plus ridicule des mystifications pour tout le monde, et le résultat définitif est que chacun croit retirer *plus* d'un marché général *appauvri de tout*. •

Il n'est pas nécessaire d'ajouter que ce singulier régime introduit en outre un antagonisme universel entre toutes les classes, toutes les professions, tous les peuples ; qu'il exige une interférence constante, mais toujours incertaine de l'action gouvernementale ; qu'il abonde ainsi dans le sens des abus qui font l'objet du précédent paragraphe ; qu'il place toutes les industries dans une insécurité irrémédiable, et qu'il accoutume les hommes à mettre sur la loi, et non sur eux-mêmes, la responsabilité de leur propre existence. Il serait difficile d'imaginer une cause plus active de perturbation sociale [1].

Justification.

On dira : « Pourquoi ce vilain mot : Spoliation ? Outre qu'il est grossier, il blesse, il irrite, il tourne contre vous les hommes calmes et modérés, il envenime la lutte. »

Je le déclare hautement, je respecte les personnes ; je crois à la sincérité de presque tous les partisans de la Protection ; et je ne me reconnais le droit de suspecter la probité personnelle, la délicatesse, la philanthropie de qui que ce soit. Je répète encore que la Protection est l'œuvre, l'œuvre funeste, d'une commune erreur dont tout le monde, ou du moins la grande majorité, est à la fois victime et com-

[1] Cette cause de perturbation, l'auteur devait bientôt assister à son développement et la combattre avec énergie. V. ci-après l'*État*, puis, au tome II, *Funestes illusions* et, au tome VI, les dernières pages du chap. IV.   (*Note de l'éditeur.*)

plice. — Après cela je ne puis pas empêcher que les choses ne soient ce qu'elles sont.

Qu'on se figure une espèce de Diogène mettant la tête hors de son tonneau, et disant : « Athéniens, vous vous faites servir par des esclaves. N'avez-vous jamais pensé que vous exerciez sur vos frères la plus inique des spoliations? »

Ou encore, un tribun parlant ainsi dans le Forum : « Romains, vous avez fondé tous vos moyens d'existence sur le pillage successif de tous les peuples. »

Certes, ils ne feraient qu'exprimer une vérité incontestable. Faudrait-il en conclure qu'Athènes et Rome n'étaient habitées que par de malhonnêtes gens? que Socrate et Platon, Caton et Cincinnatus étaient des personnages méprisables?

Qui pourrait avoir une telle pensée? Mais ces grands hommes vivaient dans un milieu qui leur ôtait la conscience de leur injustice. On sait qu'Aristote ne pouvait pas même se faire l'idée qu'une société pût exister sans esclavage.

Dans les temps modernes, l'esclavage a vécu jusqu'à nos jours sans exciter beaucoup de scrupules dans l'âme des planteurs. Des armées ont servi d'instrument à de grandes conquêtes, c'est-à-dire à de grandes spoliations. Est-ce à dire qu'elles ne fourmillent pas de soldats et d'officiers, personnellement aussi délicats, plus délicats peut-être qu'on ne l'est généralement dans les carrières industrielles ; d'hommes à qui la pensée seule d'un vol ferait monter le rouge au front, et qui affronteraient mille morts plutôt que de descendre à une bassesse?

Ce qui est blâmable ce ne sont pas les individus, mais le mouvement général qui les entraîne et les aveugle, mouvement dont la société entière est coupable.

Il en est ainsi du Monopole. J'accuse le système, et non point les individus ; la société en masse, et non tel ou tel de ses membres. Si les plus grands philosophes ont pu se faire illusion sur l'iniquité de l'esclavage, à combien plus forte raison des agriculteurs et des fabricants peuvent-ils se tromper sur la nature et les effets du régime restrictif?

II. — DEUX MORALES.

Arrivé, s'il y arrive, au bout du chapitre précédent, je crois entendre le lecteur s'écrier :

« Eh bien! est-ce à tort qu'on reproche aux économistes d'être secs et froids? Quelle peinture de l'humanité! Quoi! la Spoliation serait une puissance fatale, presque normale, prenant toutes les formes, s'exerçant sous tous les prétextes, hors la loi et par la loi, abusant des choses les plus saintes, exploitant tour à tour la faiblesse et la crédulité, et progressant en proportion de ce que ce double aliment abonde autour d'elle! Peut-on faire du monde un plus triste tableau? »

La question n'est pas de savoir s'il est triste, mais s'il est vrai. L'histoire est là pour le dire.

Il est assez singulier que ceux qui décrient l'économie politique (ou l'*économisme*, comme il leur plaît de nommer cette science), parce qu'elle étudie l'homme et le monde tels qu'ils sont, poussent bien plus loin qu'elle le pessimisme, au moins quant au passé et au présent. Ouvrez leurs livres et leurs journaux. Qu'y voyez-vous? L'aigreur, la haine contre la société; jusque-là que le mot même *civilisation* est pour eux synonyme d'injustice, désordre et anarchie. Ils en sont venus à maudire la *liberté*, tant ils ont peu de confiance dans le développement de la race humaine, résultat de sa naturelle organisation. La liberté! c'est elle, selon eux, qui nous pousse de plus en plus vers l'abîme.

Il est vrai qu'ils sont optimistes pour l'avenir. Car si l'humanité, incapable par elle-même, fait fausse route depuis six mille ans, un révélateur est venu, qui lui a signalé la voie du salut, et pour peu que le troupeau soit docile à la houlette du pasteur, il sera conduit dans cette terre promise où le bien-être se réalise sans efforts, où l'ordre, la sécurité et l'harmonie sont le facile prix de l'imprévoyance.

Il ne s'agit pour l'humanité que de consentir à ce que les réformateurs changent, comme dit Rousseau, *sa constitution physique et morale*.

L'économie politique ne s'est pas donné la mission de rechercher ce que serait la société si Dieu avait fait l'homme autrement qu'il ne lui a plu de le faire. Il peut être fâcheux que la Providence ait oublié d'appeler, au commencement, dans ses conseils, quelques-uns de nos organisateurs modernes. Et comme la mécanique céleste serait toute différente, si le Créateur eût consulté Alphonse le Sage ; de même, s'il n'eût pas négligé les avis de Fourier, l'ordre social ne ressemblerait en rien à celui où nous sommes forcés de respirer, vivre et nous mouvoir. Mais, puisque nous y sommes, puisque *in eo vivimus, movemur et sumus*, il ne nous reste qu'à l'étudier et en connaître les lois, surtout si son amélioration dépend essentiellement de cette connaissance.

Nous ne pouvons pas empêcher que le cœur de l'homme ne soit un foyer de désirs insatiables.

Nous ne pouvons pas faire que ces désirs, pour être satisfaits, n'exigent du travail.

Nous ne pouvons pas éviter que l'homme n'ait autant de répugnance pour le travail que d'attrait pour la satisfaction.

Nous ne pouvons pas empêcher que, de cette organisation, ne résulte un effort perpétuel parmi les hommes pour accroître leur part de jouissances, en se rejetant, par la force ou la ruse, des uns aux autres, le fardeau de la peine.

Il ne dépend pas de nous d'effacer l'histoire universelle, d'étouffer la voix du passé attestant que les choses se sont ainsi passées dès l'origine. Nous ne pouvons pas nier que la guerre, l'esclavage, le servage, la théocratie, l'abus du gouvernement, les priviléges, les fraudes de toute nature et les monopoles n'aient été les incontestables et terribles manifestations de ces deux sentiments combinés dans le cœur de l'homme : *attrait pour les jouissances ; répugnance pour la fatigue.*

« Tu mangeras ton pain à la sueur de ton front. » — Mais chacun veut le plus de pain et le moins de sueur possible. C'est la conclusion de l'histoire.

Grâce au ciel, l'histoire montre aussi que la répartition des jouissances et des peines tend à se faire d'une manière de plus en plus égale parmi les hommes.

A moins de nier la clarté du soleil, il faut bien admettre que la société a fait, sous ce rapport, quelques progrès.

S'il en est ainsi, il y a donc en elle une force naturelle et providentielle, une loi qui fait reculer de plus en plus le principe de l'iniquité et réalise de plus en plus le principe de la justice.

Nous disons que cette force est dans la société et que Dieu l'y a placée. Si elle n'y était pas, nous serions réduits, comme les utopistes, à la chercher dans des moyens artificiels, dans des arrangements qui exigent l'altération préalable de la *constitution physique et morale* de l'homme, ou plutôt nous croirions cette recherche inutile et vaine, parce que nous ne pouvons comprendre l'action d'un levier sans point d'appui.

Essayons donc de signaler la force bienfaisante qui tend à surmonter progressivement la force malfaisante, à laquelle nous avons donné le nom de Spoliation, et dont la présence n'est que trop expliquée par le raisonnement et constatée par l'expérience.

Tout acte malfaisant a nécessairement deux termes : le point d'où il émane et le point où il aboutit ; l'homme qui exerce l'acte, et l'homme sur qui l'acte est exercé ; ou, comme dit l'école, l'*agent* et le *patient*.

Il y a donc deux chances pour que l'acte malfaisant soit supprimé : l'abstention volontaire de l'être *actif*, et la résistance de l'être *passif*.

De là deux morales qui, bien loin de se contrarier, concourent : la morale religieuse ou philosophique, et la morale que je me permettrai d'appeler *économique*.

La morale religieuse, pour arriver à la suppression de l'acte malfaisant, s'adresse à son auteur, à l'homme *en tant qu'agent*. Elle lui dit : « Corrige-toi ; épure-toi ; cesse de faire le mal ; fais le bien, dompte tes passions ; sacrifie tes intérêts ; n'opprime pas ton prochain que ton devoir est d'aimer et soulager ; sois juste d'abord et charitable ensuite. » Cette morale sera éternellement la plus belle, la plus touchante, celle qui montrera la race humaine dans toute sa majesté ; qui se prêtera le plus aux mouvements de l'éloquence et excitera le plus l'admiration et la sympathie des hommes.

La morale économique aspire au même résultat, mais s'adresse surtout à l'homme *en tant que patient*. Elle lui montre les effets des actions humaines, et, par cette simple exposition, elle le stimule à réagir contre celles qui le blessent, à honorer celles qui lui sont utiles. Elle s'efforce de répandre assez de bon sens, de lumière et de juste défiance dans la masse opprimée pour rendre de plus en plus l'oppression difficile et dangereuse.

Il faut remarquer que la morale économique ne laisse pas que d'agir aussi sur l'oppresseur. Un acte malfaisant produit des biens et des maux : des maux pour celui qui le subit, et des biens pour celui qui l'exerce, sans quoi il ne se produirait pas. Mais il s'en faut de beaucoup qu'il y ait compensation. La somme des maux l'emporte toujours, et nécessairement, sur celle des biens, parce que le fait même d'op-

primer entraîne une déperdition de forces, crée des dangers,
provoque des représailles, exige de coûteuses précautions.
La simple exposition de ces effets ne se borne donc pas
à provoquer la réaction des opprimés, elle met du côté de
la justice tous ceux dont le cœur n'est pas perverti, et trouble la sécurité des oppresseurs eux-mêmes.

Mais il est aisé de comprendre que cette morale, plutôt
virtuelle qu'explicite, qui n'est après tout qu'une démonstration scientifique ; qui perdrait même de son efficacité, si
elle changeait de caractère ; qui ne s'adresse pas au cœur,
mais à l'intelligence ; qui ne cherche pas à persuader, mais
à convaincre ; qui ne donne pas des conseils, mais des
preuves ; dont la mission n'est pas de toucher, mais d'éclairer, et qui n'obtient sur le vice d'autre victoire que de le
priver d'aliments ; il est aisé de comprendre, dis-je, que
cette morale ait été accusée de sécheresse et de pro-
saïsme.

Le reproche est vrai sans être juste. Il revient à dire que
l'économie politique ne dit pas tout, n'embrasse pas tout,
n'est pas la science universelle. Mais qui donc a jamais af-
fiché, en son nom, une prétention aussi exorbitante?

L'accusation ne serait fondée qu'autant que l'économie
politique présenterait ses procédés comme exclusifs, et aurait l'outrecuidance, comme on dit, d'interdire à la philosophie et à la religion tous leurs moyens propres et directs
de travailler au perfectionnement de l'homme.

Admettons donc l'action simultanée de la morale proprement dite et de l'économie politique, l'une flétrissant l'acte
malfaisant dans son mobile, par la vue de sa laideur, l'autre
le discréditant dans nos convictions par le tableau de ses
effets.

Avouons même que le triomphe du moraliste religieux,
quand il se réalise, est plus beau, plus consolant et plus radical. Mais en même temps il est difficile de ne pas recon-

naître que celui de la science économique ne soit plus facile
et plus sûr.

Dans quelques lignes qui valent mieux que beaucoup de
gros volumes, J.-B. Say a déjà fait observer que pour faire
cesser le désordre introduit par l'hypocrisie dans une famille
honorable, il y avait deux moyens : *corriger Tartuffe* ou *dé-
niaiser Orgon*. Molière, ce grand peintre du cœur humain,
paraît avoir constamment eu en vue le second procédé,
comme le plus efficace.

Il en est ainsi sur le théâtre du monde.

Dites-moi ce que fit César, et je vous dirai ce qu'étaient
les Romains de son temps.

Dites-moi ce qu'accomplit la diplomatie moderne, et je
vous dirai l'état moral des nations.

Nous ne payerions pas près de deux milliards d'impôts, si
nous ne donnions mission de les voter à ceux qui les mangent.

Nous n'aurions pas toutes les difficultés et toutes les
charges de la question africaine, si nous étions bien convaincus que *deux et deux font quatre* en économie politique
comme en arithmétique.

M. Guizot n'aurait pas eu occasion de dire : *La France
est assez riche pour payer sa gloire,* si la France ne s'était
jamais éprise de la fausse gloire.

Le même homme d'État n'aurait jamais dit : *La liberté
est assez précieuse pour que la France ne la marchande pas,*
si la France comprenait bien que *lourd budget* et *liberté*
sont incompatibles.

Ce ne sont pas, comme on croit, les monopoleurs, mais
les monopolés qui maintiennent les monopoles.

Et, en matière d'élections, ce n'est pas parce qu'il y a des
corrupteurs qu'il y a des corruptibles, c'est le contraire ; et
la preuve, c'est que les corruptibles payent tous les frais de
la corruption. Ne serait-ce point à eux à la faire cesser ?

Que la morale religieuse touche donc le cœur, si elle le peut, des Tartuffes, des Césars, des colonistes, des sinécuristes, des monopolistes, etc. La tâche de l'économie politique est d'éclairer leurs dupes.

De ces deux procédés, quel est celui qui travaille le plus efficacement au progrès social ? Faut-il le dire ? Je crois que c'est le second. Je crains que l'humanité ne puisse échapper à la nécessité d'apprendre d'abord la *morale défensive*.

J'ai beau regarder, lire, observer, interroger, je ne vois aucun abus, s'exerçant sur une échelle un peu vaste, qui ait péri par la volontaire renonciation de ceux qui en profitent.

J'en vois beaucoup, au contraire, qui cèdent à la virile résistance de ceux qui en souffrent.

Décrire les conséquences des abus, c'est donc le moyen le plus efficace de les détruire. — Et combien cela est vrai, surtout quand il s'agit d'abus qui, comme le régime restrictif, tout en infligeant des maux réels aux masses, ne renferment, pour ceux qui croient en profiter, qu'illusion et déception !

Après cela, ce genre de moralisation réalisera-t-il à lui seul toute la perfection sociale que la nature sympathique de l'âme humaine et de ses plus nobles facultés fait espérer et prévoir ? Je suis loin de le prétendre. Admettons la complète diffusion de la *morale défensive*, qui n'est après tout que la connaissance des intérêts bien entendus toujours d'accord avec l'utilité générale et la justice. Cette société, quoique certainement bien ordonnée, pourrait être fort peu attrayante, où il n'y aurait plus de fripons, uniquement parce qu'il n'y aurait plus de dupes ; où le vice, toujours *latent* et pour ainsi dire engourdi par famine, n'aurait besoin que de quelque aliment pour revivre ; où la prudence de chacun serait commandée par la vigilance de tous, et où la réforme enfin, régularisant les actes extérieurs, mais s'arrêtant à l'épiderme, n'aurait pas pénétré jusqu'au fond des consciences. Une telle société nous apparaît quelquefois sous la figure d'un de ces hommes exacts, rigoureux, justes, prêts à repousser la plus légère usurpation de leurs droits, habiles à ne se laisser entamer d'aucun côté. Vous l'estimez ; vous l'admirez peut-être ; vous en feriez votre député, vous n'en feriez pas votre ami.

Que les *deux morales*, au lieu de s'entre-décrier, travaillent donc de concert, attaquant le vice par les deux pôles. Pendant que les économistes font leur œuvre, dessillent les yeux des Orgons, déracinent les préjugés, excitent de justes et nécessaires défiances, étudient et exposent la vraie nature des choses et des actions, que le moraliste religieux accomplisse de son côté ses travaux plus attrayants mais plus difficiles. Qu'il attaque l'iniquité corps à corps ; qu'il la poursuive dans les fibres les plus déliées du cœur ; qu'il peigne les charmes de la bienfaisance, de l'abnégation, du dévouement ; qu'il ouvre la source des vertus là où nous ne pouvons que tarir la source des vices, c'est sa tâche, elle est noble et belle. Mais pourquoi contesterait-il l'utilité de celle qui nous est dévolue ?

Dans une société qui, sans être intimement vertueuse, serait néanmoins bien ordonnée par l'action de la *morale économique* (qui est la connaissance de l'*économie* du corps social), les chances du progrès ne s'ouvriraient-elles pas devant la morale religieuse ?

L'habitude, a-t-on dit, est une seconde nature.

Un pays où, de longue main, chacun serait déshabitué de l'injustice par la seule résistance d'un public éclairé, pourrait être triste encore. Mais il serait, ce me semble, bien préparé à recevoir un enseignement plus élevé et plus pur. C'est un grand acheminement vers le bien que d'être désaccoutumé du mal. Les hommes ne peuvent rester stationnaires. Détournés du chemin du vice, alors qu'il ne conduirait plus qu'à l'infamie, ils sentiraient d'autant plus l'attrait de la vertu.

La société doit peut-être passer par ce prosaïque état, où les hommes pratiqueront la vertu par calcul, pour de là s'élever à cette région plus poétique, où elle n'aura plus besoin de ce mobile.

III. — LES DEUX HACHES.

PÉTITION DE JACQUES BONHOMME, CHARPENTIER, A M. CUNIN-GRIDAINE, MINISTRE DU COMMERCE.

MONSIEUR LE FABRICANT-MINISTRE,

Je suis charpentier, comme fut Jésus ; je manie la hache et l'herminette pour vous servir.

Or, hachant et bûchant, depuis l'aube jusqu'à la nuit faite, sur les terres de notre seigneur le roi, il m'est tombé dans l'idée que mon travail était *national* autant que le vôtre.

Et dès lors, je ne vois pas pourquoi la Protection ne visiterait pas mon chantier, comme votre atelier.

Car enfin, si vous faites des draps, je fais des toits. Tous deux, par des moyens divers, nous abritons nos clients du froid et de la pluie.

Cependant, je cours après la pratique, et la pratique court après vous. Vous l'y avez bien su forcer en l'empêchant de se pourvoir ailleurs, tandis que la mienne s'adresse à qui bon lui semble.

Quoi d'étonnant? M. Cunin, ministre, s'est rappelé M. Cunin, tisserand ; c'est bien naturel. Mais, hélas ! mon humble métier n'a pas donné un ministre à la France, quoiqu'il ait donné un Dieu au monde.

Et ce Dieu, dans le code immortel qu'il légua aux hommes, n'a pas glissé le plus petit mot dont les charpentiers se puissent autoriser pour s'enrichir, comme vous faites, aux dépens d'autrui.

Aussi, voyez ma position. Je gagne trente sous par jour, quand il n'est pas dimanche ou jour chômé. Si je me présente à vous en même temps qu'un charpentier flamand, pour un sou de rabais vous lui accordez la préférence.

Mais me veux-je vêtir ? si un tisserand belge met son drap à côté du vôtre, vous le chassez, lui et son drap, hors du pays.

En sorte que, forcément conduit à votre boutique, qui est la plus chère, mes pauvres trente sous n'en valent, en réalité, que vingt-huit.

Que dis-je? ils n'en valent pas vingt-six ! car, au lieu d'expulser le tisserand belge *à vos frais* (ce serait bien le moins), vous me faites payer les gens que, dans votre intérêt, vous mettez à ses trousses.

Et comme un grand nombre de vos co-législateurs, avec qui vous vous entendez à merveille, me prennent chacun un sou ou deux, sous couleur de protéger qui le fer, qui la houille, celui-ci l'huile et celui-là le blé, il se trouve, tout compté fait, que je ne sauve pas quinze sous, sur les trente, du pillage.

Vous me direz sans doute que ces petits sous, qui passent ainsi, sans compensation, de ma poche dans la vôtre, font vivre du monde autour de votre château, vous mettant à même de mener grand train. — A quoi je vous ferai observer que, si vous me les laissiez, ils feraient vivre du monde autour de moi.

Quoi qu'il en soit, monsieur le ministre-fabricant, sachant que je serais mal reçu, je ne viens pas vous sommer, comme j'en aurais bien le droit, de renoncer à la *restriction* que vous imposez à votre clientèle ; j'aime mieux suivre la pente commune et réclamer, moi aussi, un petit brin de *protection.*

Ici vous m'opposerez une difficulté : « L'ami, me direz-
vous, je voudrais bien te protéger, toi et tes pareils ; mais
comment conférer des faveurs douanières au travail des
charpentiers? Faut il prohiber l'entrée des maisons par terre
et par mer ? »

Cela serait passablement dérisoire ; mais, à force d'y
rêver, j'ai découvert un autre moyen de favoriser les enfants
de Saint-Joseph ; et vous l'accueillerez d'autant plus volontiers, je l'espère, qu'il ne diffère en rien de celui qui constitue le privilége que vous vous votez chaque année à vous-
même.

Ce moyen merveilleux, c'est d'interdire en France l'usage
des haches aiguisées.

Je dis que cette *restriction* ne serait ni plus illogique ni
plus arbitraire que celle à laquelle vous nous soumettez à
l'occasion de votre drap.

Pourquoi chassez-vous les Belges ? Parce qu'ils vendent
à meilleur marché que vous. Et pourquoi vendent-ils à
meilleur marché que vous? Parce qu'ils ont sur vous, comme
tisserands, une supériorité quelconque.

Entre vous et un Belge il y a donc tout juste la différence
d'une hache obtuse à une hache affilée.

Et vous me forcez, moi charpentier, de vous acheter le
produit de la hache obtuse !

Considérez la France comme un ouvrier qui veut, par
son travail, se procurer toutes choses, et entre autres du
drap.

Pour cela il y a deux moyens :

Le premier, c'est de filer et de tisser la laine ;

Le second, c'est de fabriquer, par exemple, des pendules,
des papiers peints ou des vins, et de les livrer aux Belges
contre du drap.

Celui de ces deux procédés qui donne le meilleur résultat

peut être représenté par la hache affilée, l'autre par la hache obtuse.

Vous ne niez pas qu'actuellement, en France, on obtient *avec plus de peine* une pièce d'étoffe d'un métier à tisser (c'est la hache obtuse) que d'un plant de vigne (c'est la hache affilée). Vous le niez si peu, que c'est justement par la considération de cet *excédant de peine* (en quoi vous faites consister la richesse) que vous-recommandez, bien plus que vous *imposez* la plus mauvaise des deux haches.

Eh bien ! soyez conséquent, soyez impartial, si vous ne voulez être juste, et traitez les pauvres charpentiers comme vous vous traitez vous-même.

Faites une loi qui porte :

« *Nul ne pourra se servir que de poutres et solives produits de haches obtuses.* »

A l'instant voici ce qui va arriver.

Là où nous donnons cent coups de hache, nous en donnerons trois cents. Ce que nous faisons en une heure en exigera trois. Quel puissant encouragement pour le travail ! Apprentis, compagnons et maîtres, nous n'y pourrons plus suffire. Nous serons recherchés, partant bien payés. Qui voudra jouir d'un toit sera bien obligé d'en passer par nos exigences, comme qui veut avoir du drap est obligé de se soumettre aux vôtres.

Et que ces théoriciens du *libre échange* osent jamais révoquer en doute l'utilité de la mesure, nous saurons bien où chercher une réfutation victorieuse. Votre enquête de 1834 est là. Nous les battrons avec, car vous y avez admirablement plaidé la cause des prohibitions et des haches émoussées, ce qui est tout un.

IV. — CONSEIL INFÉRIEUR DU TRAVAIL.

« Quoi ! vous avez le front de demander pour tout citoyen.
le droit de vendre, acheter, troquer, échanger, rendre et
recevoir service pour service et juger pour lui-même à la
seule condition de ne pas blesser l'honnêteté et de satisfaire
le trésor public ? Vous voulez donc ravir aux ouvriers le
travail, le salaire et le pain ? »

Voilà ce qu'on nous dit. Je sais qu'en penser ; mais j'ai
voulu savoir ce qu'en pensent les ouvriers eux-mêmes.

J'avais sous la main un excellent instrument d'enquête.

Ce n'étaient point ces *conseils supérieurs de l'industrie*, où
de gros propriétaires qui se disent laboureurs, de puissants
armateurs qui se croient marins, et de riches actionnaires
qui se prétendent travailleurs, font de cette philanthropie que
l'on sait.

Non ; c'étaient des ouvriers pour tout de bon, des ouvriers
sérieux, comme on dit aujourd'hui, menuisiers, charpentiers, maçons, tailleurs, cordonniers, teinturiers, forgerons,
aubergistes, épiciers, etc., etc., qui, dans mon village, ont
fondé une *société de secours mutuels*.

Je la transformai, de mon autorité privée, en *conseil
inférieur du travail*, et j'en obtins une enquête qui en vaut
bien une autre, quoiqu'elle ne soit pas bourrée de chiffres
et enflée aux proportions d'un *in-quarto* imprimé aux frais
de l'État.

Il s'agissait d'interroger ces braves gens sur la manière
dont ils sont, ou se croient affectés par le régime protecteur.
Le président me fit bien observer que c'était enfreindre
quelque peu les conditions d'existence de l'*association*. Car,
en France, sur cette terre de liberté, les gens qui s'*associent*
renoncent à s'entretenir de *politique*, c'est-à-dire de leurs

communs intérêts. Cependant, après beaucoup d'hésitation, il mit la question à l'ordre du jour.

On divisa l'assemblée en autant de commissions qu'elle présentait de groupes formant des corps de métiers. On délivra à chacune un tableau qu'elle devait remplir après quinze jours de discussions.

Au jour marqué, le vénérable président prit place au fauteuil (style officiel, car c'était une chaise), et trouva sur le bureau (encore style officiel, car c'était une table en bois de peuplier) une quinzaine de rapports, dont il donna successivement lecture.

Le premier qui se présenta fut celui des *tailleurs*. Le voici aussi exact que s'il était autographié.

EFFETS DE LA PROTECTION. — RAPPORT DES TAILLEURS.

Inconvénients.	Avantages.
1° *A cause du régime protecteur*, nous payons plus cher le pain, la viande, le sucre, le bois, le fil, les aiguilles, etc., ce qui équivaut pour nous à une diminution considérable de salaire ;	*Néant* [1].
2° *A cause du régime protecteur*, nos clients aussi payent plus cher toutes choses, ce qui fait qu'il leur reste moins à dépenser en vêtements, d'où il suit que nous avons moins de travail, partant moins de profits ;	[1] Nous avons eu beau prendre nos mesures, il nous a été impossible d'apercevoir un côté quelconque par lequel le régime protecteur fût avantageux à notre commerce.
3° *A cause du régime protecteur*, les étoffes sont chères, on fait durer plus longtemps les habits ou l'on s'en passe. C'est encore une diminution d'ouvrage qui nous force à offrir nos services au rabais.	

Voici un autre tableau :

EFFETS DE LA PROTECTION. — RAPPORT DES FORGERONS.

Inconvénients.	Avantages.
1° Le régime protecteur nous frappe d'une taxe, qui ne va pas au Trésor, chaque fois que nous mangeons, buvons, nous chauffons et nous habillons ;	

2° Il frappe d'une taxe semblable tous nos concitoyens qui ne sont pas forgerons ; et, étant moins riches d'autant, la plupart d'entre eux font des clous de bois et des loquets de ficelle, ce qui nous prive de travail ;.

Néant.

3° Il tient le fer à si haut prix qu'on ne l'emploie dans le pays ni aux charrues, ni aux grilles, ni aux balcons, et notre métier, qui pourrait fournir du travail à tant de gens qui en manquent, nous en laisse manquer à nous-mêmes ;

4° Ce que le fisc manque de recouvrer à l'occasion des marchandises *qui n'entrent pas*, est pris sur notre sel et sur nos lettres.

Tous les autres tableaux, que j'épargne au lecteur, chantaient le même refrain. Jardiniers, charpentiers, cordonniers, sabotiers, bateliers, meuniers, tous exhalaient les mêmes doléances.

Je déplorai qu'il n'y eût pas de laboureurs dans notre association. Leur rapport eût été assurément fort instructif.

Mais, hélas ! dans notre pays des Landes, les pauvres laboureurs, tout *protégés* qu'ils sont, n'ont pas le sou, et, après y avoir mis leurs bestiaux, ils ne peuvent entrer eux-mêmes dans des *sociétés de secours mutuels*. Les prétendues faveurs de la protection ne les empêchent pas d'être les *parias* de notre ordre social. Que dirai-je des vignerons ?

Ce que je remarquai surtout, c'est le bon sens avec lequel nos villageois avaient aperçu non-seulement le mal direct que leur fait le régime protecteur, mais aussi le mal indirect qui, frappant leur clientèle, retombe par ricochet sur eux.

C'est ce que ne paraissent pas comprendre, me dis-je, les économistes du *Moniteur industriel*.

Et peut-être les hommes, dont un peu de protection fascine les yeux, notamment les agriculteurs, y renonceraient-ils volontiers, s'ils apercevaient ce côté de la question.

Ils se diraient peut-être : « Mieux vaut se soutenir par

soi-même, au milieu d'une clientèle aisée, que d'être *protégé* au milieu d'une clientèle appauvrie. »

Car vouloir enrichir tour à tour chaque industrie, en faisant successivement le vide autour d'elles, c'est un effort aussi vain que d'entreprendre de sauter par-dessus son ombre.

V. — CHERTÉ, BON MARCHÉ [1].

Je crois devoir soumettre aux lecteurs quelques remarques, hélas ! théoriques, sur les illusions qui naissent des mots *cherté, bon marché*. Au premier coup d'œil on sera disposé, je le sais, à trouver ces remarques un peu subtiles ; mais, subtiles ou non, la question est de savoir si elles sont vraies. Or, je les crois parfaitement vraies et surtout très-propres à faire réfléchir les hommes, en grand nombre, qui ont une foi sincère en l'efficacité du régime protecteur.

Partisans de la liberté, défenseurs de la restriction, nous sommes tous réduits à nous servir de ces expressions *cherté, bon marché*. Les premiers se déclarent pour le *bon marché*, ayant en vue l'intérêt du consommateur ; les seconds se prononcent pour la *cherté*, se préoccupant surtout du producteur. D'autres interviennent disant : *Producteur et consommateur ne font qu'un ;* ce qui laisse parfaitement indécise la question de savoir si la loi doit poursuivre le bon marché ou la cherté.

Au milieu de ce conflit, il semble qu'il n'y a, pour la loi, qu'un parti à prendre, c'est de laisser les prix s'établir naturéllement. Mais alors on rencontre les ennemis acharnés du *laissez faire*. Ils veulent absolument que la loi agisse, même sans savoir dans quel sens elle doit agir. Cependant ce serait

[1] Ce chapitre est la reproduction d'un article du *Libre-Échange*, n° du 25 juillet 1847. *(Note de l'éditeur.)*

à celui qui veut faire servir la loi à provoquer une cherté artificielle ou un bon marché hors de nature, à exposer et faire prévaloir le motif de sa préférence. L'*onus probandi* lui incombe exclusivement. D'où il suit que la liberté est toujours censée bonne jusqu'à preuve contraire, car laisser les prix s'établir naturellement, c'est la liberté.

Mais les rôles sont changés. Les partisans de la cherté ont fait triompher leur système, et c'est aux défenseurs des prix naturels à prouver la bonté du leur. De part et d'autre on argumente avec deux mots. Il est donc bien essentiel de savoir ce que ces deux mots contiennent.

Disons d'abord qu'il s'est produit une série de faits propres à déconcerter les champions des deux camps.

Pour engendrer la *cherté*, les restrictionistes ont obtenu des droits protecteurs, et un bon marché, pour eux inexplicable, est venu tromper leurs espérances.

Pour arriver au bon marché, les libres échangistes ont quelquefois fait prévaloir la liberté, et, à leur grand étonnement, c'est l'élévation des prix qui s'en est suivie.

Exemple : En France, pour favoriser l'agriculture, on a frappé la laine étrangère d'un droit de 22 p. 100, et il est arrivé que la laine nationale s'est vendue à plus vil prix après la mesure qu'avant.

En Angleterre, pour soulager le consommateur, on a dégrevé et finalement affranchi la laine étrangère, et il est advenu que celle du pays s'est vendue plus cher que jamais.

Et ce n'est pas là un fait isolé, car le prix de la laine n'a pas une nature qui lui soit propre et le dérobe à la loi générale qui gouverne les prix. Ce même fait s'est reproduit dans toutes les circonstances analogues. Contre toute attente, la protection a amené plutôt la baisse, la concurrence plutôt la hausse des produits.

Alors la confusion dans le débat a été à son comble, les protectionistes disant à leurs adversaires : « Ce bon marché que vous nous vantez tant, c'est notre système qui le réalise. » Et ceux-ci répondant : « Cette cherté que vous trouviez si utile, c'est la liberté qui la provoque [1]. »

Ne serait-ce pas plaisant de voir ainsi le *bon marché* devenir le mot d'ordre à la rue Hauteville, et la *cherté* à la rue Choiseul ?

Évidemment, il y a en tout ceci une méprise, une illusion qu'il faut détruire. C'est ce que je vais essayer de faire.

Supposons deux nations isolées, chacune composée d'un million d'habitants. Admettons que, toutes choses égales d'ailleurs, il y ait chez l'une juste une fois plus de toutes sortes de choses que chez l'autre, le double de blé, de viande, de fer, de meubles, de combustible, de livres, de vêtements, etc.

On conviendra que la première sera le double plus riche.

Cependant il n'y a aucune raison pour affirmer que les *prix absolus* différeront chez ces deux peuples. Peut-être même seront-ils plus élevés chez le plus riche. Il se peut qu'aux États-Unis tout soit nominalement *plus cher* qu'en Pologne, et que les hommes y soient néanmoins mieux pourvus de toutes choses ; par où l'on voit que ce n'est pas le prix absolu des produits, mais leur abondance, qui fait la richesse. Lors donc qu'on veut juger comparativement la restriction et la liberté, il ne faut pas se demander laquelle des deux engendre le bon marché ou la cherté, mais laquelle des deux amène l'abondance ou la disette.

Car, remarquez ceci : les produits s'échangeant les uns contre les autres, une rareté relative de tout et une abondance relative de tout laissent exactement au même point le prix absolu des choses, mais non la condition des hommes.

---

[1] Récemment, M. Duchâtel, qui jadis demandait la liberté en vue des bas prix, a dit à la Chambre : « Il ne me serait pas difficile de prouver que la protection amène le bon marché. »

Pénétrons un peu plus avant dans le sujet.

Quand on a vu les aggravations et les diminutions de droits produire des effets si opposés à ceux qu'on en attendait, la dépréciation suivre souvent la taxe et le renchérissement accompagner quelquefois la franchise, il a bien fallu que l'économie politique cherchât l'explication d'un phénomène qui bouleversait les idées reçues ; car, on a beau dire, la science, si elle est digne de ce nom, n'est que la fidèle exposition et la juste explication des faits.

Or, celui que nous signalons ici s'explique fort bien par une circonstance qu'il ne faut jamais perdre de vue.

C'est que la cherté a *deux causes*, et non une.

Il en est de même du bon marché [1].

C'est un des points les mieux acquis à l'économie politique, que le prix est déterminé par l'état de l'Offre comparé à celui de la Demande.

Il y a donc deux termes qui affectent le prix : l'Offre et la Demande. Ces termes sont essentiellement variables. Ils peuvent se combiner dans le même sens, en sens opposé et dans des proportions infinies. De là des combinaisons de prix inépuisables.

Le prix hausse, soit parce que l'Offre diminue, soit parce que la Demande augmente.

Il baisse, soit que l'Offre augmente ou que la Demande diminue.

De là deux natures de cherté et deux natures de bon marché ;

Il y a la *cherté* de mauvaise nature, c'est celle qui provient de la diminution de l'Offre ; car celle-là implique *rareté*, implique *privation* (telle est celle qui s'est fait ressen-

---

[1] L'auteur, dans le discours qu'il prononça, le 29 septembre 1846, à la salle Montesquieu, a, par une image saisissante, présenté une démonstration de la même vérité. V. ce discours au tome II.

(Note de l'éditeur.)

tir cette année sur le blé) : il y a la *cherté* de bonne nature, c'est celle qui résulte d'un accroissement de demande; car celle-ci suppose le développement de la richesse générale.

De même, il y a un *bon marché* désirable, c'est celui qui a sa source dans l'abondance; et un *bon marché* funeste, celui qui a pour cause l'abandon de la demande, la ruine de la clientèle.

Maintenant, veuillez remarquer ceci : la restriction tend à provoquer à la fois et celle de ces deux chertés et celui de ces deux bons marchés qui sont de mauvaise nature : la mauvaise cherté, en ce qu'elle diminue l'Offre, c'est même son but avoué, et le mauvais bon marché, en ce qu'elle diminue aussi la Demande, puisqu'elle donne une fausse direction aux capitaux et au travail, et accable la clientèle de taxes et d'entraves.

En sorte que, *quant au prix*, ces deux tendances se neutralisent ; et voilà pourquoi, ce système, restreignant la Demande en même temps que l'Offre, ne réalise pas même, en définitive, cette cherté qui est son objet.

Mais, relativement à la condition du peuple, elles ne se neutralisent pas; elles concourent au contraire à l'empirer.

L'effet de la liberté est justement opposé. Dans son résultat général, il se peut qu'elle ne réalise pas non plus le bon marché qu'elle promettait ; car elle a aussi deux tendances, l'une vers le bon marché désirable par l'extension de l'Offre ou l'abondance, l'autre vers la cherté appréciable par le développement de la Demande ou de la richesse générale. Ces deux tendances se neutralisent en ce qui concerne les *prix absolus;* mais elles concourent en ce qui touche l'amélioration du sort des hommes.

En un mot, sous le régime restrictif, et en tant qu'il agit, les hommes reculent vers un état de choses où tout s'affaiblit, Offre et Demande; sous le régime de la liberté, ils progressent vers un état de choses où elles se développent d'un pas égal, sans que le prix absolu des choses doive être nécessairement affecté. Ce prix n'est pas un bon criterium de la richesse. Il peut fort bien rester le même, soit que la société tombe dans la misère la plus abjecte, soit qu'elle s'avance vers une grande prospérité.

Qu'il nous soit permis de faire en peu de mots l'application de cette doctrine.

Un cultivateur du Midi croit tenir le Pérou parce qu'il est protégé par des droits contre la rivalité extérieure. Il est pauvre comme Job, n'importe ; il n'en suppose pas moins que la protection l'enrichira tôt ou tard. Dans ces circonstances, si on lui pose, comme le fait le comité Odier, la question en ces termes :

« Voulez-vous, oui ou non, être assujetti à la concurrence étrangère ? » son premier mouvement est de répondre : « *Non.* » — Et le comité Odier donne fièrement un grand éclat à cette réponse.

Cependant il faut aller un peu plus au fond des choses. Sans doute, la concurrence étrangère, et même la concurrence en général, est toujours importune ; et si une profession pouvait s'en affranchir seule, elle ferait pendant quelque temps de bonnes affaires.

Mais la protection n'est pas une faveur isolée, c'est un système. Si elle tend à produire, au profit de ce cultivateur, la rareté du blé et de la viande, elle tend aussi à produire, au profit d'autres industriels, la rareté du fer, du drap, du combustible, des outils, etc., soit la rareté en toutes choses.

Or, si la rareté du blé agit dans le sens de son enchérissement, par la diminution de l'Offre, la rareté de tous les autres objets contre lesquels le blé s'échange agit dans le sens de la dépréciation du blé par la diminution de la Demande ; en sorte qu'il n'est nullement certain qu'en définitive le blé soit d'un centime plus cher que sous le régime de la liberté. Il n'y a de certain que ceci : que, comme il y a moins de toutes choses dans le pays, chacun doit être moins bien pourvu de toutes choses.

Le cultivateur devrait bien se demander s'il ne vaudrait pas mieux pour lui qu'il entrât du dehors un peu de blé et de bétail, mais que, d'un autre côté, il fût entouré d'une population aisée, habile à consommer et à payer toutes sortes de produits agricoles.

Il y a tel département où les hommes sont couverts de haillons, habitent des masures, se nourrissent de châtaignes. Comment voulez-vous que l'agriculture y soit florissante? Que faire produire à la terre avec l'espoir fondé d'une juste rémunération? De la viande? On n'en mange pas. Du lait? On ne boit que l'eau des fontaines. Du beurre? C'est du luxe. De la laine? On s'en passe le plus possible. Pense-t-on que tous les objets de consommation puissent être ainsi délaissés par les masses, sans que cet abandon agisse sur les prix dans le sens de la baisse, en même temps que la protection agit dans le sens de la hausse?

Ce que nous disons d'un cultivateur, nous pouvons le dire d'un manufacturier. Les fabricants de draps assurent que la concurrence extérieure avilira les prix par l'accroissement de l'Offre. Soit ; mais ces prix ne se relèveront-ils pas par l'accroissement de la Demande? La consommation du drap est-elle une quantité fixe, invariable? Chacun en est-il aussi bien pourvu qu'il pourrait et devrait l'être? et si la richesse générale se développait par l'abolition de toutes ces taxes et de toutes ces entraves, le premier usage qu'en ferait la population ne serait-il pas de se mieux vêtir ?

La question, l'éternelle question, n'est donc pas de savoir si la protection favorise telle ou telle branche spéciale d'industrie, mais si, tout compensé, tout calcul fait, la restriction est, *par sa nature*, plus productive que la liberté.

Or, personne n'ose le soutenir. C'est même ce qui explique cet aveu qu'on nous fait sans cesse : « Vous avez raison en principe. »

S'il en est ainsi, si la restriction ne fait du bien à chaque industrie spéciale qu'en faisant un plus grand mal à la richesse générale, comprenons donc que le prix lui-même, à ne considérer que lui, exprime un rapport entre chaque industrie spéciale et l'industrie générale, entre l'Offre et la Demande, et que, d'après ces prémisses, ce *prix rémunérateur*, objet de la protection, est plus contrarié que favorisé par elle [1].

Complément.

Sous ce titre, *cherté, bon marché*, nous avons publié un article qui nous a valu les deux lettres suivantes. Nous les faisons suivre de la réponse.

MONSIEUR LE RÉDACTEUR,

Vous bouleversez toutes mes idées. Je faisais de la propagande au profit du libre-échange et trouvais si commode de mettre en avant le *bon marché!* J'allais partout disant : « Avec la liberté, le pain, la viande, le drap, le linge, le fer, le combustible, vont baisser de prix. » Cela déplaisait à ceux qui en vendent, mais faisait plaisir à ceux qui en achètent. Aujourd'hui vous mettez en doute que le résultat du libre-échange soit le *bon marché*. Mais alors à quoi servira-t-il ? Que gagnera le peuple, si la concurrence étrangère, qui peut le froisser dans ses ventes, ne le favorise pas dans ses achats ?

MONSIEUR LE LIBRE-ÉCHANGISTE,

Permettez-nous de vous dire que vous n'avez lu qu'à demi l'article qui a provoqué votre lettre. Nous avons dit que le libre-échange agissait exactement comme les routes, les canaux, les chemins de fer, comme tout ce qui facilite les communica-

[1] Dans le *Libre-Échange* du 1er août 1847, l'auteur donna sur ce sujet une explication que nous jugeons utile de reproduire ici.

(*Note de l'éditeur.*)

tions, comme tout ce qui détruit des obstacles. Sa première tendance est d'augmenter l'abondance de l'article affranchi, et par conséquent d'en baisser le prix. Mais en augmentant en même temps l'abondance de toutes les choses contre lesquelles cet article s'échange, il en accroît la *demande*, et le prix se relève par cet autre côté. Vous nous demandez ce que gagnera le peuple? Supposez qu'il a une balance à plusieurs plateaux, dans chacun desquels il a, pour son usage, une certaine quantité des objets que vous avez énumérés. Si l'on ajoute un peu de blé dans un plateau, il tendra à s'abaisser ; mais si l'on ajoute un peu de drap, un peu de fer, un peu de combustible aux autres bassins, l'équilibre sera maintenu. A ne regarder que le fléau, il n'y aura rien de changé. A regarder le peuple, on le verra mieux nourri, mieux vêtu et mieux chauffé.

MONSIEUR LE RÉDACTEUR,

Je suis fabricant de drap et protectioniste. J'avoue que votre article sur la *cherté* et le *bon marché* me fait réfléchir. Il y a là quelque chose de spécieux qui n'aurait besoin que d'être bien établi pour opérer une conversion.

MONSIEUR LE PROTECTIONISTE,

Nous disons que vos mesures restrictives ont pour but une chose inique, la *cherté artificielle*. Mais nous ne disons pas qu'elles réalisent toujours l'espoir de ceux qui les provoquent. Il est certain qu'elles infligent au consommateur tout le mal de la cherté. Il n'est pas certain qu'elles en confèrent le profit au producteur. Pourquoi ? parce que si elles diminuent l'*offre*, elles diminuent aussi la *demande*.

Cela prouve qu'il y a dans l'arrangement économique de ce monde une force morale, *vis medicatrix*, qui fait qu'à la longue l'ambition injuste vient s'aheurter à une déception.

Veuillez remarquer, monsieur, qu'un des éléments de la prospérité de chaque industrie particulière, c'est la richesse générale. Le *prix* d'une maison est non-seulement en raison de ce qu'elle a coûté, mais encore en raison du nombre et de la fortune des locataires. Deux maisons exactement semblables ont-elles nécessairement le même *prix?* Non certes, si l'une est située à Paris et l'autre en Basse-Bretagne. Ne parlons jamais de prix sans tenir compte des *milieux*, et sachons bien qu'il n'y a pas de tentative plus vaine que celle de vouloir fonder la prospérité des fractions sur la ruine du tout. C'est pourtant là la prétention du régime restrictif.

La concurrence a toujours été et sera toujours importune à ceux qui la subissent. Aussi voit-on, en tous temps et en tous lieux, les hommes faire effort pour s'en débarrasser. Nous connaissons (et vous aussi peut-être) un conseil municipal où les marchands résidents font aux marchands forains une guerre acharnée. Leurs projectiles sont des droits d'octroi, de plaçage, d'étalage, de péage, etc., etc.

Or, considérez ce qui serait advenu de Paris, par exemple, si cette guerre s'y était faite avec succès.

Supposez que le premier cordonnier qui s'y est établi eût réussi à évincer tous les autres; que le premier tailleur, le premier maçon, le premier imprimeur, le premier horloger, le premier coiffeur, le premier médecin, le premier boulanger, eussent été aussi heureux. Paris serait encore aujourd'hui un village de 12 à 1,500 habitants. — Il n'en a pas été ainsi. Chacun (sauf ceux que vous éloignez encore) est venu exploiter ce marché, et c'est justement ce qui l'a agrandi. Ce n'a été qu'une longue suite de froissements pour les ennemis de la concurrence; et de froissements en froissements, Paris est devenu une ville d'un million d'habitants. La richesse générale y a gagné, sans doute; mais la richesse particulière des cordonniers et des tailleurs y a-t-elle perdu? Pour vous, voilà la question. A mesure que les concurrents arrivaient, vous auriez dit : le prix des bottes va baisser. Et en a-t-il été ainsi? Non; car si l'*offre* a augmenté, la *demande* a augmenté aussi.

Il en sera ainsi du drap, monsieur; laissez-le entrer. Vous aurez plus de concurrents, c'est vrai; mais aussi vous aurez plus de clientèle, et surtout une clientèle plus riche. Hé quoi! n'y avez-vous jamais songé en voyant les neuf dixièmes de vos compatriotes privés pendant l'hiver de ce drap que vous fabriquez si bien?

C'est une leçon bien longue à apprendre que celle-ci : Voulez-vous prospérer? laissez prospérer votre clientèle.

Mais quand elle sera sue, chacun cherchera son bien dans le bien général. Alors, les jalousies d'individu à individu, de ville à ville, de province à province, de nation à nation, ne troubleront plus le monde.

VI. — AUX ARTISANS ET AUX OUVRIERS [1].

Plusieurs journaux m'ont attaqué devant vous. Ne voudrez-vous pas lire ma défense?

Je ne suis pas défiant. Quand un homme écrit ou parle, je crois qu'il pense ce qu'il dit.

Pourtant, j'ai beau lire et relire les journaux auxquels je réponds, il me semble y découvrir de tristes tendances.

De quoi s'agissait-il? de rechercher ce qui vous est le plus favorable, la restriction ou la liberté.

Je crois que c'est la liberté, — ils croient que c'est la restriction ; — à chacun de prouver sa thèse.

Etait-il nécessaire d'insinuer que nous sommes les agents de l'Angleterre, du Midi, du Gouvernement?

Voyez combien la récrimination, sur ce terrain, nous serait facile.

Nous sommes, disent-ils, agents des Anglais, parce que quelques-uns d'entre nous se sont servis des mots *meeting, free-trader !*

Et ne se servent-ils pas des mots *drawback, budget?*

Nous imitons Cobden et la démocratie anglaise !

Et eux, ne parodient-ils pas Bentinck et l'aristocratie britannique ?

[1] Ce chapitre est tiré du *Courrier français* (n° du 18 septembre 1846), dont les colonnes furent ouvertes à l'auteur pour repousser les attaques de l'*Atelier*. Ce ne fut que deux mois plus tard que parut la feuille du *Libre-Échange*.   (*Note de l'éditeur.*)

Nous empruntons à la perfide Albion la doctrine de la
liberté !

Et eux, ne lui empruntent-ils pas les arguties de la protection?

Nous suivons l'impulsion de Bordeaux et du Midi !

Et eux, ne servent-ils pas la cupidité de Lille et du Nord?

Nous favorisons les secrets desseins du ministère, qui veut
détourner l'attention de sa politique !

Et eux, ne favorisent-ils pas les vues de la liste civile, qui
gagne, par le régime protecteur, plus que qui que ce soit
au monde ?

Vous voyez donc bien que, si nous ne méprisions cette
guerre de dénigrement, les armes ne nous manqueraient pas.

Mais ce n'est pas ce dont il s'agit.

La question, et je ne la perdrai pas de vue, est celle-ci :
*Qu'est-ce qui vaut mieux pour les classes laborieuses, être
libres, ou n'être pas libres d'acheter au dehors ?*

Ouvriers, on vous dit : « Si vous êtes libres d'acheter au
« dehors ce que vous faites maintenant vous-mêmes, vous
« ne le ferez plus ; vous serez sans travail, sans salaire et
« sans pain ; c'est donc pour votre bien qu'on restreint votre
« liberté. »

Cette objection revient sous toutes les formes. On dit, par
exemple : « Si nous nous habillons avec du drap anglais, si
« nous faisons nos charrues avec du fer anglais, si nous
« coupons notre pain avec des couteaux anglais, si nous
« essuyons nos mains dans des serviettes anglaises, que
« deviendront les ouvriers français, que deviendra le *tra-
« vail national?* »

Dites-moi, ouvriers, si un homme se tenait sur le port de
Boulogne, et qu'à chaque Anglais qui débarque, il dît :
Voulez-vous me donner ces bottes anglaises, je vous donnerai ce chapeau français? — Ou bien : Voulez-vous me
céder ce cheval anglais, je vous céderai ce tilbury français

— Ou bien : Vous plaît-il d'échanger cette machine de Birmingham contre cette pendule de Paris ? — Ou encore : Vous arrange-t-il de troquer cette houille de Newcastle contre ce vin de Champagne ? — Je vous le demande, en supposant que notre homme mît quelque discernement dans ses propositions, peut-on dire que notre *travail national*, pris en masse, en serait affecté ?

Le serait-il davantage quand il y aurait vingt de ces offreurs de services à Boulogne au lieu d'un, quand il se ferait un million de trocs au lieu de quatre, et quand on ferait intervenir les négociants et la monnaie pour les faciliter et les multiplier à l'infini ?

Or, qu'un pays achète à l'autre en gros pour revendre en détail, ou en détail pour revendre en gros, si on suit la chose jusqu'au bout, on trouvera toujours que le *commerce* n'est qu'un ensemble de *trocs pour trocs, produits contre produits, services pour services*. Si donc un *troc* ne nuit pas au *travail national*, puisqu'il implique autant de *travail national donné* que de *travail étranger reçu*, cent mille millions de trocs ne lui nuiront pas davantage.

Mais où sera le profit ? direz-vous. — Le profit est de faire le meilleur emploi des ressources de chaque pays, de manière à ce qu'une même somme de travail donne partout plus de satisfaction et de bien-être.

Il y en a qui emploient envers vous une singulière tactique. Ils commencent par convenir de la supériorité du système libre sur le système prohibitif, sans doute pour n'avoir pas à se défendre sur ce terrain.

Ensuite, ils font observer que, dans le passage d'un système à l'autre, il y aura quelque *déplacement* de travail.

Puis, ils s'étendent sur les souffrances que doit entraîner, selon eux, ce *déplacement*. Ils les exagèrent, ils les grossissent, ils en font le sujet principal de la question, ils les présentent comme le résultat exclusif et définitif de la réforme, et s'efforcent ainsi de vous enrôler sous le drapeau du monopole.

C'est du reste une tactique qui a été mise au service de tous les abus ; et je dois avouer naïvement une chose, c'est qu'elle embarrasse toujours les amis des réformes même les plus utiles au peuple. — Vous allez comprendre pourquoi.

Quand un abus existe, tout s'arrange là-dessus.

Des existences s'y rattachent, d'autres à celles-là, et puis d'autres encore, et cela forme un grand édifice.

Y voulez-vous porter la main ? Chacun se récrie et — remarquez bien ceci — les criards paraissent toujours, au premier coup d'œil, avoir raison, parce qu'il est plus facile de montrer le dérangement, qui doit accompagner la réforme, que l'arrangement qui doit la suivre.

Les partisans de l'abus citent des faits particuliers ; ils nomment les personnes et leurs fournisseurs et leurs ouvriers qui vont être froissés, — tandis que le pauvre diable de réformateur ne peut s'en référer qu'au *bien général* qui doit se répandre insensiblement dans les masses. — Cela ne fait pas, à beaucoup près, autant d'effet.

Ainsi, est-il question d'abolir l'esclavage ? — « Malheu« reux ! dit-on aux noirs, qui va désormais vous nourrir ? « Le commandeur distribue des coups de fouet, mais il dis« tribue aussi le manioc. »

Et l'esclave regrette sa chaîne, car il se demande : D'où me viendra le manioc ?

Il ne voit pas que ce n'est pas le commandeur qui le nourrit, mais son propre travail, lequel nourrit aussi le commandeur.

Quand, en Espagne, on réforma les couvents, on disait aux mendiants : « Où trouverez-vous le potage et la bure ? « Le prieur est votre Providence. N'est-il pas bien commode « de s'adresser à lui ? »

Et les mendiants de dire : « C'est vrai. Si le prieur s'en

« va, nous voyons bien ce que nous perdrons, mais nous ne
« voyons pas ce qui nous viendra à la place. »

Ils ne prenaient pas garde que si les couvents faisaient
des aumônes, ils en vivaient ; en sorte que le peuple avait
plus à leur donner qu'à en recevoir.

De même, ouvriers, le monopole vous met à tous imper-
ceptiblement des taxes sur les épaules, et puis, avec le produit de ces taxes, il vous fait travailler.

Et vos faux amis vous disent : S'il n'y avait pas de monopole, qui vous ferait travailler ?

Et vous répondez : C'est vrai, c'est vrai. Le travail que
nous procurent les monopoleurs est certain. Les promesses
de la liberté sont incertaines.

Car vous ne voyez pas qu'on vous soutire de l'argent d'a-
bord, et qu'ensuite on vous rend une partie de cet argent
contre votre travail.

Vous demandez qui vous fera travailler ? Eh, morbleu !
vous vous donnerez du travail les uns aux autres ! Avec
l'argent qu'on ne vous prendra plus, le cordonnier se vêtira
mieux et fera travailler le tailleur. Le tailleur renouvellera
plus souvent sa chaussure et fera travailler le cordonnier.
Et ainsi de suite pour tous les états.

On dit qu'avec la liberté il y aura moins d'ouvriers aux
mines et aux filatures.

Je ne le crois pas. Mais si cela arrive, c'est *nécessairement*
qu'il y en aura plus travaillant librement en chambre et au
soleil.

Car si ces mines et ces filatures ne se soutiennent, comme
on le dit, qu'à l'aide de taxes mises à leur profit sur *tout le
monde*, une fois ces taxes abolies, *tout le monde* en sera plus
aisé, et c'est l'aisance de tous qui alimente le travail de
chacun.

Pardonnez-moi si je m'arrête encore sur cette démonstration. Je voudrais tant vous voir du côté de la liberté !

En France, les capitaux engagés dans l'industrie donnent, je suppose, 5 p. 100 de profit. — Mais voici Mondor qui a dans une usine 100,000 fr. qui lui laissent 5 p. 100 de perte. — De la perte au gain, la différence est 10,000 fr. — Que fait-on ? — Tout chattement, on répartit entre vous un petit impôt de 10,000 fr. qu'on donne à Mondor ; vous ne vous en apercevez pas, car la chose est fort habilement déguisée. Ce n'est pas le percepteur qui vient vous demander votre part de l'impôt ; mais vous le payez à Mondor, maître de forges, chaque fois que vous achetez vos haches, vos truelles et vos rabots. — Ensuite on vous dit : Si vous ne payez pas cet impôt, Mondor ne fera plus travailler ; ses ouvriers, Jean et Jacques, seront sans ouvrage. Corbleu ! si on vous remettait l'impôt, ne feriez-vous pas travailler vous-mêmes, et pour votre compte encore ?

Et puis, soyez tranquilles, quand il n'aura plus ce doux oreiller du supplément de prix par l'impôt, Mondor s'ingéniera pour convertir sa perte en bénéfice, et Jean et Jacques ne seront pas renvoyés. Alors, tout sera profit *pour tous*.

Vous insisterez peut-être, disant : « Nous comprenons qu'après la réforme, il y aura en général plus d'ouvrage qu'avant ; mais, en attendant, Jean et Jacques seront sur la rue. »

A quoi je réponds :

1° Quand l'ouvrage ne se déplace que pour augmenter, l'homme qui a du cœur et des bras n'est pas longtemps sur la rue ;

2° Rien n'empêche que l'État ne réserve quelques fonds pour prévenir, dans la transition, des chômages auxquels, quant à moi, je ne crois pas ;

3° Enfin, si, pour sortir d'une ornière et entrer dans un état meilleur pour tous, et surtout plus juste, il faut absolument braver quelques instants pénibles, les ouvriers sont prêts, ou je les connais mal. Plaise à Dieu qu'il en soit de même des entrepreneurs !

Eh quoi ! parce que vous êtes ouvriers, n'êtes-vous pas intelligents et moraux ? Il semble que vos prétendus amis l'oublient. N'est-il pas surprenant qu'ils traitent devant vous une telle question, parlant de salaires et d'intérêts, sans prononcer seulement le mot *justice* ? Ils savent pourtant bien que la restriction est *injuste*. Pourquoi donc n'ont-ils pas le courage de vous en prévenir et de vous dire : « Ouvriers, une iniquité prévaut dans le pays, mais elle vous profite, il faut la soutenir. » — Pourquoi ? parce qu'ils savent que vous répondriez : Non.

Mais il n'est pas vrai que cette iniquité vous profite. Prêtez-moi encore quelques moments d'attention, et jugez vous-mêmes.

Que protége-t-on en France ? Des choses qui se font par de gros entrepreneurs dans de grosses usines, le fer, la houille, le drap, les tissus, et l'on vous dit que c'est, non dans l'intérêt des entrepreneurs, mais dans le vôtre, et pour vous assurer du travail.

Cependant toutes les fois que le *travail étranger* se présente sur notre marché sous une forme telle qu'il puisse vous nuire, mais qu'il serve les gros entrepreneurs, ne le laisse-t-on pas entrer ?

N'y a-t-il pas à Paris trente mille Allemands qui font des habits et des souliers ? Pourquoi les laisse-t-on s'établir à vos côtés, quand on repousse le drap ? Parce que le drap se fait dans de grandes usines appartenant à des fabricants législateurs. Mais les habits se font en chambre par des ouvriers. Pour convertir la laine en drap, ces messieurs ne veulent pas de concurrence, parce que c'est leur métier ; mais, pour convertir le drap en habits, ils l'admettent fort bien, parce que c'est le vôtre.

Quand on a fait des chemins de fer, on a repoussé les

rails anglais, mais on a fait venir des ouvriers anglais. Pourquoi ? Eh ! c'est tout simple : parce que les rails anglais font concurrence aux grandes usines, et que les bras anglais ne font concurrence qu'à vos bras.

Nous ne demandons pas, nous, qu'on repousse les tailleurs allemands et les terrassiers anglais. Nous demandons qu'on laisse entrer les draps et les rails. Nous demandons justice pour tous, égalité devant la loi pour tous !

C'est une dérision que de venir nous dire que la restriction douanière a en vue votre avantage. Tailleurs, cordonniers, charpentiers, menuisiers, maçons, forgerons, marchands, épiciers, horlogers, bouchers, boulangers, tapissiers, modistes, je vous mets au défi de me citer une seule manière dont la restriction vous profite et, quand vous voudrez, je vous en citerai quatre par où elle vous nuit.

Et après tout, cette abnégation que vos journaux attribuent aux monopoleurs, voyez combien elle est vraisemblable.

Je crois qu'on peut appeler *taux naturel des salaires* celui qui s'établirait *naturellement* sous le régime de la liberté. Lors donc qu'on vous dit que la restriction vous profite, c'est comme si on vous disait qu'elle ajoute un *excédant* à vos salaires *naturels*. Or, un excédant *extra-naturel* de salaires doit être pris quelque part ; il ne tombe pas de la lune, et il doit être pris sur ceux qui le payent.

Vous êtes donc conduits à cette conclusion que, selon vos prétendus amis, le régime protecteur a été créé et mis au monde pour que les capitalistes fussent sacrifiés aux ouvriers.

Dites, cela est-il probable ?

Où est donc votre place à la chambre des pairs ? Quand est-ce que vous avez siégé au Palais-Bourbon ? Qui vous a consulté ? D'où vous est venue cette idée d'établir le régime protecteur ?

Je vous entends me répondre : Ce n'est pas nous qui l'avons établi. Hélas! nous ne sommes ni pairs ni députés,
ni conseillers d'Etat. Ce sont les capitalistes qui ont fait la
chose.

Par le grand Dieu du ciel ! Ils étaient donc bien disposés
ce jour-là ! Quoi! les capitalistes ont fait la loi ; ils ont établi le régime prohibitif, et cela pour que vous, ouvriers,
fissiez des profits à leurs dépens!

Mais voici qui est plus étrange encore.

Comment se fait-il que vos prétendus amis, qui vous parlent aujourd'hui de la bonté, de la générosité, de l'abnégation des capitalistes, vous plaignent sans cesse de ne pas
jouir de vos droits politiques? A leur point de vue, qu'en
pourriez-vous faire ? — Les capitalistes ont le monopole de
la législation ; c'est vrai. Grâce à ce monopole, ils se sont
adjugé le monopole du fer, du drap, de la toile, de la
houille, du bois, de la viande, c'est encore vrai. Mais voici
vos prétendus amis qui disent qu'en agissant ainsi, les capitalistes se sont dépouillés sans y être obligés, pour vous
enrichir sans que vous y eussiez droit! Assurément, si vous
étiez électeurs et députés, vous ne feriez pas mieux vos affaires; vous ne les feriez même pas si bien.

Si l'organisation industrielle qui nous régit est faite dans
votre intérêt, c'est donc une perfidie de réclamer pour vous
des droits politiques; car ces démocrates d'un nouveau
genre ne sortiront jamais de ce dilemme : la loi, faite par
la bourgeoisie, vous donne *plus* ou vous donne *moins* que
vos salaires naturels. Si elle vous donne *moins*, ils vous
trompent en vous invitant à la soutenir. Si elle vous donne
plus, ils vous trompent encore en vous engageant à réclamer des droits politiques, alors que la bourgeoisie vous fait
des sacrifices que, dans votre honnêteté, vous n'oseriez
pas voter.

Ouvriers, à Dieu ne plaise que cet écrit ait pour effet de

jeter dans vos cœurs des germes d'irritation contre les classes riches! Si des *intérêts* mal entendus ou sincèrement alar-
més soutiennent encore le monopole, n'oublions pas qu'il a
sa racine dans des *erreurs* qui sont communes aux capitalistes et aux ouvriers. Loin donc de les exciter les uns contre
les autres, travaillons à les rapprocher. Et pour cela que
faut-il faire? S'il est vrai que les naturelles tendances sociales
concourent à effacer l'inégalité parmi les hommes, il ne faut
que laisser agir ces tendances, éloigner les obstructions artificielles qui en suspendent l'effet, et laisser les relations
des classes diverses s'établir sur le principe de la JUSTICE qui
se confond, du moins dans mon esprit, avec le principe de
la LIBERTÉ ([1]).

VII. — CONTE CHINOIS.

On crie à la cupidité, à l'égoïsme du siècle !

Pour moi, je vois que le monde, Paris surtout, est peuplé
de Décius.

Ouvrez les mille volumes, les mille journaux, les mille
feuilletons que les presses parisiennes vomissent tous les
jours sur le pays; tout cela n'est-il pas l'œuvre de petits
saints?

Quelle verve dans la peinture des vices du temps ! Quelle
tendresse touchante pour les masses ! Avec quelle libéralité
on invite les riches à partager avec les pauvres, sinon les
pauvres à partager avec les riches ! Que de plans de réformes sociales, d'améliorations sociales, d'organisations
sociales! Est-il si mince écrivain qui ne se dévoue au bien-
être des classes laborieuses ? Il ne s'agit que de leur avancer quelques écus pour leur procurer le loisir de se livrer
à leurs élucubrations humanitaires.

---

[1] V. au tome II, la polémique directe contre divers journaux.
(*Note de l'éditeur.*)

Et l'on parle ensuite de l'égoïsme, de l'individualisme de notre époque !

Il n'y a rien qu'on n'ait la prétention de faire servir au bien-être et à la moralisation du peuple, rien, pas même la *Douane*. — Vous croyez peut-être que c'est une machine à impôt, comme l'octroi, comme le péage au bout du pont? Point du tout. C'est une institution essentiellement civilisatrice, fraternitaire et égalitaire. Que voulez-vous? c'est la mode. Il faut mettre ou affecter de mettre du sentiment, du sentimentalisme partout, jusque dans la guérite du *qu'as-tu là?*

Mais, pour réaliser ces aspirations philanthropiques, la douane, il faut l'avouer, a de singuliers procédés.

Elle met sur pied une armée de directeurs, sous-directeurs, inspecteurs, sous-inspecteurs, contrôleurs, vérificateurs, receveurs, chefs, sous-chefs, commis, surnuméraires, aspirants-surnuméraires et aspirants à l'aspirance, sans compter le *service actif*, et tout cela pour arriver à exercer sur l'industrie du peuple cette action négative qui se résume par le mot *empêcher*.

Remarquez que je ne dis pas *taxer*, mais bien réellement *empêcher*.

Et *empêcher* non des actes réprouvés par les mœurs ou contraires à l'ordre public, mais des transactions innocentes et même favorables, on en convient, à la paix et à l'union des peuples.

Cependant l'humanité est si flexible et si souple que, de manière ou d'autre, elle surmonte toujours les *empêchements*. C'est l'affaire d'un surcroît de travail.

Empêche-t-on un peuple de tirer ses aliments du dehors, il les produit au dedans. C'est plus pénible, mais il faut vivre. L'empêche-t-on de traverser la vallée, il franchit les pics. C'est plus long, mais il faut arriver.

Voilà qui est triste, mais voici qui est plaisant. Quand la

loi a créé ainsi une certaine somme d'obstacles, et que, pour
les vaincre, l'humanité a détourné une somme correspondante de travail, vous n'êtes plus admis à demander la réforme de la loi; car si vous montrez l'*obstacle*, on vous
montre le travail qu'il occasionne, et si vous dites : Ce n'est
pas là du travail créé, mais *détourné*, on vous répond comme
l'*Esprit public :* — « L'appauvrissement seul est certain
« et immédiat ; quant à l'enrichissement, il est plus qu'hypo-
« thétique. »

Ceci me rappelle une histoire chinoise que je vais vous
conter.

Il y avait en Chine deux grandes villes : *Tchin* et *Tchan*.
Un magnifique canal les unissait. L'empereur jugea à propos d'y faire jeter d'énormes quartiers de roche pour le
mettre hors de service.

Ce que voyant, Kouang, son premier mandarin, lui dit :

— Fils du Ciel, vous faites une faute.

A quoi l'empereur répondit :

— Kouang, vous dites une sottise.

Je ne rapporte ici, bien entendu, que la substance du
dialogue.

Au bout de trois lunes, le céleste empereur fit venir le
mandarin et lui dit :

— Kouang, regardez.

Et Kouang, ouvrant les yeux, regarda.

Et il vit, à une certaine distance du canal, une multitude
d'hommes *travaillant*. Les uns faisaient des déblais, les
autres des remblais, ceux-ci nivelaient, ceux-là pavaient,
et le mandarin, qui était fort lettré, pensa en lui-même : Ils
font une route.

Au bout de trois autres lunes, l'empereur ayant appelé
Kouang, lui dit :

— Regardez.

Et Kouang regarda.

Et il vit que la route était faite, et il remarqua que le long
du chemin, de distance en distance, s'élevaient des hôtelleries. Une cohue de piétons, de chars, de palanquins allaient
et venaient, et d'innombrables Chinois, accablés par la fatigue, portaient et reportaient de lourds fardeaux de *Tchin*
à *Tchan* et de *Tchan* à *Tchin*. — Et Kouang se dit : C'est la
destruction du canal qui donne du travail à ces pauvres gens.
Mais l'idée ne lui vint pas que ce travail était *détourné* d'autres emplois.

Et trois lunes se passèrent, et l'empereur dit à Kouang :
— Regardez.
Et Kouang regarda.

Et il vit que les hôtelleries étaient toujours pleines de
voyageurs, et que ces voyageurs ayant faim, il s'était groupé
autour d'elles des boutiques de bouchers, boulangers, charcutiers et marchands de nids d'hirondelles. — Et que ces
honnêtes artisans ne pouvant aller nus, il s'était aussi établi
des tailleurs, des cordonniers, des marchands de parasols et
d'éventails, et que, comme on ne couche pas à la belle
étoile, même dans le Céleste Empire, des charpentiers, des
maçons et couvreurs étaient accourus. Puis vinrent des officiers de police, des juges, des fakirs ; en un mot, il se forma
une ville avec ses faubourgs autour de chaque hôtellerie.

Et l'empereur dit à Kouang : Que vous en semble ?

Et Kouang répondit : Je n'aurais jamais cru que la destruction d'un canal pût créer pour le peuple autant de travail ; car l'idée ne lui vint pas que ce n'était pas du travail
créé, mais *détourné* ; que les voyageurs mangeaient, lorsqu'ils passaient sur le canal aussi bien que depuis qu'ils
étaient forcés de passer sur la route.

Cependant, au grand étonnement des Chinois, l'empereur
mourut et ce fils du Ciel fut mis en terre.

Son successeur manda Kouang, et lui dit : Faites déblayer
le canal.

Et Kouang dit au nouvel empereur :

— Fils du Ciel, vous faites une faute.

Et l'empereur répondit :

— Kouang, vous dites une sottise.

Mais Kouang insista et dit : Sire, quel est votre but ?

— Mon but, dit l'empereur, est de faciliter la circulation des hommes et des choses entre *Tchin* et *Tchan*, de rendre le transport moins dispendieux, afin que le peuple ait du thé et des vêtements à meilleur marché.

Mais Kouang était tout préparé. Il avait reçu la veille quelques numéros du *Moniteur industriel*, journal chinois. Sachant bien sa leçon, il demanda la permission de répondre, et l'ayant obtenue, après avoir frappé du front le parquet par neuf fois, il dit :

« Sire, vous aspirez à réduire, par la facilité du transport, le prix des objets de consommation pour les mettre à la portée du peuple, et pour cela, vous commencez par lui faire perdre tout le travail que la destruction du canal avait fait naître. Sire, en économie politique, le bon marché absolu... — L'empereur : Je crois que vous récitez. — Kouang : C'est vrai : il me sera plus commode de lire. — Et ayant déployé l'*Esprit public*, il lut : « En économie po-
« litique, le bon marché absolu des objets de consommation
« n'est que la question secondaire. Le problème réside dans
« l'équilibre du prix du travail avec celui des objets néces-
« saires à l'existence. L'abondance du travail est la richesse
« des nations, et le meilleur système économique est celui
« qui leur fournit la plus grande somme de travail possible.
« N'allez pas demander s'il vaut mieux payer une tasse de
« thé 4 cash ou 8 cash, une chemise 5 talés ou 10 talés. Ce
« sont là des puérilités indignes d'un esprit grave. Per-
« sonne ne conteste votre proposition. La question est de
« savoir s'il vaut mieux payer un objet plus cher et avoir,
« par l'abondance et le prix du travail, plus de moyens de

« l'acquérir; ou bien s'il vaut mieux appauvrir les sources
« du travail, diminuer la masse de la production nationale,
« transporter par des *chemins qui marchent* les objets de
« consommation, à meilleur marché, il est vrai, mais en
« même temps enlever à une portion de nos travailleurs les
« possibilités de les acheter même à ces prix réduits. »

L'empereur n'étant pas bien convaincu, Kouang lui dit :
Sire, daignez attendre. J'ai encore le *Moniteur industriel* à
citer.

Mais l'empereur dit :

— Je n'ai pas besoins de vos journaux chinois pour savoir
que créer des *obstacles*, c'est appeler le travail de ce côté.
Mais ce n'est pas ma mission. Allez, désobstruez le canal.
Ensuite nous réformerons la douane.

Et Kouang s'en alla, s'arrachant la barbe et criant : O
Fô! ô Pê! ô Li! et tous les dieux monosyllabiques et cir-
conflexes du Cathay, prenez en pitié votre peuple; car il
nous est venu un empereur de l'*école anglaise*, et je vois bien
qu'avant peu nous manquerons de tout, puisque nous n'aurons plus besoin de rien faire.

VIII. — POST HOC, ERGO PROPTER HOC [1].

Le plus commun et le plus faux des raisonnements :
Des souffrances réelles se manifestent en Angleterre.
Ce fait vient à la suite de deux autres :
1° La réforme douanière;
2° La perte de deux récoltes consécutives.
A laquelle de ces deux dernières circonstances faut-il at-
tribuer la première?
Les protectionistes ne manquent pas de s'écrier : « C'est

[1] Tiré du *Libre-Échange*, n° du 6 décembre 1846.

(*Note de l'éditeur.*)

cette liberté maudite qui fait tout le mal. Elle nous promettait monts et merveilles, nous l'avons accueillie, et voilà que
les fabriques s'arrêtent et le peuple souffre : *Cum hoc, ergo
propter hoc.* »

La liberté commerciale distribue de la manière la plus
uniforme et la plus équitable les fruits que la Providence
accorde au travail de l'homme. Si ces fruits sont enlevés,
en partie, par un fléau, elle ne préside pas moins à la bonne
distribution de ce qui en reste. Les hommes sont moins
bien pourvus, sans doute; mais faut-il s'en prendre à la liberté ou au fléau ?

La liberté agit sur le même principe que les assurances.
Quand un sinistre survient, elle répartit sur un grand nombre d'hommes, sur un grand nombre d'années, des maux
qui, sans elle, s'accumuleraient sur un peuple et sur un
temps. Or, s'est-on jamais avisé de dire que l'incendie n'est
plus un fléau depuis qu'il y a des assurances?

En 1842, 43 et 44, la réduction des taxes a commencé
en Angleterre. En même temps les récoltes y ont été très-
abondantes, et il est permis de croire que ces deux circonstances ont concouru à la prospérité inouïe dont ce pays a
donné le spectacle pendant cette période.

En 1845, la récolte a été mauvaise : en 1846, plus mauvaise encore.

Les aliments ont renchéri; le peuple a dépensé ses ressources pour se nourrir, et restreint ses autres consommations. Les vêtements ont été moins demandés, les fabriques
moins occupées, et le salaire a manifesté une tendance à la
baisse. Heureusement que, dans cette même année, les barrières restrictives ayant été de nouveau abaissées, une
masse énorme d'aliments a pu parvenir sur le marché anglais. Sans cette circonstance, il est à peu près certain
qu'en ce moment une révolution terrible ensanglanterait la
Grande-Bretagne.

Et l'on vient accuser la liberté des désastres qu'elle prévient et répare du moins en partie !

Un pauvre lépreux vivait dans la solitude. Ce qu'il avait touché, nul ne le voulait toucher. Réduit à se suffire à lui-même, il traînait dans ce monde une misérable existence. Un grand médecin le guérit. Voilà notre solitaire en pleine possession de la *liberté des échanges*. Quelle belle perspective s'ouvrait devant lui! Il se plaisait à calculer le bon parti que, grâce à ses relations avec les autres hommes, il pourrait tirer de ses bras vigoureux. Il vint à se les rompre tous les deux. Hélas! son sort fut plus horrible. Les journalistes de ce pays, témoins de sa misère, disaient : « Voyez à quoi l'a réduit la *faculté d'échanger*! Vraiment, il était moins à plaindre quand il vivait seul. — Eh ! quoi, répondait le médecin, ne tenez-vous aucun compte de ses deux bras cassés? n'entrent-ils pour rien dans sa triste destinée? Son malheur est d'avoir perdu les bras, et non point d'être guéri de la lèpre. Il serait bien plus à plaindre s'il était manchot et lépreux par-dessus le marché. »

Post hoc, ergo propter hoc; méfiez-vous de ce sophisme.

IX. — LE VOL A LA PRIME [1].

On trouve mon petit livre des SOPHISMES trop théorique, scientifique, métaphysique. Soit. Essayons du genre trivial, banal, et, s'il le faut, brutal. Convaincu que le public est *dupe* à l'endroit de la protection, je le lui ai voulu prouver. Il préfère qu'on le lui crie. Donc vociférons :

Midas, le roi Midas a des oreilles d'âne !

Une explosion de franchise fait mieux souvent que les circonlocutions les plus polies. Vous vous rappelez Oronte

---

[1] Tiré du *Journal des économistes*, n° de janvier 1846.

(*Note de l'éditeur.*)

et le mal qu'a le misanthrope, tout misanthrope qu'il est, à le convaincre de sa folie.

ALCESTE. On s'expose à jouer un mauvais personnage.
ORONTE. Est-ce que vous voulez me déclarer par là
       Que j'ai tort de vouloir.....
ALCESTE.   Je ne dis pas cela.
       Mais.....
ORONTE. Est-ce que j'écris mal ?
ALCESTE.   Je ne dis pas cela.
       Mais enfin.....
ORONTE. Mais ne puis-je savoir ce que dans mon sonnet ?.....
ALCESTE. Franchement, il est bon à mettre au cabinet.

Franchement, bon public, *on te vole.* C'est cru; mais c'est clair.

Les mots *vol, voler, voleur,* paraîtront de mauvais goût à beaucoup de gens. Je leur demanderai comme Harpagon à Élise : Est-ce le mot ou la chose qui vous fait peur ?

« Quiconque a soustrait frauduleusement une chose qui ne lui appartient pas, est coupable de vol. » (*C. pén. art.* 379.)

Voler : Prendre furtivement ou par force. (*Dictionnoire de l'Académie.*)

Voleur : Celui qui exige plus qu'il ne lui est dû. (*Id.*)

Or, le monopoleur qui, de par une loi de sa façon, m'oblige à lui payer 20 fr. ce que je puis avoir ailleurs pour 15, ne me soustrait-il pas frauduleusement 5 fr. qui m'appartiennent ?

Ne prend-il pas furtivement ou par force?

N'exige-t-il pas plus qu'il ne lui est dû?

Il soustrait, il prend, il exige, dira-t-on ; mais non point *furtivement* ou *par force;* ce qui caractériserait le vol.

Lorsque nos bulletins de contributions se trouvent chargés des 5 fr. pour la prime, que soustrait, prend ou exige le monopoleur, quoi de plus *furtif,* puisque si peu d'entre nous s'en doutent? Et pour ceux qui ne sont pas dupes, quoi de plus *forcé*, puisqu'au premier refus le garnisaire est à nos portes?

Au reste, que les monopoleurs se rassurent. Les vols *à la prime* ou *au tarif*, s'ils blessent l'équité tout aussi bien que le vol à l'américaine, ne violent pas la loi ; ils se commettent, au contraire, de par la loi ; ils n'en sont que pires, mais ils n'ont rien à démêler avec la *correctionnelle*.

D'ailleurs, bon gré, mal gré, nous sommes tous *voleurs* et *volés* en cette affaire. L'auteur de ce volume a beau crier *au voleur* quand il achète, on peut crier après lui quand il vend [1]; s'il diffère de beaucoup de ses compatriotes, c'est seulement en ceci : il sait qu'il perd au jeu plus qu'il n'y gagne, et eux ne le savent pas; s'ils le savaient, le jeu cesserait bientôt.

Je ne me vante pas, au surplus, d'avoir le premier restitué à la chose son vrai nom. Voici plus de soixante ans que Smith disait :

« Quand des industriels s'assemblent, on peut s'attendre à ce qu'une conspiration va s'ourdir contre les poches du public. » Faut-il s'en étonner, puisque le public n'en prend aucun souci ?

Or donc, une assemblée d'industriels délibère officiellement sous le nom de *Conseils généraux*. Que s'y passe-t-il et qu'y résout-on ?

Voici, fort en abrégé, le procès-verbal d'une séance.

« UN ARMATEUR. Notre marine est aux abois (digression belliqueuse). Cela n'est pas surprenant; je ne saurais construire sans fer. J'en trouve bien à 10 fr. *sur le marché du monde* ; mais, de par la loi, le maître de forges français me

---

[1] Possédant un champ qui le fait vivre, il est de la classe des *protégés*. Cette circonstance devrait désarmer la critique. Elle montre que, s'il se sert d'expressions dures, c'est contre la chose et non contre les intentions.

force à le lui payer 15 fr. : c'est donc 5 fr. qu'il me soustrait. Je demande la liberté d'acheter où bon me semble.

« UN MAITRE DE FORGES. *Sur le marché du monde*, je trouve à faire opérer des transports à 20 fr. — Législativement, l'armateur en exige 30 : c'est donc 10 fr. qu'il me *prend*. Il me pille, je le pille.; tout est pour le mieux.

« UN HOMME D'ÉTAT. La conclusion de l'armateur est bien imprudente. Oh ! cultivons l'union touchante qui fait notre force ; si nous effaçons un iota à la théorie de la protection, adieu la théorie entière.

« L'ARMATEUR. Mais pour nous la protection a failli : je répète que la marine est aux abois.

« UN MARIN. Eh bien ! relevons la *surtaxe*, et que l'armateur, qui prend 30 au public pour son fret, en prenne 40.

« UN MINISTRE. Le gouvernement poussera jusqu'aux dernières limites le beau mécanisme de la *surtaxe;* mais je crains que cela ne suffise pas [1].

« UN FONCTIONNAIRE. Vous voilà tous bien empêchés pour peu de chose. N'y a-t-il de salut que dans le tarif, et oubliez-vous l'impôt? Si e consommateur est bénévole, le contribuable ne l'est pas moins. Accablons-le de taxes, et que l'armateur soit satisfait. Je propose 5 fr. de prime, à prendre sur les contributions publiques, pour être livrés au constructeur pour chaque quintal de fer qu'il emploiera.

---

[1] Voici le texte : « Je citerai encore les lois de douane des 9 et 11 juin dernier, qui ont en grande partie pour objet d'encourager la navigation lointaine, en augmentant sur plusieurs articles les *surtaxes* afférentes au pavillon étranger. Nos lois de douane, vous le savez, sont généralement dirigées vers ce but, et peu à peu la *surtaxe* de 10 francs, établie par la loi du 28 avril 1816 et souvent insuffisante, *disparaît* pour faire place... à une protection plus efficace et plus en harmonie avec la *cherté* relative de notre navigation. » — Ce *disparaît* est précieux.

(M. CUNIN-GRIDAINE, séance du 15 décembre 1845, *discours d'ouverture.*)

« *Voix confuses.* Appuyé, appuyé ! *Un agriculteur :*
A moi 3 fr. de *prime* par hectolitre de blé ! *Un tisserand :*
A moi 2 fr. de prime par mètre de toile ! etc., etc.

« LE PRÉSIDENT. Voilà qui est entendu ; notre session
aura enfanté le système des *primes*, et ce sera sa gloire
éternelle. Quelle industrie pourra perdre désormais, puisque nous avons deux moyens si simples de convertir les
pertes en profits : le tarif et la prime ? La séance est
levée. »

Il faut que quelque vision surnaturelle m'ait montré en
songe la prochaine apparition de la *prime* (qui sait même si
je n'en ai pas suggéré la pensée à M. Dupin), lorsqu'il y a
quelques mois j'écrivais ces paroles :

« Il me semble évident que la protection aurait pu, sans
changer de nature et d'effets, prendre la forme d'une taxe
directe prélevée par l'Etat et distribuée en primes indemni-
taires aux industries privilégiées. »

Et après avoir comparé le droit protecteur à la prime :

« J'avoue franchement ma prédilection pour ce dernier
système ; il me semble plus juste, plus économique et plus
loyal. Plus juste, parce que si la société veut faire des largesses à quelques-uns de ses membres, il faut que tous y
contribuent ; plus économique, parce qu'il épargnerait
beaucoup de frais de perception et ferait disparaître beaucoup d'entraves ; plus loyal enfin, parce que le public verrait clair dans l'opération et saurait ce qu'on lui fait faire [1]. »

Puisque l'occasion nous en est si bénévolement offerte,
étudions le *vol à la prime.* Aussi bien, ce qu'on en peut
dire s'applique au *vol au tarif,* et comme celui-ci est un
peu mieux déguisé, le filoutage direct aidera à comprendre
le filoutage indirect. L'esprit procède ainsi du simple au
composé.

---

[1] *Sophismes économiques,* 1re série, chap. v, pag. 49 et 50.

Mais quoi ! n'y a-t-il pas quelque variété de vol plus simple encore ? Si fait, il y a le *vol de grand chemin :* il ne lui manque que d'être légalisé, monopolisé, ou, comme on dit aujourd'hui, *organisé.*

Or, voici ce que je lis dans un récit de voyages :

« Quand nous arrivâmes au royaume de A...., toutes les industries se disaient en souffrance. L'agriculture gémissait, la fabrique se plaignait, le commerce murmurait, la marine grognait et le gouvernement ne savait à qui entendre. D'abord, il eut la pensée de taxer d'importance tous les mécontents, et de leur distribuer le produit de ces taxes, après s'être fait sa part : c'eût été comme, dans notre chère Espagne, la loterie. Vous êtes mille, l'État vous prend une piastre à chacun ; puis subtilement il escamote 250 piastres, et en répartit 750, en lots plus ou moins forts, entre les joueurs. Le brave Hidalgo qui reçoit trois quarts de piastre, oubliant qu'il a donné piastre entière, ne se possède pas de joie et court dépenser ses quinze réaux au cabaret. C'eût été encore quelque chose comme ce qui se passe en France. Quoi qu'il en soit, tout barbare qu'était le pays, le gouvernement ne compta pas assez sur la stupidité des habitants pour leur faire accepter de si singulières protections, et voici ce qu'il imagina :

« La contrée était sillonnée de routes. Le gouvernement les fit exactement kilométrer, puis il dit à l'agriculteur : « Tout ce que tu pourras voler aux passants entre ces deux « bornes est à toi : que cela te serve de *prime*, de protec- « tion, d'encouragement. » Ensuite, il assigna à chaque manufacturier, à chaque armateur, une portion de route à exploiter, selon cette formule :

Dono tibi et concedo
Virtutem et puissantiam
Volandi,
Pillandi,

> Dérobandi,
> Filoutandi,
> Et escroquandi,
> Impunè per totam istam
> Viam.

« Or, il est arrivé que les naturels du royaume de A...
sont aujourd'hui si familiarisés avec ce régime, si habitués
à ne tenir compte que de ce qu'ils volent et non de ce qui
leur est volé, si profondément enclins à ne considérer le
pillage qu'au point de vue du pillard, qu'ils regardent
comme un *profit national* la somme de tous les vols particuliers, et refusent de renoncer à un système de *protection*
en dehors duquel, disent-ils, il n'est pas une industrie qui
puisse se suffire. »

Vous vous récriez ? Il n'est pas possible, dites-vous, que
tout un peuple consente à voir un *surcroît de richesses* dans
ce que les habitants se dérobent les uns aux autres.

Et pourquoi pas ? Nous avons bien cette conviction en
France, et tous les jours nous y organisons et perfection-
nons le *vol réciproque* sous le nom de primes et tarifs protecteurs.

N'exagérons rien toutefois : convenons que, sous le rapport du *mode de perception* et quant aux circonstances colla-
térales, le système du royaume de A... peut être pire que
le nôtre ; mais disons aussi que, quant aux principes et aux
effets nécessaires, il n'y a pas un atome de différence entre
toutes ces espèces de vols légalement organisés pour fournir
des suppléments de profits à l'industrie.

Remarquez que si le *vol de grand chemin* présente quelques inconvénients d'exécution, il a aussi des avantages
qu'on ne trouve pas dans le *vol au tarif.*

Par exemple : on en peut faire une répartition équitable
entre tous les producteurs. Il n'en est pas de même des
droits de douane. Ceux-ci sont impuissants par leur nature

à protéger certaines classes de la société, telles que artisans, marchands, hommes de lettres, hommes de robe, hommes d'épée, hommes de peine, etc., etc.

Il est vrai que le *vol à la prime* se prête aussi à des sub-divisions infinies, et, sous ce rapport, il ne le cède pas en perfection au *vol de grand chemin;* mais, d'un autre côté, il conduit souvent à des résultats si bizarres, si jocrisses, que les naturels du royaume de A... s'en pourraient mo-quer avec grande raison.

Ce que perd le volé, dans le vol de grand chemin, est gagné par le voleur. L'objet dérobé reste au moins dans le pays. Mais, sous l'empire du *vol à la prime,* ce que l'impôt soustrait aux Français est conféré souvent aux Chinois, aux Hottentots, aux Cafres, aux Algonquins, et voici comme :

Une pièce de drap vaut *cent francs* à Bordeaux. Il est im-possible de la vendre au-dessous, sans y perdre. Il est im-possible de la vendre au-dessus, la *concurrence* entre les marchands s'y oppose. Dans ces circonstances, si un Fran-çais se présente pour avoir ce drap, il faudra qu'il le paie *cent francs,* ou qu'il s'en passe. Mais si c'est un Anglais, alors le gouvernement intervient et dit au marchand : Vends ton drap, je te ferai donner *vingt francs* par les con-tribuables. Le marchand, qui ne veut ni ne peut tirer que cent francs de son drap, le livre à l'Anglais pour 80 francs. Cette somme, ajoutée aux 20 francs, produit du *vol à la prime,* fait tout juste son compte. C'est donc exactement comme si les contribuables eussent donné 20 francs à l'An-glais, sous la condition d'acheter du drap français à 20 francs de rabais, à 20 francs au-dessous des frais de pro-duction, à 20 francs au-dessous de ce qu'il nous coûte à nous-mêmes. Donc, le *vol à la prime* a ceci de particulier, que les *volés* sont dans le pays qui le tolère, et les *voleurs* disséminés sur la surface du globe.

Vraiment, il est miraculeux que l'on persiste à tenir pour démontrée cette proposition : *Tout ce que l'individu vole à la masse est un gain général.* Le mouvement perpétuel, la pierre philosophale, la quadrature du cercle sont tombés dans l'oubli ; mais la théorie du *Progrès par le vol* est encore en honneur. *A priori* pourtant, on aurait pu croire que de toutes les puérilités c'était la moins viable.

Il y en a qui nous disent : Vous êtes donc les partisans du *laissez passer ?* des économistes de l'école surannée des Smith et des Say ? Vous ne voulez donc pas l'*organisation du travail ?* Eh ! messieurs, organisez le travail tant qu'il vous plaira. Mais nous veillerons, nous, à ce que vous n'organisiez pas le *vol.*

D'autres plus nombreux répètent : *primes, tarifs,* tout cela a pu être exagéré. Il en faut user sans en abuser. Une sage liberté, combinée avec une protection modérée, voilà ce que réclament les hommes *sérieux* et pratiques. Gardons-nous des *principes absolus.*

C'est précisément, selon le voyageur espagnol, ce qui se disait au royaume de A... « Le vol de grand chemin, disaient les sages, n'est ni bon ni mauvais ; cela dépend des circonstances. Il ne s'agit que de bien *pondérer* les choses, et de nous bien payer, nous fonctionnaires, pour cette œuvre de pondération. Peut-être a-t-on laissé au pillage trop de latitude, peut-être pas assez. Voyons, examinons, balançons les comptes de chaque travailleur. A ceux qui ne gagnent pas assez, nous donnerons un peu plus de route à exploiter. Pour ceux qui gagnent trop, nous réduirons les heures, jours ou mois de pillage. »

Ceux qui parlaient ainsi s'acquirent un grand renom de modération, de prudence et de sagesse. Ils ne manquaient jamais de parvenir aux plus hautes fonctions de l'État.

Quant à ceux qui disaient : Réprimons les injustices et les fractions d'injustice ; ne souffrons ni *vol,* ni *demi-vol,* ni *quart de vol*, ceux-là passaient pour des idéologues, des rêveurs ennuyeux qui répétaient toujours la même chose. Le peuple, d'ailleurs, trouvait leurs raisonnements trop à sa portée. Le moyen de croire vrai ce qui est si simple !

X. — LE PERCEPTEUR.

Jacques Bonhomm, Vigneron ;
M. Lasouche, Percepteur.

L. Vous avez récolté vingt tonneaux de vin ?

J. Oui, à force de soins et de sueurs.

— Ayez la bonté de m'en délivrer six et des meilleurs.

— Six tonneaux sur vingt ! bonté du ciel ! vous me voulez ruiner. Et, s'il vous plaît, à quoi les destinez-vous ?

— Le premier sera livré aux créanciers de l'État. Quand on a des dettes, c'est bien le moins d'en servir les intérêts.

— Et où a passé le capital ?

— Ce serait trop long à dire. Une partie fut mise jadis en cartouches qui firent la plus belle fumée du monde. Un autre soldait des hommes qui se faisaient estropier sur la terre étrangère après l'avoir ravagée. Puis, quand ces dépenses eurent attiré chez nous nos amis les ennemis, ils n'ont pas voulu déguerpir sans emporter de l'argent, qu'il fallut emprunter.

— Et que m'en revient-il aujourd'hui ?

— La satisfaction de dire :

> Que je suis fier d'être Français
> Quand je regarde la colonne !

— Et l'humiliation de laisser à mes héritiers une terre grevée d'une rente perpétuelle. Enfin, il faut bien payer ce qu'on doit, quelque fol usage qu'on en ait fait. Va pour un tonneau, mais les cinq autres ?

— Il en faut un pour acquitter les services publics, la liste civile, les juges qui vous font restituer le sillon que votre voisin veut s'approprier, les gendarmes qui chassent aux larrons pendant que vous dormez, le cantonier qui entretient le chemin qui vous mène à la ville, le curé qui baptise vos enfants, l'instituteur qui les élève, et votre serviteur qui ne travaille pas pour rien.

— A la bonne heure, service pour service. Il n'y a rien à dire. J'aimerais tout autant m'arranger directement avec mon curé et mon maître d'école; mais je n'insiste pas là-dessus, va, pour le second tonneau. Il y a loin jusqu'à six.

— Croyez-vous que ce soit trop de deux tonneaux pour votre contingent aux frais de l'armée et de la marine?

— Hélas! c'est peu de chose, eu égard à ce qu'elles me coûtent déjà; car elles m'ont enlevé deux fils que j'aimais tendrement.

— Il faut bien maintenir l'équilibre des forces européennes.

— Eh, mon Dieu! l'équilibre serait le même, si l'on réduisait partout ces forces de moitié ou des trois quarts. Nous conserverions nos enfants et nos revenus. Il ne faudrait que s'entendre.

— Oui; mais on ne s'entend pas.

— C'est ce qui m'abasourdit. Car, enfin, chacun en souffre.

— Tu l'as voulu, Jacques Bonhomme.

— Vous faites le plaisant, monsieur le percepteur, est-ce que j'ai voix au chapitre?

— Qui avez-vous nommé pour député?

— Un brave général d'armée, qui sera maréchal sous peu si Dieu lui prête vie.

— Et sur quoi vit le brave général?

— Sur mes tonneaux, à ce que j'imagine.

— Et qu'adviendrait-il s'il votait la réduction de l'armée et de votre contingent ?

— Au lieu d'être fait maréchal, il serait mis à la retraite.

— Comprenez-vous maintenant que vous avez vous-même.....

— Passons au cinquième tonneau, je vous prie.

— Celui-ci part pour l'Algérie.

— Pour l'Algérie ! Et l'on assure que tous les musulmans sont œnophobes, les barbares ! Je me suis même demandé souvent s'ils ignorent le médoc parce qu'ils sont mécréants, ou, ce qui est plus probable, s'ils sont mécréants parce qu'ils ignorent le médoc. D'ailleurs, quels services ne rendent-ils en retour de cette ambroisie qui m'a tant coûté de travaux ?

— Aucun ; aussi n'est-elle pas destinée à des musulmans, mais à de bons chrétiens qui passent tous les jours en Barbarie.

— Et qu'y vont-ils faire qui puisse m'être utile?

— Exécuter des razzias et en subir ; tuer et se faire tuer; gagner des dyssenteries et revenir se faire traiter; creuser des ports, percer des routes, bâtir des villages et les peupler de Maltais, d'Italiens, d'Espagnols et de Suisses qui vivent sur votre tonneau et bien d'autres tonneaux que je viendrai vous demander encore.

— Miséricorde ! ceci est trop fort, je vous refuse net mon tonneau. On enverrait à Bicêtre un vigneron qui ferait de telles folies. Percer des routes dans l'Atlas, grand Dieu ! quand je ne puis sortir de chez moi! Creuser des ports en Barbarie quand la Garonne s'ensable tous les jours! M'enlever mes enfants que j'aime pour aller tourmenter les Kabyles ! Me faire payer les maisons, les semences et les chevaux qu'on livre aux Grecs et aux Maltais, quand il y a tant de pauvres autour de nous !

— Des pauvres! justement, on débarrasse le pays de ce *trop-plein*.

— Grand merci! en les faisant suivre en Algérie du capital qui les ferait vivre ici.

— Et puis vous jetez les bases d'un *grand empire*, vous portez la *civilisation* en Afrique, et vous décorez votre patrie d'une gloire immortelle.

— Vous êtes poëte, monsieur le percepteur; mais moi je suis vigneron, et je refuse.

— Considérez que, dans quelque mille ans, vous recouvrerez vos avances au centuple. C'est ce que disent ceux qui dirigent l'entreprise.

— En attendant, ils ne demandaient d'abord, pour parer aux frais, qu'une pièce de vin, puis deux, puis trois, et me voilà taxé à un tonneau! Je persiste dans mon refus.

— Il n'est plus temps. Votre *chargé de pouvoirs* a stipulé pour vous l'octroi d'un tonneau ou quatre pièces entières.

— Il n'est que trop vrai. Maudite faiblesse! Il me semblait aussi en lui donnant ma procuration que je commettais une imprudence, car qu'y a-t-il de commun entre un général d'armée et un pauvre vigneron?

— Vous voyez bien qu'il y a quelque chose de commun entre vous, ne fût-ce que le vin que vous récoltez et qu'il se vote à lui-même, en votre nom.

— Raillez-moi, je le mérite, monsieur le percepteur. Mais soyez raisonnable, là, laissez-moi au moins le sixième tonneau. Voilà l'intérêt des dettes payé, la liste civile pourvue, les services publics assurés, la guerre d'Afrique perpétuée. Que voulez-vous de plus?

— On ne marchande pas avec moi. Il fallait dire vos intentions à M. le général. Maintenant, il a disposé de votre vendange.

— Maudit grognard! Mais enfin, que voulez-vous faire de ce pauvre tonneau, la fleur de mon chai? Tenez, goûtez ce vin. Comme il est moelleux, corsé, étoffé, velouté, rubané!...

— Excellent! délicieux! Il fera bien l'affaire de M. D... le fabricant de draps.

— De M. D... le fabricant? Que voulez-vous dire?

— Qu'il en tirera un bon parti.

— Comment? qu'est-ce? Du diable si je vous comprends!

— Ne savez-vous pas que M. D... a fondé une superbe entreprise, fort utile au pays, laquelle, tout balancé, laisse chaque année une perte considérable?

— Je le plains de tout mon cœur. Mais qu'y puis-je faire?

— La Chambre a compris que, si cela continuait ainsi, M. D... serait dans l'alternative ou de mieux opérer ou de fermer son usine.

— Mais quel rapport y a-t-il entre les fausses spéculations de M. D... et mon tonneau?

— La Chambre a pensé que si elle livrait à M. D... un peu de vin pris dans votre cave, quelques hectolitres de blé prélevés chez vos voisins, quelques sous retranchés aux salaires des ouvriers, ses pertes se changeraient en bénéfices.

— La recette est infaillible autant qu'ingénieuse. Mais, morbleu! elle est terriblement inique. Quoi! M. D... se couvrira de ses pertes en me prenant mon vin?

— Non pas précisément le vin, mais le prix. C'est ce qu'on nomme *primes d'encouragement*. Mais vous voilà tout ébahi! Ne voyez-vous pas le grand service que vous rendez à la patrie?

— Vous voulez dire à M. D...?

— A la patrie. M. D... assure que son industrie prospère, grâce à cet arrangement, et c'est ainsi, dit-il, que le pays s'enrichit. C'est ce qu'il répétait ces jours-ci à la Chambre dont il fait partie.

— C'est une supercherie insigne! Quoi! un malotru fera une sotte entreprise, il dissipera ses capitaux; et s'il m'extorque assez de vin ou de blé pour réparer ses pertes et se ménager même des profits, on verra là un gain général!

— Votre *fondé de pouvoirs* l'ayant jugé ainsi, il ne vous reste plus qu'à me livrer les six tonneaux de vin et à vendre le mieux possible les quatorze tonneaux que je vous laisse.

— C'est mon affaire.

— C'est, voyez-vous, qu'il serait bien fâcheux que vous n'en tirassiez pas un grand prix.

— J'y aviserai.

— Car il y a bien des choses à quoi ce prix doit faire face.

— Je le sais, Monsieur, je le sais.

— D'abord, si vous achetez du fer, pour renouveler vos bêches et vos charrues, une loi décide que vous le paierez au maître de forges deux fois ce qu'il vaut.

— Ah çà, mais c'est donc la forêt Noire?

— Ensuite, si vous avez besoin d'huile, de viande, de toile, de houille, de laine, de sucre, chacun, de par la loi, vous les cotera au double de leur valeur.

— Mais c'est horrible, affreux, abominable!

— A quoi bon ces plaintes? Vous-même, par votre *chargé de procuration...*

— Laissez-moi en paix avec ma procuration. Je l'ai étrangement placée, c'est vrai. Mais on ne m'y prendra plus et je me ferai représenter par bonne et franche paysannerie.

— Bah! vous renommerez le brave général.

— Moi, je renommerai le général, pour distribuer mon vin aux Africains et aux fabricants?

— Vous le renommerez, vous dis-je.

— C'est un peu fort. Je ne le renommerai pas, si je ne veux pas.

— Mais vous voudrez et vous le renommerez.

— Qu'il vienne s'y frotter. Il trouvera à qui parler.

— Nous verrons bien. Adieu. J'emmène vos six tonneaux et vais en faire la répartition, comme le général l'a décidé [1].

---

[1] V. au tome Ier la *lettre à M. Larnac*, et au tome V, les *Incompatibilités parlementaires*. (*Note de l'éditeur.*)

XI. — L'UTOPISTE [1].

— Si j'étais ministre de Sa Majesté !...

— Eh bien, que feriez-vous ?

— Je commencerais par... par..., ma foi, par être fort embarrassé. Car enfin, je ne serais ministre que parce que j'aurais la majorité ; je n'aurais la majorité que parce que je me la serais faite ; je ne me la serais faite, honnêtement du moins, qu'en gouvernant selon ses idées... Donc, si j'entreprenais de faire prévaloir les miennes en contrariant les siennes, je n'aurais plus la majorité, et si je n'avais pas la majorité, je ne serais pas ministre de Sa Majesté.

— Je suppose que vous le soyez et que par conséquent la majorité ne soit pas pour vous un obstacle ; que feriez-vous ?

— Je rechercherais de quel côté est le *juste*.

— Et ensuite ?

— Je chercherais de quel côté est l'*utile*.

— Et puis ?

— Je chercherais s'ils s'accordent ou se gourment entre eux.

— Et si vous trouviez qu'ils ne s'accordent pas ?

> — Je dirais au roi Philippe :
> Reprenez votre portefeuille.
>
> La rime n'est pas riche et le style en est vieux ;
> Mais ne voyez-vous pas que cela vaut bien mieux
> Que ces *transactions* dont le bon sens murmure,
> Et que l'*honnêteté* parle là toute pure ?

— Mais si vous reconnaissez que le *juste* et l'*utile* c'est tout un ?

[1] Tiré du *Libre-Échange*, n° du 17 janvier 1847.

(*Note de l'éditeur.*)

— Alors, j'irai droit en avant.

— Fort bien. Mais pour réaliser l'utilité par la justice, il faut une troisième chose.

— Laquelle ?

— La possibilité.

— Vous me l'avez accordée.

— Quand ?

— Tout à l'heure.

— Comment ?

— En me concédant la majorité..

— Il me semblait aussi que la concession était fort hasardée, car enfin elle implique que la majorité voit clairement ce qui est juste, voit clairement ce qui est utile, et voit clairement qu'ils sont en parfaite harmonie.

— Et si elle voyait clairement tout cela, le bien se ferait, pour ainsi dire, tout seul.

— Voilà où vous m'amenez constamment : à ne voir de réforme possible que par le progrès de la raison générale.

— Comme à voir, par ce progrès, toute réforme infaillible.

— A merveille. Mais ce progrès préalable est lui-même un peu long. Supposons-le accompli. Que feriez-vous ? car je suis pressé de vous voir à l'œuvre, à l'exécution, à la pratique.

— D'abord, je réduirais la taxe des lettres à 10 centimes.

— Je vous avais entendu parler de 5 centimes [1].

— Oui ; mais comme j'ai d'autres réformes en vue, je dois procéder avec prudence pour éviter le déficit.

— Tudieu ! quelle prudence ! Vous voilà déjà en déficit de 30 millions.

— Ensuite, je réduirais l'impôt du sel à 10 fr.

---

[1] L'auteur avait dit en effet 5 centimes, en mai 1846, dans un article du *Journal des économistes*, qui est devenu le chap. xii de la seconde série des *Sophismes*. (*Note de l'éditeur.*)

— Bon ! vous voilà en déficit de 30 autres millions. Vous avez sans doute inventé un nouvel impôt ?

— Le ciel m'en préserve ! D'ailleurs, je ne me flatte pas d'avoir l'esprit si inventif.

— Il faut pourtant bien... ah ! j'y suis. Où avais-je la tête ? Vous allez simplement diminuer la dépense. Je n'y pensais pas.

— Vous n'êtes pas le seul. — J'y arriverai, mais, pour le moment, ce n'est pas sur quoi je compte.

— Oui-dà ! vous diminuez la recette sans diminuer la dépense, et vous évitez le déficit ?

— Oui, en diminuant en même temps d'autres taxes

(Ici l'interlocuteur, posant l'index de la main droite sur son sinciput, hoche la tête; ce qui peut se traduire ainsi : il bat la campagne).

— Par ma foi ! le procédé est ingénieux. Je verse 100 francs au trésor, vous me dégrevez de 5 francs sur le sel, de 5 francs sur la poste ; et pour que le trésor n'en reçoive pas moins 100 francs, vous me dégrevez de 10 francs sur quelque autre taxe ?

— Touchez là ; vous m'avez compris.

— Du diable si c'est vrai ! Je ne suis pas même sûr de vous avoir entendu.

— Je répète que je balance un dégrèvement par un autre.

— Morbleu ! j'ai quelques instants à perdre : autant vaut que je vous écoute développer ce paradoxe.

— Voici tout le mystère : je sais une taxe qui vous coûte 20 francs et dont il ne rentre pas une obole au trésor; je vous fais remise de moitié et fais prendre à l'autre moitié le chemin de l'hôtel de la rue de Rivoli.

— Vraiment ! vous êtes un financier sans pareil. Il n'y a qu'une difficulté. En quoi est-ce, s'il vous plaît, que je paie une taxe qui ne va pas au trésor?

— Combien vous coûte cet habit?

— 100 francs.

— Et si vous eussiez fait venir le drap de Verviers, combien vous coûterait-il?

— 80 francs.

— Pourquoi donc ne l'avez-vous pas demandé à Verviers?

— Parce que cela est défendu.

— Et pourquoi cela est-il défendu?

— Pour que l'habit me revienne à 100 francs au lieu de 80.

— Cette défense vous coûte donc 20 francs?

— Sans aucun doute.

— Et où passent-ils, ces 20 francs?

— Et où passeraient-ils? Chez le fabricant de drap.

— Eh bien! donnez-moi 10 francs pour le trésor, je ferai lever la défense, et vous gagnerez encore 10 francs.

— Oh! oh! je commence à y voir clair. Voici le compte du trésor : il perd 5 francs sur la poste, 5 sur le sel, et gagne 10 francs sur le drap. Partant quitte.

— Et voici votre compte à vous : vous gagnez 5 francs sur le sel, 5 francs sur la poste et 10 francs sur le drap.

— Total, 20 francs. Ce plan me sourit assez. Mais que deviendra le pauvre fabricant de draps?

— Oh! j'ai pensé à lui. Je lui ménage des compensations, toujours au moyen de dégrèvements profitables au trésor; et ce que j'ai fait pour vous à l'occasion du drap, je le fais pour lui à l'égard de la laine, de la houille, des machines, etc.; en sorte qu'il pourra baisser son prix sans perdre.

— Mais êtes-vous sûr qu'il y aura balance?

— Elle penchera de son côté. Les 20 francs que je vous fais gagner sur le drap, s'augmenteront de ceux que je vous économiserai encore sur le blé, la viande, le combustible, etc. Cela montera haut; et une épargne semblable sera

réalisée par chacun de vos trente-cinq millions de concitoyens. Il y a là de quoi épuiser les draps de Verviers et
ceux d'Elbeuf. La nation sera mieux vêtue, voilà tout.

— J'y réfléchirai ; car tout cela se brouille un peu dans
ma tête.

— Après tout, en fait de vêtements, l'essentiel est d'être
vêtu. Vos membres sont votre propriété et non celle du fabricant. Les mettre à l'abri de grelotter est votre affaire, et
non la sienne ! Si la loi prend parti pour lui contre vous, la
loi est injuste, et vous m'avez autorisé à raisonner dans
l'hypothèse que ce qui est injuste est nuisible.

— Peut-être me suis-je trop avancé ; mais poursuivez
l'exposé de votre plan financier.

— Je ferai donc une loi de douanes.

— En deux volumes in-folio ?

— Non, en deux articles.

— Pour le coup, on ne dira plus que ce fameux axiome :
« Nul n'est censé ignorer la loi, » est une fiction. Voyons
donc votre tarif.

— Le voici :

Art. 1ᵉʳ. Toute marchandise importée paiera une taxe de
5 p. 100 de la valeur.

— Même les *matières premières* ?

— A moins qu'elles n'aient point de *valeur*.

— Mais elles en ont toutes, peu ou *prou*.

— En ce cas, elles paieront peu ou *prou*.

— Comment voulez-vous que nos fabriques luttent avec
les fabriques étrangères qui ont les *matières premières* en
franchise ?

— Les dépenses de l'État étant données, si nous fermons
cette source de revenus, il en faudra ouvrir une autre : cela
ne diminuera pas l'infériorité relative de nos fabriques, et il
y aura une administration de plus à créer et à payer.

— Il est vrai ; je raisonnais comme s'il s'agissait d'annuler la taxe et non de la déplacer. J'y réfléchirai. Voyons votre second article ?...

— Art. 2. Toute marchandise exportée paiera une taxe de 5 p. %, de la valeur.

— Miséricorde ! monsieur l'utopiste. Vous allez vous faire lapider, et au besoin je jetterai la première pierre.

— Nous avons admis que la majorité est éclairée.

— Eclairée ! soutiendrez-vous qu'un *droit de sortie* ne soit pas onéreux ?

— Toute taxe est onéreuse, mais celle-ci moins qu'une autre.

— Le carnaval justifie bien des excentricités. Donnez-vous le plaisir de rendre spécieux, si cela est possible, ce nouveau paradoxe.

— Combien avez-vous payé ce vin ?

— Un franc le litre.

— Combien l'auriez-vous payé hors barrière ?

— Cinquante centimes.

— Pourquoi cette différence ?

— Demandez-le à l'octroi qui a prélevé dix sous dessus.

— Et qui a établi l'octroi ?

— La commune de Paris, afin de paver et d'éclairer les rues.

— C'est donc un droit d'importation. Mais si c'étaient les communes limitrophes qui eussent érigé l'octroi à leur profit, qu'arriverait-il ?

— Je n'en paierais pas moins 1 fr. mon vin de 50 c., et les autres 50 c. paveraient et éclaireraient Montmartre et les Batignoles.

— En sorte qu'en définitive c'est le consommateur qui paie la taxe ?

— Cela est hors de doute.

— Donc, en mettant un droit à l'exportation, vous faites contribuer l'étranger à vos dépenses.

— Je vous prends en faute, ce n'est plus de la *justice*.

— Pourquoi pas ? Pour qu'un produit se fasse, il faut qu'il y ait dans le pays de l'instruction, de la sécurité, des routes, des choses qui coûtent. Pourquoi l'étranger ne supporterait-il pas les charges occasionnées par ce produit, lui qui, en définitive, va le consommer ?

— Cela est contraire aux idées reçues.

— Pas le moins du monde. Le dernier acheteur doit rembourser tous les frais de production directs ou indirects.

— Vous avez beau dire, il saute aux yeux qu'une telle mesure paralyserait le commerce et nous fermerait des débouchés.

— C'est une illusion. Si vous payiez cette taxe en sus de toutes les autres, vous avez raison. Mais si les 100 millions prélevés par cette voie dégrèvent d'autant d'autres impôts, vous reparaissez sur les marchés du dehors avec tous vos avantages, et même avec plus d'avantages, si cet impôt a moins occasionné d'embarras et de dépenses.

— J'y réfléchirai. — Ainsi, voilà le sel, la poste et la douane réglés. Tout est-il fini là ?

— A peine je commence.

— De grâce, initiez-moi à vos autres utopies.

— J'avais perdu 60 millions sur le sel et la poste. La douane me les fait retrouver ; mais elle me donne quelque chose de plus précieux.

— Et quoi donc, s'il vous plaît ?

— Des rapports internationaux fondés sur la justice, et une probabilité de paix qui équivaut à une certitude. Je congédie l'armée.

— L'armée tout entière ?

— Excepté les armes spéciales, qui se recruteront volontairement comme toutes les autres professions. Vous le voyez, la conscription est abolie.

— Monsieur, il faut dire le recrutement.

— Ah ! j'oubliais. J'admire comme il est aisé, en certains pays, de perpétuer les choses les plus impopulaires en leur donnant un autre nom.

— C'est comme les *droits réunis*, qui sont devenus des *contributions indirectes*.

— Et les *gendarmes* qui ont pris nom *gardes municipaux*.

— Bref, vous désarmez le pays sur la foi d'une utopie.

— J'ai dit que je licenciais l'armée et non que je désarmais le pays. J'entends lui donner au contraire une force invincible.

— Comment arrangez-vous cet amas de contradictions ?

— J'appelle tous les citoyens au service.

— Il valait bien la peine d'en dispenser quelques-uns pour y appeler tout le monde.

— Vous ne m'avez pas fait ministre pour laisser les choses comme elles sont. Aussi, à mon avénement au pouvoir, je dirai comme Richelieu : « Les maximes de l'Etat sont changées. » Et ma première maxime, celle qui servira de base à mon administration, c'est celle-ci : Tout citoyen doit savoir deux choses : pourvoir à son existence et défendre son pays.

— Il me semble bien, au premier abord, qu'il y a quelque étincelle de bon sens là-dessous.

— En conséquence, je fonde la défense nationale sur une loi en deux articles :

Art. 1er. Tout citoyen valide, sans exception, restera sous les drapeaux pendant quatre années, de 21 à 25 ans, pour y recevoir l'instruction militaire.

— Voilà une belle économie ! vous congédiez 400,000 soldats et vous en faites 10 millions.

— Attendez mon second article.

Art. 2. A moins qu'il ne prouve, à 21 ans, savoir parfaitement l'école de peloton.

— Je ne m'attendais pas à cette chute. Il est certain que

pour éviter quatre ans de service, il y aurait une terrible émulation, dans notre jeunesse, à apprendre le *par le flanc droit* et la *charge en douze temps*. L'idée est bizarre.

— Elle est mieux que cela. Car enfin, sans jeter la douleur dans les familles, et sans froisser l'égalité, n'assure-t-elle pas au pays, d'une manière simple et peu dispendieuse, 10 millions de défenseurs capables de défier la coalition de toutes les armées permanentes du globe ?

— Vraiment, si je n'étais sur mes gardes, je finirais par m'intéresser à vos fantaisies.

L'utopiste s'échauffant : Grâce au ciel, voilà mon budget soulagé de 200 millions ! Je supprime l'octroi, je refonds les contributions indirectes, je...

— Eh ! monsieur l'utopiste !

L'utopiste s'échauffant de plus en plus : Je proclame la liberté des cultes, la liberté d'enseignement. Nouvelles ressources. J'achète les chemins de fer, je rembourse la dette, j'affame l'agiotage.

— Monsieur l'utopiste !

— Débarrassé de soins trop nombreux, je concentre toutes les forces du gouvernement à réprimer la fraude, distribuer à tous prompte et bonne justice, je...

— Monsieur l'utopiste, vous entreprenez trop de choses, la nation ne vous suivra pas !

— Vous m'avez donné la majorité.

— Je vous la retire.

— A la bonne heure ! alors je ne suis plus ministre, et mes plans restent ce qu'ils sont, des UTOPIES.

XII. — LE SEL, LA POSTE, LA DOUANE [1].

1846.

On s'attendait, il y a quelques jours, à voir le mécanisme représentatif enfanter un produit tout nouveau et que ses rouages n'étaient pas encore parvenus à élaborer : *le soulagement du contribuable*.

Chacun était attentif : l'expérience était intéressante autant que nouvelle. Les forces aspirantes de cette machine ne donnent d'inquiétude à personne. Elle fonctionne, sous ce rapport, d'une manière admirable, quels que soient le temps, le lieu, la saison et la circonstance.

Mais, quant aux réformes qui tendent à simplifier, égaliser et alléger les charges publiques, nul ne sait encore ce qu'elle peut faire.

On disait : Vous allez voir : voici le moment ; c'est l'œuvre des *quatrièmes sessions*, alors que la popularité est bonne à quelque chose. 1842 nous valut les chemins de fer ; 1846 va nous donner l'abaissement de la taxe du sel et des lettres ; 1850 nous réserve le remaniement des tarifs et des contributions indirectes. La quatrième session, c'est le *jubilé* du contribuable.

Chacun était donc plein d'espoir, et tout semblait favoriser l'expérience. *Le Moniteur* avait annoncé que, de trimestre en trimestre, les sources du revenu vont toujours grossissant ; et quel meilleur usage pouvait-on faire de ces rentrées inattendues, que de permettre au villageois un grain de sel de plus pour son eau tiède, une lettre de plus du champ de bataille où se joue la vie de son fils ?

---

[1] Tiré du *Journal des économistes*, n° de mai 1846.
(*Note de l'éditeur.*)

Mais qu'est-il arrivé ? Comme ces deux matières sucrées qui, dit-on, s'empêchent réciproquement de cristalliser ; ou comme ces deux chiens dont la lutte fut si acharnée qu'il n'en resta que les deux queues, les deux réformes se sont entre-dévorées. Il ne nous en reste que les queues, c'est-à-dire force projets de lois, exposés des motifs, rapports, statistiques et annexes, où nous avons la consolation de voir nos souffrances philanthropiquement appréciées et homœopathiquement calculées. — Quant aux réformes elles-mêmes, elles n'ont pas cristallisé. Il ne sort rien du creuset, et l'expérience a failli.

Bientôt les chimistes se présenteront devant le jury pour expliquer cette déconvenue, et ils diront,

L'un : « J'avais *proposé* la réforme postale ; mais la Chambre a voulu dégrever le sel, et j'ai dû la retirer. »

L'autre : « J'avais *voté* le dégrèvement du sel ; mais le ministère a proposé la réforme postale, et le vote n'a pas abouti. »

Et le jury, trouvant la raison excellente, recommencera l'épreuve sur les mêmes données, et renverra à l'œuvre les mêmes chimistes.

Ceci nous prouve qu'il pourrait bien y avoir quelque chose de raisonnable, malgré la source, dans la pratique qui s'est introduite depuis un demi-siècle de l'autre côté du détroit, et qui consiste, pour le public, à ne poursuivre qu'une réforme à la fois. C'est long, c'est ennuyeux ; mais ça mène à quelque chose.

Nous avons une douzaine de réformes sur le chantier ; elles se pressent comme les ombres à la porte de l'oubli, et pas une n'entre.

> Ohimè ! che lasso !
> Una a la volta, per carità.

C'est ce que disait *Jacques Bonhomme* dans un dialogue

avec *John Bull* sur la *réforme postale*. Il vaut la peine d'être rapporté.

JACQUES BONHOMME, JOHN BULL.

JACQUES BONHOMME: Oh! qui me délivrera de cet ouragan de réformes! J'en ai la tête fendue. Je crois qu'on en invente tous les jours : réforme universitaire, financière, sanitaire, parlementaire ; réforme électorale, réforme commerciale, réforme sociale, et voici venir la réforme *postale* !

JOHN BULL. Pour celle-ci, elle est si facile à faire et si utile, comme nous l'éprouvons chez nous, que je me hasarde à vous la conseiller.

JACQUES. On dit pourtant que ça a mal tourné en Angleterre, et que votre Échiquier y a laissé dix millions.

JOHN. Qui en ont enfanté cent dans le public.

JACQUES. Cela est-il bien certain ?

JOHN. Voyez tous les signes par lesquels se manifeste la satisfaction publique. Voyez la nation, Peel et Russel en tête, donner à M. Rowland Hill, à la façon britannique, des témoignages substantiels de gratitude. Voyez le pauvre peuple ne faire circuler ses lettres qu'après y avoir déposé l'empreinte de ses sentiments au moyen de pains à cacheter qui portent cette devise : *A la réforme postale, le peuple reconnaissant.* Voyez les chefs de la ligue déclarer en plein parlement que, sans elle, il leur eût fallu trente ans pour accomplir leur grande entreprise, pour affranchir la nourriture du pauvre. Voyez les officiers du *Board of trade* déclarer qu'il est fâcheux que la monnaie anglaise ne se prête pas à une réduction plus radicale encore du port des lettres ! Quelles preuves vous faut-il de plus ?

JACQUES. Oui, mais le Trésor ?

JOHN. Est-ce que le Trésor et le public ne sont pas dans la même barque ?

JACQUES. Pas tout à fait. — Et puis, est-il bien certain que notre système postal ait besoin d'être réformé ?

JOHN. C'est là la question. Voyons un peu comment se passent les choses. Que deviennent les lettres qui sont mises à la poste ?

JACQUES. Oh ! c'est un mécanisme d'une simplicité admirable : le directeur ouvre la boîte à une certaine heure, et il en retire, je suppose, cent lettres.

JOHN. Et ensuite ?

JACQUES. Ensuite il les inspecte l'une après l'autre. Un tableau géographique sous les yeux, et une balance en main, il cherche à quelle catégorie chacune d'elles appartient sous le double rapport de la distance et du poids. Il n'y a que onze zones et autant de degrés de pesanteur.

JOHN. Cela fait bien 121 combinaisons pour chaque lettre.

JACQUES. Oui, et il faut doubler ce nombre, parce que la lettre peut appartenir ou ne pas appartenir au *service rural*.

JOHN. C'est donc 24,200 recherches pour les cent lettres. — Que fait ensuite M. le directeur ?

JACQUES. Il inscrit le poids sur un coin et la taxe au beau milieu de l'adresse, sous la figure d'un hiéroglyphe convenu dans l'administration.

JOHN. Et ensuite ?

JACQUES. Il timbre ; il partage les lettres en dix paquets, selon les bureaux avec lesquels il correspond. Il additionne le total des taxes des dix paquets.

JOHN. Et ensuite ?

JACQUES. Ensuite il inscrit les dix sommes, en long, sur un registre et, en travers, sur un autre.

JOHN. Et ensuite ?

JACQUES. Ensuite il écrit une lettre à chacun des dix directeurs correspondants, pour l'informer de l'article de comptabilité qui le concerne.

JOHN. Et si les lettres sont affranchies ?

JACQUES. Oh ! alors j'avoue que le service se complique un peu. Il faut recevoir la lettre, la peser et mesurer, comme devant, toucher le payement et rendre monnaie ; choisir parmi trente timbres celui qui convient ; constater sur la lettre son numéro d'ordre, son poids et sa taxe ; transcrire l'adresse tout entière sur un premier registre, puis sur un second, puis sur un troisième, puis sur un bulletin détaché ; envelopper la lettre dans le bulletin, envoyer le tout bien ficelé au directeur correspondant, et relater chacune de ces circonstances dans une douzaine de colonnes choisies parmi cinquante qui bariolent les sommiers.

JOHN. Et tout cela pour 40 centimes !

JACQUES. Oui, en moyenne.

JOHN. Je vois qu'en effet le *départ* est assez simple. Voyons comment les choses se passent à l'*arrivée*.

JACQUES. Le directeur ouvre la dépêche.

JOHN. Et après ?

JACQUES. Il lit les dix avis de ses correspondants.

JOHN. Et après ?

JACQUES. Il compare le total accusé par chaque avis avec le total qui résulte de chacun des dix paquets de lettres.

JOHN. Et après ?

JACQUES. Il fait le total des totaux, et sait de quelle somme en bloc il rendra les facteurs responsables.

JOHN. Et après ?

JACQUES. Après, tableau des distances et balance en main, il vérifie et rectifie la taxe de chaque lettre.

JOHN. Et après ?

JACQUES. Il inscrit de registre en registre, de colonne en colonne, selon d'innombrables occurrences, les *plus trouvés* et les *moins trouvés*.

JOHN. Et après ?

JACQUES. Il se met en correspondance avec les dix directeurs pour signaler des erreurs de 10 ou 20 centimes.

JOHN. Et après ?

JACQUES. Il remanie toutes les lettres reçues pour les donner aux facteurs.

JOHN. Et après ?

JACQUES. Il fait le total des taxes que chaque facteur prend en charge.

JOHN. Et après ?

JACQUES. Le facteur vérifie ; on discute la signification des hiéroglyphes. Le facteur avance la somme, et il part.

JOHN. *Go on.*

JACQUES. Le facteur va chez le destinataire ; il frappe à la porte, un domestique descend. Il y a six lettres à cette adresse. On additionne les taxes, séparément d'abord, puis en commun. On en trouve pour 2 fr. 70 cent.

JOHN. *Go on.*

JACQUES. Le domestique va trouver son maître ; celui-ci procède à la vérification des hiéroglyphes. Il prend les 3 pour des 2, et les 9 pour des 4 ; il a des doutes sur les poids et les distances ; bref, il faut faire monter le facteur, et, en l'attendant, il cherche à deviner le signataire des lettres, pensant qu'il serait sage de les refuser.

JOHN. *Go on.*

JACQUES. Le facteur arrive et plaide la cause de l'administration. On discute, on examine, on pèse, on mesure ; enfin le destinataire reçoit cinq lettres et en *rebute* une.

JOHN. *Go on.*

JACQUES. Il ne s'agit plus que du payement. Le domestique va chez l'épicier chercher de la monnaie. Enfin, au bout de vingt minutes, le facteur est libre et il court recommencer de porte en porte la même cérémonie.

JOHN. *Go on.*

JACQUES. Il revient au bureau. Il compte et recompte avec le directeur. Il remet les lettres rebutées et se fait restituer ses avances. Il rend compte des objections des destinataires relativement aux poids et aux distances.

JOHN. *Go on.*

JACQUES. Le directeur cherche les registres, les sommiers, les bulletins spéciaux, pour faire ses comptes de *rebuts.*

JOHN. *Go on, if you please.*

JACQUES. Et ma foi, je ne suis pas directeur. Nous arriverions ici aux comptes de dizaines, de vingtaines, de fin du mois; aux moyens imaginés, non-seulement pour établir, mais pour contrôler une comptabilité si minutieuse portant sur 50 millions de francs, résultant de taxes moyennes de 43 centimes, et de 116 millions de lettres, chacune desquelles peut appartenir à 242 catégories.

JOHN. Voilà une simplicité très-compliquée. Certes, l'homme qui a résolu ce problème devait avoir cent fois plus de génie que votre M. Piron ou notre Rowland-Hill.

JACQUES. Mais vous, qui avez l'air de rire de notre système, expliquez-moi le vôtre.

JOHN. En Angleterre, le gouvernement fait vendre, dans tous les lieux où il le juge utile, des enveloppes et des bandes à un penny pièce.

JACQUES. Et après?

JOHN. Vous écrivez, pliez votre lettre en quatre, la mettez dans une de ces enveloppes, la jetez ou l'envoyez à la poste.

JACQUES. Et après?

JOHN. Après, tout est dit. Il n'y a ni poids, ni distances, ni *plus trouvés,* ni *moins trouvés,* ni *rebuts,* ni bulletins, ni registres, ni sommiers, ni colonnes, ni comptabilité, ni contrôle, ni monnaie à donner et à recevoir, ni hiéroglyphes, ni discussions et interprétations, ni forcement en recette, etc., etc.

JACQUES. Vraiment, cela paraît simple. Mais ce ne l'est-il pas trop? Un enfant comprendrait cela. C'est avec de pareilles réformes qu'on étouffe le génie des grands administrateurs. Pour moi, je tiens à la manière française. Et puis, votre *taxe uniforme* a le plus grand de tous les défauts. Elle est injuste.

John. Pourquoi donc?

Jacques. Parce qu'il est injuste de faire payer autant pour une lettre qu'on porte au voisinage que pour celle qu'on porte à cent lieues.

John. En tous cas, vous conviendrez que l'injustice est renfermée dans les limites d'un penny.

Jacques. Qu'importe? c'est toujours une injustice.

John. Elle ne peut même jamais s'étendre qu'à un demi-penny, car l'autre moitié est afférente à des frais fixes pour toutes les lettres, quelle que soit la distance.

Jacques. Penny ou demi-penny, il y a toujours là un principe d'injustice.

John. Enfin cette injustice qui, au *maximum*, ne peut aller qu'à un demi-penny dans un cas particulier, s'efface pour chaque citoyen dans l'ensemble de sa correspondance, puisque chacun écrit tantôt au loin, tantôt au voisinage.

Jacques. Je n'en démords pas. L'injustice est atténuée à l'infini si vous voulez, elle est inappréciable, infinitésimale, homœopathique, mais elle existe.

John. L'État vous fait-il payer plus cher le gramme de tabac que vous achetez à la rue de Clichy que celui qu'on vous *débite* au quai d'Orsay?

Jacques. Quel rapport y a-t-il entre les deux objets de comparaison?

John. C'est que, dans un cas comme dans l'autre, il a fallu faire les frais d'un transport. Il serait juste, mathématiquement, que chaque prise de tabac fût plus chère rue de Clichy qu'au quai d'Orsay de quelque millionième de centime.

Jacques. C'est vrai, il ne faut vouloir que ce qui est possible.

John. Ajoutez que votre système de poste n'est juste qu'en apparence. Deux maisons se trouvent côte à côte, mais l'une en dehors, l'autre en dedans de la zone. La première payera 10 centimes de plus que la seconde, juste autant que coûte en Angleterre le port entier de la lettre. Vous voyez bien que, malgré les apparences, l'injustice se commet chez vous sur une bien plus grande échelle.

JACQUES. Cela semble bien vrai. Mon objection ne vaut pas grand'chose, mais reste toujours la perte du revenu.

Ici, je cessai d'entendre les deux interlocuteurs. Il paraît cependant que Jacques Bonhomme fut entièrement converti; car, quelques jours après, le rapport de M. de Vuitry ayant paru, il écrivit la lettre suivante à l'honorable législateur :

J. BONHOMME A M. DE VUITRY, DÉPUTÉ, RAPPORTEUR DE LA COMMISSION CHARGÉE D'EXAMINER LE PROJET DE LOI RELATIF A LA TAXE DES LETTRES.

« MONSIEUR,

« Bien que je n'ignore pas l'extrême défaveur qu'on crée contre soi quand on se fait l'avocat d'une *théorie absolue*, je ne crois pas devoir abandonner la cause *de la taxe unique et réduite au simple remboursement du service rendu.*

« En m'adressant à vous, je vous fais beau jeu assurément. D'un côté, un cerveau brûlé, un réformateur de cabinet, qui parle de renverser tout un système brusquement, sans transition; un rêveur qui n'a peut-être pas jeté les yeux sur cette montagne de lois, ordonnances, tableaux, annexes, statistiques qui accompagnent votre rapport; et, pour tout dire en un mot, un *théoricien !* — De l'autre, un législateur grave, prudent, modéré, qui a pesé et comparé, qui ménage les intérêts divers, qui rejette tous les *systèmes*, ou, ce qui revient au même, en compose un de ce qu'il emprunte à tous les autres : certes, l'issue de la lutte ne saurait être douteuse.

« Néanmoins, tant que la question est pendante, les convictions ont le droit de se produire. Je sais que la mienne
est assez tranchée pour appeler sur les lèvres du lecteur le
sourire de la raillerie. Tout ce que j'ose attendre de lui,
c'est de me le prodiguer, s'il y a lieu, après et non avant
d'avoir écouté mes raisons.

« Car enfin, moi aussi, je puis invoquer l'*expérience*. Un
grand peuple en a fait l'épreuve. Comment la juge-t-il ? On
ne nie pas qu'il ne soit habile en ces matières, et son jugement a quelque poids.

« Eh bien, il n'y a pas une voix en Angleterre qui ne
bénisse la *réforme postale*. J'en ai pour témoin la souscription ouverte en faveur de M. Rowland-Hill ; j'en ai pour
témoin la manière originale dont le peuple, à ce que me
disait John Bull, exprime sa reconnaissance ; j'en ai pour
témoin cet aveu si souvent réitéré de la Ligue : « Jamais,
sans le *penny-postage*, nous n'aurions développé l'opinion
publique qui renverse aujourd'hui le système protecteur. »
J'en ai pour témoin ce que je lis dans un ouvrage émané
d'une plume officielle :

« La taxe des lettres doit être réglée non dans un but de fiscalité,
« mais dans l'unique objet de couvrir la dépense. »

« A quoi M. Mac-Gregor ajoute :

« Il est vrai que la taxe étant descendue au niveau de notre plus petite
« monnaie, il n'est pas possible de l'abaisser davantage, quoiqu'elle
« donne du revenu. Mais ce revenu, qui ira sans cesse grossissant, doit
« être consacré à améliorer le service et à développer notre système de
« paquebots sur toutes les mers. »

« Ceci me conduit à examiner la pensée fondamentale de
la commission, qui est, au contraire, que la taxe des lettres
doit être pour l'État une source de revenus.

« Cette pensée domine tout votre rapport, et j'avoue que,
sous l'empire de cette préoccupation, vous ne pouviez

arriver à rien de grand, à rien de complet ; heureux si, en voulant concilier tous les systèmes, vous n'en avez pas combiné les inconvénients divers.

« La première question qui se présente est donc celle-ci : La correspondance entre les particuliers est-elle une bonne *matière imposable ?*

« Je ne remonterai pas aux principes abstraits. Je ne ferai pas remarquer que la société n'étant que la communication des idées, l'objet de tout gouvernement doit être de favoriser et non de contrarier cette communication.

« J'examinerai les faits existants.

« La longueur totale des routes royales, départementales et vicinales est d'un million de kilomètres ; en supposant que chacun a coûté 100,000 francs, cela fait un capital de cent milliards dépensé par l'État pour favoriser la locomotion des choses et des hommes.

« Or, je vous le demande, si un de vos honorables collègues proposait à la Chambre un projet de loi ainsi conçu :

« A partir du 1ᵉʳ janvier 1847, l'État percevra sur tous les voyageurs « une taxe calculée, non-seulement pour couvrir les dépenses des routes, « mais encore pour faire rentrer dans ses caisses quatre ou cinq fois le « montant de cette dépense.... »

« Ne trouveriez-vous pas cette proposition antisociale et monstrueuse?

« Comment se fait-il que cette pensée de *bénéfice,* que dis-je? de simple *rémunération,* ne se soit jamais présentée à l'esprit, quand il s'est agi de la circulation des choses; et qu'elle vous paraisse si naturelle, quand il est question de la circulation des idées?

« J'ose dire que cela tient à l'habitude. S'il était question de créer la poste, à coup sûr il paraîtrait monstrueux de l'établir sur le *principe fiscal.*

« Et veuillez remarquer qu'ici l'oppression est mieux caractérisée.

« Quand l'État a ouvert une route, il ne force personne à s'en servir. (Il le ferait sans doute si l'usage de la route était taxé.) Mais quand la poste royale existe, nul n'a plus la faculté d'écrire par une autre voie, fût-ce à sa mère.

« Donc, en principe, la taxe des lettres devrait être *rémunératoire*, et, par ce motif, *uniforme*.

« Que si l'on part de cette idée, comment ne pas être émerveillé de la facilité, de la beauté, de la simplicité de la réforme ?

« La voici tout entière, et, sauf rédaction, formulée en projet de loi :

« ART. 1er. A partir du 1er janvier 1847, il sera exposé en vente, par-
« tout où l'administration le jugera utile, des *enveloppes et des bandes*
« *timbrées* au prix de cinq (ou dix) centimes.

« 2. Toute lettre mise dans une de ces enveloppes et ne dépassant pas
« le poids de 15 grammes, tout *journal* ou *imprimé* mis sous une de ces
« bandes et ne dépassant pas ..... grammes, sera porté et remis, sans
« frais, à son adresse.

« 3. La comptabilité de la poste est entièrement supprimée.

« 4. Toute criminalité et pénalité en matière de ports de lettres sont
« abolies. »

« Cela est bien simple, je l'avoue, beaucoup trop simple, et je m'attends à une nuée d'objections.

« Mais, à supposer que ce système ait des inconvénients, ce n'est pas la question ; il s'agit de savoir si le vôtre n'en a pas de plus grands encore.

« Et de bonne foi, peut-il, sous quelque aspect que ce soit (sauf le revenu), supporter un instant la comparaison ?

« Examinez-les tous les deux ; comparez-les sous les rapports de la facilité, de la commodité, de la célérité, de la simplicité, de l'ordre, de l'économie, de la justice, de l'égalité, de la multiplication des affaires, de la satisfaction des

sentiments, du développement intellectuel et moral, de la
puissance civilisatrice, et dites, la main sur la conscience,
s'il est possible d'hésiter un moment.

« Je me garderai bien de développer chacune de ces considérations. Je vous donne les *en-tête* de douze chapitres et
laisse le reste en blanc, persuadé que personne n'est mieux
en état que vous de les remplir.

« Mais, puisqu'il n'y a qu'une seule objection, le *revenu*,
il faut bien que j'en dise un mot.

« Vous avez fait un tableau duquel il résulte que la taxe
unique, même à 20 centimes, constituerait le Trésor en
perte de 22 millions.

« A 10 centimes, la perte serait de 28 millions, et à
5 centimes, de 33 millions, hypothèses si effrayantes que
vous ne les formulez même pas.

« Mais permettez-moi de vous dire que les chiffres, dans
votre rapport, dansent avec un peu trop de laisser aller.
Dans tous vos tableaux, dans tous vos calculs, vous sous-en-
tendez ces mots : *Toutes choses égales d'ailleurs.* Vous supposez les mêmes frais avec une administration simple qu'a-
vec une administration compliquée ; le même nombre de
lettres avec la taxe moyenne de 43 qu'avec la taxe unique
à 20 cent. Vous vous bornez à cette règle de trois : 87 millions de lettres à 42 cent. 1/2 ont donné tant. Donc, à
20 cent. elles donneraient tant ; admettant néanmoins quelques distinctions quand elles sont contraires à la réforme.

« Pour évaluer le sacrifice réel du Trésor, il faudrait savoir d'abord ce qu'on économiserait sur le service ; ensuite,
dans quelle proportion s'augmenterait l'activité de la correspondance. Ne tenons compte que de cette dernière donnée, parce que nous pouvons supposer que l'épargne
réalisée sur les frais se réduirait à ceci, que le personnel
actuel ferait face à un service plus développé.

« Sans doute il n'est pas possible de fixer le chiffre de l'accroissement dans la circulation des lettres ; mais, en ces matières, une analogie raisonnable a toujours été admise.

« Vous dites vous-même qu'en Angleterre une réduction de 7/8 dans la taxe a amené une augmentation de 360 pour cent dans la correspondance.

« Chez nous, l'abaissement à 5 cent. de la taxe qui est actuellement, en moyenne, de 43 cent., constituerait aussi une réduction de 7/8. Il est donc permis d'attendre le même résultat, c'est-à-dire 417 millions de lettres, au lieu de 116 millions.

« Mais calculons sur 300 millions.

« Y a-t-il exagération à admettre qu'avec une taxe de moitié moindre, nous arriverons à 8 lettres par habitant, quand les Anglais sont parvenus à 13 ?

« Or, 300 millions de lettres à 5 c. donnent.............	15 mil.
« 100 millions de journaux et imprimés à 5 c...........	5
« Voyageurs par les malles-postes.....................	4
« Articles d'argent..................................	4
TOTAL des recettes...........	28 mil.
« La dépense actuelle (qui pourra diminuer) est de 31 mil.	
« A déduire celle des paquebots.............. 5	
« Reste sur les dépêches, voyageurs et articles d'argent...	26 mil.
« Produit net....................................	2
« Aujourd'hui le produit net est de.................	19
« *Perte*, ou plutôt *réduction de gain*................	17 mil.

« Maintenant je demande si l'État, qui fait un *sacrifice positif* de 800 millions par an pour faciliter la circulation *gratuite* des personnes, ne doit pas faire un *sacrifice négatif* de 17 millions pour *ne pas gagner* sur la circulation des idées ?

« Mais enfin le fisc, je le sais, a ses habitudes ; et autant il contracte avec facilité celle de voir grossir les recettes, autant il s'accoutume malaisément à les voir diminuer d'une obole. Il semble qu'il soit pourvu de ces valvules admirables qui, dans notre organisation, laissent le sang affluer dans une direction, mais l'empêchent de rétrograder. Soit. Le fisc est un peu vieux pour que nous puissions changer ses allures. N'espérons donc pas le décider à se dessaisir. Mais que dirait-il, si moi, Jacques Bonhomme, je lui indiquais un moyen simple, facile, commode, essentiellement pratique, de faire un grand bien au pays, sans qu'il lui en coûtât un centime !

« La poste donne brut au Trésor...................... 50 mil.
« Le sel.................................. 70
« La douane... 160
                                          ─────────
        « TOTAL pour ces trois services...... 280 mil.

« Eh bien ! mettez la taxe des lettres au taux uniforme de 5 cent.

« Abaissez la taxe du sel à 10 fr. le quintal, comme la Chambre l'a voté.

« Donnez-moi la faculté de modifier le tarif des douanes, en ce sens qu'il ME SERA FORMELLEMENT INTERDIT D'ÉLEVER AUCUN DROIT, MAIS QU'IL ME SERA LOISIBLE DE LES ABAISSER A MON GRÉ.

« Et moi, Jacques Bonhomme, je vous garantis, non pas 280, mais 300 millions. Deux cents banquiers de France seront mes cautions. Je ne demande pour ma prime que ce que ces trois impôts produiront en sus des 300 millions.

« Maintenant ai-je besoin d'énumérer les avantages de ma proposition ?

« 1° Le peuple recueillera tout le bénéfice du *bon marché* dans le prix d'un objet de première nécessité, le sel.

« 2° Les pères pourront écrire à leurs fils, les mères à leurs filles. Les affections, les sentiments, les épanchements de l'amour et de l'amitié ne seront pas, comme aujourd'hui, refoulés par la main du fisc au fond des cœurs.

« 3° Porter une lettre d'un ami à un ami ne sera pas inscrit sur nos codes comme une action criminelle.

« 4° Le commerce refleurira avec la liberté ; notre marine marchande se relèvera de son humiliation.

« 5° Le fisc gagnera d'abord *vingt millions ;* ensuite, tout ce que fera affluer vers les autres branches de contributions l'épargne réalisée par chaque citoyen sur le sel, les lettres et sur les objets dont les droits auront été abaissés.

« Si ma proposition n'est pas acceptée, que devrai-je en conclure ? Pourvu que la compagnie de banquiers que je présente offre des garanties suffisantes, sous quel prétexte pourrait-on rejeter mon offre ? Il n'est pas possible d'invoquer l'*équilibre des budgets.* Il sera bien rompu, mais rompu de manière à ce que les recettes excèdent les dépenses. Il ne s'agit pas ici d'une théorie, d'un système, d'une statistique, d'une probabilité, d'une conjecture ; c'est une offre, une offre comme celle d'une compagnie qui demande la concession d'un chemin de fer. Le fisc me dit ce qu'il retire de la poste, du sel et de la douane. J'offre de lui donner *plus.* L'objection ne peut donc pas venir de lui. J'offre de diminuer le tarif du sel, de la poste et de la douane ; je m'engage à ne pas l'élever ; l'objection ne peut donc pas venir des contribuables. — De qui viendrait-elle donc ? — Des monopoleurs ? — Reste à savoir si leur voix doit étouffer en France celle de l'État et celle du peuple. Pour nous en assurer, je vous prie de transmettre ma proposition au conseil des ministres.

« JACQUES BONHOMME. »

« *P. S.* Voici le texte de mon offre :

« Moi, Jacques Bonhomme, représentant une compagnie de banquiers et capitalistes, prête à donner toutes garanties et à déposer tous cautionnements qui seront nécessaires ;

« Ayant appris que l'État ne tire que 280 millions de la douane, de la poste et du sel, au moyen des droits tels qu'ils sont actuellement fixés ;

« J'offre de lui donner 300 millions du produit brut de ces trois services ;

« Même alors qu'il réduirait la taxe du sel de 30 francs à 10 francs ;

« Même alors qu'il réduirait la taxe des lettres de 42 1/2 cent. en moyenne, à une taxe unique et uniforme de 5 à 10 centimes ;

« A la seule condition qu'il me sera permis non point d'*élever* (ce qui me sera formellement interdit), mais d'*abaisser*, autant que je le voudrai, les droits de douane.

« JACQUES BONHOMME. »

Mais vous êtes fou, dis-je à Jacques Bonhomme, qui me communiquait sa lettre ; vous n'avez jamais rien su prendre avec modération. L'autre jour vous vous récriiez contre l'*ouragan des réformes*, et voilà que vous en réclamez trois, faisant de l'une la condition des deux autres. Vous vous ruinerez. — Soyez tranquille, dit-il, j'ai fait tous mes calculs. Plaise à Dieu qu'ils acceptent! Mais ils n'accepteront pas. — Là-dessus, nous nous quittâmes la tête pleine, lui de chiffres, moi de réflexions, que j'épargne au lecteur.

XIII. — LA PROTECTION OU LES TROIS ÉCHEVINS.

Démonstration en quatre tableaux.

PREMIER TABLEAU.

(La scène se passe dans l'hôtel de l'échevin Pierre. La fenêtre donne sur un beau parc ; trois personnages sont attablés près d'un bon feu.)

PIERRE. Ma foi ! vive le feu quand Gaster est satisfait! Il

faut convenir que c'est une douce chose. Mais, hélas ! que de braves gens, comme le *Roi d'Yvetot*,

> Soufflent, faute de bois,
> Dans leurs doigts.

Malheureuses créatures ! le ciel m'inspire une pensée charitable. Vous voyez ces beaux arbres, je les veux abattre et distribuer le bois aux pauvres.

PAUL *et* JEAN. Quoi ! gratis ?

PIERRE. Pas précisément. C'en serait bientôt fait de mes bonnes œuvres, si je dissipais ainsi mon bien. J'estime que mon parc vaut vingt mille livres ; en l'abattant, j'en tirerai bien davantage.

PAUL. Erreur. Votre bois sur pied a plus de valeur que celui des forêts voisines, car il rend des services que celui-ci ne peut pas rendre. Abattu, il ne sera bon, comme l'autre, qu'au chauffage, et ne vaudra pas un denier de plus la voie.

PIERRE. Ho, ho ! Monsieur le théoricien, vous oubliez que je suis, moi, un homme de pratique. Je croyais ma réputation de spéculateur assez bien établie, pour me mettre à l'abri d'être taxé de niaiserie. Pensez-vous que je vais m'amuser à vendre mon bois au prix du bois flotté ?

PAUL. Il le faudra bien.

PIERRE. Innocent ! Et si j'empêche le bois flotté d'arriver à Paris ?

PAUL. Ceci changerait la question. Mais comment vous y prendrez-vous ?

PIERRE. Voici tout le secret. Vous savez que le bois flotté paye à l'entrée dix sous la voie. Demain je décide les Echevins à porter le droit à 100, 200, 300 livres, enfin, assez haut pour qu'il n'en entre pas de quoi faire une bûche.. — Eh ! saisissez-vous ? — Si le bon peuple ne veut pas crever de froid, il faudra bien qu'il vienne à mon chantier. On se battra pour avoir mon bois, je le vendrai au poids de l'or,

et cette charité bien ordonnée me mettra à même d'en
faire d'autres.

PAUL. Morbleu! la belle invention! elle m'en suggère
une autre de même force.

JEAN. Voyons, qu'est-ce? La philanthropie est-elle aussi
en jeu?

PAUL. Comment avez-vous trouvé ce beurre de Normandie?

JEAN. Excellent.

PAUL. Hé, hé! il me paraissait passable tout à l'heure.
Mais ne trouvez-vous pas qu'il prend à la gorge? J'en veux
faire de meilleur à Paris. J'aurai quatre ou cinq cents vaches; je ferai au pauvre peuple une distribution de lait, de
beurre et de fromage.

PIERRE et PAUL. Quoi! charitablement?

PAUL. Bah! mettons toujours la charité en avant. C'est
une si belle figure que son masque même est un excellent
passe-port. Je donnerai mon beurre au peuple, le peuple me
donnera son argent. Est-ce que cela s'appelle vendre?

JEAN. Non, selon le *Bourgeois Gentilhomme;* mais ap-
pelez-le comme il vous plaira, vous vous ruinerez. Est-ce
que Paris peut lutter avec la Normandie pour l'élève des
vaches?

PAUL. J'aurai pour moi l'économie du transport.

JEAN. Soit. Mais encore, en payant le transport, les Normands sont à même de *battre* les Parisiens.

PAUL. Appelez-vous *battre* quelqu'un, lui livrer les choses
à bas prix?

JEAN. C'est le mot consacré. Toujours est-il que vous serez battu, vous.

PAUL. Oui, comme Don Quichotte. Les coups retomberont
sur Sancho. Jean, mon ami, vous oubliez l'*octroi.*

JEAN. L'octroi! qu'a-t-il à démêler avec votre beurre?

Paul. Dès demain, je réclame *protection* ; je décide la commune à prohiber le beurre de Normandie. et de Bretagne. Il faudra bien que le peuple s'en passe, ou qu'il achète le mien, et à mon prix encore.

Jean. Par la sambleu, Messieurs, votre philanthropie m'entraîne.

On apprend à hurler, dit l'autre, avec les loups.

Mon parti est pris. Il ne sera pas dit que je suis Echevin indigne. Pierre, ce feu pétillant a enflammé votre âme ; Paul, ce beurre a donné du jeu aux ressorts de votre esprit ; eh bien ! je sens aussi que cette pièce de salaison stimule mon intelligence. Demain, je vote et fais voter l'exclusion des porcs, morts ou vifs ; cela fait, je construis de superbes loges en plein Paris,

Pour l'animal immonde aux Hébreux défendu.

Je me fais porcher et charcutier. Voyons comment le bon peuple lutécien évitera de venir s'approvisionner à ma boutique.

Pierre. Eh, Messieurs, doucement, si vous renchérissez ainsi le beurre et le salé, vous rognez d'avance le profit que j'attendais de mon bois.

Paul. Dame ! ma spéculation n'est plus aussi merveilleuse, si vous me rançonnez avec vos bûches et vos jambons.

Jean. Et moi, que gagnerai-je à vous faire surpayer mes saucisses, si vous me faites surpayer les tartines et les falourdes ?

Pierre. Eh bien ! voilà-t-il pas que nous allons nous quereller ? Unissons-nous plutôt. Faisons-nous des concessions réciproques. D'ailleurs, il n'est pas bon de n'écouter que le vil intérêt ; l'humamité est là, ne faut-il pas assurer le chauffage du peuple ?

PAUL. C'est juste. Et il faut que le peuple ait du beurre à étendre sur son pain.

JEAN. Sans doute. Et il faut qu'il puisse mettre du lard dans son pot-au-feu.

ENSEMBLE. En avant la charité ! vive la philanthropie ! à demain ! à demain ! nous prenons l'octroi d'assaut.

PIERRE. Ah ! j'oubliais. Encore un mot : c'est essentiel. Mes amis, dans ce siècle d'égoïsme, le monde est méfiant, et les intentions les plus pures sont souvent mal interprétées. Paul, plaidez pour le bois ; Jean, défendez le beurre, et moi je me voue au cochon *local*. Il est bon de prévenir les soupçons malveillants.

PAUL *et* JEAN (*en sortant*). Par ma foi ! voilà un habile homme !

DEUXIÈME TABLEAU.

Conseil des Échevins.

PAUL. Mes chers collègues, il entre tous les jours des masses de bois à Paris, ce qui en fait sortir des masses de numéraire. De ce train, nous sommes tous ruinés en trois ans, et que deviendra le pauvre peuple ? (*Bravo !*) Prohibons le bois étranger. — Ce n'est pas pour moi que je parle, car, de tout le bois que je possède, on ne ferait pas un cure-dents. Je suis donc parfaitement désintéressé dans la question. (*Bien, bien !*) Mais voici Pierre qui a un parc, il assurera le chauffage à nos concitoyens, qui ne seront plus sous la dépendance des charbonniers de l'Yonne. Avez-vous jamais songé au danger que nous courons de mourir de froid, s'il prenait fantaisie aux propriétaires des forêts étrangères de ne plus porter du bois à Paris ? Prohibons donc le bois. Par là nous préviendrons l'épuisement de notre numéraire, nous créerons l'industrie bûcheronne, et nous ouvrirons à nos ouvriers une nouvelle source de travail et de salaires. (*Applaudissements.*)

JEAN. J'appuie la proposition si philanthropique, et surtout si désintéressée, ainsi qu'il le disait lui-même, de l'honorable préopinant. Il est temps que nous arrêtions cet insolent *laissez passer*, qui a amené sur notre marché une concurrence effrénée, en sorte qu'il n'est pas une province un peu bien située, pour quelque production que ce soit, qui ne vienne nous *inonder*, nous la vendre à vil prix, et détruire le travail parisien. C'est à l'État à niveler les conditions de production par des droits sagement pondérés, à ne laisser entrer du dehors que ce qui y est plus cher qu'à Paris, et à nous soustraire ainsi à une lutte inégale. Comment, par exemple, veut-on que nous puissions faire du lait et du beurre à Paris, en présence de la Bretagne et de la Normandie? Songez donc, Messieurs, que les Bretons ont la terre à meilleur marché, le foin plus à portée, la main-d'œuvre à des conditions plus avantageuses. Le bon sens ne dit-il pas qu'il faut égaliser les chances par un tarif d'octroi protecteur? Je demande que le droit sur le lait et le beurre soit porté à 1,000 p. 100, et plus s'il le faut. Le déjeuner du peuple en sera un peu plus cher, mais aussi comme ses salaires vont hausser ! nous verrons s'élever des étables, des laiteries, se multiplier des barates, et se fonder de nouvelles industries. — Ce n'est pas que j'aie le moindre intérêt à ma proposition. Je ne suis pas vacher, ni ne veux l'être. Je suis mû par le seul désir d'être utile aux classes laborieuses. (*Mouvement d'adhésion.*)

PIERRE. Je suis heureux de voir dans cette assemblée des hommes d'État aussi purs, aussi éclairés, aussi dévoués aux intérêts du peuple. (*Bravos.*) J'admire leur abnégation, et je ne saurais mieux faire que d'imiter un si noble exemple. J'appuie leur motion, et j'y ajoute celle de prohiber les porcs du Poitou. Ce n'est pas que je veuille me faire porcher ni charcutier ; en ce cas, ma conscience me ferait un devoir de m'abstenir. Mais n'est-il pas honteux, Messieurs, que nous soyons *tributaires* de ces paysans poitevins, qui ont l'audace de venir, jusque sur notre propre marché, s'emparer d'un travail que nous pourrions faire nous-mêmes ; qui, après nous avoir inondés de saucisses et de jambons, ne nous prennent peut-être rien en retour ? En tout cas, qui nous dit que la balance du commerce n'est pas en leur faveur et que nous ne sommes pas obligés de leur payer un solde en argent ? N'est-il pas clair que, si l'industrie poitevine s'implantait à Paris, elle ouvrirait des débouchés assurés au travail parisien ? — Et puis, Messieurs, n'est-il pas fort possible, comme le disait si bien M. Lestiboudois [1], que nous achetions le salé poitevin, non pas avec nos revenus, mais avec nos capitaux ? Où cela nous mènerait-il ? Ne souffrons donc pas que des rivaux avides, cupides, perfides, viennent vendre ici les choses à bon marché, et nous mettre dans l'impossibilité de les faire nous-mêmes. Échevins, Paris nous a donné sa confiance, c'est à nous de la justifier. Le peuple est sans ouvrage, c'est à nous de lui en créer, et si le salé lui coûte un peu plus cher, nous aurons du moins la conscience d'avoir sacrifié nos intérêts à ceux des masses comme tout bon échevin doit faire. (*Tonnerre d'applaudissements.*)

UNE VOIX. J'entends qu'on parle beaucoup du pauvre peuple ; mais, sous prétexte de lui donner du travail, on commence par lui enlever ce qui vaut mieux que le travail même, le bois, le beurre et la soupe.

PIERRE, PAUL *et* JEAN. Aux voix ! aux voix ! à bas les utopistes, les théoriciens, les généralisateurs ! Aux voix ! aux voix ! (*Les trois propositions sont admises.*)

_____

[1] Voy. chap. VI de la Ire série des *Sophismes.*

TROISIÈME TABLEAU.

Vingt ans après.

Le Fils. Père, décidez-vous, il faut quitter Paris. On n'y peut plus vivre. L'ouvrage manque et tout y est cher.

Le Père. Mon enfant, tu ne sais pas ce qu'il en coûte d'abandonner le lieu qui nous a vus naître.

Le Fils. Le pire de tout est d'y périr de misère.

Le Père. Va, mon fils, cherche une terre plus hospitalière. Pour moi, je ne m'éloignerai pas de cette fosse où sont descendus ta mère, tes frères et tes sœurs. Il me tarde d'y trouver enfin, auprès d'eux, le repos qui m'a été refusé dans cette ville de désolation.

Le Fils. Du courage, bon père, nous trouverons du travail à l'étranger, en Poitou, en Normandie, en Bretagne. On dit que toute l'industrie de Paris se transporte peu à peu dans ces lointaines contrées.

Le Père. C'est bien naturel. Ne pouvant plus nous vendre du bois et des aliments, elles ont cessé d'en produire au delà de leurs besoins; ce qu'elles ont de temps et de capitaux disponibles, elles les consacrent à faire elles-mêmes ce que nous leur fournissions autrefois.

Le Fils. De même qu'à Paris on cesse de faire de beaux meubles et de beaux vêtements, pour planter des arbres, élever des porcs et des vaches. Quoique bien jeune, j'ai vu de vastes magasins, de somptueux quartiers, des quais animés sur ces bords de la Seine envahis maintenant par des prés et des taillis.

Le Père. Pendant que la province se couvre de villes, Paris se fait campagne. Quelle affreuse révolution ! Et il a suffi de trois Échevins égarés, aidés de l'ignorance publique, pour attirer sur nous cette terrible calamité.

Le Fils. Contez-moi cette histoire, mon père.

LE PÈRE. Elle est bien simple. Sous prétexte d'implanter à Paris trois industries nouvelles et de donner ainsi de l'aliment au travail des ouvriers, ces hommes firent prohiber le bois, le beurre et la viande. Ils s'arrogèrent le droit d'en approvisionner leurs concitoyens. Ces objets s'élevèrent d'abord à un prix exorbitant. Personne ne gagnait assez pour s'en procurer, et le petit nombre de ceux qui pouvaient en obtenir, y mettant tous leurs profits, étaient hors d'état d'acheter autre chose; toutes les industries par cette cause s'arrêtèrent à la fois, d'autant plus vite que les provinces n'offraient non plus aucuns débouchés. La misère, la mort, l'émigration commencèrent à dépeupler Paris.

LE FILS. Et quand cela s'arrêtera-t-il?

LE PÈRE. Quand Paris sera devenu une forêt et une prairie.

LE FILS. Les trois Échevins doivent avoir fait une grande fortune?

LE PÈRE. D'abord, ils réalisèrent d'énormes profits; mais à la longue ils ont été enveloppés dans la misère commune.

LE FILS. Comment cela est-il possible?

LE PÈRE. Tu vois cette ruine, c'était un magnifique hôtel entouré d'un beau parc. Si Paris eût continué à progresser, maître Pierre en tirerait plus de rente qu'il ne vaut aujourd'hui en capital.

LE FILS. Comment cela se peut-il, puisqu'il s'est débarrassé de la concurrence?

LE PÈRE. La concurrence pour vendre a disparu, mais la concurrence pour acheter disparaît aussi tous les jours et continuera de disparaître, jusqu'à ce que Paris soit rase campagne et que le taillis de maître Pierre n'ait pas plus de valeur qu'une égale superficie de taillis dans la forêt de Bondy. C'est ainsi que le monopole, comme toute injustice, porte en lui-même son propre châtiment.

LE FILS. Cela ne me semble pas bien clair, mais ce qui

est incontestable, c'est la décadence de Paris. N'y a-t-il donc aucun moyen de renverser cette mesure inique que Pierre et ses collègues firent adopter il y a vingt ans?

Le Père. Je vais te confier mon secret. Je reste à Paris pour cela; j'appellerai le peuple à mon aide. Il dépend de lui de replacer l'octroi sur ses anciennes bases, de le dégager de ce funeste principe qui s'est enté dessus et y a végété comme un fungus parasite.

Le Fils. Vous devez réussir dès le premier jour.

Le Père. Oh! l'œuvre est au contraire difficile et laborieuse. Pierre, Paul et Jean s'entendent à merveille. Ils sont prêts à tout plutôt que de laisser entrer le bois, le beurre et la viande à Paris. Ils ont pour eux le peuple même, qui voit clairement le travail que lui donnent les trois industries protégées, qui sait à combien de bûcherons et de vachers elles donnent de l'emploi, mais qui ne peut avoir une idée aussi précise du travail qui se développerait au grand air de la liberté.

Le Fils. Si ce n'est que cela, vous l'éclairerez.

• Le Père. Enfant, à ton âge on ne doute de rien. Si j'écris, le peuple ne me lira pas; car, pour soutenir sa malheureuse existence, il n'a pas trop de toutes ses heures. Si je parle, les Échevins me fermeront la bouche. Le peuple restera donc longtemps dans son funeste égarement; les partis politiques, qui fondent leurs espérances sur ses passions, s'occuperont moins de dissiper ses préjugés que de les exploiter. J'aurai donc à la fois sur les bras les puissants du jour, le peuple et les partis. Oh! je vois un orage effroyable prêt à fondre sur la tête de l'audacieux qui osera s'élever contre une iniquité si enracinée dans le pays.

Le Fils. Vous aurez pour vous la justice et la vérité.

Le Père. Et ils auront pour eux la force et la calomnie. Encore, si j'étais jeune! mais l'âge et la souffrance ont épuisé mes forces.

LE FILS. Eh bien, père, ce qui vous en reste, consacrez-le au service de la patrie. Commencez cette œuvre d'affranchissement et laissez-moi pour héritage le soin de l'achever.

QUATRIÈME TABLEAU.

L'agitation.

JACQUES BONHOMME. Parisiens, demandons la réforme de l'*octroi* ; qu'il soit rendu à sa première destination. Que tout citoyen soit LIBRE d'acheter du bois, du beurre et de la viande où bon lui semble.

LE PEUPLE. Vive, vive la LIBERTÉ !

PIERRE. Parisiens, ne vous laissez pas séduire à ce mot. Que vous importe la liberté d'acheter, si vous n'en avez pas les moyens ? et comment en aurez-vous les moyens, si l'ouvrage vous manque ? Paris peut-il produire du bois à aussi bon marché que la forêt de Bondy ? de la viande à aussi bas prix que le Poitou ? du beurre à d'aussi bonnes conditions que la Normandie ? Si vous ouvrez la porte à deux battants à ces produits rivaux, que deviendront les vachers, les bûcherons et les charcutiers ? Ils ne peuvent se passer de protection.

LE PEUPLE. Vive, vive la PROTECTION !

JACQUES. La protection ! Mais vous protége-t-on, vous, ouvriers ? ne vous faites-vous pas concurrence les uns aux autres ? Que les marchands de bois souffrent donc la concurrence à leur tour. Ils n'ont pas le droit d'élever par la loi le prix de leur bois, à moins qu'ils n'élèvent aussi, par la loi, le taux des salaires. N'êtes-vous plus ce peuple amant de l'égalité ?

LE PEUPLE. Vive, vive l'ÉGALITÉ !

PIERRE. N'écoutez pas ce factieux. Nous avons élevé le prix du bois, de la viande et du beurre, c'est vrai ; mais c'est pour pouvoir donner de bons salaires aux ouvriers. Nous sommes mus par la charité.

LE PEUPLE. Vive, vive la CHARITÉ !

JACQUES. Faites servir l'octroi, si vous pouvez, à hausser les salaires, ou ne le faites pas servir à renchérir les produits. Les Parisiens ne demandent pas la charité, mais la justice.

LE PEUPLE. Vive, vive la JUSTICE !

PIERRE. C'est précisément la cherté des produits qui amènera par ricochet la cherté des salaires.

LE PEUPLE. Vive, vive la CHERTÉ !

JACQUES. Si le beurre est cher, ce n'est pas parce que vous payez chèrement les ouvriers ; ce n'est pas même que vous fassiez de grands profits, c'est uniquement parce que Paris est mal placé pour cette industrie, parce que vous avez voulu qu'on fît à la ville ce qu'on doit faire à la campagne, et à la campagne ce qui se faisait à la ville. Le peuple n'a pas plus de travail, seulement il travaille à autre chose. Il n'a pas plus de salaires, seulement il n'achète plus les choses à aussi bon marché.

LE PEUPLE. Vive, vive le BON MARCHÉ !

PIERRE. Cet homme vous séduit par ses belles phrases. Posons la question dans toute sa simplicité. N'est-il pas vrai que si nous admettons le beurre, le bois, la viande, nous en serons inondés? nous périrons de pléthore. Il n'y a donc d'autre moyen, pour nous préserver de cette invasion de nouvelle espèce, que de lui fermer la porte, et, pour maintenir le prix des choses, que d'en occasionner artificiellement la rareté.

QUELQUES VOIX FORT RARES. Vive, vive la RARETÉ !

JACQUES. Posons la question dans toute sa vérité. Entre tous les Parisiens, on ne peut partager que ce qu'il y a dans Paris ; s'il y a moins de bois, de viande, de beurre, la part de chacun sera plus petite. Or il y en aura moins, si nous les repoussons que si nous les laissons entrer. Parisiens, il ne

peut y avoir abondance pour chacun qu'autant qu'il y a
abondance générale.

LE PEUPLE. Vive, vive l'ABONDANCE !

PIERRE. Cet homme a beau dire, il ne vous prouvera pas
que vous soyez intéressés à subir une concurrence effrénée.

LE PEUPLE. A bas, à bas la CONCURRENCE !

JACQUES. Cet homme a beau déclamer, il ne vous fera pas
goûter les douceurs de la restriction.

LE PEUPLE. A bas, à bas la RESTRICTION !

PIERRE. Et moi, je déclare que si l'on prive les pauvres
vachers et porchers de leur gagne-pain, si on les sacrifie à
des théories, je ne réponds plus de l'ordre public. Ouvriers,
méfiez-vous de cet homme. C'est un agent de la perfide
Normandie, il va chercher ses inspirations à l'étranger.
C'est un traître, il faut le pendre. (*Le peuple garde le silence.*)

JACQUES. Parisiens, tout ce que je dis aujourd'hui, je le
disais il y a vingt ans, lorsque Pierre s'avisa d'exploiter l'octroi à son profit et à votre préjudice. Je ne suis donc pas un
agent des Normands. Pendez-moi si vous voulez, mais cela
n'empêchera pas l'oppression d'être oppression. Amis, ce
n'est ni Jacques ni Pierre qu'il faut tuer, mais la liberté si
elle vous fait peur, ou la restriction si elle vous fait mal.

LE PEUPLE. Ne pendons personne et affranchissons tout
le monde.

XIV. — AUTRE CHOSE [1].

— Qu'est-ce que la restriction ?
— C'est une prohibition partielle.
— Qu'est-ce que la prohibition ?
— C'est une restriction absolue.

[1] Tiré du *Libre-Échange*, n° du 21 mars 1847.

(*Note de l'éditeur.*)

14

— En sorte que ce que l'on dit de l'une est vrai de l'autre?

— Oui, sauf le degré. Il y a entre elles le même rapport qu'entre l'arc de cercle et le cercle.

— Donc, si la prohibition est mauvaise, la restriction ne saurait être bonne?

— Pas plus que l'arc ne peut être droit si le cercle est courbe.

— Quel est le nom commun à la restriction et à la prohibition?

— Protection.

— Quel est l'effet définitif de la protection?

— D'exiger des hommes *un plus grand travail pour un même résultat.*

— Pourquoi les hommes sont-ils si attachés au régime protecteur?

— Parce que la liberté devant amener un même résultat *pour un moindre travail*, cette diminution apparente de travail les effraye.

— Pourquoi dites-vous *apparente ?*

— Parce que tout travail épargné peut être consacré à *autre chose.*

— A quelle autre chose?

— C'est ce qui ne peut être précisé et n'a pas besoin de l'être.

— Pourquoi?

— Parce que, si la somme des satisfactions de la France actuelle pouvait être acquise avec une diminution d'un dixième sur la somme de son travail, nul ne peut préciser quelles satisfactions nouvelles elle voudrait se procurer avec le travail resté disponible. L'un voudrait être mieux vêtu, l'autre mieux nourri, celui-ci mieux instruit, celui-là plus amusé.

— Expliquez-moi le mécanisme et les effets de la protection.

— La chose n'est pas aisée. Avant d'aborder le cas compliqué, il faudrait l'étudier dans le cas le plus simple.

— Prenez le cas le plus simple que vous voudrez.

— Vous rappelez-vous comment s'y prit Robinson, n'ayant pas de scie, pour faire une planche?

— Oui. Il abattit un arbre, et puis avec sa hache taillant la tige à droite et à gauche, il la réduisit à l'épaisseur d'un madrier.

— Et cela lui donna bien du travail?

— Quinze jours pleins.

— Et pendant ce temps de quoi vécut-il?

— De ses provisions.

— Et qu'advint-il à la hache?

— Elle en fut tout émoussée.

— Fort bien. Mais vous ne savez peut-être pas ceci : au moment de donner le premier coup de hache, Robinson aperçut une planche jetée par le flot sur le rivage.

— Oh! l'heureux à-propos! il courut la ramasser?

— Ce fut son premier mouvement; mais il s'arrêta, raisonnant ainsi :

« Si je vais chercher cette planche, il ne m'en coûtera que la fatigue de la porter, le temps de descendre et de remonter la falaise.

« Mais si je fais une planche avec ma hache, d'abord je me procurerai du travail pour quinze jours, ensuite j'userai ma hache, ce qui me fournira l'occasion de la réparer, et je dévorerai mes provisions, troisième source de travail, puisqu'il faudra les remplacer. Or, *le travail, c'est la richesse.* Il est clair que je me ruinerais en allant ramasser la planche naufragée. Il m'importe de protéger mon *travail personnel,* et même, à présent que j'y songe, je puis me créer un travail additionnel, en allant repousser du pied cette planche dans la mer! »

— Mais ce raisonnement était absurde !

— Soit. Ce n'en est pas moins celui que fait toute nation qui se *protége* par la prohibition. Elle repousse la planche qui lui est offerte en échange d'un petit travail, afin de se donner un travail plus grand. Il n'y a pas jusqu'au travail du douanier dans lequel elle ne voie un gain. Il est représenté par la peine que se donna Robinson pour aller rendre aux flots le présent qu'ils voulaient lui faire. Considérez la nation comme un être collectif, et vous ne trouverez pas entre son raisonnement et celui de Robinson un atome de différence.

— Robinson ne voyait-il pas que le temps épargné, il le pouvait consacrer à faire *autre chose?*

— Quelle *autre chose?*

— Tant qu'on a devant soi des besoins et du temps, on a toujours *quelque chose* à faire. Je ne suis pas tenu de préciser le travail qu'il pouvait entreprendre.

— Je précise bien celui qui lui aurait échappé.

— Et moi, je soutiens que Robinson, par un aveuglement incroyable, confondait le travail avec son résultat, le but avec les moyens, et je vais vous le prouver...

— Je vous en dispense. Toujours est-il que voilà le système restrictif ou prohibitif dans sa plus simple expression. S'il vous paraît absurde sous cette forme, c'est que les deux qualités de producteur et de consommateur se confondent ici dans le même individu.

— Passez donc à un exemple plus compliqué.

— Volontiers. — A quelque temps de là, Robinson ayant rencontré Vendredi, ils se lièrent et se mirent à travailler en commun. Le matin, ils chassaient pendant six heures et rapportaient quatre paniers de gibier. Le soir, ils jardinaient six heures et obtenaient quatre paniers de légumes.

Un jour une pirogue aborda l'*Ile du Désespoir*. Un bel étranger en descendit et fut admis à la table de nos deux solitaires. Il goûta et vanta beaucoup les produits du jardin et, avant de prendre congé de ses hôtes, il leur tint ce langage :

« Généreux insulaires, j'habite une terre beaucoup plus giboyeuse que celle-ci, mais où l'horticulture est inconnue. Il me sera facile de vous apporter tous les soirs quatre paniers de gibier, si vous voulez me céder seulement deux paniers de légumes. »

A ces mots, Robinson et Vendredi s'éloignèrent pour tenir conseil, et le débat qu'ils eurent est trop intéressant pour que je ne le rapporte pas ici *in extenso*.

VENDREDI. — Ami, que t'en semble ?

ROBINSON. — Si nous acceptons, nous sommes ruinés.

V. — Est-ce bien sûr ? Calculons.

R. — C'est tout calculé. Écrasés par la concurrence, la chasse est pour nous une industrie perdue.

V. — Qu'importe ? si nous avons le gibier.

R. — Théorie ! Il ne sera pas le produit de notre travail.

V. — Si fait, morbleu, puisque, pour l'avoir, il faudra donner des légumes !

R. — Alors que gagnerons-nous ?

V. — Les quatre paniers de gibier nous coûtent six heures de travail. L'étranger nous les donne contre deux paniers de légumes qui ne nous prennent que trois heures. — C'est donc trois heures qui restent à notre disposition.

R. — Dis donc, qui sont soustraites à notre activité. C'est là précisément notre perte. *Le travail, c'est la richesse*, et si nous perdons un quart de notre temps, nous serons d'un quart moins riches.

V. — Ami, tu fais une méprise énorme. Même gibier, mêmes légumes, et, par-dessus le marché, trois heures disponibles, c'est du progrès, ou il n'y en a pas en ce monde.

R. — Généralité ! Que ferons-nous de ces trois heures ?

V. — Nous ferons *autre chose*.

R. — Ah ! je t'y prends. Tu ne peux rien préciser. *Autre chose, autre chose*, c'est bientôt dit.

V. — Nous pêcherons, nous embellirons notre case, nous lirons la *Bible*.

R. — Utopie! Est-il bien certain que nous ferons ceci plutôt que cela?

V. — Eh bien, si les besoins nous font défaut, nous nous reposerons. N'est-ce rien que le repos?

R. — Mais quand on se repose, on meurt de faim.

V. — Ami, tu es dans un cercle vicieux. Je parle d'un repos qui ne retranche rien sur notre gibier ni sur nos légumes. Tu oublies toujours qu'au moyen de notre commerce avec l'étranger, neuf heures de travail nous donneront autant de provisions qu'aujourd'hui douze.

R. — On voit bien que tu n'as pas été élevé en Europe. Tu n'as peut-être jamais lu le *Moniteur industriel*? Il t'aurait appris ceci : « Tout temps épargné est une perte sèche. Ce n'est pas de manger qui importe, c'est de travailler. Tout ce que nous consommons, si ce n'est pas le produit direct de notre travail, ne compte pas. Veux-tu savoir si tu es riche? Ne regarde pas à tes satisfactions, mais à ta peine. » Voilà ce que le *Moniteur industriel* t'aurait appris. Pour moi, qui ne suis pas un théoricien, je ne vois que la perte de notre chasse.

V. — Quel étrange renversement d'idées! Mais...

R. — Pas de *mais*. D'ailleurs, il y a des raisons politiques pour repousser les offres intéressées du perfide étranger.

V. — Des raisons politiques!

R. — Oui. D'abord, il ne nous fait ces offres que parce qu'elles lui sont avantageuses.

V. — Tant mieux, puisqu'elles nous le sont aussi.

R. — Ensuite, par ces trocs, nous nous mettrons dans sa dépendance.

V. — Et lui dans la nôtre. Nous aurons besoin de son gibier, lui, de nos légumes, et nous vivrons en bonne amitié.

R. — Système! Veux-tu que je te mette sans parole?

V. — Voyons ; j'attends encore une bonne raison.

R. — Je suppose que l'étranger apprenne à cultiver un jardin et que son île soit plus fertile que la nôtre. Vois-tu la conséquence ?

V. — Oui. Nos relations avec l'étranger cesseront. Il ne nous prendra plus de légumes, puisqu'il en aura chez lui avec moins de peine. Il ne nous apportera plus de gibier, puisque nous n'aurons rien à lui donner en échange, et nous serons justement alors comme tu veux que nous soyons aujourd'hui.

R. — Sauvage imprévoyant ! Tu ne vois pas qu'après avoir tué notre chasse en nous inondant de gibier, il tuera notre jardinage en nous inondant de légumes.

V. — Mais ce ne sera jamais qu'autant que nous lui donnerons *autre chose*, c'est-à-dire que nous trouverons *autre chose* à produire avec économie de travail pour nous.

R. — *Autre chose, autre chose !* Tu en viens toujours là. Tu es dans le vague, ami *Vendredi* ; il n'y a rien de pratique dans tes vues.

La lutte se prolongea longtemps et laissa chacun, ainsi qu'il arrive souvent, dans sa conviction. Cependant, Robinson ayant sur Vendredi un grand ascendant, son avis prévalut, et quand l'étranger vint chercher la réponse, Robinson lui dit :

« — Étranger, pour que votre proposition soit acceptée, il faudrait que nous fussions bien sûrs de deux choses :

« La première, que votre île n'est pas plus giboyeuse que la nôtre ; car nous ne voulons lutter qu'*à armes égales*.

« La seconde, que vous perdrez au marché. Car, comme dans tout échange il y a nécessairement un gagnant et un perdant, nous serions dupes si vous ne l'étiez pas. — Qu'avez-vous à dire ?

« — Rien, dit l'étranger. » Et ayant éclaté de rire, il regagna sa pirogue.

— Le conte ne serait pas mal, si Robinson n'était pas si absurde.

— Il ne l'est pas plus que le comité de la rue Hauteville.

— Oh ! c'est bien différent. Vous supposez tantôt un homme seul, tantôt, ce qui revient au même, deux hommes vivant en communauté. Ce n'est pas là notre monde ; la séparation des occupations, l'intervention des négociants et du numéraire changent bien la question.

— Cela complique en effet les transactions, mais n'en change pas la nature.

— Quoi ! vous voulez comparer le commerce moderne à de simples trocs ?

— Le commerce n'est qu'une multitude de trocs ; la nature propre du troc est identique à la nature propre du commerce, comme un petit travail est de même nature qu'un grand, comme la gravitation qui pousse un atome est de même nature que celle qui entraîne un monde.

— Ainsi, selon vous, ces raisonnements si faux dans la bouche de Robinson ne le sont pas moins dans la bouche de nos protectionistes ?

— Non ; seulement l'erreur s'y cache mieux sous la complication des circonstances.

— Eh bien ! arrivez donc à un exemple pris dans l'ordre actuel des faits.

— Soit ; en France, vu les exigences du climat et des habitudes, le drap est une chose utile. L'essentiel est-il *d'en faire* ou *d'en avoir* ?

— Belle question ! pour en avoir, il faut en faire.

— Ce n'est pas indispensable. Pour en avoir, il faut que quelqu'un le fasse, voilà qui est certain ; mais il n'est pas d'obligation que ce soit la personne ou le pays qui le consomme, qui le produise. Vous n'avez pas fait celui qui vous habille si bien ; la France n'a pas fait le café dont elle déjeune.

— Mais j'ai acheté mon drap, et la France son café.

— Précisément, et avec quoi ?

— Avec de l'argent.

— Mais vous n'avez pas fait l'argent, ni la France non plus.

— Nous l'avons acheté.

— Avec quoi ?

— Avec nos produits qui sont allés au Pérou.

— C'est donc en réalité votre travail que vous échangez contre du drap, et le travail français qui s'est échangé contre du café.

— Assurément.

— Il n'est donc pas de nécessité rigoureuse de faire ce qu'on consomme ?

— Non, si l'on fait *autre chose* que l'on donne en échange.

— En d'autres termes, la France a deux moyens de se procurer une quantité donnée de drap. Le premier, c'est de le faire ; le second, c'est de faire *autre chose*, et de troquer *cette autre chose* à l'étranger contre du drap. De ces deux moyens, quel est le meilleur ?

— Je ne sais trop.

— N'est-ce pas celui qui, *pour un travail déterminé, donne une plus grande quantité de drap* ?

— Il semble bien.

— Et lequel vaut mieux, pour une nation, d'avoir le choix entre ces deux moyens ou que la loi lui en interdise un, au risque de tomber justement sur le meilleur ?

— Il me paraît qu'il vaut mieux pour elle avoir le choix, d'autant qu'en ces matières elle choisit toujours bien.

— La loi, qui prohibe le drap étranger, décide donc que si la France veut avoir du drap, il faut qu'elle le fasse *en nature*, et qu'il lui est interdit de faire cette *autre chose* avec laquelle elle pourrait acheter du drap étranger ?

— Il est vrai.

— Et comme elle oblige à faire le drap et défend de faire l'*autre chose*, précisément parce que cette autre chose exigerait moins de travail (sans quoi elle n'aurait pas besoin de s'en mêler), elle décrète donc virtuellement que, par un travail déterminé, la France n'aura qu'un mètre de drap en le faisant, quand, pour le même travail, elle en aurait eu deux mètres en faisant l'*autre chose*.

— Mais, pour Dieu ! quelle autre chose ?

— Eh ! pour Dieu ! qu'importe ? ayant le choix, elle ne fera *autre chose* qu'autant qu'il y ait quelque *autre chose* à faire.

— C'est possible ; mais je me préoccupe toujours de l'idée que l'étranger nous envoie du drap et ne nous prenne pas l'*autre chose*, auquel cas nous serions bien attrapés. En tout cas, voici l'objection, même à votre point de vue. Vous convenez que la France fera cette *autre chose* à échanger contre du drap, avec moins de travail que si elle eût fait le drap lui-même.

— Sans doute.

— Il y aura donc une certaine quantité de son travail frappée d'inertie.

— Oui, mais sans qu'elle soit moins bien vêtue, petite circonstance qui fait toute la méprise. Robinson la perdait de vue ; nos protectionistes ne la voient pas ou la dissimulent. La planche naufragée frappait aussi d'inertie, pour quinze jours, le travail de Robinson, en tant qu'appliqué à faire une planche, mais sans l'en priver. Distinguez donc, entre ces deux espèces de diminution de travail, celle qui a pour effet la *privation* et celle qui a pour cause la *satisfaction*. Ces deux choses sont fort différentes et, si vous les assimilez, vous raisonnez comme Robinson. Dans les cas les plus compliqués, comme dans les plus simples, le sophisme consiste en ceci : *Juger de l'utilité du travail par sa durée et son in-*

tensité, et non par ses résultats; ce qui conduit à cette police économique : *Réduire les résultats du travail dans le but d'en augmenter la durée et l'intensité* [1].

XV. — LE PETIT ARSÉNAL DU LIBRE-ÉCHANGISTE [2].

— Si l'on vous dit : Il n'y a point de principes absolus. La prohibition peut être mauvaise et la restriction bonne.

Répondez : La restriction *prohibe* tout ce qu'elle empêche d'entrer.

— Si l'on vous dit : L'agriculture est la mère nourricière du pays.

Répondez : Ce qui nourrit le pays, ce n'est précisément pas l'agriculture, mais le *blé*.

— Si l'on vous dit : La base de l'alimentation du peuple, c'est l'agriculture.

Répondez : La base de l'alimentation du peuple, c'est le *blé*. Voilà pourquoi une loi qui fait obtenir, par du travail agricole, *deux* hectolitres de blé, aux dépens de *quatre* hectolitres qu'aurait obtenus, sans elle, un même travail industriel, loin d'être une loi d'alimentation, est une loi d'inanition.

— Si l'on vous dit : La restriction à l'entrée du blé étranger induit à plus de culture et, par conséquent, à plus de production intérieure.

Répondez : Elle induit à semer sur les roches des montagnes et sur les sables de la mer. Traire une vache et traire toujours donne plus de lait; car qui peut dire le moment

---

[1] Voy. chap. II et III de la 1ʳᵉ série des *Sophismes* et le chap. VI des *Harmonies*.

(*Note de l'éditeur.*)

[2] Tiré du *Libre-Échange*, n° du 26 avril 1847.

(*Note de l'éditeur.*)

où l'on n'obtiendra plus une goutte? Mais la goutte coûte cher.

— Si l'on vous dit : Que le pain soir cher, et l'agriculteur devenu riche enrichira l'industriel.

Répondez : Le pain est cher quand il y en a peu, ce qui ne peut faire que des pauvres, ou, si vous voulez, des riches *affamés*.

— Si l'on insiste, disant : Quand le pain renchérit, les salaires s'élèvent.

Répondez en montrant, en avril 1847, les cinq sixièmes des ouvriers à l'aumône.

— Si l'on vous dit : Les profits des ouvriers doivent suivre la cherté de la subsistance.

Répondez : Cela revient à dire que, dans un navire sans provisions, tout le monde a autant de biscuit, qu'il y en ait ou qu'il n'y en ait pas.

— Si l'on vous dit : Il faut assurer un bon prix à celui qui vend du blé.

Répondez : Soit; mais alors il faut assurer un bon salaire à celui qui l'achète.

— Si l'on vous dit : Les propriétaires, qui font la loi, ont élevé le prix du pain sans s'occuper des salaires, parce qu'ils savent que, quand le pain renchérit, les salaires haussent *tout naturellement*.

Répondez : Sur ce principe, quand les ouvriers feront la loi, ne les blâmez pas, s'ils fixent un bon taux des salaires, sans s'occuper de protéger le blé, car ils savent que, si les salaires sont élevés, les subsistances renchérissent *tout naturellement*.

— Si l'on vous dit : Que faut-il donc faire?

Répondez : Être juste envers tout le monde.

— Si l'on vous dit : Il est essentiel qu'un grand pays ait l'industrie du fer.

Répondez : ce qui est plus essentiel, c'est que ce grand pays *ait du fer*.

— Si l'on vous dit : Il est indispensable qu'un grand pays ait l'industrie du drap.

Répondez : Ce qui est plus indispensable, c'est que, dans ce grand pays, les citoyens *aient du drap*.

— Si l'on vous dit : Le travail, c'est la richesse.

Répondez : C'est faux.

Et, par voie de développement, ajoutez : Une saignée n'est pas la santé ; et la preuve qu'elle n'est pas la santé, c'est qu'elle a pour but de la rendre.

— Si l'on vous dit : Forcer les hommes à labourer des roches et à tirer une once de fer d'un quintal de minerai, c'est accroître leur travail et par suite leur richesse.

Répondez : Forcer les hommes à creuser des puits en leur interdisant l'eau de la rivière, c'est accroître leur travail *inutile*, mais non leur richesse.

— Si l'on vous dit : Le soleil donne sa chaleur et sa lumière sans rémunération.

Répondez : Tant mieux pour moi, il ne m'en coûte rien pour voir clair.

— Et si l'on vous réplique : L'industrie, en général, perd ce que vous auriez payé pour l'éclairage.

Ripostez : Non ; car n'ayant rien payé au soleil, ce qu'il m'épargne me sert à payer des habits, des meubles et des bougies.

— De même, si l'on vous dit : Ces coquins d'Anglais ont des capitaux *amortis*.

Répondez : Tant mieux pour nous, ils ne nous feront pas payer l'intérêt.

— Si l'on vous dit : Ces perfides Anglais trouvent le fer et la houille au même gîte.

Répondez : Tant mieux pour nous, ils ne nous feront rien payer pour les rapprocher.

IV.   15

— Si l'on vous dit : Les Suisses ont de gras pâturages qui coûtent peu.

Répondez : L'avantage est pour nous, car ils nous demanderont une moindre quantité de notre travail pour fournir des moteurs à notre agriculture et des aliments à nos estomacs.

— Si l'on vous dit : Les terres de Crimée n'ont pas de valeur et ne paient pas de taxes.

Répondez : Le profit est pour nous qui achetons du blé exempt de ces charges.

— Si l'on vous dit : Les serfs de Pologne travaillent sans salaire.

Répondez : Le malheur est pour eux et le profit pour nous, puisque leur travail est déduit du prix du blé que leurs maîtres nous vendent.

— Enfin, si l'on vous dit : Les autres nations ont sur nous une foule d'avantages.

Répondez : Par l'échange, elles sont bien forcées de nous y faire participer.

— Si l'on vous dit : Avec la liberté, nous allons être inondés de pain, de bœuf à la mode, de houille et de paletots.

Répondez : Nous n'aurons ni faim ni froid.

— Si l'on vous dit : Avec quoi paierons-nous?

Répondez : Que cela ne vous inquiète pas. Si nous sommes inondés, c'est que nous aurons pu payer, et si nous ne pouvons payer, nous ne serons pas inondés.

— Si l'on vous dit : J'admettrais le libre-échange, si l'étranger, en nous portant un produit, nous en prenait un autre ; mais il emportera notre numéraire.

Répondez : Le numéraire, pas plus que le café, ne pousse dans les champs de la Beauce, et ne sort des ateliers d'Elbeuf. Pour nous, payer l'étranger avec du numéraire, c'est comme le payer avec du café.

— Si l'on vous dit : Mangez de la viande.

Répondez : Laissez-la entrer.

— Si l'on vous dit, comme la *Presse :* Quand on n'a pas de quoi acheter du pain, il faut acheter du bœuf.

Répondez : Conseil aussi judicieux que celui de M. Vautour à son locataire :

Quand on n'a pas de quoi payer son terme,
Il faut avoir une maison à soi.

— Si l'on vous dit, comme la *Presse :* L'État doit enseigner au peuple pourquoi et comment il faut manger du bœuf.

Répondez : Que l'État laisse seulement entrer le bœuf, et quant à le manger, le peuple le plus civilisé du monde est assez grand garçon pour l'apprendre sans maître.

— Si l'on vous dit : L'État doit tout savoir et tout prévoir pour diriger le peuple, et le peuple n'a qu'à se laisser diriger.

Répondez : Y a-t-il un État en dehors du peuple et une prévoyance humaine en dehors de l'humanité? Archimède aurait pu répéter tous les jours de sa vie : Avec un levier et un point d'appui, je remuerai le monde, qu'il ne l'aurait pas pour cela remué, faute de point d'appui et de levier. — Le point d'appui de l'État, c'est la nation, et rien de plus insensé que de fonder tant d'espérances sur l'État, c'est-à-dire de supposer la science et la prévoyance collectives, après avoir posé en fait l'imbécillité et l'imprévoyance individuelles.

— Si l'on vous dit : Mon Dieu ! je ne demande pas de faveur, mais seulement un droit sur le blé et la viande, qui compense les lourdes taxes auxquelles la France est assujettie ; un simple petit droit égal à ce que ces taxes ajoutent au prix de revient de mon blé.

Répondez : Mille pardons, mais moi aussi je paie des

taxes. Si donc la protection, que vous vous votez à vous-même, a cet effet de grever pour moi votre blé tout juste de votre quote-part aux taxes, votre doucereuse demande ne tend à rien moins qu'à établir entre nous cet arrangement par vous formulé : « Attendu que les charges publiques sont pesantes, moi, vendeur de blé, je ne paierai rien du tout, et toi, mon voisin l'acheteur, tu paieras deux parts, savoir : la tienne et la mienne. » Marchand de blé, mon voisin, tu peux avoir pour toi la force ; mais, à coup sûr, tu n'as pas pour toi la raison.

— Si l'on vous dit : Il est pourtant bien dur pour moi, qui paie des taxes, de lutter sur mon propre marché, avec l'étranger qui n'en paie pas.

Répondez :

1° D'abord, ce n'est pas *votre* marché, mais *notre* marché. Moi, qui vis de blé et qui le paie, je dois être compté pour quelque chose ;

2° Peu d'étrangers, par le temps qui court, sont exempts de taxes ;

3° Si la taxe que vous votez vous rend, en routes, canaux, sécurité, etc., plus qu'elle ne vous coûte, vous n'êtes pas justifiés de repousser, à mes dépens, la concurrence d'étrangers qui ne paient pas la taxe, mais n'ont pas non plus la sécurité, les routes, les canaux. Autant vaudrait dire : Je demande un droit compensateur, parce que j'ai de plus beaux habits, de plus forts chevaux, de meilleures charrues que le laboureur russe ;

4° Si la taxe ne rend pas ce qu'elle coûte, ne la votez pas ;

5° Et en définitive, après avoir voté la taxe, vous plaît-il de vous y soustraire ? Imaginez un système qui la rejette sur l'étranger. Mais le tarif fait retomber votre quote-part sur moi, qui ai déjà bien assez de la mienne.

— Si l'on vous dit : Chez les Russes, la liberté du commerce est nécessaire *pour échanger leurs produits avec avantage.* (Opinion de M. Thiers dans les bureaux, avril 1847.)

Répondez : La liberté est nécessaire partout et par le même motif.

— Si l'on vous dit : Chaque pays a ses besoins. C'est d'après cela qu'*il faut agir.* (M. Thiers.)

Répondez : C'est d'après cela qu'*il agit de lui-même* quand on ne l'en empêche pas.

— Si l'on vous dit : Puisque nous n'avons pas de tôles, il faut en permettre l'introduction. (M. Thiers.)

Répondez : Grand merci.

— Si l'on vous dit : Il faut du fret à la marine marchande. Le défaut de chargement au retour fait que notre marine ne peut lutter contre la marine étrangère. (M. Thiers.)

Répondez : Quand on veut tout faire chez soi, on ne peut avoir de fret ni à l'aller ni au retour. Il est aussi absurde de vouloir une marine avec le régime prohibitif, qu'il le serait de vouloir des charrettes là où l'on aurait défendu tous transports.

— Si l'on vous dit : A supposer que la protection soit injuste, tout s'est arrangé là-dessus ; il y a des capitaux engagés, des droits acquis ; on ne peut sortir de là sans souffrance.

Répondez : Toute injustice profite à quelqu'un (excepté, peut-être, la restriction qui à la longue ne profite à personne) ; arguer du dérangement que la cessation de l'injustice occasionne à celui qui en profite, c'est dire qu'une injustice, par cela seul qu'elle a existé un moment, doit être éternelle.

XVI. — LA MAIN DROITE ET LA MAIN GAUCHE [1].

(RAPPORT AU ROI.)

SIRE,

Quand on voit ces hommes du *Libre-Échange* répandre audacieusement leur doctrine, soutenir que le droit d'acheter et de vendre est impliqué dans le droit de propriété (insolence que M. Billault a relevée en vrai avocat), il est permis de concevoir de sérieuses alarmes sur le sort du *travail national ;* car que feront les Français de leurs bras et de leur intelligence quand ils seront libres?

L'administration que vous avez honorée de votre confiance a dû se préoccuper d'une situation aussi grave, et chercher dans sa sagesse une *protection* qu'on puisse substituer à celle qui paraît compromise. — Elle vous propose D'INTERDIRE A VOS FIDÈLES SUJETS L'USAGE DE LA MAIN DROITE.

Sire, ne nous faites pas l'injure de penser que nous avons adopté légèrement une mesure qui, au premier aspect, peut paraître bizarre. L'étude approfondie du *régime protecteur* nous a révélé ce syllogisme, sur lequel il repose tout entier :

Plus on travaille, plus on est riche ;

Plus on a de difficultés à vaincre, plus on travaille ;

Ergo, plus on a de difficultés à vaincre, plus on est riche.

Qu'est-ce, en effet, que la *protection,* sinon une application ingénieuse de ce raisonnement en forme, et si serré qu'il résisterait à la subtilité de M. Billault lui-même?

Personnifions le pays. Considérons-le comme un être collectif aux trente millions de bouches, et, par une conséquence naturelle, aux soixante millions de bras. Le voilà

---

[1] Tiré du *Libre-Échange*, n° du 13 décembre 1846.

(*Note de l'éditeur.*)

qui fait une pendule, qu'il prétend troquer en Belgique
contre dix quintaux de fer. Mais, nous lui disons : Fais le
fer toi-même. — Je ne le puis, répond-il, cela me prendrait
trop de temps, je n'en ferais pas cinq quintaux pendant que
je fais une pendule. — Utopiste! répliquons-nous, c'est
pour cela même que nous te défendons de faire la pendule
et t'ordonnons de faire le fer. Ne vois-tu pas que nous te
créons du travail ?

Sire, il n'aura pas échappé à votre sagacité que c'est absolument comme si nous disions au pays : *Travaille de la
main-gauche et non de la droite.*

Créer des obstacles pour fournir au travail l'occasion de
se développer, tel est le principe de la *restriction* qui se
meurt. C'est aussi le principe de la *restriction* qui va naître.
Sire, réglementer ainsi, ce n'est pas innover, c'est persévérer.

Quant à l'efficacité de la mesure, elle est incontestable.
Il est malaisé, beaucoup plus malaisé qu'on ne pense,
d'exécuter de la main gauche ce qu'on avait coutume de
faire de la droite. Vous vous en convaincrez, Sire, si vous
daignez condescendre à expérimenter notre système sur un
acte qui vous soit familier, comme, par exemple, celui de
brouiller des cartes. Nous pouvons donc nous flatter d'ouvrir au travail une carrière illimitée.

Quand les ouvriers de toute sorte seront réduits à leur
main gauche, représentons-nous, Sire, le nombre immense
qu'il en faudra pour faire face à l'ensemble de la consommation actuelle, en la supposant invariable, ce que nous
faisons toujours quand nous comparons entre eux des systèmes de production opposés. Une demande si prodigieuse
de main-d'œuvre ne peut manquer de déterminer une hausse
considérable des salaires, et le paupérisme disparaîtra du
pays comme par enchantement.

Sire, votre cœur paternel se réjouira de penser que les

bienfaits de l'ordonnance s'étendront aussi sur cette intéressante portion de la grande famille dont le sort excite
toute votre sollicitude. Quelle est la destinée des femmes en
France ? Le sexe le plus audacieux et le plus endurci aux
fatigues les chasse insensiblement de toutes les carrières.

Autrefois elles avaient la ressource des bureaux de loterie.
Ils ont été fermés par une philanthropie impitoyable ; et
sous quel prétexte ? « Pour épargner, disait-elle, le denier
du pauvre. » Hélas ! le pauvre a-t-il jamais obtenu, d'une
pièce de monnaie, des jouissances aussi douces et aussi innocentes que celles que renfermait pour lui l'urne mystérieuse de la fortune ? Sevré de toutes les douceurs de la vie,
quand il mettait, de quinzaine en quinzaine, le prix d'une
journée de travail sur un *quaterne sec*, combien d'heures
délicieuses n'introduisait-il pas au sein de sa famille ? L'espérance avait toujours sa place au foyer domestique. La
mansarde se peuplait d'illusions : la femme se promettait
d'éclipser ses voisines par l'éclat de sa mise, le fils se voyait
tambour-major, la fille se sentait entraînée vers l'autel au
bras de son fiancé.

> C'est quelque chose encor que de faire un beau rêve !

Oh ! la loterie, c'était la poésie du pauvre, et nous l'avons
laissée échapper !

La loterie défunte, quels moyens avons-nous de pourvoir
nos protégées ? Le tabac et la poste.

Le tabac, à la bonne heure ; il progresse, grâce au ciel et
aux habitudes distinguées que d'augustes exemples ont su,
fort habilement, faire prévaloir parmi notre élégante jeunesse.

Mais la poste !... Nous n'en dirons rien, elle fera l'objet
d'un rapport spécial.

Sauf donc le tabac, que reste-t-il à vos sujettes ? Rien que
la broderie, le tricot et la couture, tristes ressources qu'une

science barbare, la mécanique, restreint de plus en plus.

Mais sitôt que votre ordonnance aura paru, sitôt que les mains droites seront coupées ou attachées, tout va changer de face. Vingt fois, trente fois plus de brodeuses, lisseuses et repasseuses, lingères, couturières et chemisières ne suffiront pas à la consommation (honni soit qui mal y pense) du royaume ; toujours en la supposant invariable, selon notre manière de raisonner.

Il est vrai que cette supposition pourra être contestée par de froids théoriciens, car les robes seront plus chères et les chemises aussi. Autant ils en disent du fer, que la France tire de nos mines, comparé à celui qu'elle pourrait *vendanger* sur nos coteaux. Cet argument n'est donc pas plus recevable contre la *gaucherie* que contre la *protection ;* car cette cherté même est le résultat et le signe de l'excédant d'efforts et de travaux qui est justement la base sur laquelle, dans un cas comme dans l'autre, nous prétendons fonder la prospérité de la classe ouvrière.

Oui, nous nous faisons un touchant tableau de la prospérité de l'industrie couturière. Quel mouvement! quelle activité ! quelle vie ! Chaque robe occupera cent doigts au lieu de dix. Il n'y aura plus une jeune fille oisive, et nous n'avons pas besoin, Sire, de signaler à votre perspicacité les conséquences morales de cette grande révolution. Non-seulement il y aura plus de filles occupées, mais chacune d'elles gagnera davantage, car elles ne pourront suffire à la demande ; et si la concurrence se montre encore, ce ne sera plus entre les ouvrières qui font les robes, mais entre les belles dames qui les portent.

Vous le voyez, Sire, notre proposition n'est pas seulement conforme aux traditions économiques du gouvernement, elle est encore essentiellement morale et démocratique.

Pour apprécier ses effets, supposons-la réalisée, transportons-nous par la pensée dans l'avenir ; imaginons le sys-

tème en action depuis vingt ans. L'oisiveté est bannie du
pays; l'aisance et la concorde, le contentement et la moralité ont pénétré avec le travail dans toutes les familles; plus
de misère, plus de prostitution. La main gauche étant fort
gauche à la besogne, l'ouvrage surabonde et la rémunération est satisfaisante. Tout s'est arrangé là-dessus; les ateliers se sont peuplés en conséquence. N'est-il pas vrai, Sire,
que si, tout à coup, des utopistes venaient réclamer la liberté de la main droite, ils jetteraient l'alarme dans le pays?
N'est-il pas vrai que cette prétendue réforme bouleverserait
toutes les existences? Donc notre système est bon, puisqu'on ne le pourrait détruire sans douleurs.

Et cependant, nous avons le triste pressentiment qu'un
jour il se formera (tant est grande la perversité humaine!)
une association pour la liberté des mains droites.

Il nous semble déjà entendre les libre-dextéristes tenir, à
la salle Montesquieu, ce langage :

« Peuple, tu te crois plus riche parce qu'on t'a ôté l'u-
« sage d'une main; tu ne vois que le surcroît de travail qui
« t'en revient. Mais regarde donc aussi la cherté qui en ré-
« sulte, le décroissement forcé de toutes les consommations.
« Cette mesure n'a pas rendu plus abondante la source des
« salaires, le capital. Les eaux qui coulent de ce grand ré-
« servoir sont dirigées vers d'autres canaux, leur volume
« n'est pas augmenté, et le résultat définitif est, pour la
« nation en masse, une déperdition de bien-être égale à tout
« ce que des millions de mains droites peuvent produire de
« plus qu'un égal nombre de mains gauches. Donc, liguons-
« nous, et, au prix de quelques dérangements inévitables,
« conquérons le droit de travailler de toutes mains. »

Heureusement, Sire, il se formera une *association pour
la défense du travail par la main gauche*, et les *Sinistristes*
n'auront pas de peine à réduire à néant toutes ces généra-
lités et idéalités, suppositions et abstractions, rêveries et

utopies. Ils n'auront qu'à exhumer le *Moniteur industriel*
de 1846 : ils y trouveront, contre la *liberté des échanges*, des
arguments tout faits, qui pulvérisent si merveilleusement la
liberté de la main droite, qu'il leur suffira de substituer un
mot à l'autre.

« La ligue parisienne pour la *liberté du commerce* ne dou-
« tait pas du concours des ouvriers. Mais les ouvriers ne
« sont plus des hommes que l'on mène par le bout du nez.
« Ils ont les yeux ouverts et ils savent mieux l'économie po-
« litique que nos professeurs patentés... La *liberté du com-*
« *merce*, ont-ils répondu, nous enlèverait notre travail, et le
« travail c'est notre propriété réelle, grande, souveraine :
« *avec le travail, avec beaucoup de travail, le prix des mar-*
« *chandises n'est jamais inaccessible*. Mais sans travail, le pain
« né coûtât-il qu'un sou la livre, l'ouvrier est forcé de mou-
« rir de faim. Or, vos doctrines, au lieu d'augmenter la
« somme actuelle du travail en France, la diminueront,
« c'est-à-dire que vous nous réduirez à la misère. » (Numéro
du 13 octobre 1846.) »

« Quand il y a trop de marchandises à vendre, leur prix s'a-
« baisse à la vérité ; mais comme le salaire diminue quand
« la marchandise perd de sa valeur, il en résulte qu'au lieu
« d'être en état d'acheter, nous ne pouvons plus rien ache-
« ter. C'est donc quand la marchandise est à vil prix que
« l'ouvrier est le plus malheureux. » (Gauthier de Rumilly,
Moniteur industriel du 17 novembre.)

Il ne sera pas mal que les *Sinistristes* entremêlent quelques menaces dans leurs belles théories. En voici le modèle :
« Quoi ! vouloir substituer le travail de la main droite à
« celui de la main gauche et amener ainsi l'abaissement
« forcé, sinon l'anéantissement du salaire, seule ressource
« de presque toute la nation !

« Et cela au moment où des récoltes incomplètes impo-
« sent déjà de pénibles sacrifices à l'ouvrier, l'inquiètent

« sur son avenir, le rendent plus accessible aux mauvais
« conseils et prêt à sortir de cette conduite si sage qu'il a
« tenue jusqu'ici ! ».

Nous avons la confiance, Sire, que, grâce à des raisonnements si savants, si la lutte s'engage, la main gauche en
sortira victorieuse.

Peut-être se formera-t-il aussi une association, dans le
but de rechercher si la main droite et la main gauche n'ont
pas tort toutes deux, et s'il n'y a point entre elles une troisième main, afin de tout concilier.

Après avoir peint les *Dextéristes* comme séduits par la
*libéralité apparente d'un principe dont l'expérience n'a pas
encore vérifié l'exactitude*, et les *Sinistristes* comme se
cantonnant dans des positions acquises :

« Et l'on nie, dira-t-elle, qu'il y ait un troisième parti à
« prendre au milieu du conflit ! et l'on ne voit pas que les
« ouvriers ont à se défendre à la fois et contre ceux qui ne
« veulent rien changer à la situation actuelle, parce qu'ils
« y trouvent avantage, et contre ceux qui rêvent un boule-
« versement économique dont ils n'ont calculé ni l'étendue
« ni la portée ! » (*National* du 16 octobre.)

Nous ne voulons pourtant pas dissimuler à Votre Majesté, Sire, que notre projet a un côté vulnérable. On
pourra nous dire : Dans vingt ans, toutes les mains gauches
seront aussi habiles que le sont maintenant les mains droites,
et vous ne pourrez plus compter sur la *gaucherie* pour accroître le travail national.

A cela, nous répondons que, selon de doctes médecins,
la partie gauche du corps humain a une faiblesse naturelle
tout à fait rassurante pour l'avenir du travail.

Et, après tout, consentez, Sire, à signer l'ordonnance, et
un grand principe aura prévalu : *Toute richesse provient de
l'intensité du travail.* Il nous sera facile d'en étendre et
varier les applications. Nous décréterons, par exemple,

qu'il ne sera plus permis de travailler qu'avec le pied. Cela n'est pas plus impossible (puisque cela s'est vu) que d'extraire du fer des vases de la Seine. On a vu même des hommes écrire avec le dos. Vous voyez, Sire, que les moyens d'accroître le travail national ne nous manqueront pas. En désespoir de cause, il nous resterait la ressource illimitée des amputations.

Enfin, Sire, si ce rapport n'était destiné à la publicité, nous appellerions votre attention sur la grande influence que tous les systèmes analogues à celui que nous vous soumettons sont de nature à donner aux hommes du pouvoir. Mais c'est une matière que nous nous réservons de traiter en conseil privé.

XVII. — DOMINATION PAR LE TRAVAIL [1].

« De même qu'en temps de guerre on arrive à la domination par la supériorité des armes, peut-on, en temps de paix, arriver à la domination par la supériorité du travail? »

Cette question est du plus haut intérêt, à une époque où on ne paraît pas mettre en doute que, dans le champ de l'industrie, comme sur le champ de bataille, *le plus fort écrase le plus faible.*

Pour qu'il en soit ainsi, il faut que l'on ait découvert, entre le travail qui s'exerce sur les choses et la violence qui s'exerce sur les hommes, une triste et décourageante analogie ; car comment ces deux sortes d'actions seraient-elles identiques dans leurs effets, si elles étaient opposées par leur nature ?

Et s'il est vrai qu'en industrie comme en guerre, la domination est le résultat nécessaire de la supériorité,

---

[1] Tiré du *Libre-Échange*, n° du 14 février 1847.

(*Note de l'éditeur.*)

qu'avons-nous à nous occuper de progrès, d'économie sociale, puisque nous sommes dans un monde où tout a été arrangé de telle sorte, par la Providence, qu'un même effet, l'oppression, sort fatalement des principes les plus opposés?

A propos de la politique toute nouvelle où la liberté commerciale entraîne l'Angleterre, beaucoup de personnes font cette objection qui préoccupe, j'en conviens, les esprits les plus sincères : « L'Angleterre fait-elle autre chose que poursuivre le même but par un autre moyen? N'aspire-t-elle pas toujours à l'universelle suprématie? Sûre de la supériorité de ses capitaux et de son travail, n'appelle-t-elle pas la libre concurrence pour étouffer l'industrie du continent, régner en souveraine, et conquérir le privilége de nourrir et vêtir les peuples ruinés? »

Il me serait facile de démontrer que ces alarmes sont chimériques; que notre prétendue infériorité est de beaucoup exagérée; qu'il n'est aucune de nos grandes industries qui, non-seulement ne résiste, mais encore ne se développe sous l'action de la concurrence extérieure, et que son effet infaillible est d'amener un accroissement de consommation générale, capable d'absorber à la fois les produits du dehors et ceux du dedans.

Aujourd'hui je veux attaquer l'objection de front, lui laissant toute sa force et tout l'avantage du terrain qu'elle a choisi. Mettant de côté les Anglais et les Français, je rechercherai, d'une manière générale, si, alors même que, par sa supériorité dans une branche d'industrie, un peuple vient à étouffer l'industrie similaire d'un autre peuple, celui-là a fait un pas vers la domination et celui-ci vers la dépendance ; en d'autres termes, si tous deux ne gagnent pas dans l'opération, et si ce n'est pas le vaincu qui y gagne davantage.

Si l'on ne voit dans un produit que l'*occasion d'un travail*, il est certain que les alarmes des protectionistes sont fondées. A ne considérer le fer, par exemple, que dans ses

rapports avec les maîtres de forges, on pourrait craindre
que la concurrence d'un pays, où il serait un don gratuit de
la nature, n'éteignît les hauts fourneaux dans un autre pays
où il y aurait rareté de minerai et de combustible.

Mais est-ce là une vue complète du sujet ? Le fer n'a-t-il
des rapports qu'avec ceux qui le font ? est-il étranger à ceux
qui l'emploient ? sa destination définitive, unique, est-elle
d'être produit ? et, s'il est utile, non à cause du travail dont
il est l'occasion, mais à raison des qualités qu'il possède,
des nombreux services auxquels sa dureté, sa malléabilité le
rendent propre, ne s'ensuit-il pas que l'étranger ne peut en
réduire le prix, même au point d'en empêcher la production
chez nous, sans nous faire plus de bien, sous ce dernier rapport, qu'il ne nous fait de mal sous le premier ?

Qu'on veuille bien considérer qu'il est une foule de choses que les étrangers, par les avantages naturels dont ils sont
entourés, nous empêchent de produire directement, et à
l'égard desquelles nous sommes placés, *en réalité,* dans la
position hypothétique que nous examinons quant au fer.
Nous ne produisons chez nous ni le thé, ni le café, ni l'or,
ni l'argent. Est-ce à dire que notre travail en masse en est
diminué ? Non ; seulement, pour créer la contre-valeur de
ces choses, pour les acquérir par voie d'échange, nous dé-
tachons de notre travail général une portion *moins grande*
qu'il n'en faudrait pour les produire nous-mêmes. Il nous
en reste plus à consacrer à d'autres satisfactions. Nous sommes plus riches, plus forts d'autant. Tout ce qu'a pu faire
la rivalité extérieure, même dans les cas où elle nous interdit d'une manière absolue une forme déterminée de travail, c'est de l'économiser, d'accroître notre puissance
productive. Est-ce là, pour l'étranger, le chemin de la
domination ?

Si l'on trouvait en France une mine d'or, il ne s'ensuit
pas que nous eussions intérêt à l'exploiter. Il est même cer-

tain que l'entreprise devrait être négligée, si chaque once
d'or absorbait plus de notre travail qu'une once d'or ache-
tée au Mexique avec du drap. En ce cas, il vaudrait mieux
continuer à voir nos mines dans nos métiers. — Ce qui est
vrai de l'or l'est du fer.

L'illusion provient de ce qu'on ne voit pas une chose.
C'est que la supériorité étrangère n'empêche jamais le travail national que sous une forme déterminée, et ne le rend
superflu sous cette forme qu'en mettant à notre disposition
le résultat même du travail ainsi anéanti. Si les hommes
vivaient dans des cloches, sous une couche d'eau, et
qu'ils dussent se pourvoir d'air par l'action de la pompe, il
y aurait là une source immense de travail. Porter atteinte à
ce travail, *en laissant les hommes dans cette condition*, ce serait leur infliger un effroyable dommage. Mais si le travail
ne cesse que parce que la nécessité n'y est plus, parce que
les hommes sont placés dans un autre milieu, où l'air est mis,
sans effort, en contact avec leurs poumons, alors la perte de
ce travail n'est nullement regrettable, si ce n'est aux yeux
de ceux qui s'obstinent à n'apprécier, dans le travail, que
le travail même.

C'est là précisément cette nature de travail qu'anéantis-
sent graduellement les machines, la liberté commerciale,
le progrès en tout genre ; non le travail utile, mais le travail
devenu superflu, surnuméraire, sans objet, sans résultat.
Par contre, la protection le remet en œuvre ; elle nous re-
place sous la couche d'eau, pour nous fournir l'occasion de
pomper ; elle nous force à demander l'or à la mine nationale
inaccessible, plutôt qu'à nos métiers nationaux. Tout son
effet est dans ce mot : *déperdition de forces*.

On comprend que je parle ici des effets généraux, et non
des froissements temporaires qu'occasionne le passage d'un
mauvais système à un bon. Un dérangement momentané
accompagne nécessairement tout progrès. Ce peut être une

raison pour adoucir la transition ; ce n'en est pas une pour
interdire systématiquement tout progrès, encore moins pour
le méconnaître.

On nous représente l'industrie comme une lutte. Cela
n'est pas vrai, ou cela n'est vrai que si l'on se borne à considérer chaque industrie dans ses effets, sur une autre industrie similaire, en les isolant toutes deux, par la pensée, du
reste de l'humanité. Mais il y a autre chose ; il y a les effets
sur la consommation, sur le bien-être général.

Voilà pourquoi il n'est pas permis d'assimiler, comme on
le fait, le travail à la guerre.

Dans la guerre, *le plus fort accable le plus faible.*

Dans le travail, *le plus fort communique de la force au
plus faible.* Cela détruit radicalement l'analogie.

Les Anglais ont beau être forts et habiles, avoir des capitaux énormes et *amortis*, disposer de deux grandes puissances de production, le fer et le feu ; tout cela se traduit
en *bon marché* du produit. Et qui gagne au bon marché du
produit ? Celui qui l'achète.

Il n'est pas en leur puissance d'anéantir d'une manière
absolue une portion quelconque de notre travail. Tout ce
qu'ils peuvent faire, c'est de le rendre superflu pour un résultat acquis, de donner l'air en même temps qu'ils suppri-
ment la pompe, d'accroître ainsi notre force disponible,
et de rendre, chose remarquable, leur prétendue domination
d'autant plus impossible que leur supériorité serait plus incontestable.

Ainsi nous arrivons, par une démonstration rigoureuse et consolante, à cette conclusion, que le *travail* et la
violence, si opposés par leur nature, ne le sont pas moins,
quoi qu'en disent protectionistes et socialistes, par leurs
effets.

Il nous a suffi pour cela de distinguer entre du travail
anéanti et du travail *économisé*.

Avoir moins de fer *parce qu'on* travaille moins, ou avoir plus de fer *quoiqu'on* travaille moins, ce sont choses plus que différentes ; elles sont opposées. Les protectionistes les confondent, nous ne les confondons pas. Voilà tout.

Qu'on se persuade bien une chose. Si les Anglais mettent en œuvre beaucoup d'activité, de travail, de capitaux, d'intelligence, de forces naturelles, ce n'est pas pour nos beaux yeux. C'est pour se donner à eux-mêmes beaucoup de satisfactions, en échange de leurs produits. Ils veulent certainement recevoir au moins autant qu'ils donnent, et *ils fabriquent chez eux le paiement de ce qu'ils achètent ailleurs.* Si donc ils nous inondent de leurs produits, c'est qu'ils entendent être inondés des nôtres. Dans ce cas, le meilleur moyen d'en avoir beaucoup pour nous-mêmes, c'est d'être libres de choisir, pour l'acquisition, entre ces deux procédés : production immédiate, production médiate. Tout le machiavélisme britannique ne nous fera pas faire un mauvais choix.

Cessons donc d'assimiler puérilement la concurrence industrielle à la guerre ; fausse assimilation qui tire tout ce qu'elle a de spécieux de ce qu'on isole deux industries rivales pour juger les effets de la concurrence. Sitôt qu'on fait entrer en ligne de compte l'effet produit sur le bien-être général, l'analogie disparaît.

Dans une bataille, celui qui est tué est bien tué, et l'armée est affaiblie d'autant. En industrie, une usine ne succombe qu'autant que l'ensemble du travail national remplace ce qu'elle produisait, *avec un excédant.* Imaginons un état de choses où, pour un homme resté sur le carreau, il en ressuscite deux pleins de force et de vigueur. S'il est une planète où les choses se passent ainsi, il faut convenir que la guerre s'y fait, dans des conditions si différentes de ce que nous la voyons ici-bas, qu'elle n'en mérite pas même le nom.

Or, c'est là le caractère distinctif de ce qu'on a nommé si mal à propos *guerre industrielle.*

Que les Belges et les Anglais baissent le prix de leur fer, s'ils le peuvent, qu'ils le baissent encore et toujours, jusqu'à l'anéantir. Ils peuvent bien par là éteindre un de nos hauts fourneaux, tuer un de nos soldats ; mais je les défie d'empêcher qu'aussitôt, et par une conséquence *nécessaire* de ce bon marché lui-même, mille autres industries ne ressuscitent, ne se développent, plus profitables que l'industrie mise hors de combat.

Concluons que la domination par le travail est impossible et contradictoire, puisque toute supériorité qui se manifeste chez un peuple se traduit en bon marché et n'aboutit qu'à communiquer de la force à tous les autres. Bannissons de l'économie politique toutes ces expressions empruntées au vocabulaire des batailles : *Lutter à armes égales, vaincre, écraser, étouffer, être battu, invasion, tribut.* Que signifient ces locutions ? Pressez-les, et il n'en sort rien... Nous nous trompons, il en sort d'absurdes erreurs et de funestes préjugés. Ce sont ces mots qui arrêtent la fusion des peuples, leur pacifique, universelle, indissoluble alliance, et le progrès de l'humanité [1] !

---

[1] Si l'auteur eût vécu, il eût probablement publié une troisième série de *Sophismes.* Les principaux éléments de cette publication nous ont semblé préparés dans les colonnes du *Libre-Échange*, et, à la fin du tome II, nous les présentons réunis.

(Note de l'éditeur.)

FIN DE LA SECONDE SÉRIE.

PAMPHLETS

SUIVIS DE

DISCOURS ET OPINIONS PARLEMENTAIRES.

PAMPHLETS

SUIVIS DE

DISCOURS ET OPINIONS PARLEMENTAIRES.

PROPRIÉTÉ ET LOI [1].

La confiance de mes concitoyens m'a revêtu du titre de *législateur*.

Ce titre, je l'aurais certes décliné, si je l'avais compris comme faisait Rousseau.

« Celui qui ose entreprendre d'instituer un peuple, dit-il,
« doit se sentir en état de changer, pour ainsi dire, la na-
« ture humaine, de transformer chaque individu qui, par
« lui-même, est un tout parfait et solitaire, en partie d'un
« plus grand tout dont cet individu reçoive en quelque sorte
« sa vie et son être ; d'altérer la constitution physique de
« l'homme pour la renforcer, etc., etc... S'il est vrai qu'un
« grand prince est un homme rare, que sera-ce d'un grand
« législateur? Le premier n'a qu'à suivre le modèle que
« l'autre doit proposer. Celui-ci est le mécanicien qui invente
« la machine, celui-là n'est que l'ouvrier qui la monte et
« la fait marcher. »

Rousseau, étant convaincu que l'état social était d'invention humaine, devait placer très-haut la loi et le législateur.
Entre le législateur et le reste des hommes, il voyait la distance ou plutôt l'abîme qui sépare le mécanicien de la
matière inerte dont la machine est composée.

[1] Article inséré au n° du 15 mai 1848 du *Journal des Économistes*.
(*Note de l'Éditeur.*)

Selon lui, la loi devait transformer les personnes, créer ou ne créer pas la propriété. Selon moi, la société, les personnes et les propriétés existent antérieurement aux lois, et, pour me renfermer dans un sujet spécial, je dirai : Ce n'est pas parce qu'il y a des lois qu'il y a des propriétés, mais parce qu'il y a des propriétés qu'il y a des lois.

L'opposition de ces deux systèmes est radicale. Les conséquences qui en dérivent vont s'éloignant sans cesse ; qu'il me soit donc permis de bien préciser la question.

J'avertis d'abord que je prends le mot *propriété* dans le sens général, et non au sens restreint de *propriété foncière*. Je regrette, et probablement tous les économistes regrettent avec moi, que ce mot réveille involontairement en nous l'idée de la possession du sol. J'entends par *propriété* le droit qu'a le travailleur sur la valeur qu'il a créée par son travail.

Cela posé, je me demande si ce droit est de création légale, ou s'il n'est pas au contraire antérieur et supérieur à la loi ? S'il a fallu que la loi vînt donner naissance au droit de propriété, ou si, au contraire, la propriété était un fait et un droit préexistants qui ont donné naissance à la loi ? Dans le premier cas, le législateur a pour mission d'organiser, modifier, supprimer même la propriété, s'il le trouve bon ; dans le second, ses attributions se bornent à la garantir, à la faire respecter.

Dans le préambule d'un projet de constitution publié par un des plus grands penseurs des temps modernes, M. Lamennais, je lis ces mots :

« Le peuple français déclare qu'il reconnaît des droits et
« des devoirs antérieurs et supérieurs à toutes les lois positives et indépendants d'elles.

« Ces droits et ces devoirs, directement émanés de Dieu,
« se résument dans le triple dogme qu'expriment ces mots
« sacrés : Égalité, Liberté, Fraternité. »

Je demande si le droit de Propriété n'est pas un de ceux qui, bien loin de dériver de la loi positive, précèdent la loi et sont sa raison d'être?

Ce n'est pas, comme on pourrait le croire, une question subtile et oiseuse. Elle est immense, elle est fondamentale. Sa solution intéresse au plus haut degré la société, et l'on en sera convaincu, j'espère, quand j'aurai comparé, dans leur origine et par leurs effets, les deux systèmes en présence.

Les économistes pensent que la *Propriété* est un fait providentiel comme la *Personne*. Le Code ne donne pas l'existence à l'une plus qu'à l'autre. La Propriété est une conséquence nécessaire de la constitution de l'homme.

Dans la force du mot, l'homme *naît propriétaire*, parce qu'il naît avec des besoins dont la satisfaction est indispensable à la vie, avec des organes et des facultés dont l'exercice est indispensable à la satisfaction de ces besoins. Les facultés ne sont que le prolongement de la personne; la propriété n'est que le prolongement des facultés. Séparer l'homme de ses facultés, c'est le faire mourir; séparer l'homme du produit de ses facultés, c'est encore le faire mourir.

Il y a des publicistes qui se préoccupent beaucoup de savoir comment Dieu aurait dû faire l'homme : pour nous, nous étudions l'homme tel que Dieu l'a fait; nous constatons qu'il ne peut vivre sans pourvoir à ses besoins; qu'il ne peut pourvoir à ses besoins sans travail, et qu'il ne peut travailler s'il n'est pas SÛR d'appliquer à ses besoins le fruit de son travail.

Voilà pourquoi nous pensons que la Propriété est d'institution divine, et que c'est sa *sûreté* ou sa *sécurité* qui est l'objet de la loi humaine.

Il est si vrai que la *Propriété* est antérieure à la loi,

qu'elle est reconnue même parmi les sauvages qui n'ont
pas de lois, ou du moins de lois écrites. Quand un sauvage
a consacré son travail à se construire une hutte, personne
ne lui en dispute la possession ou la Propriété. Sans doute
un autre sauvage plus vigoureux peut l'en chasser, mais ce
n'est pas sans indigner et alarmer la tribu tout entière. C'est
même cet abus de la force qui donne naissance à l'association, à la convention, à la *loi*, qui met la force publique au
service de la Propriété. Donc la Loi naît de la Propriété,
bien loin que la Propriété naisse de la Loi.

On peut dire que le principe de la propriété est reconnu
jusque parmi les animaux. L'hirondelle soigne paisiblement
sa jeune famille dans le nid qu'elle a construit par ses
efforts.

La plante même vit et se développe par assimilation, par
appropriation. Elle s'*approprie* les substances, les gaz, les
sels qui sont à sa portée. Il suffirait d'interrompre ce
phénomène pour la faire dessécher et périr.

De même l'homme vit et se développe par *appropriation*.
L'appropriation est un phénomène naturel, providentiel,
essentiel à la vie, et la *propriété* n'est que l'appropriation
devenue un droit par le travail. Quand le travail a rendu
assimilables, *appropriables* des substances qui ne l'étaient
pas, je ne vois vraiment pas comment on pourrait prétendre
que, de droit, le phénomène de l'appropriation doit s'accomplir au profit d'un autre individu que celui qui a exécuté le travail.

C'est en raison de ces faits primordiaux, conséquences
nécessaires de la constitution même de l'homme, que la Loi
intervient. Comme l'aspiration vers la vie et le développement peut porter l'homme fort à dépouiller l'homme
faible, et à violer ainsi le droit du travail, il a été convenu
que la force de tous serait consacrée à prévenir et réprimer
la violence. La mission de la Loi est donc de faire respecter

la Propriété. Ce n'est pas la Propriété qui est conventionnelle, mais la Loi.

Recherchons maintenant l'origine du système opposé.

Toutes nos constitutions passées proclament que la *Propriété* est sacrée, ce qui semble assigner pour but à l'association commune le libre développement, soit des individualités, soit des associations particulières, par le
travail. Ceci implique que la Propriété est un droit antérieur à la Loi, puisque la Loi n'aurait pour objet que de garantir la *Propriété.*

Mais je me demande si cette déclaration n'a pas été introduite dans nos chartes pour ainsi dire instinctivement, à
titre de phraséologie, de lettre morte, et si surtout elle est
au fond de toutes les convictions sociales?

Or, s'il est vrai, comme on l'a dit, que la littérature soit
l'expression de la société, il est permis de concevoir des
doutes à cet égard ; car jamais, certes, les publicistes, après
avoir respectueusement salué le principe de la propriété,
n'ont autant invoqué l'intervention de la loi, non pour faire
respecter la Propriété, mais pour modifier, altérer, transformer, équilibrer, pondérer, et organiser la propriété, le
crédit et le travail.

Or, ceci suppose qu'on attribue à la Loi, et par suite au
Législateur, une puissance absolue sur les personnes et les
propriétés.

Nous pouvons en être affligés, nous ne devons pas en être
surpris.

Où puisons-nous nos idées sur ces matières et jusqu'à la
notion du *Droit?* Dans les livres latins, dans le Droit romain.

Je n'ai pas fait mon Droit, mais il me suffit de savoir que
c'est là la source de nos théories, pour affirmer qu'elles sont
fausses. Les Romains devaient considérer la Propriété
comme un fait purement conventionnel, comme un produit,

comme une création artificielle de la Loi écrite. Évidemment, ils ne pouvaient, ainsi que le fait l'économie politique, remonter jusqu'à la constitution même de l'homme, et apercevoir le rapport et l'enchaînement nécessaire qui existent entre ces phénomènes : besoins, facultés, travail, propriété. C'eût été un contre-sens et un suicide. Comment eux, qui vivaient de rapine, dont toutes les propriétés étaient le fruit de la spoliation, qui avaient fondé leurs moyens d'existence sur le labeur des esclaves, comment auraient-ils pu, sans ébranler les fondements de leur société, introduire dans la législation cette pensée, que le vrai titre de la propriété, c'est le travail qui l'a produite? Non, ils ne pouvaient ni le dire, ni le penser. Ils devaient avoir recours à cette définition empirique de la propriété, *jus utendi et abutendi*, définition qui n'a de relation qu'avec les effets, et non avec les causes, non avec les origines ; car les origines, ils étaient bien forcés de les tenir dans l'ombre.

Il est triste de penser que la science du Droit, chez nous, au dix-neuvième siècle, en est encore aux idées que la présence de l'Esclavage avait dû susciter dans l'antiquité; mais cela s'explique. L'enseignement du Droit est monopolisé en France, et le monopole exclut le progrès.

Il est vrai que les juristes ne font pas toute l'opinion publique ; mais il faut dire que l'éducation universitaire et cléricale prépare merveilleusement la jeunesse française à recevoir, sur ces matières, les fausses notions des juristes, puisque, comme pour mieux s'en assurer, elle nous plonge tous, pendant les dix plus belles années de notre vie, dans cette atmosphère de guerre et d'esclavage qui enveloppait et pénétrait la société romaine.

Ne soyons donc pas surpris de voir se reproduire, dans le dix-huitième siècle, cette idée romaine que la propriété est un fait conventionnel et d'institution légale ; que, bien loin que la Loi soit un corollaire de la Propriété, c'est la Propriété qui est un corollaire de la Loi. On sait que, selon Rousseau, non-seulement la propriété, mais la société tout entière était le résultat d'un contrat, d'une *invention* née dans la tête du Législateur.

« L'ordre social est un droit sacré qui sert de base à tous
« les autres. Cependant ce droit *ne vient point de la nature.*
« Il est donc fondé sur les *conventions.* »

Ainsi le droit qui sert de base à tous les autres est purement *conventionnel.* Donc la *propriété*, qui est un droit postérieur, est *conventionnelle* aussi. *Elle ne vient pas de la nature.*

Robespierre était imbu des idées de Rousseau. Dans ce que dit l'élève sur la propriété, on reconnaîtra les théories et jusqu'aux formes oratoires du maître.

« Citoyens, je vous proposerai d'abord quelques articles
« nécessaires pour compléter votre théorie de la *propriété.*
« Que ce mot n'alarme personne. Ames de boue, qui n'es-
« timez que l'or, je ne veux pas toucher à vos trésors,
« quelque impure qu'en soit la source..... Pour moi, j'ai-
« merais mieux être né dans la cabane de Fabricius que
« dans le palais de Lucullus, etc., etc. »

Je ferai observer ici que, lorsqu'on analyse la notion de propriété, il est irrationnel et dangereux de faire de ce mot le synonyme d'opulence, et surtout d'opulence mal acquise. La chaumière de Fabricius est une propriété aussi bien que le palais de Lucullus. Mais qu'il me soit permis d'appeler l'attention du lecteur sur la phrase suivante, qui renferme tout le système :

« En définissant la liberté, ce premier besoin de l'homme, le plus sacré des droits qu'*il tient de la nature*, nous avons dit, avec raison, qu'elle avait pour limite le droit d'autrui. Pourquoi n'avez-vous pas appliqué ce principe à la propriété, *qui est une institution sociale*, comme si les lois éternelles de la nature étaient moins inviolables que les *conventions* des hommes ? »

Après ces préambules, Robespierre établit les principes en ces termes :

« Art. 1er. La propriété est le droit qu'a chaque citoyen de jouir et de disposer de la portion de biens qui lui est garantie *par la loi*.

« Art. 2. Le droit de propriété est borné, comme tous les autres, par l'obligation de respecter les droits d'autrui. »

Ainsi Robespierre met en opposition la *Liberté* et la *Propriété*. Ce sont deux droits d'origine différente : l'un vient de la nature, l'autre est d'institution sociale. Le premier est *naturel*, le second *conventionnel*.

La limite uniforme que Robespierre pose à ces deux droits aurait dû, ce semble, l'induire à penser qu'ils ont la même source. Soit qu'il s'agisse de liberté ou de propriété, respecter le droit d'autrui, ce n'est pas détruire ou altérer le droit, c'est le reconnaitre et le confirmer. C'est précisément parce que la propriété est un droit antérieur à la loi, aussi bien que la liberté, que l'un et l'autre n'existent qu'à la condition de respecter le droit d'autrui, et la loi a pour mission de faire respecter cette limite, ce qui est reconnaître et maintenir le principe même.

Quoi qu'il en soit, il est certain que Robespierre, à l'exemple de Rousseau, considérait la propriété comme une institution sociale, comme une convention. Il ne la rattachait nullement à son véritable titre, qui est le travail. C'est le droit, disait-il, de disposer de la portion de biens *garantie par la loi*.

Je n'ai pas besoin de rappeler ici qu'à travers Rousseau et Robespierre la notion romaine sur la propriété s'est transmise à toutes nos écoles dites socialistes. On sait que le premier volume de Louis Blanc, sur la Révolution, est un dithyrambe au philosophe de Genève et au chef de la Convention.

Ainsi, cette idée que le droit de propriété est d'institution sociale, qu'il est une invention du législateur, une création de la loi, en d'autres termes, qu'il est inconnu à l'homme dans l'*état de nature*, cette idée, dis-je, s'est transmise des Romains jusqu'à nous, à travers l'enseignement du droit, les études classiques, les publicistes du dix-huitième siècle, les révolutionnaires de 93, et les modernes organisateurs.

Passons maintenant aux conséquences des deux systèmes que je viens de mettre en opposition, et commençons par le système juriste.

La première est d'ouvrir un champ sans limite à l'imagination des utopistes.

Cela est évident. Une fois qu'on pose en principe que la Propriété tient son existence de la Loi, il y a autant de modes possibles d'organisation du travail, qu'il y a de lois possibles dans la tête des rêveurs. Une fois qu'on pose en principe que le législateur est chargé d'arranger, combiner et pétrir à son gré les personnes et les propriétés, il n'y a pas de bornes aux modes imaginables selon lesquels les personnes et les propriétés pourront être arrangées, combinées et pétries. En ce moment, il y a certainement en circulation à Paris, plus de cinq cents projets sur l'organisation du travail, sans compter un nombre égal de projets sur l'organisation du crédit. Sans doute ces plans sont contradictoires entre eux, mais tous ont cela de commun qu'ils reposent sur cette pensée : La loi crée le droit de propriété ; le législateur dispose en maître absolu des travailleurs et des fruits du travail.

Parmi ces projets, ceux qui ont le plus attiré l'attention publique sont ceux de Fourier, de Saint-Simon, d'Owen, de Cabet, de Louis Blanc. Mais ce serait folie de croire qu'il n'y a que ces cinq modes possibles d'organisation. Le nombre en est illimité. Chaque matin peut en faire éclore un nouveau, plus séduisant que celui de la veille, et je laisse à penser ce qu'il adviendrait de l'humanité si, alors qu'une de ces inventions lui serait imposée, il s'en révélait tout à coup une autre plus spécieuse. Elle serait réduite à l'alternative ou de changer tous les matins son mode d'existence, ou de persévérer à tout jamais dans une voie reconnue fausse, par cela seul qu'elle y serait une fois entrée.

Une seconde conséquence est d'exciter chez tous les rêveurs la soif du pouvoir. J'imagine une organisation du travail. Exposer mon système et attendre que les hommes l'adoptent s'il est bon, ce serait supposer que le principe d'action est en eux. Mais dans le système que j'examine, le principe d'action réside dans le Législateur. « Le législateur, comme dit Rousseau, doit se sentir de force à transformer la nature humaine. » Donc, ce à quoi je dois aspirer, c'est à devenir législateur afin d'imposer l'ordre social de mon invention.

Il est clair encore que les systèmes qui ont pour base cette idée que le droit de propriété est d'institution sociale, aboutissent tous ou au privilége le plus concentré, ou au communisme le plus intégral, selon les mauvaises ou les bonnes intentions de l'inventeur. S'il a des desseins sinistres, il se servira de la loi pour enrichir quelques-uns aux dépens de tous. S'il obéit à des sentiments philanthropiques, il voudra égaliser le bien-être, et, pour cela, il pensera à stipuler en faveur de chacun une participation légale et uniforme aux produits créés. Reste à savoir si, dans cette donnée, la création des produits est possible.

A cet égard, le Luxembourg nous a présenté récemment un spectacle fort extraordinaire. N'a-t-on pas entendu, en plein dix-neuvième siècle, quelques jours après la révolution de Février, faite au nom de la liberté, un homme plus qu'un ministre, un membre du gouvernement provisoire, un fonctionnaire revêtu d'une autorité révolutionnaire et illimitée, demander froidement si, dans la répartition des salaires, il était bon d'avoir égard à la force, au talent, à l'activité, à l'habileté de l'ouvrier, c'est-à-dire à la richesse produite ; ou bien si, ne tenant aucun compte de ces vertus personnelles, ni de leur effet utile, il ne vaudrait pas mieux donner à tous désormais une rémunération uniforme ? Question qui revient à celle-ci : Un mètre de drap porté sur le marché par un paresseux se vendra-t-il pour le même prix que deux mètres offerts par un homme laborieux ? Et, chose qui passe toute croyance, cet homme a proclamé qu'il préférait l'uniformité des profits, quel que fût le travail offert en vente, et il a décidé ainsi, dans sa sagesse, que, quoique *deux* soient *deux* par nature, ils ne seraient plus *qu'un* de par la *loi*.

Voilà où l'on arrive quand on part de ce point que la loi est plus forte que la nature.

L'auditoire, à ce qu'il paraît, a compris que la constitution même de l'homme se révoltait contre un tel arbitraire ; que jamais on ne ferait qu'un mètre de drap donnât droit à la même rémunération que deux mètres. Que s'il en était ainsi, la concurrence qu'on veut anéantir serait remplacée par une autre concurrence mille fois plus funeste ; que chacun ferait à qui travaillerait moins, à qui déploierait la moindre activité, puisque aussi bien, de par la loi, la récompense serait toujours garantie et égale pour tous.

Mais le citoyen Blanc avait prévu l'objection, et, pour prévenir ce doux *far-niente*, hélas ! si naturel à l'homme, quand le travail n'est pas rémunéré, il a imaginé de faire dresser dans chaque commune un *poteau* où seraient inscrits les noms des paresseux. Mais il n'a pas dit s'il y aurait des inquisiteurs pour découvrir le péché de paresse, des tribunaux pour le juger, et des gendarmes pour exécuter la sentence. Il est à remarquer que les utopistes ne se préoccupent jamais de l'immense machine gouvernementale, qui peut seule mettre en mouvement leur mécanique légale.

Comme les délégués du Luxembourg se montraient quelque peu incrédules, est apparu le citoyen Vidal, secrétaire du citoyen Blanc, qui a achevé la pensée du maître. A l'exemple de Rousseau, le citoyen Vidal ne se propose rien moins que de changer la nature de l'homme et les lois de la Providence [1].

Il a plu à la Providence de placer dans l'individu les *besoins* et leurs conséquences, les *facultés* et leurs conséquences, créant ainsi l'*intérêt personnel*, autrement dit, l'instinct de la conservation et l'amour du développement comme le grand ressort de l'humanité. M. Vidal va changer tout cela. Il a regardé l'œuvre de Dieu, et il a vu qu'elle n'était pas bonne. En conséquence, partant de ce principe que la loi et le législateur peuvent tout, il va supprimer, par décret, l'*intérêt personnel*. Il y substitue le *point d'honneur*.

Ce n'est plus pour vivre, faire vivre et élever leur famille que les hommes travailleront, mais pour obéir au *point d'honneur*, pour éviter le fatal *poteau*, comme si ce nouveau mobile n'était pas encore de l'*intérêt personnel* d'une autre espèce.

M. Vidal cite sans cesse ce que le point d'honneur fait faire aux armées. Mais, hélas! il faut tout dire, et si l'on veut enrégimenter les travailleurs, qu'on nous dise donc si le Code militaire, avec ses trente cas de peine de mort, deviendra le Code des ouvriers?

---

[1] Voy., au tome Ier, le compte rendu de l'ouvrage de M. Vidal sur la *Répartition des richesses*, et au tome II, la réponse à cinq lettres publiées par M. Vidal dans le journal *la Presse*. (*Note de l'éditeur.*)

Un effet plus frappant encore du principe funeste que je m'efforce ici de combattre, c'est l'incertitude qu'il tient toujours suspendue, comme l'épée de Damoclès, sur le travail, le capital, le commerce et l'industrie ; et ceci est si grave que j'ose réclamer toute l'attention du lecteur.

Dans un pays, comme aux États-Unis, où l'on place le droit de Propriété au-dessus de la Loi, où la force publique n'a pour mission que de faire respecter ce droit naturel, chacun peut en toute confiance consacrer à la production son capital et ses bras. Il n'a pas à craindre que ses plans et ses combinaisons soient d'un instant à l'autre bouleversés par la puissance législative.

Mais quand, au contraire, posant en principe que ce n'est pas le travail, mais la Loi qui est le fondement de la Propriété, on admet tous les faiseurs d'utopies à imposer leurs combinaisons, d'une manière générale et par l'autorité des décrets, qui ne voit qu'on tourne contre le progrès industriel tout ce que la nature a mis de prévoyance et de prudence dans le cœur de l'homme ?

Quel est en ce moment le hardi spéculateur qui oserait monter une usine ou se livrer à une entreprise ? Hier on décrète qu'il ne sera permis de travailler que pendant un nombre d'heures déterminé. Aujourd'hui on décrète que le salaire de tel genre de travail sera fixé ; qui peut prévoir le décret de demain, celui d'après-demain, ceux des jours suivants ? Une fois que le législateur se place à cette distance incommensurable des autres hommes ; qu'il croit, en toute conscience, pouvoir disposer de leur temps, de leur travail, de leurs transactions, toutes choses qui sont des *Propriétés,* quel homme, sur la surface du pays, a la moindre connaissance de la position forcée où la Loi le placera demain, lui et sa profession ? Et, dans de telles conditions, qui peut et veut rien entreprendre ?

Je ne nie certes pas que, parmi les innombrables systèmes que ce faux principe fait éclore, un grand nombre, le plus grand nombre même ne partent d'intentions bienveillantes et généreuses. Mais ce qui est redoutable, c'est le principe lui-même. Le but manifeste de chaque combinaison particulière est d'égaliser le bien-être. Mais l'effet plus manifeste encore du principe sur lequel ces combinaisons sont fondées, c'est d'égaliser la misère ; je ne dis pas assez ; c'est de faire descendre aux rangs des misérables les familles aisées, et de décimer par la maladie et l'inanition les familles pauvres.

J'avoue que je suis effrayé pour l'avenir de mon pays, quand je songe à la gravité des difficultés financières que ce dangereux principe vient aggraver encore.

Au 24 février, nous avons trouvé un budget qui dépasse les proportions auxquelles la France peut raisonnablement atteindre ; et, en outre, selon le ministre actuel des finances, pour près d'un milliard de dettes immédiatement exigibles.

A partir de cette situation, déjà si alarmante, les dépenses ont été toujours grandissant, et les recettes diminuant sans cesse.

Ce n'est pas tout. On a jeté au public, avec une prodigalité sans mesure, deux sortes de promesses. Selon les unes, on va le mettre en possession d'une foule innombrable d'institutions bienfaisantes, mais coûteuses. Selon les autres, on va dégrever tous les impôts. Ainsi, d'une part, on va multiplier les crèches, les salles d'asile, les écoles primaires, les écoles secondaires gratuites, les ateliers de travail, les pensions de retraite de l'industrie. On va indemniser les propriétaires d'esclaves, dédommager les esclaves eux-mêmes ; l'État va fonder des institutions de crédit ; prêter aux travailleurs des instruments de travail ; il double l'armée, réorganise la marine, etc., etc., et d'autre part, il supprime l'impôt du sel, l'octroi et toutes les contributions les plus impopulaires.

Certes, quelque idée qu'on se fasse des ressources de la France, on admettra du moins qu'il faut que ces ressources se développent pour faire face à cette double entreprise si gigantesque et, en apparence, si contradictoire.

Mais voici qu'au milieu de ce mouvement extraordinaire, et qu'on pourrait considérer comme au-dessus des forces humaines, même alors que toutes les énergies du pays seraient dirigées vers le travail productif, un cri s'élève : *Le droit de propriété est une création de la loi.* En conséquence, le législateur peut rendre à chaque instant, et selon les théories systématiques dont il est imbu, des décrets qui bouleversent toutes les combinaisons de l'industrie. Le travailleur n'est pas propriétaire d'une chose ou d'une valeur parce qu'il l'a créée par le travail, mais parce que la loi d'aujourd'hui la lui garantit. La loi de demain peut retirer cette garantie, et alors la propriété n'est plus légitime.

Je le demande, que doit-il arriver? C'est que le capital et le travail s'épouvantent; c'est qu'ils ne puissent plus compter sur l'avenir. Le capital, sous le coup d'une telle doctrine, se cachera, désertera, s'anéantira. Et que deviendront alors les ouvriers, ces ouvriers pour qui vous professez une affection si vive, si sincère, mais si peu éclairée? Seront-ils mieux nourris quand la production agricole sera arrêtée? Seront-ils mieux vêtus quand nul n'osera fonder une fabrique? Seront-ils plus occupés quand les capitaux auront disparu?

Et l'impôt, d'où le tirerez-vous? Et les finances, comment se rétabliront-elles? Comment paierez-vous l'armée? Comment acquitterez-vous vos dettes? Avec quel argent prêterez-vous les instruments du travail? Avec quelles ressources soutiendrez-vous ces institutions charitables, si faciles à décréter?

Je me hâte d'abandonner ces tristes considérations. Il me reste à examiner dans ses conséquences le principe opposé à celui qui prévaut aujourd'hui, le principe économiste, le principe qui fait remonter au travail, et non à la loi, le droit de propriété, le principe qui dit : La Propriété existe avant la Loi ; la loi n'a pour mission que de faire respecter la propriété partout où elle est, partout où elle se forme, de quelque manière que le travailleur la crée, isolément ou par association, pourvu qu'il respecte le droit d'autrui.

D'abord, comme le principe des juristes renferme virtuellement l'esclavage, celui des économistes contient la *liberté*. La propriété, le droit de jouir du fruit de son travail, le droit de travailler, de se développer, d'exercer ses facultés, comme on l'entend, sans que l'État intervienne autrement que par son action protectrice, c'est la liberté. — Et je ne puis encore comprendre pourquoi les nombreux partisans des systèmes opposés laissent subsister sur le drapeau de la République le mot *liberté*. On dit que quelques-uns d'entre eux l'ont effacé pour y substituer le mot *solidarité*. Ceux-là sont plus francs et plus conséquents. Seulement, ils auraient dû dire *communisme*, et non *solidarité;* car la solidarité des intérêts, comme la propriété, existe en dehors de la loi.

Il implique encore l'*unité*. Nous l'avons déjà vu. Si le législateur crée le droit de propriété, il y a pour la propriété autant de manières d'être qu'il peut y avoir d'erreurs dans les têtes d'utopistes, c'est-à-dire l'infini. Si, au contraire, le droit de propriété est un fait providentiel, antérieur à toute législation humaine, et que la législation humaine a pour but de faire respecter, il n'y a place pour aucun autre système.

C'est encore la *sécurité*, et ceci est de toute évidence : qu'il soit bien reconnu, au sein d'un peuple, que chacun doit pourvoir à ses moyens d'existence, mais aussi que chacun a aux fruits de son travail un droit antérieur et supérieur à la loi ; que la loi humaine n'a été nécessaire et n'est intervenue que pour garantir à tous la liberté du travail et la propriété de ses fruits, il est bien évident qu'un avenir de sécurité

complète s'ouvre devant l'activité humaine. Elle n'a plus à
craindre que la puissance législative vienne, décret sur décret, arrêter ses efforts, déranger ses combinaisons, dérouter
sa prévoyance. A l'abri de cette sécurité, les capitaux se
formeront rapidement. L'accroissement rapide des capitaux,
de son côté, est la raison unique de l'accroissement dans la
valeur du travail. Les classes ouvrières seront donc dans l'aisance ; elles-mêmes concourront à former de nouveaux capitaux. Elles seront plus en mesure de s'affranchir du salariat, de s'associer aux entreprises, d'en fonder pour leur
compte, de reconquérir leur dignité.

Enfin, le principe éternel que l'État ne doit pas être producteur, mais procurer la sécurité aux producteurs, entraîne
nécessairement l'économie et l'ordre dans les finances publiques ; par conséquent, seul il rend possible la bonne as-
siette et la juste répartition de l'impôt.

En effet, l'État, ne l'oublions jamais, n'a pas de ressources
qui lui soient propres. Il n'a rien, il ne possède rien qu'il ne
le prenne aux travailleurs. Lors donc qu'il s'ingère de tout,
il substitue la triste et coûteuse activité de ses agents à l'activité privée. Si, comme aux États-Unis, on en venait à
reconnaître que la mission de l'État est de procurer à tous
une complète *sécurité*, cette mission, il pourrait la remplir
avec quelques centaines de millions. Grâce à cette économie, combinée avec la prospérité industrielle, il serait enfin
possible d'établir l'impôt direct, unique, frappant exclusivement la *propriété réalisée* de toute nature.

Mais, pour cela, il faut attendre que des expériences, peut-
être cruelles, aient diminué quelque peu notre foi dans
l'État et augmenté notre foi dans l'Humanité.

Je terminerai par quelques mots sur l'Association du *libre-
échange*. On lui a beaucoup reproché ce titre. Ses adversaires se sont réjouis, ses partisans se sont affligés de ce que
les uns et les autres considéraient comme une faute.

« Pourquoi semer ainsi l'alarme? disaient ces derniers. Pourquoi inscrire sur votre drapeau un *principe?* Pourquoi ne pas vous borner à réclamer dans le tarif des douanes ces modifications sages et prudentes que le temps a rendues nécessaires, et dont l'expérience a constaté l'opportunité? »

Pourquoi? parce que, à mes yeux du moins, jamais le libre-échange n'a été une question de douane et de tarif, mais une question de droit, de justice, d'ordre public, de Propriété. Parce que le privilége, sous quelque forme qu'il se manifeste, implique la négation ou le mépris de la propriété; parce que l'intervention de l'État pour niveler les fortunes, pour grossir la part des uns aux dépens des autres, c'est du *communisme*, comme une goutte d'eau est aussi bien de l'eau que l'Océan tout entier; parce que je prévoyais que le principe de la propriété, une fois ébranlé sous une forme, ne tarderait pas à être attaqué sous mille formes diverses; parce que je n'avais pas quitté ma solitude pour poursuivre une modification partielle de tarifs, qui aurait impliqué mon adhésion à cette fausse notion que *la loi est antérieure à la propriété*, mais pour voler au secours du principe opposé, compromis par le régime protecteur; parce que j'étais convaincu que les propriétaires fonciers et les capitalistes avaient eux-mêmes déposé, dans le tarif, le germe de ce *communisme* qui les effraie maintenant, puisqu'ils demandaient *à la loi* des suppléments de profits, au préjudice des classes ouvrières. Je voyais bien que ces classes ne tarderaient pas à réclamer aussi, en vertu de l'égalité, le bénéfice de *la loi appliquée à niveler le bien-être*, ce qui est le *communisme*.

Qu'on lise le premier acte émané de notre Association, le programme rédigé dans une séance préparatoire, le 10 mai 1846; on se convaincra que ce fut là notre pensée dominante.

« L'Échange est un droit naturel comme la Propriété. Tout citoyen qui a créé ou acquis un produit, doit avoir l'option ou de l'appliquer immédiatement à son usage, ou de le céder à quiconque, sur la surface du globe, consent à lui donner en échange l'objet de ses désirs. Le priver de cette faculté, quand il n'en fait aucun usage contraire à l'ordre public et aux bonnes mœurs, et uniquement pour satisfaire la convenance d'un autre citoyen, c'est légitimer une spoliation, c'est blesser la loi de justice.

« C'est encore violer les conditions de l'ordre ; car quel ordre peut exister au sein d'une société où chaque industrie, aidée en cela par la loi et la force publique, cherche ses succès dans l'oppression de toutes les autres ? »

Nous placions tellement la question au-dessus des tarifs, que nous ajoutions :

« Les soussignés ne contestent pas à la société le droit d'établir, sur les marchandises qui passent la frontière, des taxes destinées aux dépenses communes, pourvu qu'elles soient déterminées par les besoins du Trésor.

« Mais sitôt que la taxe, perdant son caractère fiscal, a pour but de repousser le produit étranger, au détriment du fisc lui-même, afin d'exhausser artificiellement le prix du produit national similaire, et de rançonner ainsi la communauté au profit d'une classe, dès ce moment la Protection, ou plutôt la Spoliation se manifeste, et c'EST LA le principe que l'Association aspire à ruiner dans les esprits et à effacer complétement de nos lois. »

Certes, si nous n'avions poursuivi qu'une modification immédiate des tarifs, si nous avions été, comme on l'a prétendu, les agents de quelques intérêts commerciaux, nous nous serions bien gardés d'inscrire sur notre drapeau un mot qui implique un principe. Croit-on que je n'aie pas pressenti les obstacles que nous susciterait cette déclaration de guerre à l'injustice ? Ne savais-je pas très-bien qu'en louvoyant, en cachant le but, en voilant la moitié de notre pensée, nous arriverions plus tôt à telle ou telle conquête partielle ? Mais en quoi ces triomphes, d'ailleurs éphémères, eussent-ils dégagé et sauvegardé le grand principe de la Propriété, que nous aurions nous-mêmes tenu dans l'ombre et mis hors de cause ?

Je le répète, nous demandions l'abolition du régime protecteur, non comme une bonne mesure gouvernementale, mais comme une justice, comme la réalisation de la liberté, comme la conséquence rigoureuse d'un droit supérieur à la loi. Ce que nous voulions au fond, nous ne devions pas le dissimuler dans la forme [1].

Le temps approche où l'on reconnaîtra que nous avons eu raison de ne pas consentir à mettre, dans le titre de notre Association, un leurre, un piège, une surprise, une équivoque, mais la franche expression d'un principe éternel d'ordre et de justice, car il n'y a de puissance que dans les principes; eux seuls sont le flambeau des intelligences, le point de ralliement des convictions égarées.

Dans ces derniers temps, un tressaillement universel a parcouru, comme un frisson d'effroi, la France tout entière. Au seul mot de *communisme*, toutes les existences se sont alarmées. En voyant se produire au gr and j< ur et presque officiellement les systèmes les plus étranges, en voyant se succéder des décrets subversifs, qui peuvent être suivis de décrets plus subversifs encore, chacun s'est demandé dans quelle voie nous marchions. Les capitaux se sont effrayés, le crédit a fui, le travail a été suspendu, la scie et le marteau se sont arrêtés au milieu de leur œuvre, comme si un funeste et universel courant électrique eût paralysé tout à coup les intelligences et les bras. Et pourquoi? Parce que le principe de la propriété, déjà compromis essentiellement par le régime protecteur, a éprouvé de nouvelles secousses, conséquences de la première ; parce que l'intervention de la Loi en matière d'industrie , et

---

[1] Voy., au tome Ier, la lettre adressée, dès janvier 1845, à M. de Lamartine sur le *Droit au travail*.   (*Note de l'éditeur.*)

comme moyen de pondérer les valeurs et d'équilibrer les richesses, intervention dont le régime protecteur a été la première manifestation, menace de se manifester sous mille formes connues ou inconnues. Oui, je le dis hautement, ce sont les propriétaires fonciers, ceux que l'on considère comme les propriétaires par excellence, qui ont ébranlé le principe de la propriété, puisqu'ils en ont appelé *à la loi* pour donner à leurs terres et à leurs produits une valeur factice. Ce sont les capitalistes qui ont suggéré l'idée du nivellement des fortunes *par la loi*. Le *protectionisme* a été l'avant-coureur du *communisme ;* je dis plus, il a été sa première manifestation. Car, que demandent aujourd'hui les classes souffrantes? Elles ne demandent pas autre chose que ce qu'ont demandé et obtenu les capitalistes et les propriétaires fonciers. Elles demandent l'*intervention de la loi* pour équilibrer, pondérer, égaliser la richesse. Ce qu'ils ont fait par la douane, elles veulent le faire par d'autres institutions ; mais le principe est toujours le même, *prendre législativement aux uns pour donner aux autres ;* et certes, puisque c'est vous, propriétaires et capitalistes, qui avez fait admettre ce funeste principe, ne vous récriez donc pas si de plus malheureux que vous en réclament le bénéfice. Ils y ont au moins un titre que vous n'aviez pas [1].

Mais on ouvre les yeux enfin, on voit vers quel abîme nous pousse cette première atteinte portée aux conditions essentielles de toute sécurité sociale. N'est-ce pas une terrible leçon, une preuve sensible de cet enchaînement de causes et d'effets, par lequel apparaît à la longue la justice des rétributions providentielles, que de voir aujourd'hui les riches s'épouvanter devant l'envahissement d'une fausse

---

[1] Voy., au tome II, la réunion des articles sur la question des subsistances et, ci-après, *Protectionisme et Communisme.*

(*Note de l'éditeur.*)

doctrine, dont ils ont eux-mêmes posé les bases iniques, et dont ils croyaient faire paisiblement tourner les consé-quences à leur seul profit? Oui, prohibitionistes, vous avez été les promoteurs du communisme. Oui, propriétaires, vous avez détruit dans les esprits la vraie notion de la Pro-priété. Cette notion, c'est l'Économie politique qui la donne, et vous avez proscrit l'Économie politique, parce que, au nom du droit de propriété, elle combattait vos injustes pri-viléges [1]. — Et quand elles ont saisi le pouvoir, quelle a été aussi la première pensée de ces écoles modernes qui vous effraient? C'est de supprimer l'Économie politique, car la science économique, c'est une protestation perpétuelle contre ce *nivellement légal* que vous avez recherché et que d'autres recherchent aujourd'hui à votre exemple. Vous avez demandé à la Loi autre chose et plus qu'il ne faut de-mander à la Loi, autre chose et plus que la Loi ne peut donner. Vous lui avez demandé, non la sécurité (c'eût été votre droit), mais la *plus-value* de ce qui vous appartient, ce qui ne pouvait vous être accordé sans porter atteinte aux droits d'autrui. Et maintenant, la folie de vos prétentions est devenue la folie universelle. — Et si vous voulez con-jurer l'orage qui menace de vous engloutir, il ne vous reste qu'une ressource. Reconnaissez votre erreur; renoncez à vos priviléges; faites rentrer la Loi dans ses attributions, renfermez le Législateur dans son rôle. Vous nous avez dé-laissés, vous nous avez attaqués, parce que vous ne nous compreniez pas sans doute. A l'aspect de l'abîme que vous avez ouvert de vos propres mains, hâtez-vous de vous rallier à nous, dans notre propagande en faveur du droit de pro-priété, en donnant, je le répète, à ce mot sa signification la plus large, en y comprenant et les facultés de l'homme

---

[1] Voy., au tome V, *Spoliation et Loi; — Guerre aux chaires d'éco-nomie politique.*   (*Note de l'éditeur.*)

et tout ce qu'elles parviennent à produire, qu'il s'agisse de travail ou d'échange !

La doctrine que nous défendons excite une certaine défiance, à raison de son extrême simplicité ; elle se borne à demander à la loi sécurité pour tous. On a de la peine à croire que le mécanisme gouvernemental puisse être réduit à ces proportions. De plus, comme cette doctrine renferme la *Loi* dans les limites de la *Justice universelle*, on lui reproche d'exclure la Fraternité. L'Économie politique n'accepte pas l'accusation. Ce sera l'objet d'un prochain article.

JUSTICE ET FRATERNITÉ [1].

L'École économiste est en opposition, sur une foule de points, avec les nombreuses Écoles socialistes, qui se disent plus *avancées,* et qui sont, j'en conviens volontiers, plus actives et plus populaires. Nous avons pour adversaires (je ne veux pas dire pour détracteurs) les communistes, les fouriéristes, les owénistes, Cabet, L. Blanc, Proudhon, P. Leroux et bien d'autres.

Ce qu'il y a de singulier, c'est que ces écoles diffèrent entre elles au moins autant qu'elles diffèrent de nous. Il faut donc, d'abord, qu'elles admettent un principe commun à toutes, que nous n'admettons pas ; ensuite, que ce principe se prête à l'infinie diversité que nous voyons entre elles:

Je crois que ce qui nous sépare radicalement, c'est ceci :

L'Économie politique conclut à ne demander A LA LOI que la Justice universelle.

Le Socialisme, dans ses branches diverses, et par des applications dont le nombre est naturellement indéfini, demande de plus A LA LOI la réalisation du dogme de la Fraternité.

Or, qu'est-il arrivé ? Le Socialisme admet, avec Rousseau,

---

[1] Article inséré au n° du 15 juin 1848, du *Journal des économistes.*
(*Note de l'éditeur.*)

que l'ordre social tout entier est dans la Loi. On sait que
Rousseau faisait reposer la société sur un contrat. Louis
Blanc, dès la première page de son livre sur la Révolution,
dit : « Le principe de la fraternité est celui qui, regardant
comme solidaires les membres de la grande famille, tend
à organiser un jour les sociétés, *œuvre de l'homme*, sur le
modèle du corps humain, œuvre de Dieu. »

Partant de ce point, que la société est l'*œuvre de l'homme*,
l'œuvre de la loi, les socialistes doivent en induire que rien
n'existe dans la société, qui n'ait été ordonné et arrangé
d'avance par le Législateur.

Donc, voyant l'Économie politique se borner à demander
A LA LOI Justice partout et pour tous, Justice universelle,
ils ont pensé qu'elle n'admettait pas la Fraternité dans les
relations sociales.

Le raisonnement est serré. « Puisque la société est toute
dans la loi, disent-ils, et puisque vous ne demandez à la
loi que la justice, vous excluez donc la fraternité de la loi,
et par conséquent de la société. »

De là ces imputations de rigidité, de froideur, de dureté,
de sécheresse, qu'on a accumulées sur la science économique et sur ceux qui la professent.

Mais la majeure est-elle admissible ? Est-il vrai que toute
la société soit renfermée dans la loi ? On voit de suite que
si cela n'est pas, toutes ces imputations croulent.

Eh quoi ! dire que la loi positive, qui agit toujours avec
autorité, par voie de contrainte, appuyée sur une force
coercitive, montrant pour sanction la baïonnette ou le ca-
chot, aboutissant à une clause pénale ; dire que la loi qui
ne décrète ni l'affection, ni l'amitié, ni l'amour, ni l'abnégation, ni le dévouement, ni le sacrifice, ne peut davantage
décréter ce qui les résume, la Fraternité, est-ce donc
anéantir ou nier ces nobles attributs de notre nature ? Non
certes ; c'est dire seulement que la société est plus vaste

que la loi ; qu'un grand nombre d'actes s'accomplissent,
qu'une foule de sentiments se meuvent en dehors et au-
dessus de la loi.

Quant à moi, au nom de la science, je proteste de toutes
mes forces contre cette interprétation misérable, selon laquelle, parce que nous reconnaissons à la loi une limite,
on nous accuse de nier tout ce qui est au delà de cette limite. Ah ! qu'on veuille le croire, nous aussi nous saluons
avec transport ce mot Fraternité, tombé il y a dix-huit
siècles du haut de la montagne sainte et inscrit pour toujours sur notre drapeau républicain. Nous aussi nous désirons voir les individus, les familles, les nations s'associer,
s'entr'aider, s'entre-secourir dans le pénible voyage de la
vie mortelle. Nous aussi nous sentons battre notre cœur et
couler nos larmes au récit des actions généreuses, soit
qu'elles brillent dans la vie des simples citoyens, soit
qu'elles rapprochent et confondent les classes diverses, soit
surtout qu'elles précipitent les peuples prédestinés aux
avant-postes du progrès et de la civilisation.

Et nous réduira-t-on à parler de nous-mêmes ? Eh bien !
qu'on scrute nos actes. Certes, nous voulons bien admettre
que ces nombreux publicistes qui, de nos jours, veulent
étouffer dans le cœur de l'homme jusqu'au sentiment de
l'intérêt, qui se montrent si impitoyables envers ce qu'ils
appellent l'individualisme, dont la bouche se remplit incessamment des mots dévouement, sacrifice, fraternité ;
nous voulons bien admettre qu'ils obéissent exclusivement
à ces sublimes mobiles qu'ils conseillent aux autres, qu'ils
donnent des exemples aussi bien que des conseils, qu'ils
ont eu soin de mettre leur conduite en harmonie avec leurs
doctrines ; nous voulons bien les croire, sur leur parole,
pleins de désintéressement et de charité ; mais enfin, il
nous sera permis de dire que sous ce rapport nous ne re-
doutons pas la comparaison.

Chacun de ces Décius a un plan qui doit réaliser le bonheur de l'humanité, et tous ont l'air de dire que si nous les combattons, c'est parce que nous craignons ou pour notre fortune, ou pour d'autres avantages sociaux. Non ; nous les combattons, parce que nous tenons leurs idées pour fausses, leurs projets pour aussi puérils que désastreux. Que s'il nous était démontré qu'on peut faire descendre à jamais le bonheur sur terre par une organisation factice, ou en décrétant la fraternité, il en est parmi nous qui, quoique économistes, signeraient avec joie ce décret de la dernière goutte de leur sang.

Mais il ne nous est pas démontré que la fraternité se puisse imposer. Si même, partout où elle se manifeste, elle excite si vivement notre sympathie, c'est parce qu'elle agit en dehors de toute contrainte légale. La fraternité est spontanée, ou n'est pas. La décréter, c'est l'anéantir. La LOI peut bien *forcer* l'homme à rester juste ; vainement elle essaierait de le *forcer* à être dévoué.

Ce n'est pas moi, du reste, qui ai inventé cette distinction. Ainsi que je le disais tout à l'heure, il y a dix-huit siècles, ces paroles sortirent de la bouche du divin fondateur de notre religion :

« *La loi vous dit : Ne faites pas aux autres ce que vous ne voudriez pas qui vous fût fait.*

« *Et moi, je vous dis : Faites aux autres ce que vous voudriez que les autres fissent pour vous.* »

Je crois que ces paroles fixent la limite qui sépare la Justice de la Fraternité. Je crois qu'elles tracent en outre une ligne de démarcation, je ne dirai pas absolue et infranchissable, mais théorique et rationnelle, entre le domaine circonscrit de la loi et la région sans borne de la spontanéité humaine.

Quand un grand nombre de familles, qui toutes, pour vivre, se développer et se perfectionner, ont besoin de tra-

vailler, soit isolément, soit par association, mettent en
communu ne partie de leurs forces, que peuvent-elles demander à cette force ·commune, · si ce n'est la protection
de toutes les personnes, de tous les travaux, de toutes les
propriétés, de tous les droits, de tous les intérêts? cela,
qu'est-ce autre chose que la Justice universelle ? Évidemment le droit de chacun a pour limite le droit absolument
semblable de tous les autres. La loi ne peut donc faire
autre chose que reconnaître cette limite et la faire respecter. Si elle permettait à quelques-uns de la franchir,
ce serait au détriment de quelques autres. La loi serait injuste. Elle le serait bien plus encore si, au lieu de tolérer
cet empiétement, elle l'ordonnait.

Qu'il s'agisse, par exemple, de propriété : le principe
est que ce que chacun a fait par son travail lui appartient,
encore que ce travail ait été comparativement plus ou
moins habile, persévérant, heureux, et par suite plus ou
moins productif. Que si deux travailleurs veulent unir leurs
forces, pour partager le produit suivant des proportions
convenues, ou échanger entre eux leurs produits, ou si
l'un veut faire à l'autre un prêt ou un don, qu'est-ce qu'a
à faire la loi? Rien, ce me semble, si ce n'est exiger l'exécution des conventions, empêcher ou punir le dol, la violence et la fraude.

Cela veut-il dire qu'elle interdira les actes de dévouement
et de générosité? Qui pourrait avoir une telle pensée? Mais
ira-t-elle jusqu'à les ordonner? Voilà précisément le point
qui divise les économistes et les socialistes.

Si les socialistes veulent dire que, pour des circonstances
extraordinaires, pour des cas urgents, l'Etat doit préparer
quelques ressources, secourir certaines infortunes, ménager
certaines transitions, mon Dieu, nous serons d'accord ; cela
s'est fait; nous désirons que cela se fasse mieux. Il est cependant un point, dans cette voie, qu'il ne faut pas dépas-

ser ; c'est celui où la prévoyance gouvernementale viendrait anéantir la prévoyance individuelle en s'y substituant. Il est de toute évidence que la charité organisée ferait, en ce cas, beaucoup plus de mal permanent que de bien passager.

Mais il ne s'agit pas ici de mesures exceptionnelles. Ce que nous recherchons, c'est ceci : la Loi, considérée au point de vue général et théorique, a-t-elle pour mission de constater et faire respecter la limite des droits réciproques *préexistants*, ou bien de faire directement le bonheur des hommes, en provoquant des actes de dévouement, d'abnégation et de sacrifices mutuels ?

Ce qui me frappe dans ce dernier système (et c'est pour cela que dans cet écrit fait à la hâte j'y reviendrai souvent), c'est l'incertitude qu'il fait planer sur l'activité humaine et ses résultats, c'est l'inconnu devant lequel il place la société, inconnu qui est de nature à paralyser toutes ses forces.

La Justice, on sait ce qu'elle est, où elle est. C'est un point fixe, immuable. Que la loi la prenne pour guide, chacun sait à quoi s'en tenir, et s'arrange en conséquence.

Mais la Fraternité, où est son point déterminé ? quelle est sa limite ? quelle est sa forme ? Évidemment c'est l'infini. La fraternité, en définitive, consiste à faire un sacrifice pour autrui, à *travailler* pour autrui. Quand elle est libre, spontanée, volontaire, je la conçois, et j'y applaudis. J'admire d'autant plus le sacrifice qu'il est plus entier. Mais quand on pose au sein d'une société ce principe, que la Fraternité sera imposée par la loi, c'est-à-dire, en bon français, que la répartition des fruits du travail sera faite législativement, sans égard pour les droits du travail lui-même ; qui peut dire dans quelle mesure ce principe agira, de quelle forme un caprice du législateur peut le revêtir, dans quelles institutions un décret peut du soir au lendemain l'incarner ? Or, je demande si, à ces conditions, une société peut exister ?

Remarquez que le Sacrifice, de sa nature, n'est pas,

comme la Justice, une chose qui ait une limite. Il peut s'étendre, depuis le don de l'obole jetée dans la sébile du mendiant jusqu'au don de la vie, *usque ad mortem, mortem autem crucis.* L'Évangile, qui a enseigné la Fraternité aux hommes, l'a expliquée par ses conseils. Il nous a dit : « Lorsqu'on vous frappera sur la joue droite, présentez la joue gauche. Si quelqu'un veut vous prendre votre veste, donnez-lui encore votre manteau. » Il a fait plus que de nous expliquer la fraternité, il nous en a donné le plus complet, le plus touchant et le plus sublime exemple au sommet du Golgotha.

Eh bien ! dira-t-on que la Législation doit pousser jusque-là la réalisation, par mesure administrative, du dogme de la Fraternité ? Ou bien s'arrêtera-t-elle en chemin ? Mais à quel degré s'arrêtera-t-elle, et selon quelle règle ? Cela dépendra aujourd'hui d'un scrutin, demain d'un autre.

Même incertitude quant à la forme. Il s'agit d'imposer des sacrifices à quelques-uns pour tous, ou à tous pour quelques-uns. Qui peut me dire comment s'y prendra la loi ? car on ne peut nier que le nombre des formules fraternitaires ne soit indéfini. Il n'y a pas de jour où il ne m'en arrive cinq ou six par la poste, et toutes, remarquez-le bien, complétement différentes. En vérité, n'est-ce pas folie de croire qu'une nation peut goûter quelque repos moral et quelque prospérité matérielle, quand il est admis en principe que, du soir au lendemain, le législateur peut la jeter toute entière dans l'un des cent mille moules fraternitaires qu'il aura momentanément préféré ?

Qu'il me soit permis de mettre en présence, dans leurs conséquences les plus saillantes, le système économiste et le système socialiste.

Supposons d'abord une nation qui adopte pour base de sa législation la Justice, la Justice universelle.

Supposons que les citoyens disent au gouvernement :

« Nous prenons sur nous la responsabilité de notre propre existence ; nous nous chargeons de notre travail, de nos transactions, de notre instruction, de nos progrès, de notre culte ; pour vous, votre seule mission sera de nous contenir tous, et sous tous les rapports, dans les limites de nos droits. »

Vraiment, on a essayé tant de choses, je voudrais que la fantaisie prît un jour à mon pays, ou à un pays quelconque, sur la surface du globe, d'essayer au moins celle-là. Certes, le mécanisme, on ne le niera pas, est d'une simplicité merveilleuse. Chacun exerce tous ses droits comme il l'entend, pourvu qu'il n'empiète pas sur les droits d'autrui. L'épreuve serait d'autant plus intéressante, qu'en point de fait, les peuples qui se rapprochent le plus de ce système surpassent tous les autres en sécurité, en prospérité, en égalité et en dignité. Oui, s'il me reste dix ans de vie, j'en donnerais volontiers neuf pour assister, pendant un an, à une telle expérience faite dans ma patrie. — Car voici, ce me semble, ce dont je serais l'heureux témoin.

En premier lieu, chacun serait fixé sur son avenir, en tant qu'il peut être affecté par la loi. Ainsi que je l'ai fait remarquer, la justice exacte est une chose tellement déterminée, que la législation qui n'aurait qu'elle en vue serait à peu près immuable. Elle ne pourrait varier que sur les moyens d'atteindre de plus en plus ce but unique : faire respecter les personnes et leurs droits. Ainsi, chacun pourrait se livrer à toutes sortes d'entreprises honnêtes sans crainte et sans incertitude. Toutes les carrières seraient ouvertes à tous ; chacun pourrait exercer ses facultés librement, selon qu'il serait déterminé par son intérêt, son penchant, son aptitude, ou les circonstances ; il n'y aurait ni priviléges, ni monopoles, ni restrictions d'aucune sorte.

Ensuite, toutes les forces du gouvernement étant appliquées à prévenir et à réprimer les dols, les fraudes, les délits, les crimes, les violences, il est à croire qu'elles atteindraient d'autant mieux ce but qu'elles ne seraient pas disséminées, comme aujourd'hui, sur une foule innombrable d'objets étrangers à leurs attributions essentielles. Nos adversaires eux-mêmes ne nieront pas que prévenir et réprimer l'injustice ne soit la mission principale de l'État. Pourquoi donc cet art précieux de la prévention et de la répression a-t-il fait si peu de progrès chez nous? Parce que l'État le néglige pour les mille autres fonctions dont on l'a chargé. Aussi la Sécurité n'est pas, il s'en faut de beaucoup, le trait distinctif de la société française. Elle serait complète sous le régime dont je me suis fait, pour le moment, l'analyste; sécurité dans l'avenir, puisque aucune utopie ne pourrait s'imposer en empruntant la force publique; sécurité dans le présent, puisque cette force serait exclusivement consacrée à combattre et anéantir l'injustice.

Ici, il faut bien que je dise un mot des conséquences qu'engendre la Sécurité. Voilà donc la Propriété sous ses formes diverses, foncière, mobilière, industrielle, intellectuelle, manuelle, complétement garantie. La voilà à l'abri des atteintes des malfaiteurs et, qui plus est, des atteintes de la Loi. Quelle que soit la nature des services que les travailleurs rendent à la société ou se rendent entre eux, ou échangent au dehors, ces services auront toujours leur *valeur naturelle*. Cette valeur sera bien encore affectée par les événements, mais au moins elle ne pourra jamais l'être par les caprices de la loi, par les exigences de l'impôt, par les intrigues, les prétentions et les influences parlementaires. Le prix des choses et du travail subira donc le minimum possible de fluctuation, et sous l'ensemble de toutes ces conditions réunies, il n'est pas possible que l'industrie ne se développe, que les richesses ne s'accroissent, que les capitaux ne s'accumulent avec une prodigieuse rapidité.

Or, quand les capitaux se multiplient, ils se font concurrence entre eux; leur rémunération diminue, ou, en d'autres termes, l'intérêt baisse. Il pèse de moins en moins sur le prix des produits. La part proportionnelle du capital dans l'œuvre commune va décroissant sans cesse. Cet agent du travail plus répandu devient à la portée d'un plus grand nombre d'hommes. Le prix des objets de consommation est soulagé de toute la part que le capital prélève en moins ; la vie est à bon marché, et c'est une première condition essentielle pour l'affranchissement des classes ouvrières [1].

En même temps, et par un effet de la même cause (l'accroissement rapide du capital), les salaires haussent de toute nécessité. Les capitaux, en effet, ne rendent absolument rien qu'à la condition d'être mis en œuvre. Plus ce fonds des salaires est grand et occupé, relativement à un nombre déterminé d'ouvriers, plus le salaire hausse.

Ainsi, le résultat nécessaire de ce régime de justice exacte, et par conséquent de liberté et de sécurité, c'est de relever les classes souffrantes de deux manières, d'abord en leur donnant la vie à bon marché, ensuite en élevant le taux des salaires.

Il n'est pas possible que le sort des ouvriers soit ainsi naturellement et doublement amélioré, sans que leur condition morale s'élève et s'épure. Nous sommes donc dans la voie de l'Égalité. Je ne parle pas seulement de cette égalité devant la loi, que le système implique évidemment puisqu'il exclut toute injustice, mais de l'égalité de fait, au physique et au moral, résultant de ce que la rémunération du travail augmente à mesure et par cela même que celle du capital diminue.

Si nous jetons les yeux sur les rapports de ce peuple avec les autres nations, nous trouvons qu'ils sont tous favorables à la paix. Se prémunir contre toute agression, voilà sa seule

---

[1] Voy., au tome V, le pamphlet *Capital et Rente*, et aux *Harmonies économiques*, tome VI, le chapitre VII. (*Note de l'éditeur.*)

politique. Il ne menace ni n'est menacé. Il n'a pas de diplomatie et bien moins encore de diplomatie armée. En vertu du principe de Justice universelle, nul citoyen ne pouvant, dans son intérêt, faire intervenir la loi pour empêcher un autre citoyen d'acheter ou de vendre au dehors, les relations commerciales de ce peuple seront libres et très-étendues. Personne ne conteste que ces relations ne contribuent au maintien de la paix. Elles constitueront pour lui un véritable et précieux système de défense, qui rendra à peu près inutiles les arsenaux, les places fortes, la marine militaire et les armées permanentes. Ainsi, toutes les forces de ce peuple seront affectées à des travaux productifs, nouvelle cause d'accroissement de capitaux avec toutes les conséquences qui en dérivent.

Il est aisé de voir qu'au sein de ce peuple, le gouvernement est réduit à des proportions fort exiguës, et les rouages administratifs à une grande simplicité. De quoi s'agit-il? de donner à la force publique la mission unique de faire régner la justice parmi les citoyens. Or, cela se peut faire à peu de frais et ne coûte aujourd'hui même en France que vingt-six millions. Donc cette nation ne paiera pour ainsi dire pas d'impôts. Il est même certain que la civilisation et le progrès tendront à y rendre le gouvernement de plus en plus simple et économique, car plus la justice sera le fruit de bonnes habitudes sociales, plus il sera opportun de réduire la force organisée pour l'imposer.

Quand une nation est écrasée de taxes, rien n'est plus difficile et je pourrais dire impossible que de les répartir également. Les statisticiens et les financiers n'y aspirent plus. Il y a cependant une chose plus impossible encore, c'est de les rejeter sur les riches. L'État ne peut avoir beaucoup d'argent qu'en épuisant tout le monde et les masses surtout. Mais dans le régime si simple, auquel je consacre cet inutile plaidoyer, régime qui ne réclame que quelques dizaines de millions, rien n'est plus aisé qu'une répartition équitable. Une contribution unique, proportionnelle à la propriété réalisée, prélevée en famille et sans frais au sein des conseils municipaux, y suffit. Plus de cette fiscalité tenace, de cette bureaucratie dévorante, qui sont la mousse et la vermine du corps social ; plus de ces contributions indirectes, de cet argent arraché par force et par ruse, de ces piéges fiscaux tendus sur toutes les voies du travail, de ces entraves qui nous font plus de mal encore par les libertés qu'elles nous ôtent que par les ressources dont elles nous privent.

Ai-je besoin de montrer que l'ordre serait le résultat infaillible d'un tel régime? D'où pourrait venir le désordre? Ce n'est pas de la misère ; elle serait probablement inconnue dans le pays, au moins à l'état chronique ; et si, après tout, il se révélait des souffrances accidentelles et passagères, nul ne songerait à s'en prendre à l'État, au gouvernement, à la loi. Aujourd'hui qu'on a admis en principe que l'État est institué pour distribuer la richesse à tout le monde, il est naturel qu'on lui demande compte de cet engagement. Pour le tenir, il multiplie les taxes et fait plus de misères qu'il n'en guérit. Nouvelles exigences de la part du public, nouvelles taxes de la part de l'État, et nous ne pouvons que marcher de révolution en révolution. Mais s'il était bien entendu que l'État ne doit prendre aux travailleurs que ce qui est rigoureusement indispensable pour les garantir contre toute fraude et toute violence, je ne puis apercevoir de quel côté viendrait le désordre.

Il est des personnes qui penseront que, sous un régime aussi simple, aussi facilement réalisable, la société serait bien morne et bien triste. Que deviendrait la grande politique? à quoi serviraient les hommes d'État? La représentation nationale elle-même, réduite à perfectionner le Code civil et le Code pénal, ne cesserait-elle pas d'offrir à la curieuse avidité du public le spectacle de ses débats passionnés et de ses luttes dramatiques?

Ce singulier scrupule vient de l'idée que gouvernement et société, c'est une seule et même chose; idée fausse et funeste s'il en fut. Si cette identité existait, simplifier le gouvernement, ce serait, en effet, amoindrir la société.

Mais est-ce que, par cela seul que la force publique se bornerait à faire régner la justice, cela retrancherait quelque chose à l'initiative des citoyens? Est-ce que leur action est renfermée, même aujourd'hui, dans des limites fixées par la loi? Ne leur serait-il pas loisible, pourvu qu'ils ne s'écartassent pas de la justice, de former des combinaisons infinies, des associations de toute nature, religieuses, charitables, industrielles, agricoles, intellectuelles, et même phalanstériennes et icariennes? N'est-il pas certain, au contraire, que l'abondance des capitaux favoriserait toutes ces entreprises? Seulement, chacun s'y associerait volontairement à ses périls et risques. Ce que l'on veut, par l'intervention de l'État, c'est s'y associer aux risques et aux frais du public.

On dira sans doute : Dans ce régime, nous voyons bien la justice, l'économie, la liberté, la richesse, la paix, l'ordre et l'égalité, mais nous n'y voyons pas la fraternité.

Encore une fois, n'y a-t-il dans le cœur de l'homme que ce que le législateur y a mis? A-t-il fallu, pour que la fraternité fît son apparition sur la terre, qu'elle sortît de l'urne d'un scrutin? Est-ce que la loi vous interdit la charité, par cela seul qu'elle ne vous impose que la justice? Croit-on que les femmes cesseront d'avoir du dévouement et un cœur accessible à la pitié, parce que le dévouement et la pitié ne leur seront pas ordonnés par le Code? Et quel est donc l'article du Code qui, arrachant la jeune fille aux caresses de sa mère, la pousse vers ces tristes asiles où s'étalent les plaies hideuses du corps et les plaies plus hideuses encore de l'intelligence ? Quel est l'article du Code qui détermine la vocation du prêtre ? A quelle loi écrite, à quelle intervention gouvernementale faut-il rapporter la fondation du christianisme, le zèle des apôtres, le courage des martyrs, la bienfaisance de Fénelon ou de François de Paule, l'abnégation de tant d'hommes qui, de nos jours, ont exposé mille fois leur vie pour le triomphe de la cause populaire [1] ?

Chaque fois que nous jugeons un acte bon et beau, nous voudrions, c'est bien naturel, qu'il se généralisât. Or, voyant

---

[1] Dans la pratique, les hommes ont toujours distingué entre un *marché* et un acte de pure bienveillance. Je me suis plu quelquefois à observer l'homme le plus charitable, le cœur le plus dévoué, l'âme la plus fraternelle que je connaisse. Le curé de mon village pousse à un rare degré l'amour du prochain et particulièrement du pauvre. Cela va si loin que lorsque, pour venir au secours du pauvre, il s'agit de soutirer l'argent du riche, le brave homme n'est pas très-scrupuleux sur le choix des moyens.

Il avait retiré chez lui une religieuse septuagénaire, de celles que la révolution avait dispersées dans le monde. Pour donner une heure de distraction à sa pensionnaire, lui, qui n'avait jamais touché une carte, apprit le piquet ; et il fallait le voir se donner l'air d'être passionné pour le jeu, afin que la religieuse se persuadât à elle-même qu'elle était utile à son bienfaiteur. Cela a duré quinze ans. Mais voici ce qui transforme un acte de simple condescendance en véritable héroïsme. — La bonne religieuse était dévorée d'un cancer, qui répandait autour d'elle une horrible puanteur, dont elle n'avait pas la conscience. Or, on remarqua que le curé ne prenait jamais de tabac pendant la partie, de peur d'éclairer la pauvre infirme sur sa triste position. — Combien de gens ont eu la croix, ce 1er mai, incapables de faire un seul jour ce que mon vieux prêtre a fait pendant quinze années !

Eh bien ! j'ai observé ce prêtre et je puis assurer que, lorsqu'il faisait un marché, il était tout aussi vigilant qu'un honorable commerçant du Marais. Il défendait son terrain, regardait au poids, à la mesure, à la qualité, au prix, et ne se croyait nullement tenu de mêler la charité et la fraternité à cette affaire.

Dépouillons donc ce mot *Fraternité* de tout ce que, dans ces derniers temps, on y a joint de faux, de puéril et de déclamatoire.

(*Ébauche inédite de l'auteur, écrite vers la fin de* 1847.)

au sein de la société une force à qui tout cède, notre première pensée est de la faire concourir à décréter et imposer
l'acte dont il s'agit. Mais la question est de savoir si l'on ne
déprave pas ainsi et la nature de cette force et la nature
de l'acte, rendu obligatoire de volontaire qu'il était. Pour ce
qui me concerne, il ne peut pas m'entrer dans la tête que
la loi, qui est la force, puisse être utilement appliquée à autre chose qu'à réprimer les torts et maintenir les droits.

Je viens de décrire une nation où il en serait ainsi. Supposons maintenant qu'au sein de ce peuple l'opinion pré-
vale que la loi ne se bornera plus à imposer la justice ;
qu'elle aspirera encore à imposer la fraternité.

Qu'arrivera-t-il ? Je ne serai pas long à le dire, car le lecteur n'a qu'à refaire en le renversant le tableau qui précède.

D'abord, une incertitude effroyable, une insécurité mortelle planera sur tout le domaine de l'activité privée ; car la
fraternité peut revêtir des milliards de formes inconnues,
et, par conséquent, des milliards de décrets imprévus. D'innombrables projets viendront chaque jour menacer toutes
les relations établies. Au nom de la fraternité, l'un demandera *l'uniformité des salaires*, et voilà les classes laborieuses
réduites à l'état de castes indiennes ; ni l'habileté, ni le courage, ni l'assiduité, ni l'intelligence ne pourront les relever ;
une loi de plomb pèsera sur elles. Ce monde leur sera
comme l'enfer du Dante : *Lasciate ogni speranza, voi ch'en-
trate.* — Au nom de la fraternité, un autre demandera que
le travail soit réduit à dix, à huit, à six à quatre heures ;
et voilà la production arrêtée. — Comme il n'y aura plus
de pain pour apaiser la faim, de drap pour garantir du froid,
un troisième imaginera de remplacer le pain et le drap par du
papier-monnaie forcé. N'est-ce pas avec des écus que nous
achetons ces choses ? Multiplier les écus, dira-t-il, c'est multiplier le pain et le drap ; multiplier le papier, c'est multiplier les écus. Concluez. — Un quatrième exigera qu'on

décrète l'abolition de la concurrence ; — un cinquième, l'abolition de l'intérêt personnel ; — celui-ci voudra que l'État fournisse du travail ; celui-là, de l'instruction, et cet autre, des pensions à tous les citoyens. — En voici un autre qui veut abattre tous les rois sur la surface du globe, et décréter, au nom de la fraternité, la guerre universelle. Je m'arrête. Il est bien évident que, dans cette voie, la source des utopies est inépuisable. Elles seront repoussées, dira-t-on. Soit ; mais il est *possible* qu'elles ne le soient pas, et cela suffit pour créer l'*incertitude*, le plus grand fléau du travail.

Sous ce régime, les capitaux ne pourront se former. Ils seront rares, chers, concentrés. Cela veut dire que les salaires baisseront, et que l'inégalité creusera, entre les classes, un abîme de plus en plus profond.

Les finances publiques ne tarderont pas d'arriver à un complet désarroi. Comment pourrait-il en être autrement quand l'État est chargé de fournir tout à tous ? Le peuple sera écrasé d'impôts, on fera emprunt sur emprunt ; après avoir épuisé le présent, on dévorera l'avenir.

Enfin, comme il sera admis en principe que l'État est chargé de faire de la fraternité en faveur des citoyens, on verra le peuple tout entier transformé en solliciteur. Propriété foncière, agriculture, industrie, commerce, marine, compagnies industrielles, tout s'agitera pour réclamer les faveurs de l'État. Le Trésor public sera littéralement au pillage. Chacun aura de bonnes raisons pour prouver que la fraternité légale doit être entendue dans ce sens : « Les avantages pour moi et les charges pour les autres. » L'effort de tous tendra à arracher à la législature un lambeau de privilége *fraternel*. Les classes souffrantes, quoique ayant le plus de titres, n'auront pas toujours le plus de succès ; or, leur multitude s'accroîtra sans cesse, d'où il suit qu'on ne pourra marcher que de révolution en révolution.

IV.   18

En un mot, on verra se dérouler tout le sombre spectacle dont, pour avoir adopté cette funeste idée de *fraternité légale*, quelques sociétés modernes nous offrent la préface.

Je n'ai pas besoin de le dire : cette pensée a sa source dans des sentiments généreux, dans des intentions pures. C'est même par là qu'elle s'est concilié si rapidement la sympathie des masses, et c'est par là aussi qu'elle ouvre un abîme sous nos pas, si elle est fausse...

J'ajoute que je serai heureux, pour mon compte, si on me démontre qu'elle ne l'est pas. Eh ! mon Dieu, si l'on peut décréter la fraternité universelle, et donner efficacement à ce décret la sanction de la force publique ; si, comme le veut Louis Blanc, on peut faire disparaître du monde, par assis et levé, le ressort de l'intérêt personnel ; si l'on peut réaliser législativement cet article du programme de la Démocratie pacifique : *Plus d'égoïsme ;* si l'on peut faire que l'État donne tout à tous, sans rien recevoir de personne, qu'on le fasse. Certes, je voterai le décret et me réjouirai que l'humanité arrive à la perfection et au bonheur par un chemin si court et si facile.

Mais, il faut bien le dire, de telles conceptions nous semblent chimériques et futiles jusqu'à la puérilité. Qu'elles aient éveillé des espérances dans la classe qui travaille, qui souffre, et n'a pas le temps de réfléchir, cela n'est pas surprenant. Mais comment peuvent-elles égarer des publicistes de mérite ?

A l'aspect des souffrances qui accablent un grand nombre de nos frères, ces publicistes ont pensé qu'elles étaient imputables à la *liberté* qui est la justice. Ils sont partis de cette idée que le système de la liberté, de la justice exacte, avait été mis légalement à l'épreuve, et qu'il avait failli. Ils en ont conclu que le temps était venu de faire faire à la législation un pas de plus, et qu'elle devait enfin s'imprégner du principe de la *fraternité*. De là, ces écoles saint-simoniennes, fouriéristes, communistes, owénistes ; de là, ces tentatives

d'organisation du travail ; ces déclarations que l'État doit la
subsistance, le bien-être, l'éducation à tous les citoyens ;
qu'il doit être généreux, charitable, présent à tout, dévoué
à tous ; que sa mission est d'allaiter l'enfance, d'instruire la
jeunesse, d'assurer du travail aux forts, de donner des retraites aux faibles ; en un mot, qu'il a à intervenir directement pour soulager toutes les souffrances, satisfaire et prévenir tous les besoins, fournir des capitaux à toutes les entreprises, des lumières à toutes les intelligences, des baumes
à toutes les plaies, des asiles à toutes les infortunes, et même
des secours et du sang français à tous les opprimés sur la
surface du globe.

Encore une fois, qui ne voudrait voir tous ces bienfaits
découler sur le monde de la *loi* comme d'une source intarissable ? Qui ne serait heureux de voir l'État assumer sur lui
toute peine, toute prévoyance, toute responsabilité, tout
devoir, tout ce qu'une Providence, dont les desseins sont
impénétrables, a mis de laborieux et de lourd à la charge de
l'humanité, et réserver aux individus dont elle se compose le
côté attrayant et facile, les satisfactions, les jouissances, la
certitude, le calme, le repos, un présent toujours assuré, un
avenir toujours riant, la fortune sans soins, la famille sans
charges, le crédit sans garanties, l'existence sans efforts ?

Certes, nous voudrions tout cela, *si c'était possible*. Mais,
est-ce possible ? Voilà la question. Nous ne pouvons comprendre ce qu'on désigne par l'État. Nous croyons qu'il y a,
dans cette perpétuelle personnification de l'État, la plus
étrange, la plus humiliante des mystifications. Qu'est-ce donc
que cet État qui prend à sa charge toutes les vertus, tous les
devoirs, toutes les libéralités ? D'où tire-t-il ces ressources,
qu'on le provoque à épancher en bienfaits sur les individus ?
N'est-ce pas des individus eux-mêmes ? Comment donc ces
ressources peuvent-elles s'accroître en passant par les mains
d'un intermédiaire parasite et dévorant ? N'est-il pas clair,

au contraire, que ce rouage est de nature à absorber beaucoup de forces utiles et à réduire d'autant la part des travailleurs? Ne voit-on pas aussi que ceux-ci y laisseront, avec
une portion de leur bien-être, une portion de leur liberté?

A quelque point de vue que je considère la loi humaine,
je ne vois pas qu'on puisse raisonnablement lui demander
autre chose que la Justice.

Qu'il s'agisse, par exemple, de religion. Certes, il serait
à désirer qu'il n'y eût qu'une croyance, une foi, un culte
dans le monde, à la condition que ce fût la *vraie foi*. Mais,
quelque désirable que soit l'Unité, — la diversité, c'est-à-dire
la recherche et la discussion valent mieux encore, tant que
ne luira pas pour les intelligences le signe infaillible auquel
cette *vraie foi* se fera reconnaître. L'intervention de l'État,
alors même qu'elle prendrait pour prétexte la Fraternité,
serait donc une oppression, une *injustice,* si elle prétendait
fonder l'Unité; car qui nous répond que l'État, à son insu
peut-être, ne travaillerait pas à étouffer la vérité au profit
de l'erreur? L'Unité doit résulter de l'universel assentiment
de convictions libres et de la naturelle attraction que la vérité exerce sur l'esprit des hommes. Tout ce qu'on peut donc
demander à la loi, c'est la liberté pour toutes les croyances,
quelque anarchie qui doive en résulter dans le monde pensant. Car, qu'est-ce que cette anarchie prouve? que l'Unité
n'est pas à l'origine, mais à la fin de l'évolution intellectuelle. Elle n'est pas un point de départ, elle est une résul-
tante. La loi qui l'imposerait serait injuste, et si la justice
n'implique pas nécessairement la fraternité, on conviendra
du moins que la fraternité exclut l'injustice.

De même pour l'enseignement. Qui ne convient que, si
l'on pouvait être d'accord sur le meilleur enseignement possible, quant à la matière et quant à la méthode, l'enseignement unitaire ou gouvernemental serait préférable, puisque,
dans l'hypothèse, il ne pourrait exclure législativement que

l'erreur? Mais, tant que ce criterium n'est pas trouvé, tant que le législateur, le ministre de l'instruction publique, ne porteront pas sur leur front un signe irrécusable d'infaillibilité, la meilleure chance pour que la vraie méthode se découvre et absorbe les autres, c'est la diversité, les épreuves, l'expérience, les efforts individuels, placés sous l'influence de l'*intérêt au succès*, en un mot, la liberté. La pire chance, c'est l'éducation décrétée et uniforme ; car, dans ce régime, l'Erreur est permanente, universelle et irrémédiable. Ceux donc qui, poussés par le sentiment de la fraternité, demandent que la *loi* dirige et impose l'éducation, devraient se dire qu'ils courent la chance que la loi ne dirige et n'impose que l'erreur ; que l'interdiction légale peut frapper la Vérité, en frappant les intelligences qui croient en avoir la possession. Or, je le demande, est-ce une fraternité véritable que celle qui a recours à la force pour imposer, ou tout au moins pour risquer d'imposer l'Erreur? On redoute la diversité, on la flétrit sous le nom d'anarchie ; mais elle résulte forcément de la diversité même des intelligences et des convictions, diversité qui tend d'ailleurs à s'effacer par la discussion, l'étude et l'expérience. En attendant, quel titre a un système à prévaloir sur les autres par la loi ou la force ? Ici encore nous trouvons que cette prétendue fraternité, qui invoque la loi, ou la contrainte légale, est en opposition avec la Justice.

Je pourrais faire les mêmes réflexions pour la presse, et, en vérité, j'ai peine à comprendre pourquoi ceux qui demandent l'Education Unitaire par l'État, ne réclament pas la Presse Unitaire par l'État. La presse est un enseignement aussi. La presse admet la discussion, puisqu'elle en vit. Il y a donc là aussi diversité, anarchie. Pourquoi pas, dans ces idées, créer un ministère de la publicité et le charger d'inspirer tous les livres et tous les journaux de France? Ou l'État est infaillible, et alors nous ne saurions mieux faire que de lui soumettre le domaine entier des intelligences; ou il

ne l'est pas, et, en ce cas, il n'est pas plus rationnel de lui
livrer l'éducation que la presse.

Si je considère nos relations avec les étrangers, je ne vois
pas non plus d'autre règle prudente, solide, acceptable pour
tous, telle enfin qu'elle puisse devenir une *loi*, que la Justice.
Soumettre ces relations au principe de la fraternité légale,
forcée, c'est décréter la guerre perpétuelle, universelle, car
c'est mettre obligatoirement notre force, le sang et la fortune des citoyens, au service de quiconque les réclamera
pour servir une cause qui excite la sympathie du législateur.
Singulière fraternité. Il y a longtemps que Cervantes en a
personnifié la vanité ridicule.

Mais c'est surtout en matière de travail que le dogme de
la fraternité me semble dangereux, lorsque, contrairement
à l'idée qui fait l'essence de ce mot sacré, on songe à le
faire entrer dans nos Codes, avec accompagnement de la
disposition pénale qui sanctionne toute loi positive.

La fraternité implique toujours l'idée de dévouement, de
sacrifice, c'est en cela qu'elle ne se manifeste pas sans arracher
des larmes d'admiration. Si l'on dit, comme certains socialistes, que ses actes sont *profitables* à leur auteur, il n'y a
pas à les décréter ; les hommes n'ont pas besoin d'une loi
pour être déterminés à faire des profits. En outre, ce point
de vue ravale et ternit beaucoup l'idée de fraternité.

Laissons-lui donc son caractère, qui est renfermé dans
ces mots : *Sacrifice volontaire déterminé par le sentiment
fraternel.*

Si vous faites de la fraternité une prescription légale,
dont les actes soient prévus et rendus obligatoires par le
Code industriel, que reste-t-il de cette définition ? Rien
qu'une chose : le sacrifice; mais le sacrifice involontaire,
forcé, déterminé par la crainte du châtiment. Et, de bonne
foi, qu'est-ce qu'un sacrifice de cette nature, imposé à
l'un au profit de l'autre ? Est-ce de la fraternité ? Non, c'est

de l'injustice ; il faut dire le mot, c'est de la spoliation légale, la pire des spoliations, puisqu'elle est systématique, permanente et inévitable.

Que faisait Barbès quand, dans la séance du 15 mai, il décrétait un impôt d'un milliard en faveur des classes souffrantes ? Il mettait en pratique votre principe. Cela est si vrai, que la proclamation de Sobrier, qui conclut comme le discours de Barbès, est précédée de ce préambule : « Considérant qu'il faut que la fraternité ne soit plus un vain mot, mais se manifeste par des actes, décrète : les capitalistes, connus comme tels, verseront, etc. »

Vous qui vous récriez, quel droit avez-vous de blâmer Barbès et Sobrier ? Qu'ont-ils fait, si ce n'est être un peu plus conséquents que vous, et pousser un peu plus loin votre propre principe ?

Je dis que lorsque ce principe est introduit dans la législation, alors même qu'il n'y ferait d'abord qu'une apparition timide, il frappe d'inertie le capital et le travail ; car rien ne garantit qu'il ne se développera pas indéfiniment. Faut-il donc tant de raisonnements pour démontrer que, lorsque les hommes n'ont plus la certitude de jouir du fruit de leur travail, ils ne travaillent pas ou travaillent moins ? L'insécurité, qu'on le sache bien, est, pour les capitaux, le principal agent de la paralysation. Elle les chasse, elle les empêche de se former ; et que deviennent alors les classes mêmes dont on prétendait soulager les souffrances ? Je le pense sincèrement, cette cause seule suffit pour faire descendre en peu de temps la nation la plus prospère au-dessous de la Turquie.

Le sacrifice imposé aux uns en faveur des autres, par l'opération des taxes, perd évidemment le caractère de fraternité. Qui donc en a le mérite ? Est-ce le législateur ? Il ne lui en coûte que de déposer une boule dans l'urne. Est-ce le percepteur ? Il obéit à la crainte d'être destitué. Est-ce le contribuable ? Il paie à son corps défendant. A qui donc rapportera-t-on le mérite que le dévouement implique? Où en cherchera-t-on la moralité?

La spoliation extralégale soulève toutes les répugnances, elle tourne contre elle toutes les forces de l'opinion et les met en harmonie avec les notions de justice. La spoliation légale s'accomplit, au contraire, sans que la conscience en soit troublée, ce qui ne peut qu'affaiblir au sein d'un peuple le sentiment moral.

Avec du courage et de la prudence, on peut se mettre à l'abri de la spoliation contraire aux lois. Rien ne peut soustraire à la spoliation légale. Si quelqu'un l'essaie, quel est l'affligeant spectacle qui s'offre à la société? Un spoliateur armé de la loi, une victime résistant à la loi.

Quand, sous prétexte de fraternité, le Code impose aux citoyens des sacrifices réciproques, la nature humaine ne perd pas pour cela ses droits. L'effort de chacun consiste alors à apporter peu à la masse des sacrifices, et à en retirer beaucoup. Or, dans cette lutte, sont-ce les plus malheureux qui gagnent ? Non certes, mais les plus influents et les plus intrigants.

L'union, la concorde, l'harmonie, sont-elles au moins le fruit de la fraternité ainsi comprise ? Ah ! sans doute, la fraternité, c'est la chaîne divine qui, à la longue, confondra dans l'unité les individus, les familles, les nations et les races ; mais c'est à la condition de rester ce qu'elle est, c'est-à-dire le plus libre, le plus spontané, le plus volontaire, le plus méritoire, le plus religieux des sentiments. Ce n'est pas son masque qui accomplira le prodige, et la spoliation légale aura beau emprunter le nom de la fraternité, et sa figure, et ses formules, et ses insignes ; elle ne sera jamais qu'un principe de discorde, de confusion, de prétentions injustes, d'effroi, de misère, d'inertie et de haines.

On nous fait une grave objection. On nous dit : Il est bien

vrai que la liberté, l'égalité devant la loi, c'est la justice.
Mais la justice exacte reste neutre entre le riche et le pauvre,
le fort et le faible, le savant et l'ignorant, le propriétaire et
le prolétaire, le compatriote et l'étranger. Or, *les intérêts
étant naturellement antagoniques*, laisser aux hommes leur
liberté, ne faire intervenir entre eux que des lois justes, c'est
sacrifier le pauvre, le faible, l'ignorant, le prolétaire, l'a-
thlète qui se présente désarmé au combat.

« Que pouvait-il résulter, dit M. Considérant, de cette liberté industrielle, sur laquelle on avait tant compté, de ce fameux principe de
libre concurrence, que l'on croyait si fortement doué d'un caractère
d'organisation démocratique ? Il n'en pouvait sortir que l'asservissement
général, l'inféodation collective des masses dépourvues de capitaux,
d'armes industrielles, d'instruments de travail, d'éducation enfin, à la
classe industriellement pourvue et bien armée. On dit : « La lice est ouverte, tous les individus sont appelés au combat, les conditions sont égales
pour tous les combattants. » Fort bien, on n'oublie qu'une seule chose,
c'est que, sur ce grand champ de guerre, les uns sont instruits, aguerris,
équipés, armés jusqu'aux dents, qu'ils ont en leur possession un grand
train d'approvisionnement, de matériel, de munitions et de machines
de guerre, qu'ils occupent toutes les positions, et que les autres dépouillés, nus, ignorants, affamés, sont obligés, pour vivre au jour
le jour et faire vivre leurs femmes et leurs enfants, d'implorer de
leurs *adversaires* eux-mêmes un travail quelconque et un maigre
salaire [1]. »

Quoi ! l'on compare le travail à la guerre ! Ces armes, qu'on
nomme capitaux, qui consistent en approvisionnements
de toute espèce, et qui ne peuvent jamais être employés
qu'à vaincre la nature rebelle, on les assimile, par un
sophisme déplorable, à ces armes sanglantes que, dans les
combats, les hommes tournent les uns contre les autres !
En vérité, il est trop facile de calomnier l'ordre industriel

[1] Voy. ci-après *Propriété et Spoliation*, y compris la note finale.
Voy. aussi, au tome II, la réponse à une lettre de M. Considérant.

(*Note de l'éditeur.*)

quand, pour le décrire, on emprunte tout le vocabulaire des batailles.

La dissidence profonde, irréconciliable sur ce point entre les socialistes et les économistes, consiste en ceci : Les socialistes croient à l'antagonisme essentiel des intérêts. Les économistes croient à l'harmonie naturelle, ou plutôt à l'harmonisation nécessaire et progressive des intérêts. Tout est là.

Partant de cette donnée que les intérêts sont naturellement antagoniques, les socialistes sont conduits, par la force de la logique, à chercher pour les intérêts une organisation *artificielle*, ou même à étouffer, s'ils le peuvent, dans le cœur de l'homme, le sentiment de l'intérêt. C'est ce qu'ils ont essayé au Luxembourg. Mais s'ils sont assez fous, ils ne sont pas assez forts, et il va sans dire qu'après avoir déclamé, dans leurs livres, contre l'individualisme, ils vendent leurs livres et se conduisent absolument comme le vulgaire dans le train ordinaire de la vie.

Ah ! sans doute, si les intérêts sont naturellement antagoniques, il faut fouler aux pieds la Justice, la Liberté, l'Egalité devant la loi. Il faut refaire le monde, ou, comme ils disent, *reconstituer la société* sur un des plans nombreux qu'ils ne cessent d'inventer. A l'intérêt, principe désorganisateur, il faut substituer le *dévouement* légal, imposé, involontaire, forcé, en un mot la Spoliation organisée ; et comme ce nouveau principe ne peut que soulever des répugnances et des résistances infinies, on essaiera d'abord de le faire accepter sous le nom menteur de Fraternité, après quoi on invoquera la loi, qui est la force.

Mais si la Providence ne s'est pas trompée, si elle a arrangé les choses de telle sorte que les intérêts, sous la loi de justice, arrivent naturellement aux combinaisons les plus harmoniques ; si, selon l'expression de M. de Lamartine, ils se font par la liberté une justice que l'arbitraire ne peut leur faire ; si l'égalité des droits est l'acheminement le plus certain, le plus direct vers l'égalité de fait, oh ! alors, nous pouvons ne demander à la loi que justice, liberté, égalité, comme on ne demande que l'éloignement des obstacles pour que chacune des gouttes d'eau qui forment l'Océan prenne son niveau.

Et c'est là la conclusion à laquelle arrive l'Économie politique. Cette conclusion, elle ne la cherche pas, elle la trouve ; mais elle se réjouit de la trouver ; car enfin, n'est-ce pas une vive satisfaction pour l'esprit que de voir l'harmonie dans la liberté, quand d'autres sont réduits à la demander à l'arbitraire ?

Les paroles haineuses que nous adressent souvent les socialistes sont en vérité bien étranges ! Eh quoi ! si par malheur nous avons tort, ne devraient-ils pas le déplorer ? Que disons-nous ? Nous disons : Après mûr examen, il faut reconnaître que Dieu a bien fait, en sorte que la meilleure condition du progrès, c'est la justice et la liberté.

Les Socialistes nous croient dans l'erreur ; c'est leur droit. Mais ils devraient au moins s'en affliger ; car notre erreur, si elle est démontrée, implique l'urgence de substituer l'artificiel au naturel, l'arbitraire à la liberté, l'invention contingente et humaine à la conception éternelle et divine.

Supposons qu'un professeur de chimie vienne dire : « Le monde est menacé d'une grande catastrophe ; Dieu n'a pas bien pris ses précautions. J'ai analysé l'air qui s'échappe des poumons humains, et j'ai reconnu qu'il n'était plus propre à la respiration ; en sorte qu'en calculant le volume de l'atmosphère, je puis prédire le jour où il sera vicié tout entier, et où l'humanité périra par la phthisie, à moins qu'elle n'adopte un mode de respiration artificielle de mon invention. »

Un autre professeur se présente et dit : « Non, l'humanité ne périra pas ainsi. Il est vrai que l'air qui a servi à la vie

animale est vicié pour cette fin ; mais il est propre à la vie
végétale, et celui qu'exhalent les végétaux est favorable à la
respiration de l'homme. Une étude incomplète avait induit
à penser que Dieu s'était trompé ; une recherche plus
exacte montre qu'il a mis l'harmonie dans ses œuvres. Les
hommes peuvent continuer à respirer comme la nature l'a
voulu. »

Que dirait-on si le premier professeur accablait le second
d'injures, en disant : « Vous êtes un chimiste au cœur dur,
sec et froid ; vous prêchez l'horrible *laissez faire ;* vous
n'aimez pas l'humanité, puisque vous démontrez l'inutilité
de mon appareil respiratoire ? »

Voilà toute notre querelle avec les socialistes. Les uns et
les autres nous voulons l'harmonie. Ils la cherchent dans
les combinaisons innombrables qu'ils veulent que la loi
impose aux hommes ; nous la trouvons dans la nature des
hommes et des choses.

Ce serait ici le lieu de démontrer que les intérêts tendent
à l'harmonie, car c'est toute la question ; mais il faudrait
faire un cours d'économie politique, et le lecteur m'en dis-
pensera pour le moment [1]. Je dirai seulement ceci : Si
l'Économie politique arrive à reconnaître l'harmonie des
intérêts, c'est qu'elle ne s'arrête pas, comme le Socialisme,
aux conséquences immédiates des phénomènes, mais qu'elle
va jusqu'aux effets ultérieurs et définitifs. C'est là tout le
secret. Les deux écoles diffèrent exactement comme les deux
chimistes dont je viens de parler ; l'une voit la partie, et l'autre l'ensemble. Par exemple, quand les socialistes voudront
se donner la peine de suivre jusqu'au bout, c'est-à-dire jusqu'au consommateur, au lieu de s'arrêter au producteur,

---

[1] Déjà plusieurs chapitres des *Harmonies économiques* avaient alors été
publiés dans le *Journal des Économistes*, et l'auteur ne devait pas tarder
à continuer cet ouvrage.　　　　　　　　　　(*Note de l'éditeur.*)

les effets de la concurrence, ils verront qu'elle est le plus
puissant agent égalitaire et progressif, qu'elle se fasse à
l'intérieur ou qu'elle vienne du dehors. Et c'est parce que
l'économie politique trouve, dans cet effet définitif, ce qui
constitue l'harmonie, qu'elle dit : Dans mon domaine,
il y a beaucoup à apprendre et peu à faire. Beaucoup à
apprendre, puisque l'enchaînement des effets ne peut être
suivi qu'avec une grande application ; peu à faire, puisque
de l'effet définitif sort l'harmonie du phénomène tout
entier.

Il m'est arrivé de discuter cette question avec l'homme
éminent que la Révolution a élevé à une si grande hauteur. Je lui disais : La loi agissant par voie de contrainte,
on ne peut lui demander que la justice. Il pensait que les
peuples peuvent de plus attendre d'elle la fraternité. Au
mois d'août dernier, il m'écrivait : « Si jamais, dans un
temps de crise, je parviens au timon des affaires, votre idée
sera la moitié de mon symbole. » Et moi, je lui réponds
ici : « La seconde moitié de votre symbole étouffera la
première, car vous ne pouvez faire de la fraternité légale
sans faire de l'injustice légale [1]. »

En terminant, je dirai aux Socialistes : Si vous croyez que
l'économie politique repousse l'association, l'organisation,
la fraternité, vous êtes dans l'erreur.

L'association ! Et ne savons-nous pas que c'est la société
même se perfectionnant sans cesse ?

L'organisation ! Et ne savons-nous pas qu'elle fait toute

[1] Au moment où l'on préparait à Marseille, en août 1847, une réunion
publique en faveur de la liberté des échanges, Bastiat rencontra M. de
Lamartine en cette ville et s'entretint longuement avec lui de la liberté
commerciale, puis de la liberté en toute chose, dogme fondamental de
l'économie politique. — Voy., au tome II, la note qui suit le discours
prononcé à Marseille. Voy. aussi, au tome Ier, les deux lettres à M. de
Lamartine. (*Note de l'éditeur.*)

la différence qu'il y a entre un amas d'éléments hétérogènes et les chefs-d'œuvre de la nature?

La fraternité ! Et ne savons-nous pas qu'elle est à la justice ce que les élans du cœur sont aux froids calculs de l'esprit ?

Nous sommes d'accord avec vous là-dessus; nous applaudissons à vos efforts pour répandre sur le champ de l'humanité une semence qui portera ses fruits dans l'avenir.

Mais nous nous opposons à vous; dès l'instant que vous faites intervenir la loi et la taxe, c'est-à-dire la contrainte et la spoliation ; car, outre que ce recours à la force témoigne que vous avez plus de foi en vous que dans le génie de l'humanité, il suffit, selon nous, pour altérer la nature même et l'essence de ce dogme dont vous poursuivez la réalisation [1].

---

[1] « Il y a trois régions pour l'Humanité : une inférieure, celle de la
« Spoliation ; — une supérieure, celle de la Charité ; — une intermé-
« diaire, celle de la Justice. »

« Les Gouvernements n'exercent jamais qu'une action qui a pour
« sanction la Force. Or, il est permis de forcer quelqu'un d'être juste,
« non de le forcer d'être charitable. La Loi, quand elle veut faire par
« la force ce que la morale fait faire par la persuasion, bien loin de
« s'élever à la région de la Charité, tombe dans le domaine de la Spo-
« liation. »

« Le propre domaine de la Loi et des Gouvernements, c'est la Jus-
« tice. »

Cette pensée de l'auteur fut écrite de sa main sur un album d'autogra-
phes, qu'envoya la société des gens de lettres, en 1850, à l'exposition de
Londres. Nous la reproduisons ici, parce qu'elle nous semble résumer le
pamphlet qui précède.   (*Note de l'éditeur.*)

L'ÉTAT [1].

Je voudrais qu'on fondât un prix, non de cinq cents francs, mais d'un million, avec couronnes, croix et rubans, en faveur de celui qui donnerait une bonne, simple et intelligible définition de ce mot : l'ÉTAT.

Quel immense service ne rendrait-il pas à la société !

L'ÉTAT ! Qu'est-ce ? où est-il ? que fait-il ? que devrait-il faire ?

Tout ce que nous en savons, c'est que c'est un personnage mystérieux, et assurément le plus sollicité, le plus tourmenté, le plus affairé, le plus conseillé, le plus accusé, le plus invoqué et le plus provoqué qu'il y ait au monde.

Car, Monsieur, je n'ai pas l'honneur de vous connaître, mais je gage dix contre un que depuis six mois vous faites des utopies ; et si vous en faites, je gage dix contre un que vous chargez l'ÉTAT de les réaliser.

Et vous, Madame, je suis sûr que vous désirez du fond du cœur guérir tous les maux de la triste humanité, et que vous n'y seriez nullement embarrassée si l'ÉTAT voulait seulement s'y prêter.

Mais, hélas ! le malheureux, comme Figaro, ne sait ni qui entendre, ni de quel côté se tourner. Les cent mille

[1] Pour expliquer la forme de cette composition, rappelons qu'elle fut insérée au *Journal des Débats*, n° du 25 septembre 1848.

(*Note de l'éditeur.*)

bouches de la presse et de la tribune lui crient à la fois :

« Organisez le travail et les travailleurs.

Extirpez l'égoïsme.

Réprimez l'insolence et la tyrannie du capital.

Faites des expériences sur le fumier et sur les œufs.

Sillonnez le pays de chemins de fer.

Irriguez les plaines.

Boisez les montagnes.

Fondez des fermes-modèles.

Fondez des ateliers harmoniques.

Colonisez l'Algérie.

Allaitez les enfants.

Instruisez la jeunesse.

Secourez la vieillesse.

Envoyez dans les campagnes les habitants des villes.

Pondérez les profits de toutes les industries.

Prêtez de l'argent, et sans intérêt, à ceux qui en désirent.

Affranchissez l'Italie, la Pologne et la Hongrie.

Élevez et perfectionnez le cheval de selle.

Encouragez l'art, formez-nous des musiciens et des danseuses.

Prohibez le commerce et, du même coup, créez une marine marchande.

Découvrez la vérité et jetez dans nos têtes un grain de raison. L'État a pour mission d'éclairer, de développer, d'agrandir, de fortifier, de spiritualiser et de sanctifier l'âme des peuples [1]. »

— « Eh ! Messieurs, un peu de patience, répond l'ÉTAT, d'un air piteux.

« J'essaierai de vous satisfaire, mais pour cela il me faut

[1] Cette dernière phrase est de M. de Lamartine. L'auteur la cite de nouveau dans le pamphlet qui va suivre. (*Note de l'éditeur.*)

quelques ressources. J'ai préparé des projets concernant cinq ou six impôts tout nouveaux et les plus bénins du monde. Vous verrez quel plaisir on a à les payer. »

Mais alors un grand cri s'élève : « Haro ! haro ! le beau mérite de faire quelque chose avec des ressources ! Il ne vaudrait pas la peine de s'appeler l'ETAT. Loin de nous frapper de nouvelles taxes, nous vous sommons de retirer les anciennes. Supprimez :

L'impôt du sel ;

L'impôt des boissons ;

L'impôt des lettres ;

L'octroi ;

Les patentes ;

Les prestations. »

Au milieu de ce tumulte, et après que le pays a changé deux ou trois fois son ÉTAT pour n'avoir pas satisfait à toutes ces demandes, j'ai voulu faire observer qu'elles étaient contradictoires. De quoi me suis-je avisé, bon Dieu ! ne pouvais-je garder pour moi cette malencontreuse remarque ?

Me voilà discrédité à tout jamais ; et il est maintenant reçu que je suis un homme *sans cœur et sans entrailles*, un philosophe sec, un individualiste, un bourgeois, et, pour tout dire en un mot, un économiste de l'école anglaise ou américaine.

Oh ! pardonnez-moi, écrivains sublimes, que rien n'arrête, pas même les contradictions. J'ai tort, sans doute, et je me rétracte de grand cœur. Je ne demande pas mieux, soyez-en sûrs, que vous ayez vraiment découvert, en dehors de nous, un être bienfaisant et inépuisable, s'appelant l'ETAT, qui ait du pain pour toutes les bouches, du travail pour tous les bras, des capitaux pour toutes les entreprises, du crédit pour tous les projets, de l'huile pour toutes les plaies, du baume pour toutes les souffrances, des conseils pour toutes les perplexités, des solutions pour tous les doutes,

des vérités pour toutes les intelligences, des distractions
pour tous les ennuis, du lait pour l'enfance, du vin pour la
vieillesse, qui pourvoie à tous nos besoins, prévienne tous
nos désirs, satisfasse toutes nos curiosités, redresse toutes
nos erreurs, toutes nos fautes, et nous dispense tous désormais de prévoyance, de prudence, de jugement, de sagacité, d'expérience, d'ordre, d'économie, de tempérance et
d'activité.

Et pourquoi ne le désirerais-je pas? Dieu me pardonne,
plus j'y réfléchis, plus je trouve que la chose est commode,
et il me tarde d'avoir, moi aussi, à ma portée, cette source
intarissable de richesses et de lumières, ce médecin universel, ce trésor sans fond, ce conseiller infaillible que vous
nommez l'ÉTAT.

Aussi je demande qu'on me le montre, qu'on me le dé-
finisse, et c'est pourquoi je propose la fondation d'un prix
pour le premier qui découvrira ce phénix. Car enfin, on
m'accordera bien que cette découverte précieuse n'a pas
encore été faite, puisque, jusqu'ici, tout ce qui se présente
sous le nom d'ÉTAT, le peuple le renverse aussitôt, précisément parce qu'il ne remplit pas les conditions quelque peu
contradictoires du programme.

Faut-il le dire? je crains que nous ne soyons, à cet égard,
dupes d'une des plus bizarres illusions qui se soient jamais
emparées de l'esprit humain.

L'homme répugne à la Peine, à la Souffrance. Et cependant il est condamné par la nature à la Souffrance de la
Privation, s'il ne prend pas la Peine du Travail. Il n'a donc
que le choix entre ces deux maux: Comment faire pour les
éviter tous deux? Il n'a jusqu'ici trouvé et ne trouvera jamais qu'un moyen: c'est de *jouir du travail d'autrui*; c'est
de faire en sorte que la Peine et la Satisfaction n'incombent
pas à chacun selon la proportion naturelle, mais que toute
la peine soit pour les uns et toutes les satisfactions pour les

autres. De là l'esclavage, de là encore la spoliation, quelque forme qu'elle prenne : guerres, impostures, violences, restrictions, fraudes, etc., abus monstrueux, mais conséquents avec la pensée qui leur a donné naissance. On doit haïr et combattre les oppresseurs, on ne peut pas dire qu'ils soient absurdes.

L'esclavage s'en va, grâce au Ciel, et, d'un autre côté, cette disposition où nous sommes à défendre notre bien, fait que la Spoliation directe et naïve n'est pas facile. Une chose cependant est restée. C'est ce malheureux penchant primitif que portent en eux tous les hommes à faire deux parts du lot complexe de la vie, rejetant la Peine sur autrui et gardant la Satisfaction pour eux-mêmes. Reste à voir sous quelle forme nouvelle se manifeste cette triste tendance.

L'oppresseur n'agit plus directement par ses propres forces sur l'opprimé. Non, notre conscience est devenue trop méticuleuse pour cela. Il y a bien encore le tyran et la victime, mais entre eux se place un intermédiaire qui est l'État, c'est-à-dire la loi elle-même. Quoi de plus propre à faire taire nos scrupules et, ce qui est peut-être plus apprécié, à vaincre les résistances? Donc, tous, à un titre quelconque, sous un prétexte ou sous un autre, nous nous adressons à l'État. Nous lui disons : « Je ne trouve pas qu'il y ait, entre mes jouissances et mon travail, une proportion qui me satisfasse. Je voudrais bien, pour établir l'équilibre désiré, prendre quelque peu sur le bien d'autrui. Mais c'est dangereux. Ne pourriez-vous me faciliter la chose? ne pourriez-vous me donner une bonne place? ou bien gêner l'industrie de mes concurrents? ou bien encore me prêter gratuitement des capitaux que vous aurez pris à leurs possesseurs? ou élever mes enfants aux frais du public? ou m'accorder des primes d'encouragement? ou m'assurer le bien-être quand j'aurai cinquante ans? Par ce moyen, j'arriverai à mon but en toute quiétude de conscience, car la loi elle-même aura

agi pour moi, et j'aurai tous les avantages de la spoliation
sans en avoir ni les risques ni l'odieux !

Comme il est certain, d'un côté, que nous adressons tous
à l'État quelque requête semblable, et que, d'une autre
part, il est avéré que l'État ne peut procurer satisfaction
aux uns sans ajouter au travail des autres, en attendant une
autre définition de l'État, je me crois autorisé à donner ici
la mienne. Qui sait si elle ne remportera pas le prix ? La
voici :

L'État, *c'est la grande fiction à travers laquelle* TOUT
LE MONDE *s'efforce de vivre aux dépens de* TOUT LE MONDE.

Car, aujourd'hui comme autrefois, chacun, un peu plus,
un peu moins, voudrait bien profiter du travail d'autrui. Ce
sentiment, on n'ose l'afficher, on se le dissimule à soi-
même; et alors que fait-on? On imagine un intermédiaire,
on s'adresse à l'État, et chaque classe tour à tour vient lui
dire : « Vous qui pouvez prendre loyalement, honnêtement,
prenez au public, et nous partagerons. » Hélas! l'État n'a
que trop de pente à suivre le diabolique conseil; car il est
composé de ministres, de fonctionnaires, d'hommes enfin,
qui, comme tous les hommes, portent au cœur le désir et
saisissent toujours avec empressement l'occasion de voir
grandir leurs richesses et leur influence. L'état comprend
donc bien vite le parti qu'il peut tirer du rôle que le public
lui confie. Il sera l'arbitre, le maître de toutes les destinées;
il prendra beaucoup, donc il lui restera beaucoup à lui-
même; il multipliera le nombre de ses agents, il élargira le
cercle de ses attributions; il finira par acquérir des proportions écrasantes.

Mais ce qu'il faut bien remarquer, c'est l'étonnant aveuglement du public en tout ceci. Quand des soldats heureux
réduisaient les vaincus en esclavage, ils étaient barbares,
mais ils n'étaient pas absurdes. Leur but, comme le nôtre,
était de vivre aux dépens d'autrui; mais, comme nous, ils

ne le manquaient pas. Que devons-nous penser d'un peuple où l'on ne paraît pas se douter que le *pillage réciproque* n'en est pas moins pillage parce qu'il est récipropre ; qu'il n'en est pas moins criminel parce qu'il s'exécute légalement et avec ordre ; qu'il n'ajoute rien au bien-être public ; qu'il le diminue au contraire de tout ce que coûte cet intermédiaire dispendieux que nous nommons l'ÉTAT ?

Et cette grande chimère, nous l'avons placée, pour l'édification du peuple, au frontispice de la Constitution. Voici les premiers mots du préambule :

« La France s'est constituée en République pour... appeler tous les citoyens à un degré toujours plus élevé de moralité, de lumière et de bien-être. »

Ainsi, c'est la France ou l'*abstraction* qui appelle les Français ou les *réalités* à la moralité, au bien-être, etc. N'est-ce pas abonder dans le sens de cette bizarre illusion qui nous porte à tout attendre d'une autre énergie que la nôtre ? N'est-ce pas donner à entendre qu'il y a, à côté et en dehors des Français, un être vertueux, éclairé, riche, qui peut et doit verser sur eux ses bienfaits ? N'est-ce pas supposer, et certes bien gratuitement, qu'il y a entre la France et les Français, entre la simple dénomination abrégée, abstraite, de toutes les individualités et ces individualités mêmes, des rapports de père à fils, de tuteur à pupille, de professeur à écolier ? Je sais bien qu'on dit quelquefois métaphoriquement : La patrie est une mère tendre. Mais pour prendre en flagrant délit d'inanité la proposition constitutionnelle, il suffit de montrer qu'elle peut être retournée, je ne dirai pas sans inconvénient, mais même avec avantage. L'exactitude souffrirait-elle si le préambule avait dit :

« Les Français se sont constitués en République pour appeler la France à un degré toujours plus élevé de moralité, de lumière et de bien-être ? »

Or, quelle est la valeur d'un axiome où le sujet et l'attri-

19.

but peuvent chasser-croiser sans inconvénient? Tout le
monde comprend qu'on dise : la mère allaitera l'enfant.
Mais il serait ridicule de dire : l'enfant allaitera la mère.

Les Américains se faisaient une autre idée des relations
des citoyens avec l'État, quand ils placèrent en tête de leur
Constitution ces simples paroles :

« Nous, le peuple des États-Unis, pour former une union
plus parfaite, établir la justice, assurer la tranquillité intérieure, pourvoir à la défense commune, accroître le bien-
être général et assurer les bienfaits de la liberté à nous-
mêmes et à notre postérité, décrétons, etc. »

Ici point de création chimérique, point d'*abstraction* à
laquelle les citoyens demandent tout. Ils n'attendent rien que
d'eux-mêmes et de leur propre énergie.

Si je me suis permis de critiquer les premières paroles de
notre Constitution, c'est qu'il ne s'agit pas, comme on
pourrait le croire, d'une pure subtilité métaphysique. Je
prétends que cette *personnification* de l'ÉTAT a été dans le
passé et sera dans l'avenir une source féconde de calamités
et de révolutions.

Voilà le Public d'un côté, l'État de l'autre, considérés
comme deux êtres distincts, celui-ci tenu d'épandre sur
celui-là, celui-là ayant droit de réclamer de celui-ci le torrent des félicités humaines. Que doit-il arriver ?

Au fait, l'État n'est pas manchot et ne peut l'être. Il a
deux mains, l'une pour recevoir et l'autre pour donner,
autrement dit, la main rude et la main douce. L'activité de
la seconde est nécessairement subordonnée à l'activité de la
première. A la rigueur, l'État peut prendre et ne pas rendre.
Cela s'est vu et s'explique par la nature poreuse et absorbante de ses mains, qui retiennent toujours une partie et
quelquefois la totalité de ce qu'elles touchent. Mais ce qui
ne s'est jamais vu, ce qui ne se verra jamais et ne se peut
même concevoir, c'est que l'État rende au public plus qu'il

ne lui a pris. C'est donc bien follement que nous prenons
autour de lui l'humble attitude de mendiants. Il lui est radicalement impossible de conférer un avantage particulier à
quelques-unes des individualités qui constituent la communauté, sans infliger un dommage supérieur à la communauté entière.

Il se trouve donc placé, par nos exigences, dans un cercle
vicieux manifeste.

S'il refuse le bien qu'on exige de lui, il est accusé d'impuissance, de mauvais vouloir, d'incapacité. S'il essaie de
le réaliser, il est réduit à frapper le peuple de taxes redou-
blées, à faire plus de mal que de bien, et à s'attirer, par un
autre bout, la désaffection générale.

Ainsi, dans le public deux espérances, dans le gouvernement deux promesses : *beaucoup de bienfaits et pas d'impôts*.
Espérances et promesses qui, étant contradictoires, ne se
réalisent jamais.

N'est-ce pas là la cause de toutes nos révolutions ? Car
entre l'État, qui prodigue les promesses impossibles, et le
public, qui a conçu des espérances irréalisables, viennent
s'interposer deux classes d'hommes : les ambitieux et les
utopistes. Leur rôle est tout tracé par la situation. Il suffit
à ces courtisans de popularité de crier aux oreilles du peuple :
« Le pouvoir te trompe ; si nous étions à sa place, nous te
comblerions de bienfaits et t'affranchirions de taxes. »

Et le peuple croit, et le peuple espère, et le peuple fait
une révolution.

Ses amis ne sont pas plus tôt aux affaires, qu'ils sont som-
més de s'exécuter. « Donnez-moi donc du travail, du pain,
des secours, du crédit, de l'instruction, des colonies, dit le
peuple, et cependant, selon vos promesses, délivrez-moi des
serres du fisc. »

L'État nouveau n'est pas moins embarrassé que l'État
ancien, car, en fait d'impossible, on peut bien promettre,

mais non tenir. Il cherche à gagner du temps, il lui en faut pour mûrir ses vastes projets. D'abord il fait quelques timides essais ; d'un côté, il étend quelque peu l'instruction primaire ; de l'autre, il modifie quelque peu l'impôt des boissons (1830). Mais la contradiction se dresse toujours devant lui : s'il veut être philanthrope, il est forcé de rester fiscal ; et s'il renonce à la fiscalité, il faut qu'il renonce aussi à la philanthropie.

Ces deux promesses s'empêchent toujours et nécessairement l'une l'autre. User du crédit, c'est-à-dire dévorer l'avenir, est bien un moyen actuel de les concilier ; on essaie de faire un peu de bien dans le présent aux dépens de beaucoup de mal dans l'avenir. Mais ce procédé évoque le spectre de la banqueroute qui chasse le crédit. Que faire donc ? Alors l'État nouveau prend son parti en brave ; il réunit des forces pour se maintenir, il étouffe l'opinion, il a recours à l'arbitraire, il ridiculise ses anciennes maximes, il déclare qu'on ne peut administrer qu'à la condition d'être impopulaire ; bref, il se proclame *gouvernemental*.

Et c'est là que d'autres courtisans de popularité l'attendent. Ils exploitent la même illusion, passent par la même voie, obtiennent le même succès, et vont bientôt s'engloutir dans le même gouffre.

C'est ainsi que nous sommes arrivés en Février. A cette époque, l'illusion qui fait le sujet de cet article avait pénétré plus avant que jamais dans les idées du peuple, avec les doctrines socialistes. Plus que jamais, il s'attendait à ce que l'*État*, sous la forme républicaine, ouvrirait toute grande la source des bienfaits et fermerait celle de l'impôt. « On m'a souvent trompé, disait le peuple, mais je veillerai moi-même à ce qu'on ne me trompe pas encore une fois. »

Que pouvait faire le gouvernement provisoire ? Hélas ! ce qu'on fait toujours en pareille conjoncture : promettre, et gagner du temps. Il n'y manqua pas, et pour donner à ses promesses plus de solennité, il les fixa dans des décrets. « Augmentation de bien-être, diminution de travail, secours, crédit, instruction gratuite, colonies agricoles, défrichements, et en même temps réduction sur la taxe du sel, des boissons, des lettres, de la viande, tout sera accordé... vienne l'Assemblée nationale. »

L'Assemblée nationale est venue, et comme on ne peut réaliser deux contradictions, sa tâche, sa triste tâche, s'est bornée à retirer, le plus doucement possible, l'un après l'autre, tous les décrets du gouvernement provisoire.

Cependant, pour ne pas rendre la déception trop cruelle, il a bien fallu transiger quelque peu. Certains engagements ont été maintenus, d'autres ont reçu un tout petit commencement d'exécution. Aussi l'administration actuelle s'efforce-t-elle d'imaginer de nouvelles taxes.

Maintenant je me transporte par la pensée à quelques mois dans l'avenir, et je me demande, la tristesse dans l'âme, ce qu'il adviendra quand des agents de nouvelle création iront dans nos campagnes prélever les nouveaux impôts sur les successions, sur les revenus, sur les profits de l'exploitation agricole. Que le Ciel démente mes pressentiments, mais je vois encore là un rôle à jouer pour les courtisans de popularité.

Lisez le dernier Manifeste des Montagnards, celui qu'ils ont émis à propos de l'élection présidentielle. Il est un peu long, mais, après tout, il se résume en deux mots : *L'État doit beaucoup donner aux citoyens et peu leur prendre.* C'est toujours la même tactique, ou, si l'on veut, la même erreur.

« L'État doit gratuitement l'instruction et l'éducation à tous les citoyens. »

Il doit :

« Un enseignement général et professionnel approprié, autant que possible, aux besoins, aux vocations et aux capacités de chaque citoyen. »

Il doit :

« Lui apprendre ses devoirs envers Dieu, envers les hommes et envers lui-même ; développer ses sentiments, ses aptitudes et ses facultés, lui donner enfin la science de son travail, l'intelligence de ses intérêts et la connaissance de ses droits. »

Il doit :

« Mettre à la portée de tous les lettres et les arts, le patrimoine de la pensée, les trésors de l'esprit, toutes les jouissances intellectuelles qui élèvent et fortifient l'âme. »

Il doit :

« Réparer tout sinistre, incendie, inondation, etc. (cet *et cætera* en dit plus qu'il n'est gros) éprouvé par un citoyen. »

Il doit :

« Intervenir dans les rapports du capital avec le travail et se faire le régulateur du crédit. »

Il doit :

« A l'agriculture des encouragements sérieux et une protection efficace. »

Il doit :

« Racheter les chemins de fer, les canaux, les mines, » et sans doute aussi les administrer avec cette capacité industrielle qui le caractérise.

Il doit :

« Provoquer les tentatives généreuses, les encourager et les aider par toutes les ressources capables de les faire triompher. Régulateur du crédit, il commanditera largement les associations industrielles et agricoles, afin d'en assurer le succès. »

L'État doit tout cela, sans préjudice des services auxquels il fait face aujourd'hui ; et, par exemple, il faudra qu'il soit

toujours à l'égard des étrangers dans une attitude menaçante ; car, disent les signataires du programme, « liés
par cette solidarité sainte et par les précédents de la France
républicaine, nous portons nos vœux et nos espérances au
delà des barrières que le despotisme élève entre les nations :
le droit que nous voulons pour nous, nous le voulons pour
tous ceux qu'opprime le joug des tyrannies ; nous voulons
que notre glorieuse armée soit encore, s'il le faut, l'armée
de la liberté. »

Vous voyez que la main douce de l'État, cette bonne
main qui donne et qui répand, sera fort occupée sous le
gouvernement des Montagnards. Vous croyez peut-être
qu'il en sera de même de la main rude, de cette main qui
pénètre et puise dans nos poches ?

Détrompez-vous. Les courtisans de popularité ne sauraient pas leur métier, s'ils n'avaient l'art, en montrant la
main douce, de cacher la main rude.

Leur règne sera assurément le jubilé du contribuable.

« C'est le superflu, disent-ils, non le nécessaire que l'impôt doit atteindre. »

Ne sera-ce pas un bon temps que celui où, pour nous
accabler de bienfaits, le fisc se contentera d'écorner notre
superflu ?

Ce n'est pas tout. Les Montagnards aspirent à ce que
« l'impôt perde son caractère oppressif et ne soit plus qu'un
acte de fraternité. »

Bonté du ciel ! je savais bien qu'il est de mode de four-
rer la fraternité partout, mais je ne me doutais pas qu'on
la pût mettre dans le bulletin du percepteur.

Arrivant aux détails, les signataires du programme
disent :

« Nous voulons l'abolition immédiate des impôts qui
frappent les objets de première nécessité, comme le sel, les
boissons, *et cætera*.

« La réforme de l'impôt foncier, des octrois, des patentes.

« La justice gratuite, c'est-à-dire la simplification des formes et la réduction des frais. » (Ceci a sans doute trait au timbre.)

Ainsi, impôt foncier, octrois, patentes, timbre, sel, boissons, postes, tout y passe. Ces messieurs ont trouvé le secret de donner une activité brûlante à la *main douce* de l'État tout en paralysant sa *main rude*.

Eh bien, je le demande au lecteur impartial, n'est-ce pas là de l'enfantillage, et, de plus, de l'enfantillage dangereux? Comment le peuple ne ferait-il pas révolution sur révolution, s'il est une fois décidé à ne s'arrêter que lorsqu'il aura réalisé cette contradiction : « Ne rien donner à l'État et en recevoir beaucoup ! »

Croit-on que si les Montagnards arrivaient au pouvoir, ils ne seraient pas les victimes des moyens qu'ils emploient pour le saisir?

Citoyens, dans tous les temps deux systèmes politiques ont été en présence, et tous les deux peuvent se soutenir par de bonnes raisons. Selon l'un, l'État doit beaucoup faire, mais aussi il doit beaucoup prendre. D'après l'autre, sa double action doit se faire peu sentir. Entre ces deux systèmes il faut opter. Mais quant au troisième système, participant des deux autres, et qui consiste à tout exiger de l'État sans lui rien donner, il est chimérique, absurde, puéril, contradictoire, dangereux. Ceux qui le mettent en avant, pour se donner le plaisir d'accuser tous les gouvernements d'impuissance et les exposer ainsi à vos coups, ceux-là vous flattent et vous trompent, ou du moins ils se trompent eux-mêmes.

Quant à nous, nous pensons que l'État, ce n'est ou ce ne devrait être autre chose que la *force commune* instituée, non pour être entre tous les citoyens un instrument d'oppression et de spoliation réciproque, mais, au contraire, pour garantir à chacun le sien, et faire régner la justice et la sécurité [1].

[1] Voy. au tome VI, le chap. XVII des *Harmonies*, et au tome Ier, l'opuscule de 1830, intitulé : *Aux électeurs du département des Landes.*

(*Note de l'éditeur.*)

LA LOI [1].

La loi pervertie! La loi — et à sa suite toutes les forces collectives de la nation, — la Loi, dis-je, non-seulement détournée de son but, mais appliquée à poursuivre un but directement contraire! La Loi devenue l'instrument de toutes les cupidités, au lieu d'en être le frein! La Loi accomplissant elle-même l'iniquité qu'elle avait pour mission de punir! Certes, c'est là un fait grave, s'il existe, et sur lequel il doit m'être permis d'appeler l'attention de mes concitoyens.

Nous tenons de Dieu le don qui pour nous les renferme tous, la Vie, — la vie physique, intellectuelle et morale.

Mais la vie ne se soutient pas d'elle-même. Celui qui nous l'a donnée nous a laissé le soin de l'entretenir, de la développer, de la perfectionner.

Pour cela, il nous a pourvus d'un ensemble de Facultés merveilleuses ; il nous a plongés dans un milieu d'éléments divers. C'est par l'application de nos facultés à ces éléments que se réalise le phénomène de l'*Assimilation*, de l'*Appropriation*, par lequel la vie parcourt le cercle qui lui a été assigné.

Existence, Facultés, Assimilation, — en d'autres termes, Personnalité, Liberté, Propriété, — voilà l'homme.

---

[1] Ce fut en juin 1850 que l'auteur, pendant quelques jours passés dans sa famille à Mugron, écrivit ce pamphlet.

(*Note de l'éditeur.*)

C'est de ces trois choses qu'on peut dire, en dehors de toute subtilité démagogique, qu'elles sont antérieures et supérieures à toute législation humaine.

Ce n'est pas parce que les hommes ont édicté des Lois que la Personnalité, la Liberté et la Propriété existent. Au contraire, c'est parce que la Personnalité, la Liberté et la Propriété préexistent que les hommes font des Lois.

Qu'est-ce donc que la Loi? Ainsi que je l'ai dit ailleurs, c'est l'organisation collective du Droit individuel de légitime défense [1].

Chacun de nous tient certainement de la nature, de Dieu, le droit de défendre sa Personne, sa Liberté, sa Propriété, puisque ce sont les trois éléments constitutifs ou conservateurs de la Vie; éléments qui se complètent l'un par l'autre et ne se peuvent comprendre l'un sans l'autre. Car que sont nos Facultés, sinon un prolongement de notre Personnalité, et qu'est-ce que la Propriété si ce n'est un prolongement de nos Facultés?

Si chaque homme a le droit de défendre, même par la force, sa Personne, sa Liberté, sa Propriété, plusieurs hommes ont le Droit de se concerter, de s'entendre, d'organiser une Force commune pour pourvoir régulièrement à cette défense.

Le Droit collectif a donc son principe, sa raison d'être, sa légitimité dans le Droit individuel; et la Force commune ne peut avoir rationnellement d'autre but, d'autre mission que les forces isolées auxquelles elle se substitue.

Ainsi, comme la Force d'un individu ne peut légitimement attenter à la Personne, à la Liberté, à la Propriété d'un autre individu, par la même raison la Force commune ne peut être légitimement appliquée à détruire la Personne, la Liberté, la Propriété des individus ou des classes.

[1] Voy. au tome V, les deux dernières pages du pamphlet, *Spoliation et Loi.*   (Note de l'éditeur.)

Car cette perversion de la Force serait, en un cas comme dans l'autre, en contradiction avec nos prémisses. Qui osera dire que la Force nous a été donnée non pour défendre nos Droits, mais pour anéantir les Droits égaux de nos frères? Et si cela n'est pas vrai de chaque force individuelle, agissant isolément, comment cela serait-il vrai de la force collective, qui n'est que l'union organisée des forces isolées?

Donc, s'il est une chose évidente, c'est celle-ci : La Loi, c'est l'organisation du Droit naturel de légitime défense; c'est la substitution de la force collective aux forces individuelles, pour agir dans le cercle où celles-ci ont le droit d'agir, pour faire ce que celles-ci ont le droit de faire, pour garantir les Personnes, les Libertés, les Propriétés, pour maintenir chacun dans son Droit, pour faire régner entre tous la JUSTICE.

Et s'il existait un peuple constitué sur cette base, il me semble que l'ordre y prévaudrait dans les faits comme dans les idées. Il me semble que ce peuple aurait le gouvernement le plus simple, le plus économique, le moins lourd, le moins senti, le moins responsable, le plus juste, et par conséquent le plus solide qu'on puisse imaginer, quelle que fût d'ailleurs sa forme politique.

Car, sous un tel régime, chacun comprendrait bien qu'il a toute la plénitude comme toute la responsabilité de son Existence. Pourvu que la personne fût respectée, le travail libre et les fruits du travail garantis contre toute injuste atteinte, nul n'aurait rien à démêler avec l'État. Heureux, nous n'aurions pas, il est vrai, à le remercier de nos succès; mais malheureux, nous ne nous en prendrions pas plus à lui de nos revers que nos paysans ne lui attribuent la grêle ou la gelée. Nous ne le connaîtrions que par l'inestimable bienfait de la SURETÉ.

On peut affirmer encore que, grâce à la non-intervention de l'État dans les affaires privées, les Besoins et les Satisfactions se développeraient dans l'ordre naturel. On ne verrait point les familles pauvres chercher l'instruction littéraire avant d'avoir du pain. On ne verrait point la ville se peupler aux dépens des campagnes, ou les campagnes aux dépens des villes. On ne verrait pas ces grands déplacements de capitaux, de travail, de population, provoqués par des mesures législatives, déplacements qui rendent si incertaines et si précaires les sources mêmes de l'existence, et 'aggravent par là, dans une si grande mesure, la responsabilité des gouvernements.

Par malheur, il s'en faut que la Loi se soit renfermée dans son rôle. Même il s'en faut qu'elle ne s'en soit écartée que dans des vues neutres et discutables. Elle a fait pis : elle a agi contrairement à sa propre fin; elle a détruit son propre but; elle s'est appliquée à anéantir cette Justice qu'elle devait faire régner, à effacer, entre les Droits, cette limite que sa mission était de faire respecter; elle a mis la force collective au service de ceux qui veulent exploiter, sans risque et sans scrupule, la Personne, la Liberté ou la Propriété d'autrui; elle a converti la Spoliation en Droit, pour la protéger, et la légitime défense en crime, pour la punir.

Comment cette perversion de la Loi s'est-elle accomplie? Quelles en ont été les conséquences?

La Loi s'est pervertie sous l'influence de deux causes bien différentes : l'égoïsme inintelligent et la fausse philanthropie.

Parlons de la première.

Se conserver, se développer, c'est l'aspiration commune à tous les hommes, de telle sorte que si chacun jouissait du libre exercice de ses facultés et de la libre disposition de leurs produits, le progrès social serait incessant, ininterrompu, infaillible.

Mais il est une autre disposition qui leur est aussi commune. C'est de vivre et de se développer, quand ils le peu-

vent, aux dépens les uns des autres. Ce n'est pas là une
imputation hasardée, émanée d'un esprit chagrin et pessi-
miste. L'histoire en rend témoignage par les guerres inces-
santes, les migrations de peuples, les oppressions sacerdo-
tales, l'universalité de l'esclavage, les fraudes industrielles
et les monopoles dont ses annales sont remplies.

Cette disposition funeste prend naissance dans la constitution même de l'homme, dans ce sentiment primitif, universel, invincible, qui le pousse vers le bien-être et lui fait
fuir la douleur.

L'homme ne peut vivre et jouir que par une assimilation,
une appropriation perpétuelle, c'est-à-dire par une perpétuelle application de ses facultés sur les choses, ou par le
travail. De là la Propriété.

Mais, en fait, il peut vivre et jouir en s'assimilant, en
s'appropriant le produit des facultés de son semblable. De
là la Spoliation.

Or, le travail étant en lui-même une peine, et l'homme
étant naturellement porté à fuir la peine, il s'ensuit, l'histoire est là pour le prouver, que partout où la spoliation est
moins onéreuse que le travail, elle prévaut ; elle prévaut sans
que ni religion ni morale puissent, dans ce cas, l'empêcher.

Quand donc s'arrête la spoliation? Quand elle devient
plus onéreuse, plus dangereuse que le travail.

Il est bien évident que la Loi devrait avoir pour but d'opposer le puissant obstacle de la force collective à cette funeste tendance ; qu'elle devrait prendre parti pour la propriété contre la Spoliation.

Mais la Loi est faite, le plus souvent, par un homme ou
par une classe d'hommes. Et la Loi n'existant point sans
sanction, sans l'appui d'une force prépondérante, il ne se
peut pas qu'elle ne mette en définitive cette force aux mains
de ceux qui légifèrent.

Ce phénomène inévitable, combiné avec le funeste penchant que nous avons constaté dans le cœur de l'homme, explique la perversion à peu près universelle de la Loi. On conçoit comment, au lieu d'être un frein à l'injustice, elle devient un instrument et le plus invincible instrument d'injustice. On conçoit que, selon la puissance du législateur, elle détruit, à son profit, et à divers degrés, chez le reste des hommes, la Personnalité par l'esclavage, la Liberté par l'oppression, la Propriété par la spoliation.

Il est dans la nature des hommes de réagir contre l'iniquité dont ils sont victimes. Lors donc que la Spoliation est organisée par la Loi, au profit des classes qui la font, toutes les classes spoliées tendent, par des voies pacifiques ou par des voies révolutionnaires, à entrer pour quelque chose dans la confection des Lois. Ces classes, selon le degré de lumières où elles sont parvenues, peuvent se proposer deux buts bien différents quand elles poursuivent ainsi la conquête de leurs droits politiques : ou elles veulent faire cesser la spoliation légale, ou elles aspirent à y prendre part.

Malheur, trois fois malheur aux nations où cette dernière pensée domine dans les masses, au moment où elles s'emparent à leur tour de la puissance législative !

Jusqu'à cette époque la spoliation légale s'exerçait par le petit nombre sur le grand nombre, ainsi que cela se voit chez les peuples où le droit de légiférer est concentré en quelques mains. Mais le voilà devenu universel, et l'on cherche l'équilibre dans la spoliation universelle. Au lieu d'extirper ce que la société contenait d'injustice, on la généralise. Aussitôt que les classes déshéritées ont recouvré leurs droits politiques, la première pensée qui les saisit n'est pas de se délivrer de la spoliation (cela supposerait en elles des lumières qu'elles ne peuvent avoir), mais d'organiser, contre les autres classes et à leur propre détriment, un système de représailles, — comme s'il fallait, avant que le règne de la justice arrive, qu'une cruelle rétribution vînt les frapper toutes, les unes à cause de leur iniquité, les autres à cause de leur ignorance.

Il ne pouvait donc s'introduire dans la Société un plus grand changement et un plus grand malheur que celui-là : la Loi convertie en instrument de spoliation.

Quelles sont les conséquences d'une telle perturbation ? Il faudrait des volumes pour les décrire toutes. Contentons-nous d'indiquer les plus saillantes.

La première, c'est d'effacer dans les consciences la notion du juste et de l'injuste.

Aucune société ne peut exister si le respect des Lois n'y règne à quelque degré ; mais le plus sûr, pour que les lois soient respectées, c'est qu'elles soient respectables. Quand la Loi et la Morale sont en contradiction, le citoyen se trouve dans la cruelle alternative ou de perdre la notion de Morale ou de perdre le respect de la Loi, deux malheurs aussi grands l'un que l'autre et entre lesquels il est difficile de choisir.

Il est tellement de la nature de la Loi de faire régner la Justice, que Loi et Justice, c'est tout un, dans l'esprit des masses. Nous avons tous une forte disposition à regarder ce qui est légal comme légitime, à ce point qu'il y en a beau-coup qui font découler faussement toute justice de la Loi. Il suffit donc que la Loi ordonne et consacre la Spoliation pour que la spoliation semble juste et sacrée à beaucoup de consciences. L'esclavage, la restriction, le monopole trouvent des défenseurs non-seulement dans ceux qui en profitent, mais encore dans ceux qui en souffrent. Essayez de proposer quelques doutes sur la moralité de ces institutions. « Vous êtes, dira-t-on, un novateur dangereux, un utopiste, un théoricien, un contempteur des lois ; vous ébranlez la base sur laquelle repose la société. » Faites-vous un cours de morale, ou d'économie politique ? Il se trouvera des corps officiels pour faire parvenir au gouvernement ce vœu :

« Que la science soit désormais enseignée, *non plus* au seul point de vue du Libre-Échange (de la Liberté, de la Propriété, de la Justice), ainsi que cela a eu lieu jusqu'ici, mais aussi et surtout au point de vue des faits et de la législation (contraire à la Liberté, à la Propriété, à la Justice) qui régit l'industrie française. »

« Que, dans les chaires publiques salariées par le Trésor, le professeur s'abstienne rigoureusement de porter la moindre atteinte au respect dû aux *lois en vigueur*[1], etc. »

En sorte que s'il existe une loi qui sanctionne l'esclavage ou le monopole, l'oppression ou la spoliation sous une forme quelconque, il ne faudra pas même en parler; car comment en parler sans ébranler le respect qu'elle inspire? Bien plus, il faudra enseigner la morale et l'économie politique au point de vue de cette loi, c'est-à-dire sur la supposition qu'elle est juste par cela seul qu'elle est Loi.

Un autre effet de cette déplorable perversion de la Loi, c'est de donner aux passions et aux luttes politiques, et, en général, à la politique proprement dite, une prépondérance exagérée.

Je pourrais prouver cette proposition de mille manières. Je me bornerai, par voie d'exemple, à la rapprocher du sujet qui a récemment occupé tous les esprits : le suffrage universel.

Quoi qu'en pensent les adeptes de l'Ecole de Rousseau, laquelle se dit *très-avancée* et que je crois *reculée* de vingt siècles, le suffrage *universel* (en prenant ce mot dans son acception rigoureuse) n'est pas un de ces dogmes sacrés, à l'égard desquels l'examen et le doute même sont des crimes.

On peut lui opposer de graves objections.

[1] Conseil général des manufactures, de l'agriculture et du commerce. (Séance du 6 mai 1850.)

D'abord le mot *universel* cache un grossier sophisme. Il y a en France trente-six millions d'habitants. Pour que le droit de suffrage fût *universel*, il faudrait qu'il fût reconnu à trente-six millions d'électeurs. Dans le système le plus large, on ne le reconnaît qu'à neuf millions. Trois personnes sur quatre sont donc exclues et, qui plus est, elles le sont par cette quatrième. Sur quel principe se fonde cette exclusion? sur le principe de l'Incapacité. Suffrage universel veut dire : suffrage universel des capables. Restent ces questions de fait : quels sont les capables? l'âge, le sexe, les condamnations judiciaires sont-ils les seuls signes auxquels on puisse reconnaître l'incapacité?

Si l'on y regarde de près, on aperçoit bien vite le motif pour lequel le droit de suffrage repose sur la présomption de capacité, le système le plus large ne différant à cet égard du plus restreint que par l'appréciation des signes auxquels cette capacité peut se reconnaître; ce qui ne constitue pas une différence de principe, mais de degré.

Ce motif, c'est que l'électeur ne stipule pas pour lui, mais pour tout le monde.

Si, comme le prétendent les républicains de la teinte grecque et romaine, le droit de suffrage nous était échu avec la vie, il serait inique aux adultes d'empêcher les femmes et les enfants de voter. Pourquoi les empêche-t-on? Parce qu'on les présume incapables. Et pourquoi l'Incapacité est-elle un motif d'exclusion? Parce que l'électeur ne recueille pas seul la responsabilité de son vote; parce que chaque vote engage et affecte la communauté tout entière; parce que la communauté a bien le droit d'exiger quelques garanties, quant aux actes d'où dépendent son bien-être et son existence.

Je sais ce qu'on peut répondre. Je sais aussi ce qu'on pourrait répliquer. Ce n'est pas ici le lieu d'épuiser une telle controverse. Ce que je veux faire observer, c'est que cette controverse même (aussi bien que la plupart des questions politiques) qui agite, passionne et bouleverse les peuples, perdrait presque toute son importance, si la Loi avait toujours été ce qu'elle devrait être.

En effet, si la Loi se bornait à faire respecter toutes les Personnes, toutes les Libertés, toutes les Propriétés; si elle n'était que l'organisation du Droit individuel de légitime défense, l'obstacle, le frein, le châtiment opposé à toutes les oppressions, à toutes les spoliations, croit-on que nous nous disputerions beaucoup, entre citoyens, à propos du suffrage plus ou moins universel? Croit-on qu'il mettrait en question le plus grand des biens, la paix publique? Croit-on que les classes exclues n'attendraient pas paisiblement leur tour? Croit-on que les classes admises seraient très-jalouses de leur privilège? Et n'est-il pas clair que l'intérêt étant identique et commun, les uns agiraient, sans grand inconvénient, pour les autres?

Mais que ce principe funeste vienne à s'introduire, que, sous prétexte d'organisation, de réglementation, de protection, d'encouragement, la Loi peut *prendre aux uns pour donner aux autres*, puiser dans la richesse acquise par toutes les classes pour augmenter celle d'une classe, tantôt celle des agriculteurs, tantôt celle des manufacturiers, des négociants, des armateurs, des artistes, des comédiens; oh! certes, en ce cas, il n'y a pas de classe qui ne prétende, avec raison, mettre, elle aussi, la main sur la Loi; qui ne revendique avec fureur son droit d'élection et d'éligibilité; qui ne bouleverse la société plutôt que de ne pas l'obtenir. Les mendiants et les vagabonds eux-mêmes vous prouveront qu'ils ont des titres incontestables. Ils vous diront : « Nous n'achetons jamais de vin, de tabac, de sel, sans payer l'impôt, et une part de cet impôt est donnée législativement en primes, en subventions à des hommes plus riches que nous. D'autres font servir la Loi à élever artificiellement le prix du pain, de la viande, du fer, du drap. Puisque chacun exploite la Loi à son profit, nous voulons l'exploiter aussi. Nous voulons en faire sortir le *Droit à l'assistance*, qui est la part de spoliation du pauvre. Pour cela, il faut que nous soyons électeurs et législateurs, afin que nous organisions en grand l'Aumône pour notre classe, comme vous avez organisé en grand la Protection pour la vôtre. Ne nous dites pas que vous nous ferez notre part, que vous nous jetterez, selon la proposition de M. Mimerel, une somme de 600,000 francs pour nous faire taire et comme un os à ronger. Nous avons d'autres prétentions et, en tout cas, nous voulons stipuler pour nous-mêmes comme les autres classes ont stipulé pour elles-mêmes ! »

Que peut-on répondre à cet argument ? Oui, tant qu'il sera admis en principe que la Loi peut être détournée de sa vraie mission, qu'elle peut violer les propriétés au lieu de les garantir, chaque classe voudra faire la Loi, soit pour se défendre contre la spoliation, soit pour l'organiser aussi à son profit. La question politique sera toujours préjudicielle, dominante, absorbante ; en un mot, on se battra à la porte du Palais législatif. La lutte ne sera pas moins acharnée au dedans. Pour en être convaincu, il est à peine nécessaire de regarder ce qui se passe dans les Chambres en France et en Angleterre ; il suffit de savoir comment la question y est posée.

Est-il besoin de prouver que cette odieuse perversion de la Loi est une cause perpétuelle de haine, de discorde, pouvant aller jusqu'à la désorganisation sociale ? Jetez les yeux sur les États-Unis. C'est le pays du monde où la Loi reste le plus dans son rôle, qui est de garantir à chacun sa liberté et sa propriété. Aussi c'est le pays du monde où l'ordre social paraît reposer sur les bases les plus stables. Cependant, aux États-Unis même, il est deux questions, et il n'en est que deux, qui, depuis l'origine, ont mis plusieurs fois l'ordre politique en péril. Et quelles sont ces deux questions ? Celle de l'Esclavage et celle des Tarifs, c'est-à-dire précisément les deux seules questions où, contrairement à l'esprit général de cette république, la Loi a pris le caractère spoliateur. L'Esclavage est une violation, sanctionnée par la loi, des droits de la Personne. La Protection est une violation, perpétrée par la loi, du droit de Propriété ; et certes, il est bien remarquable qu'au milieu de tant d'autres débats, ce double *fléau légal*, triste héritage de l'ancien monde, soit le seul qui puisse amener et amènera peut-être la rupture de l'Union. C'est qu'en effet on ne saurait imaginer, au sein d'une société, un fait plus considérable que celui-ci : *La Loi devenue un instrument d'injustice*. Et si ce fait engendre des conséquences si formidables aux États-Unis, où il n'est qu'une exception, que doit-ce être dans notre Europe, où il est un Principe, un Système ?

M. de Montalembert, s'appropriant la pensée d'une proclamation fameuse de M. Carlier, disait : Il faut faire la guerre au Socialisme. — Et par Socialisme, il faut croire que, selon la définition de M. Charles Dupin, il désignait la Spoliation.

Mais de quelle Spoliation voulait-il parler ? Car il y en a de deux sortes. Il y a la *spoliation extra-légale* et la *spoliation légale*.

Quant à la spoliation extra-légale, celle qu'on appelle vol, escroquerie, celle qui est définie, prévue et punie par le Code pénal, en vérité, je ne pense pas qu'on la puisse décorer du nom de Socialisme. Ce n'est pas celle qui menace systématiquement la société dans ses bases. D'ailleurs, la guerre contre ce genre de spoliation n'a pas attendu le signal de M. de Montalembert ou de M. Carlier. Elle se poursuit depuis le commencement du monde ; la France y avait pourvu, dès longtemps avant la révolution de février, dès longtemps avant l'apparition du Socialisme, par tout un appareil de magistrature, de police, de gendarmerie, de prisons, de bagnes et d'échafauds. C'est la Loi elle-même qui conduit cette guerre, et ce qui serait, selon moi, à désirer, c'est que la Loi gardât toujours cette attitude à l'égard de la Spoliation.

Mais il n'en est pas ainsi. La Loi prend quelquefois parti pour elle. Quelquefois elle l'accomplit de ses propres mains, afin d'en épargner au bénéficiaire la honte, le danger et le scrupule. Quelquefois elle met tout cet appareil de magistrature, police, gendarmerie et prison au service du spoliateur, et traite en criminel le spolié qui se défend. En un mot, il y a la *spoliation légale*, et c'est de celle-là sans doute que parle M. de Montalembert.

Cette spoliation peut n'être, dans la législation d'un peuple, qu'une tache exceptionnelle et, dans ce cas, ce qu'il y a de mieux à faire, sans tant de déclamations et de jérémiades, c'est de l'y effacer le plus tôt possible, malgré les clameurs des intéressés. Comment la reconnaître? C'est bien simple. Il faut examiner si la Loi prend aux uns ce qui leur appartient pour donner aux autres ce qui ne leur appartient pas. Il faut examiner si la Loi accomplit, au profit d'un citoyen et au détriment des autres, un acte que ce citoyen ne pourrait accomplir lui-même sans crime. Hâtez-vous d'abroger cette Loi; elle n'est pas seulement une iniquité, elle est une source féconde d'iniquités; car elle appelle les représailles, et si vous n'y prenez garde, le fait exceptionnel s'étendra, se multipliera et deviendra systématique. Sans doute, le bénéficiaire jettera les hauts cris; il invoquera les *droits acquis*. Il dira que l'État doit Protection et Encouragement à son industrie; il alléguera qu'il est bon que l'État l'enrichisse, parce qu'étant plus riche il dépense davantage, et répand ainsi une pluie de salaires sur les pauvres ouvriers. Gardez-vous d'écouter ce sophiste, car c'est justement par la systématisation de ces arguments que se systématisera la *spoliation légale.*

C'est ce qui est arrivé. La chimère du jour est d'enrichir toutes les classes aux dépens les unes des autres ; c'est de généraliser la Spoliation sous prétexte de l'*organiser.* Or, la spoliation légale peut s'exercer d'une multitude infinie de manières ; de là une multitude infinie de plans d'organisation : tarifs, protection, primes, subventions, encouragements, impôt progressif, instruction gratuite, Droit au travail, Droit au profit, Droit au salaire, Droit à l'assistance, Droit aux instruments de travail, gratuité du crédit, etc., etc. Et c'est l'ensemble de tous ces plans, en ce qu'ils ont de commun, la spoliation légale, qui prend le nom de Socialisme.

Or le socialisme, ainsi-défini, formant un corps de doctrine, quelle guerre voulez-vous lui faire, si ce n'est une guerre de doctrine ? Vous trouvez cette doctrine fausse, absurde, abominable. Réfutez-la. Cela vous sera d'autant plus aisé qu'elle est plus fausse, plus absurde, plus abominable. Surtout, si vous voulez être fort, commencez par extirper de votre législation tout ce qui a pu s'y glisser de Socialisme, — et l'œuvre n'est pas petite.

On a reproché à M. de Montalembert de vouloir tourner contre le Socialisme la force brutale. C'est un reproche dont il doit être exonéré, car il a dit formellement : Il faut faire au Socialisme la guerre qui est compatible avec la loi, l'honneur et la justice.

Mais comment M. de Montalembert ne s'aperçoit-il pas qu'il se place dans un cercle vicieux ? Vous voulez opposer au Socialisme la Loi ? Mais précisément le Socialisme invoque la Loi. Il n'aspire pas à la spoliation extra-légale, mais à la spoliation légale. C'est de la Loi même, à l'instar des monopoleurs de toute sorte, qu'il prétend se faire un instrument ; et une fois qu'il aura la Loi pour lui, comment voulez-vous tourner la Loi contre lui ? Comment voulez-vous le placer sous le coup de vos tribunaux, de vos gendarmes, de vos prisons ?

Aussi que faites-vous ? Vous voulez l'empêcher de mettre la main à la confection des Lois. Vous voulez le tenir en dehors du Palais législatif. Vous n'y réussirez pas, j'ose vous le prédire, tandis qu'au dedans on légiférera sur le principe de la Spoliation légale. C'est trop inique, c'est trop absurde.

Il faut absolument que cette question de Spoliation légale se vide, et il n'y a que trois solutions.

Que le petit nombre spolie le grand nombre.

Que tout le monde spolie tout le monde.

Que personne ne spolie personne.

Spoliation partielle, Spoliation universelle, absence de Spoliation, il faut choisir. La Loi ne peut poursuivre qu'un de ces trois résultats.

Spoliation *partielle*, — c'est le système qui a prévalu tant que l'électorat a été *partiel*, système auquel on revient pour éviter l'invasion du Socialisme.

Spoliation *universelle*, — c'est le système dont nous avons été menacés quand l'électorat est devenu *universel*, la masse ayant conçu l'idée de légiférer sur le principe des législateurs qui l'ont précédée.

Absence de Spoliation, — c'est le principe de justice, de paix, d'ordre, de stabilité, de conciliation, de bon sens que je proclamerai de toute la force, hélas ! bien insuffisante, de mes poumons, jusqu'à mon dernier souffle.

Et, sincèrement, peut-on demander autre chose à la Loi ? La Loi, ayant pour sanction nécessaire la Force, peut-elle être raisonnablement employée à autre chose qu'à maintenir chacun dans son Droit ? Je défie qu'on la fasse sortir de ce cercle, sans la tourner, et, par conséquent, sans tourner la Force contre le Droit. Et comme c'est là la plus funeste, la plus illogique perturbation sociale qui se puisse imaginer, il faut bien reconnaître que la véritable solution, tant cher-

chée, du problème social est renfermée dans ces simples
mots : LA LOI, C'EST LA JUSTICE ORGANISÉE.

Or, remarquons-le bien : organiser la Justice par la Loi,
c'est-à-dire par la Force, exclut l'idée d'organiser par la Loi
ou par la Force une manifestation quelconque de l'activité
humaine : Travail, Charité, Agriculture, Commerce, Industrie, Instruction, Beaux-Arts, Religion ; car il n'est pas possible qu'une de ces organisations secondaires n'anéantisse
l'organisation essentielle. Comment imaginer, en effet, la
Force entreprenant sur la Liberté des citoyens, sans porter
atteinte à la Justice, sans agir contre son propre but?

Ici je me heurte au plus populaire des préjugés de notre
époque. On ne veut pas seulement que la Loi soit juste; on
veut encore qu'elle soit philanthropique. On ne se contente
pas qu'elle garantisse à chaque citoyen le libre et inoffensif
exercice de ses facultés, appliquées à son développement
physique, intellectuel et moral; on exige d'elle qu'elle ré-
pande directement sur la nation le bien-être, l'instruction et
la moralité. C'est le côté séduisant du Socialisme.

Mais, je le répète, ces deux missions de la Loi se contredisent. Il faut opter. Le citoyen ne peut en même temps
être libre et ne l'être pas. M. de Lamartine m'écrivait un
jour : « Votre doctrine n'est que la moitié de mon programme; vous en êtes resté à la Liberté, j'en suis à la Fraternité. » Je lui répondis : » La seconde moitié de votre programme détruira la première. » Et, en effet, il m'est tout à
fait impossible de séparer le mot *fraternité* du mot *volontaire*. Il m'est tout à fait impossible de concevoir la Fraternité *légalement* forcée, sans que la Liberté soit *légalement*
détruite, et la Justice *légalement* foulée aux pieds.

La Spoliation légale a deux racines : l'une, nous venons
de le voir, est dans l'Égoïsme humain ; l'autre est dans la
fausse Philanthropie.

Avant d'aller plus loin, je crois devoir m'expliquer sur le mot Spoliation.

Je ne le prends pas, ainsi qu'on le fait trop souvent, dans une acception vague, indéterminée, approximative, métaphorique : je m'en sers au sens tout à fait scientifique, et comme, exprimant l'idée opposée à celle de la Propriété. Quand une portion de richesses passe de celui qui l'a acquise, sans son consentement et sans compensation, à celui qui ne l'a pas créée, que ce soit par force ou par ruse, je dis qu'il y a atteinte à la Propriété, qu'il y a Spoliation. Je dis que c'est là justement ce que la Loi devrait réprimer partout et toujours. Que si la Loi accomplit elle-même l'acte qu'elle devrait réprimer, je dis qu'il n'y a pas moins Spoliation, et même, socialement parlant, avec circonstance aggravante. Seulement, en ce cas, ce n'est pas celui qui profite de la Spoliation qui en est responsable, c'est la Loi, c'est le législateur, c'est la société, et c'est ce qui en fait le danger politique.

Il est fâcheux que ce mot ait quelque chose de blessant. J'en ai vainement cherché un autre, car en aucun temps, et moins aujourd'hui que jamais, je ne voudrais jeter au milieu de nos discordes une parole irritante. Aussi, qu'on le croie ou non, je déclare que je n'entends accuser les intentions ni la moralité de qui que ce soit. J'attaque une idée que je crois fausse, un système qui me semble injuste, et cela tellement en dehors des intentions, que chacun de nous en profite sans le vouloir et en souffre sans le savoir. Il faut écrire sous l'influence de l'esprit de parti ou de la peur pour révoquer en doute la sincérité du Protectionisme, du Socialisme et même du Communisme, qui ne sont qu'une seule et même plante, à trois périodes diverses de sa croissance. Tout ce qu'on pourrait dire, c'est que la Spoliation est plus visible, par sa partialité, dans le Protectionisme [1],

---

[1] Si la protection n'était accordée, en France, qu'à une seule classe,

par son universalité, dans le Communisme ; d'où il suit que des trois systèmes le Socialisme est encore le plus vague, le plus indécis, et par conséquent le plus sincère.

Quoi qu'il en soit, convenir que la spoliation légale a une de ses racines dans la fausse philanthropie, c'est mettre évidemment les intentions hors de cause.

Ceci entendu, examinons ce que vaut, d'où vient et où aboutit cette aspiration populaire qui prétend réaliser le Bien général par la Spoliation générale.

Les socialistes nous disent : Puisque la Loi organise la justice, pourquoi n'organiserait-elle pas le travail, l'enseignement, la religion ?

Pourquoi ? Parce qu'elle ne saurait organiser le travail, l'enseignement, la religion, sans désorganiser la Justice.

Remarquez donc que la Loi, c'est la Force, et que, par conséquent, le domaine de la Loi ne saurait dépasser légitimement le légitime domaine de la Force.

Quand la loi et la Force retiennent un homme dans la Justice, elles ne lui imposent rien qu'une pure négation. Elles ne lui imposent que l'abstention de nuire. Elles n'attentent ni à sa Personnalité, ni à sa Liberté, ni à sa Propriété. Seulement elles sauvegardent la Personnalité, la Liberté et la Propriété d'autrui. Elles se tiennent sur la défensive ; elles défendent le Droit égal de tous. Elles remplissent une mission dont l'innocuité est évidente, l'utilité palpable, et la légitimité incontestée.

Cela est si vrai qu'ainsi qu'un de mes amis me le faisait remarquer, dire que *le but de la Loi est de faire régner la*

---

par exemple, aux maîtres de forges, elle serait si absurdement spoliatrice qu'elle ne pourrait se maintenir. Aussi nous voyons toutes les industries protégées se liguer, faire cause commune et même se recruter de manière à paraître embrasser l'ensemble du *travail national*. Elles sentent instinctivement que la Spoliation se dissimule en se généralisant.

Justice, c'est se servir d'une expression qui n'est pas rigoureusement exacte. Il faudrait dire : *Le but de la Loi est d'empêcher l'Injustice de régner*. En effet, ce n'est pas la Justice
qui a une existence propre, c'est l'Injustice. L'une résulte
de l'absence de l'autre.

Mais quand la Loi, — par l'intermédiaire de son agent
nécessaire, la Force, — impose un mode de travail, une méthode ou une matière d'enseignement, une foi ou un culte,
ce n'est plus négativement, c'est positivement qu'elle agit
sur les hommes. Elle substitue la volonté du législateur à
leur propre volonté, l'initiative du législateur à leur propre
initiative. Ils n'ont plus à se consulter, à comparer, à prévoir; la Loi fait tout cela pour eux. L'intelligence leur devient un meuble inutile ; ils cessent d'être hommes; ils perdent leur Personnalité, leur Liberté, leur Propriété.

Essayez d'imaginer une forme de travail imposée par la
Force, qui ne soit une atteinte à la Liberté; une transmission de richesse imposée par la Force, qui ne soit une atteinte à la Propriété. Si vous n'y parvenez pas, convenez
donc que la Loi ne peut organiser le travail et l'industrie
sans organiser l'Injustice.

Lorsque du fond de son cabinet, un publiciste promène
ses regards sur la société, il est frappé du spectacle d'inégalité qui s'offre à lui. Il gémit sur les souffrances qui sont
le lot d'un si grand nombre de nos frères, souffrances dont
l'aspect est rendu plus attristant encore par le contraste du
luxe et de l'opulence.

Il devrait peut-être se demander si un tel état social n'a
pas pour cause d'anciennes Spoliations, exercées par voie
de conquête, et des Spoliations nouvelles, exercées par l'intermédiaire des Lois. Il devrait se demander si, l'aspiration
de tous les hommes vers le bien-être et le perfectionnement étant donnée, le règne de la justice ne suffit pas pour
réaliser la plus grande activité de Progrès et la plus grande

somme d'Égalité, compatibles avec cette responsabilité individuelle que Dieu a ménagée comme juste rétribution des vertus et des vices.

Il n'y songe seulement pas. Sa pensée se porte vers des combinaisons, des arrangements, des organisations légales ou factices. Il cherche le remède dans la perpétuité et l'exagération de ce qui a produit le mal.

Car, en dehors de la Justice, qui, comme nous l'avons vu, n'est qu'une véritable négation, est-il aucun de ces arrangements légaux, qui ne renferme le principe de la Spoliation ?

Vous dites : « Voilà des hommes qui manquent de richesses, » — et vous vous adressez à la Loi. Mais la Loi n'est pas une mamelle qui se remplisse d'elle-même, ou dont les veines lactifères aillent puiser ailleurs que dans la société. Il n'entre rien au trésor public, en faveur d'un citoyen ou d'une classe, que ce que les autres citoyens et les autres classes ont été *forcés* d'y mettre. Si chacun n'y puise que l'équivalent de ce qu'il y a versé, votre Loi, il est vrai, n'est pas spoliatrice, mais elle ne fait rien pour ces hommes qui *manquent de richesses*, elle ne fait rien pour l'égalité. Elle ne peut être un instrument d'égalisation qu'autant qu'elle prend aux uns pour donner aux autres, et alors elle est un instrument de Spoliation. Examinez à ce point de vue la Protection des tarifs, les primes d'encouragement, le Droit au profit, le Droit au travail, le Droit à l'assistance, le Droit à l'instruction, l'impôt progressif, la gratuité du crédit, l'atelier social, toujours vous trouverez au fond la Spoliation légale, l'injustice organisée.

Vous dites : « Voilà des hommes qui manquent de lumières, » — et vous vous adressez à la Loi. Mais la Loi n'est pas un flambeau répandant au loin une clarté qui lui soit propre. Elle plane sur une société où il y a des hommes qui savent et d'autres qui ne savent pas ; des citoyens qui ont besoin d'apprendre et d'autres qui sont disposés à enseigner. Elle ne peut faire que de deux choses l'une : ou laisser s'opérer librement ce genre de transactions, laisser se satisfaire librement cette nature de besoins ; ou bien forcer à cet égard les volontés et prendre aux uns de quoi payer des professeurs chargés d'instruire gratuitement les autres. Mais elle ne peut pas faire qu'il n'y ait, au second cas, atteinte à la Liberté et à la Propriété, Spoliation légale.

Vous dites : « Voilà des hommes qui manquent de moralité ou de religion, » — et vous vous adressez à la Loi. Mais la Loi c'est la Force, et ai-je besoin de dire combien c'est une entreprise violente et folle que de faire intervenir la force en ces matières ?

Au bout de ses systèmes et de ses efforts, il semble que le Socialisme, quelque complaisance qu'il ait pour lui-même, ne puisse s'empêcher d'apercevoir le monstre de la Spoliation légale. Mais que fait-il ? Il le déguise habilement à tous les yeux, même aux siens, sous les noms séducteurs de Fraternité, Solidarité, Organisation, Association. Et parce que nous ne demandons pas tant à la Loi, parce que nous n'exigeons d'elle que Justice, il suppose que nous repoussons la fraternité, la solidarité, l'organisation, l'association, et nous jette à la face l'épithète d'*individualistes*.

Qu'il sache donc que ce que nous repoussons, ce n'est pas l'organisation naturelle, mais l'organisation forcée.

Ce n'est pas l'association libre, mais les formes d'association qu'il prétend nous imposer.

Ce n'est pas la fraternité spontanée, mais la fraternité légale.

Ce n'est pas la solidarité providentielle, mais la solidarité artificielle, qui n'est qu'un déplacement injuste de Responsabilité.

Le Socialisme, comme la vieille politique d'où il émane, confond le Gouvernement et la Société. C'est pourquoi, chaque fois que nous ne voulons pas qu'une chose soit faite par le Gouvernement, il en conclut que nous ne voulons pas que cette chose soit faite du tout. Nous repoussons l'instruction par l'État ; donc nous ne voulons pas d'instruction. Nous repoussons une religion d'État ; donc nous ne voulons pas de religion. Nous repoussons l'égalisation par l'État ; donc nous ne voulons pas d'égalité, etc., etc. C'est comme s'il nous accusait de ne vouloir pas que les hommes mangent, parce que nous repoussons la culture du blé par l'État.

Comment a pu prévaloir, dans le monde politique, l'idée bizarre de faire découler de la Loi ce qui n'y est pas : le Bien, en mode positif, la Richesse, la Science, la Religion ?

Les publicistes modernes, particulièrement ceux de l'école socialiste, fondent leurs théories diverses sur une hypothèse commune, et assurément la plus étrange, la plus orgueilleuse qui puisse tomber dans un cerveau humain.

Ils divisent l'humanité en deux parts. L'universalité des hommes, moins un, forme la première ; le publiciste, à lui tout seul, forme la seconde et, de beaucoup, la plus importante.

En effet, ils commencent par supposer que les hommes ne portent en eux-mêmes ni un principe d'action, ni un moyen de discernement ; qu'ils sont dépourvus d'initiative ; qu'ils sont de la matière inerte, des molécules passives, des atomes sans spontanéité, tout au plus une végétation indifférente à son propre mode d'existence, susceptible de recevoir, d'une volonté et d'une main extérieures, un nombre infini de formes plus ou moins symétriques, artistiques, perfectionnées.

Ensuite chacun d'eux suppose sans façon qu'il est lui-même, sous les noms d'Organisateur, de Révélateur, de Législateur, d'Instituteur, de Fondateur, cette volonté et cette main, ce mobile universel, cette puissance créatrice dont la sublime mission est de réunir en société ces matériaux épars, qui sont des hommes.

Partant de cette donnée, comme chaque jardinier, selon son caprice, taille ses arbres en pyramides, en parasols, en cubes, en cônes, en vases, en espaliers, en quenouilles, en éventails, chaque socialiste, suivant sa chimère, taille la pauvre humanité en groupes, en séries, en centres, en sous-centres, en alvéoles, en ateliers sociaux, harmoniques, contrastés, etc., etc.

Et de même que le jardinier, pour opérer la taille des arbres, a besoin de haches, de scies, de serpettes et de ciseaux, le publiciste, pour arranger sa société, a besoin de forces qu'il ne peut trouver que dans les Lois ; loi de douane, loi d'impôt, loi d'assistance, loi d'instruction.

Il est si vrai que les socialistes considèrent l'humanité comme matière à combinaisons sociales, que si, par hasard, ils ne sont pas bien sûrs du succès de ces combinaisons, ils réclament du moins une parcelle d'humanité comme *matière à expériences* : on sait combien est populaire parmi eux l'idée d'*expérimenter tous les systèmes*, et on a vu un de leurs chefs venir sérieusement demander à l'assemblée constituante une commune avec tous ses habitants, pour faire son essai.

C'est ainsi que tout inventeur fait sa machine en petit avant de la faire en grand. C'est ainsi que le chimiste sacrifie quelques réactifs, que l'agriculteur sacrifie quelques semences et un coin de son champ pour faire l'épreuve d'une idée.

Mais quelle distance incommensurable entre le jardinier et ses arbres, entre l'inventeur et sa machine, entre le chimiste et ses réactifs, entre l'agriculteur et ses semences !... Le socialiste croit de bonne foi que la même distance le sépare de l'humanité.

Il ne faut pas s'étonner que les publicistes du dix-neuvième siècle considèrent la société comme une création artificielle sortie du génie du Législateur.

Cette idée, fruit de l'éducation classique, a dominé tous les penseurs, tous les grands écrivains de notre pays.

Tous ont vu entre l'humanité et le législateur les mêmes rapports qui existent entre l'argile et le potier.

Bien plus, s'ils ont consenti à reconnaître, dans le cœur de l'homme, un principe d'action et, dans son intelligence, un principe de discernement, ils ont pensé que Dieu lui avait fait, en cela, un don funeste, et que l'humanité, sous l'influence de ces deux moteurs, tendait fatalement vers sa dégradation. Ils ont posé en fait qu'abandonnée à ses penchants, l'humanité ne s'occuperait de religion que pour aboutir à l'athéisme, d'enseignement que pour arriver à l'ignorance, de travail et d'échanges que pour s'éteindre dans la misère.

Heureusement, selon ces mêmes écrivains, il y a quelques hommes, nommés Gouvernants, Législateurs, qui ont reçu du ciel, non-seulement pour eux-mêmes, mais pour tous les autres, des tendances opposées.

Pendant que l'humanité penche vers le Mal, eux inclinent au Bien ; pendant que l'humanité marche vers les ténèbres, eux aspirent à la lumière ; pendant que l'humanité est entraînée vers le vice, eux sont attirés par la vertu. Et, cela posé, ils réclament la Force, afin qu'elle les mette à même de substituer leurs propres tendances aux tendances du genre humain.

Il suffit d'ouvrir, à peu près au hasard, un livre de philosophie, de politique ou d'histoire pour voir combien est fortement enracinée dans notre pays cette idée, fille des études classiques et mère du Socialisme, que l'humanité est une matière inerte recevant du pouvoir la vie, l'organisation, la moralité et la richesse ; — ou bien, ce qui est encore pis, que d'elle-même l'humanité tend vers sa dégrada-

tion et n'est arrêtée sur cette pente que par la main mystérieuse du Législateur. Partout le Conventionalisme classique
nous montre, derrière la société passive, une puissance oc-
culte qui, sous les noms de Loi, Législateur, ou sous cette
expression plus commode et plus vague de ON, meut l'humanité, l'anime, l'enrichit et la moralise.

BOSSUET. « Une des choses qu'ON (qui?) imprimait le plus fortement
dans l'esprit des Égyptiens, c'était l'amour de la patrie.... *Il n'était pas
permis* d'être inutile à l'État ; la Loi assignait à chacun son emploi, qui
se perpétuait de père en fils. On ne pouvait ni en avoir deux ni changer
de profession... Mais il y avait une occupation qui *devait* être commune,
c'était l'étude des lois et de la sagesse. L'ignorance de la religion et de
la police du pays n'était excusée en aucun état. Au reste, chaque profession avait son canton qui lui était assigné (par qui?)... Parmi de
bonnes lois, ce qu'il y avait de meilleur, c'est que tout le monde était
nourri (par qui?) dans l'esprit de les observer..... Leurs mercures ont
rempli l'Égypte d'inventions merveilleuses, et ne lui avaient presque
rien laissé ignorer de ce qui pouvait rendre la vie commode et tranquille. »

Ainsi, les hommes, selon Bossuet, ne tirent rien d'eux-
mêmes : patriotisme, richesses, activité, sagesse, inventions,
labourage, sciences, tout leur venait par l'opération des Lois
ou des Rois. Il ne s'agissait pour eux que de *se laisser faire*.
C'est à ce point que Diodore ayant accusé les Égyptiens de
rejeter la lutte et la musique, Bossuet l'en reprend. Comment cela est-il possible, dit-il, puisque ces arts avaient été
inventés par Trismégiste ?
De même chez les Perses :

« Un des premiers soins *du prince* était de faire fleurir l'agriculture... Comme il y avait des charges établies pour la conduite des armées, il y en avait aussi pour veiller aux travaux rustiques... Le respect qu'ON inspirait aux Perses pour l'autorité royale allait jusqu'à
l'excès. »

Les Grecs, quoique pleins d'esprit, n'en étaient pas moins

étrangers à leurs propres destinées, jusque-là que, d'eux-
mêmes, ils ne se seraient pas élevés, comme les chiens et les
chevaux, à la hauteur des jeux les plus simples. Classique-
ment, c'est une chose convenue que tout vient du dehors
aux peuples.

« Les Grecs, naturellement pleins d'esprit et de courage, *avaient été
cultivés* de bonne heure par des Rois et des colonies venues d'Égypte.
C'est de là qu'ils avaient appris les exercices du corps, la *course à pied*,
à cheval et sur des chariots.... Ce que les Égyptiens leur avaient appris
de meilleur était à se rendre dociles, à se laisser former par des lois pour
le bien public. »

FÉNELON. Nourri dans l'étude et l'admiration de l'antiquité, témoin de la puissance de Louis XIV, Fénelon ne
pouvait guère échapper à cette idée que l'humanité est passive, et que ses malheurs comme ses prospérités, ses vertus
comme ses vices lui viennent d'une action extérieure, exercée sur elle par la Loi ou celui qui la fait. Aussi, dans son
utopique Salente, met-il les hommes, avec leurs intérêts,
leurs facultés, leurs désirs et leurs biens, à la discrétion absolue du Législateur. En quelque matière que ce soit, ce ne
sont jamais eux qui jugent pour eux-mêmes, c'est le Prince.
La nation n'est qu'une matière informé, dont le Prince est
l'âme. C'est en lui que réside la pensée, la prévoyance, le
principe de toute organisation, de tout progrès et, par conséquent, la Responsabilité.

Pour prouver cette assertion, il me faudrait transcrire ici
tout le Xme livre de Télémaque. J'y renvoie le lecteur, et me
contente de citer quelques passages pris au hasard dans ce
célèbre poëme, auquel, sous tout autre rapport, je suis le
premier à rendre justice.

Avec cette crédulité surprenante qui caractérise les classiques, Fénelon admet, malgré l'autorité du raisonnement
et des faits, la félicité générale des Égyptiens, et il l'attribue, non à leur propre sagesse, mais à celle de leurs Rois.

« Nous ne pouvions jeter les yeux sur les deux rivages sans apercevoir des villes opulentes, des maisons de campagne agréablement situées, des terres qui se couvrent tous les ans d'une moisson dorée, sans se reposer jamais ; des prairies pleines de troupeaux ; des laboureurs accablés sous le poids des fruits que la terre épanchait de son sein ; des bergers qui faisaient répéter les doux sons de leurs flûtes et de leurs chalumeaux à tous les échos d'alentour. *Heureux*, disait Mentor, *le peuple qui est conduit par un sage Roi.*

« Ensuite Mentor me faisait remarquer la joie et l'abondance répandues dans toute la campagne d'Égypte, où l'on comptait jusqu'à vingt-deux mille villes ; la justice exercée en faveur du pauvre *contre* le riche ; la bonne éducation des enfants qu'on accoutumait à l'obéissance, au travail, à la sobriété, à l'amour des arts et des lettres ; l'exactitude pour toutes les cérémonies de la religion, le désintéressement, le désir de l'honneur, la fidélité pour les hommes et la crainte pour les dieux, que chaque père inspirait à ses enfants. Il ne se lassait point d'admirer ce bel ordre. *Heureux*, me disait-il, *le peuple qu'un sage Roi conduit ainsi.* »

Fénelon fait, sur la Crète, une idylle encore plus séduisante. Puis il ajoute, par la bouche de Mentor :

« Tout ce que vous verrez dans cette île merveilleuse est le fruit des lois de Minos. L'éducation qu'il faisait donner aux enfants rend le corps sain et robuste. On les accoutume d'abord à une vie simple, frugale et laborieuse ; on suppose que toute volupté amollit le corps et l'esprit ; on ne leur propose jamais d'autre plaisir que celui d'être invincibles par la vertu et d'acquérir beaucoup de gloire.... Ici on punit trois vices qui sont impunis chez les autres peuples, l'ingratitude, la dissimulation et l'avarice. Pour le faste et la mollesse, on n'a jamais besoin de les réprimer, car ils sont inconnus en Crète... on n'y souffre ni meubles précieux, ni habits magnifiques, ni festins délicieux, ni palais dorés. »

C'est ainsi que Mentor prépare son élève à triturer et manipuler, dans les vues les plus philanthropiques sans doute, le peuple d'Ithaque, et, pour plus de sûreté, il lui en donne l'exemple à Salente.

Voilà comment nous recevons nos premières notions politiques. On nous enseigne à traiter les hommes à peu près

comme Olivier de Serres enseigne aux agriculteurs à traiter
et mélanger les terres.

MONTESQUIEU. « Pour maintenir l'esprit de commerce, il faut que
toutes les lois le favorisent; que ces mêmes lois, par leurs dispositions, divisant les fortunes à mesure que le commerce les grossit,
mettent chaque citoyen pauvre dans une assez grande aisance pour
pouvoir travailler comme les autres, et chaque citoyen riche dans une
telle médiocrité qu'il ait besoin de travailler pour conserver ou pour
acquérir..... »

Ainsi les Lois disposent de toutes les fortunes.

« Quoique dans la démocratie l'égalité réelle soit l'âme de l'État, cependant elle est si difficile à établir qu'une exactitude extrême à cet
égard ne conviendrait pas toujours. Il suffit que l'on établisse un cens
qui réduise ou fixe les différences à un certain point. Après quoi c'est à
des lois particulières à égaliser pour ainsi dire les inégalités, par les
charges qu'elles imposent aux riches et le soulagement qu'elles accordent
aux pauvres.... »

C'est bien là encore l'égalisation des fortunes par la loi,
par la force.

« Il y avait dans la Grèce deux sortes de républiques. Les unes
étaient militaires, comme Lacédémone ; d'autres étaient commerçantes,
comme Athènes. Dans les unes on *voulait* que les citoyens fussent
oisifs; dans les autres on *cherchait* à donner de l'amour pour le travail. »

« Je prie qu'on fasse un peu d'attention à l'étendue du génie qu'il
fallut à ces législateurs pour voir qu'en choquant tous les usages reçus,
en confondant toutes les vertus, ils montreraient à l'univers *leur sagesse.*
Lycurgue, mêlant le larcin avec l'esprit de justice, le plus dur esclavage
avec l'extrême liberté, les sentiments les plus atroces avec la plus grande
modération, donna de la stabilité à sa ville. Il sembla lui ôter toutes les
ressources, les arts, le commerce, l'argent, les murailles : on y a de l'ambition sans espérance d'être mieux ; on y a les sentiments naturels, et on n'y
est ni enfant, ni mari, ni père ; la pudeur même est ôtée à la chasteté. *C'est par ce chemin que Sparte est menée à la grandeur et à la
gloire....* »

« Cet extraordinaire que l'on voyait dans les institutions de la Grèce,
nous l'avons vu *dans la lie et la corruption des temps modernes.* Un législateur honnête homme a formé un peuple où la probité paraît aussi

naturelle que la bravoure chez les Spartiates. M. Penn est un véritable
Lycurgue, et quoique le premier ait eu la paix pour objet comme l'autre
a eu la guerre, ils se ressemblent dans la voie singulière où ils ont mis
leur peuple, dans l'ascendant qu'ils ont eu sur des hommes libres,
dans les préjugés qu'ils ont vaincus, dans les passions qu'ils ont sou-
mises. »

« Le Paraguay peut nous fournir un autre exemple. On a voulu en
faire un crime à la *Société*, qui regarde le plaisir de commander comme
le seul bien de la vie; mais il sera toujours beau *de gouverner les hommes
en les rendant plus heureux....* »

« *Ceux qui voudront faire des institutions pareilles établiront la
communauté des biens* de la République de Platon, ce respect qu'il
demandait pour les dieux, cette séparation d'avec les étrangers pour
la conservation des mœurs, et la cité faisant le commerce et non pas les
citoyens; ils donneront nos arts sans notre luxe, et nos besoins sans nos
désirs. »

L'engouement vulgaire aura beau s'écrier : C'est du Montesquieu, donc c'est magnifique ! c'est sublime ! j'aurai le
courage de mon opinion et de dire :

> Quoi ! vous avez le front de trouver cela beau !

Mais c'est affreux ! abominable ! et ces extraits, que je pourrais multiplier, montrent que, dans les idées de Montesquieu, les personnes, les libertés, les propriétés, l'humanité
entière ne sont que des matériaux propres à exercer la sagacité du Législateur.

ROUSSEAU. Bien que ce publiciste, suprême autorité des
démocrates, fasse reposer l'édifice social sur la *volonté générale*, personne n'a admis aussi complétement que lui,
l'hypothèse de l'entière passivité du genre humain en présence du Législateur.

« S'il est vrai qu'un grand prince est un homme rare, que sera-ce d'un
grand législateur? Le premier n'a qu'à suivre le modèle que l'autre doit
proposer *Celui-ci est le mécanicien qui invente la machine*, celui-là n'est
que l'ouvrier qui la monte et la fait marcher. »

Et que sont les hommes en tout ceci? La machine qu'on

monte et qui marche, où plutôt la matière brute dont la machine est faite !

Ainsi entre le Législateur et le Prince, entre le Prince et les sujets, il y a les mêmes rapports qu'entre l'agronome et l'agriculteur, l'agriculteur et la glèbe. A quelle hauteur au-dessus de l'humanité est donc placé le publiciste, qui régente les Législateurs eux-mêmes et leur enseigne leur métier en ces termes impératifs :

« Voulez-vous donner de la consistance à l'État ? rapprochez les degrés extrêmes autant qu'il est possible. Ne souffrez ni des gens opulents ni des gueux.

Le sol est-il ingrat ou stérile, ou le pays trop serré pour les habitants, *tournez-vous* du côté de l'industrie et des arts, dont vous échangerez les productions contre les denrées qui vous manquent... Dans un bon terrain, *manquez-vous* d'habitants, donnez tous vos soins à l'agriculture, qui multiplie les hommes, et *chassez* les arts, qui ne feraient qu'achever de dépeupler le pays... Occupez-vous des rivages étendus et commodes, *couvrez la mer* de vaisseaux, vous aurez une existence brillante et courte. La mer ne baigne-t-elle sur vos côtes que des rochers inaccessibles, *restez barbares* et ichthyophages, vous en vivrez plus tranquilles, meilleurs peut-être, et, à coup sûr, plus heureux. En un mot, outre les maximes communes à tous, chaque peuple renferme en lui quelque cause qui les ordonne d'une manière particulière, et rend sa législation propre à lui seul. C'est ainsi qu'autrefois les Hébreux, et récemment les Arabes, ont eu pour principal objet la religion ; les Athéniens, les lettres ; Carthage et Tyr, le commerce ; Rhodes, la marine ; Sparte, la guerre ; et Rome, la vertu. L'auteur de l'*Esprit des Lois* a montré par quel art *le législateur dirige l'institution vers chacun de ces objets*... Mais si le législateur, se trompant dans son objet, prend un principe différent de celui qui naît de la nature des choses, que l'un tende à la servitude et l'autre à la liberté ; l'un aux richesses, l'autre à la population ; l'un à la paix, l'autre aux conquêtes ; on verra les lois s'affaiblir insensiblement, la constitution s'altérer, et l'État ne cessera d'être agité jusqu'à ce qu'il soit détruit ou changé, et que l'invincible nature ait repris son empire. »

Mais si la nature est assez invincible pour *reprendre* son empire, pourquoi Rousseau n'admet-il pas qu'elle n'avait pas besoin du Législateur pour *prendre* cet empire dès l'origine? Pourquoi n'admet-il pas qu'obéissant à leur propre initiative, les hommes se *tourneront* d'eux-mêmes vers le commerce sur des rivages étendus et commodes, sans qu'un Lycurgue, un Solon, un Rousseau s'en mêlent, au risque de *se tromper?*

Quoi qu'il en soit, on comprend la terrible responsabilité que Rousseau fait peser sur les inventeurs, instituteurs, conducteurs, législateurs et manipuleurs de Sociétés. Aussi est-il, à leur égard, très-exigeant.

« Celui qui ose entreprendre d'instituer un peuple doit se sentir en état de changer, pour ainsi dire, la nature humaine, de transformer chaque individu qui, par lui-même, est un tout parfait et solitaire, en partie d'un plus grand tout, dont cet individu reçoive, en tout ou en partie, sa vie et son être ; d'altérer la constitution de l'homme pour la renforcer, de substituer une existence partielle et morale à l'existence physique et indépendante que nous avons tous reçue de la nature. Il faut, en un mot, qu'il ôte à l'homme ses propres forces pour lui en donner qui lui soient étrangères... »

Pauvre espèce humaine, que feraient de ta dignité les adeptes de Rousseau ?

RAYNAL. « Le climat, c'est-à-dire le ciel et le sol, est la première règle du législateur. *Ses* ressources lui dictent ses devoirs. C'est d'abord *sa* position locale qu'il doit consulter. Une peuplade jetée sur les côtes maritimes aura des lois relatives à la navigation... Si la colonie est portée dans les terres, un législateur doit prévoir et leur genre et leur degré de fécondité .. »

« C'est surtout dans la distribution de la propriété qu'éclatera la sagesse de la législation. En général, et dans tous les pays du monde, quand on fonde une colonie, il faut donner des terres à tous les hommes, c'est-à-dire à chacun une étendue suffisante pour l'entretien d'une famille... »

« Dans une île sauvage qu'on *peuplerait* d'enfants, on n'aurait qu'à laisser éclore les germes de la vérité dans les développements de la raison... Mais quand on établit un peuple déjà vieux dans un pays nouveau, l'habileté consiste à *ne lui laisser* que les opinions et les habitudes nuisibles dont on ne peut le guérir et le corriger. Veut-on empêcher qu'elles ne se transmettent, on veillera sur la seconde génération par une éducation commune et publique des enfants. Un prince, un législateur, ne devrait jamais fonder une colonie sans y envoyer d'avance des hommes sages pour l'instruction de la jeunesse... Dans une colonie naissante, toutes les facilités sont ouvertes aux précautions du Législateur qui veut *épurer le sang et les mœurs d'un peuple*. Qu'il ait du génie et de la vertu, les terres et les hommes qu'il aura *dans ses mains* inspireront à son âme un plan de société, qu'un écrivain ne peut jamais tracer que d'une manière vague et sujette à l'instabilité des hypothèses, qui varient et se compliquent avec une infinité de circonstances trop difficiles à prévoir et à combiner... »

Ne semble-t-il pas entendre un professeur d'agriculture dire à ses élèves : « Le climat est la première règle de l'agriculteur ? *Ses* ressources lui dictent *ses* devoirs. C'est d'abord *sa* position locale qu'il doit consulter. Est-il sur un sol argileux, il doit se conduire de telle façon. A-t-il affaire à du sable, voici comment il doit s'y prendre. Toutes les facilités sont ouvertes à l'agriculteur qui veut nettoyer et améliorer son sol. Qu'il ait de l'habileté, les terres, les engrais qu'il aura *dans ses mains* lui inspireront un plan d'exploitation, qu'un professeur ne peut jamais tracer que d'une manière vague et sujette à l'instabilité des hypothèses, qui varient et se compliquent avec une infinité de circonstances trop difficiles à prévoir et à combiner. »

Mais, ô sublimes écrivains, veuillez donc vous souvenir quelquefois que cette argile, ce sable, ce fumier, dont vous disposez si arbitrairement, ce sont des Hommes, vos égaux, des êtres intelligents et libres comme vous, qui ont reçu de Dieu, comme vous, la faculté de voir, de prévoir, de penser et de juger pour eux-mêmes !

MABLY. (Il suppose les lois usées par la rouille du temps, la négligence de la sécurité, et poursuit ainsi :)

« Dans ces circonstances, il faut être convaincu que les ressorts du gouvernement se sont relâchés. *Donnez-leur* une nouvelle tension (c'est au lecteur que Mably s'adresse), et le mal sera guéri... Songez moins à punir des fautes qu'à encourager les vertus *dont vous avez besoin*. Par cette méthode vous rendrez à *votre république* la vigueur de la jeunesse. C'est pour n'avoir pas été connue des peuples libres qu'ils ont perdu la liberté ! Mais si les progrès du mal sont tels que les magistrats ordinaires ne puissent y remédier efficacement, *ayez recours* à une magistrature extraordinaire, dont le temps soit court et la puissance considérable. L'imagination des citoyens a besoin alors d'être frappée... »

Et tout dans ce goût durant vingt volumes.

Il a été une époque où, sous l'influence de tels enseignements, qui sont le fond de l'éducation classique, chacun a voulu se placer en dehors et au-dessus de l'humanité, pour l'arranger, l'organiser et l'instituer à sa guise.

CONDILLAC. « Érigez-vous, Monseigneur, en Lycurgue ou en Solon. Avant que de poursuivre la lecture de cet écrit, amusez-vous à donner des lois à quelque peuple sauvage d'Amérique ou d'Afrique. Établissez dans des demeures fixes ces hommes errants ; apprenez-leur à nourrir des troupeaux... ; travaillez à développer les qualités sociales que la nature a mises en eux... Ordonnez-leur de commencer à pratiquer les devoirs de l'humanité... Empoisonnez par des châtiments les plaisirs que promettent les passions; et vous verrez ces barbares, à chaque article de votre législation, perdre un vice et prendre une vertu. »

« Tous les peuples ont eu des lois. Mais peu d'entre eux ont été heureux. Quelle en est la cause ? c'est que les législateurs ont presque toujours ignoré que l'objet de la société est d'unir les familles par un intérêt commun. »

« L'impartialité des lois consiste en deux choses : à établir l'égalité dans la fortune et dans la dignité des citoyens... A mesure que vos lois établiront une plus grande égalité, elles deviendront plus chères à chaque citoyen... Comment l'avarice, l'ambition, la volupté, la paresse, l'oisiveté, l'envie, la haine, la jalousie agiteraient-elles des hommes égaux en fortune et en dignité, et à qui les lois ne laisseraient pas l'espérance de rompre l'égalité ? » (Suit l'idylle.)

« Ce qu'on vous a dit de la république de Sparte doit vous donner de grandes lumières sur cette question. Aucun autre État n'a jamais eu des lois plus conformes à l'ordre de la nature et de l'égalité [1]. »

Il n'est pas surprenant que les dix-septième et dix-hui-

---

[1] Dans le pamphlet *Baccalauréat et Socialisme* (le 5ᵐᵉ d'après notre

tième siècles aient considéré le genre humain comme une
matière inerte attendant, recevant tout, forme, figure, impulsion, mouvement et vie d'un grand Prince, d'un grand
Législateur, d'un grand Génie. Ces siècles étaient nourris de
l'étude de l'antiquité, et l'antiquité nous offre en effet partout, en Egypte, en Perse, en Grèce, à Rome, le spectacle
de quelques hommes manipulant à leur gré l'humanité as-
servie par la force ou par l'imposture. Qu'est-ce que cela
prouve? Que, parce que l'homme et la société sont perfec-
tibles, l'erreur, l'ignorance, le despotisme, l'esclavage, la
superstition doivent s'accumuler davantage au commencement des temps. Le tort des écrivains que j'ai cités n'est pas
d'avoir constaté le fait, mais de l'avoir proposé, comme
règle, à l'admiration et à l'imitation des races futures. Leur
tort est d'avoir, avec une inconcevable absence de critique,
et sur la foi d'un *conventionalisme* puéril, admis ce qui est
inadmissible, à savoir la grandeur, la dignité, la moralité et
le bien-être de ces sociétés factices de l'ancien monde ; de
n'avoir pas compris que le temps produit et propage la lumière ; qu'à mesure que la lumière se fait, la force passe
du côté du Droit, et la société reprend possession d'elle-
même.

Et en effet, quel est le travail politique auquel nous assis-
tons? Il n'est autre que l'effort instinctif de tous les peuples
vers la liberté [1]. Et qu'est-ce que la Liberté, ce mot qui a
la puissance de faire battre tous les cœurs et d'agiter le
monde, si ce n'est l'ensemble de toutes les libertés, liberté

---

classement), l'auteur, par une série de citations analogues, montre encore
la filiation de la même erreur.

(Note de l'éditeur.)

[1] Pour qu'un peuple soit heureux, il est indispensable que les individus
qui le composent aient de la prévoyance, de la prudence et de cette confiance les uns dans les autres qui naît de la sûreté.

Or, il ne peut guère acquérir ces choses que par l'expérience. Il devient

de conscience, d'enseignement, d'association, de presse, de
locomotion, de travail, d'échange ; en d'autres termes, le
franc exercice, pour tous, de toutes les facultés inoffensives ;
en d'autres termes encore, la destruction de tous les despotismes, même le despotisme légal, et la réduction de la
Loi à sa seule attribution rationnelle, qui est de régulariser
le Droit individuel de légitime défense ou de réprimer l'injustice.

Cette tendance du genre humain, il faut en convenir, est
grandement contrariée, particulièrement dans notre patrie,
par la funeste disposition, — fruit de l'enseignement classique, — commune à tous les publicistes, de se placer en
dehors de l'humanité pour l'arranger, l'organiser et l'instituer à leur guise.

Car, pendant que la société s'agite pour réaliser la Liberté, les grands hommes qui se placent à sa tête, imbus des

prévoyant, quand il a souffert pour n'avoir pas prévu ; — Prudent, quand
sa témérité a été souvent punie, etc., etc.

Il résulte de là que la liberté commence toujours par être accompagnée
des maux qui suivent l'usage inconsidéré qu'on en fait.

A ce spectacle, des hommes se lèvent qui demandent que la liberté soit
proscrite.

« Que l'État, disent-ils, soit prévoyant et prudent pour tout le
« monde. »

Sur quoi, je pose ces questions :

1° Cela est-il possible? Peut-il sortir un État expérimenté d'une nation
inexpérimentée ?

2° En tout cas, n'est-ce pas étouffer l'expérience dans son germe ?

Si le pouvoir impose les actes individuels, comment l'individu s'ins-
truira-t-il par les conséquences de ses actes ? Il sera donc en tutelle à perpétuité ?

Et l'État ayant tout ordonné sera responsable de tout.

Il y a là un foyer de révolutions, et de révolutions sans issue, puisqu'elles seront faites par un peuple auquel, en interdisant l'expérience, on
a interdit le progrès.

(Pensée tirée des manuscrits de l'auteur.)

principes des dix-septième et dix-huitième siècles, ne songent qu'à la courber sous le philanthropique despotisme de leurs inventions sociales et à lui faire porter docilement, selon l'expression de Rousseau, le joug de la félicité publique, telle qu'ils l'ont imaginée.

On le vit bien en 1789. A peine l'ancien régime légal fut-il détruit, qu'on s'occupa de soumettre la société nouvelle à d'autres arrangements artificiels, toujours en partant de ce point convenu : l'omnipotence de la Loi.

SAINT-JUST. « Le Législateur commande à l'avenir. C'est à lui de *vouloir le bien*. C'est à lui de rendre les hommes ce qu'*il veut* qu'ils soient. »

ROBESPIERRE. « La fonction du gouvernement est de diriger les forces physiques et morales de la nation vers le but de son institution. »

BILLAUD-VARENNES. « *Il faut* recréer le peuple qu'on veut rendre à la liberté. Puisqu'*il faut* détruire d'anciens préjugés, changer d'antiques habitudes, perfectionner les affections dépravées, restreindre des besoins superflus, extirper des vices invétérés ; il faut donc une action forte, une impulsion véhémente... Citoyens, l'inflexible austérité de Lycurgue devint à Sparte la base inébranlable de la république ; le caractère faible et confiant de Solon replongea Athènes dans l'esclavage. Ce parallèle renferme toute la science du gouvernement. »

LEPELLETIER. « Considérant à quel point l'espèce humaine est dégradée, je me suis convaincu de la nécessité d'opérer une entière régénération et, si je puis m'exprimer ainsi, de créer un nouveau peuple. »

On le voit, les hommes ne sont rien que de vils matériaux. Ce n'est pas à eux de *vouloir le bien ;* — ils en sont incapables, — c'est au Législateur, selon Saint-Just. Les hommes ne sont que ce qu'*il veut* qu'ils soient.

Suivant Robespierre, qui copie littéralement Rousseau,

le Législateur commence par assigner le but de l'*institution de la nation*. Ensuite les gouvernements n'ont plus qu'à diriger vers ce but toutes les *forces physiques et morales*. La nation elle-même reste toujours passive en tout ceci, et Billaud-Varennes nous enseigne qu'elle ne doit avoir que les préjugés, les habitudes, les affections et les besoins que le Législateur autorise. Il va jusqu'à dire que l'inflexible austérité d'un homme est la base de la république.

On a vu que, dans le cas où le mal est si grand que les magistrats ordinaires n'y peuvent remédier, Mably conseillait la dictature pour faire fleurir la vertu. « *Ayez recours*, dit-il, à une magistrature extraordinaire, dont le temps soit court et la puissance considérable. L'imagination des citoyens a besoin d'être frappée. » Cette doctrine n'a pas été perdue. Écoutons Robespierre :

« Le principe du gouvernement républicain, c'est la vertu, et son moyen, pendant qu'il s'établit, la terreur. Nous voulons substituer, dans notre pays, la morale à l'égoïsme, la probité à l'honneur, les principes aux usages, les devoirs aux bienséances, l'empire de la raison à la tyrannie de la mode, le mépris du vice au mépris du malheur, la fierté à l'insolence, la grandeur d'âme à la vanité, l'amour de la gloire à l'amour de l'argent, les bonnes gens à la bonne compagnie, le mérite à l'intrigue, le génie au bel esprit, la vérité à l'éclat, le charme du bonheur aux ennuis de la volupté, la grandeur de l'homme à la petitesse des grands, un peuple magnanime, puissant, heureux, à un peuple aimable, frivole, misérable ; c'est-à-dire toutes les vertus et tous les miracles de la République à tous les vices et à tous les ridicules de la monarchie. »

A quelle hauteur au-dessus du reste de l'humanité se place ici Robespierre ! Et remarquez la circonstance dans laquelle il parle. Il ne se borne pas à exprimer le vœu d'une grande rénovation du cœur humain ; il ne s'attend même pas à ce qu'elle résultera d'un gouvernement régulier. Non, il veut l'opérer lui-même et par la terreur. Le discours, d'où est extrait ce puéril et laborieux amas d'antithèses, avait pour objet d'exposer les *principes de morale qui doivent diriger un gouvernement révolutionnaire.* Remarquez que, lorsque Robespierre vient demander la dictature, ce n'est pas seulement pour repousser l'étranger et combattre les factions ; c'est bien pour faire prévaloir par la terreur, et préalablement au jeu de la Constitution, ses propres principes de morale. Sa prétention ne va à rien moins que d'extirper du pays, par la terreur, *l'égoïsme, l'honneur, les usages, les bienséances, la mode, la vanité, l'amour de l'argent, la bonne compagnie, l'intrigue, le bel esprit, la volupté et la misère.* Ce n'est qu'après que lui, Robespierre, aura accompli ces *miracles,* — comme il les appelle avec raison, — qu'il permettra aux lois de reprendre leur empire. — Eh ! misérables, qui vous croyez si grands, qui jugez l'humanité si petite, qui voulez tout réformer, réformez-vous vous-mêmes, cette tâche vous suffit.

Cependant, en général, messieurs les Réformateurs, Législateurs et Publicistes ne demandent pas à exercer sur l'humanité un despotisme immédiat. Non, ils sont trop modérés et trop philanthropes pour cela. Ils ne réclament que le despotisme, l'absolutisme, l'omnipotence de la Loi. Seulement ils aspirent à faire la Loi.

Pour montrer combien cette disposition étrange des esprits a été universelle, en France, de même qu'il m'aurait fallu copier tout Mably, tout Raynal, tout Rousseau, tout Fénelon, et de longs extraits de Bossuet et Montesquieu, il me faudrait aussi reproduire le procès-verbal tout entier des séances de la Convention. Je m'en garderai bien et j'y renvoie le lecteur.

On pense bien que cette idée dut sourire à Bonaparte. Il l'embrassa avec ardeur et la mit énergiquement en pratique.

Se considérant comme un chimiste, il ne vit dans l'Europe qu'une matière à expériences. Mais bientôt cette matière se manifesta comme un réactif puissant. Aux trois quarts désabusé, Bonaparte, à Sainte-Hélène, parut reconnaître qu'il y a quelque initiative dans les peuples, et il se montra moins hostile à la liberté. Cela ne l'empêcha pas cependant de donner par son testament cette leçon à son fils : « Gouverner, c'est répandre la moralité, l'instruction et le bien-être. »

Est-il nécessaire maintenant de faire voir par de fastidieuses citations d'où procèdent Morelly, Babeuf, Owen, Saint-Simon, Fourier? Je me bornerai à soumettre au lecteur quelques extraits du livre de Louis Blanc sur l'organisation du travail.

« Dans notre projet, la société reçoit l'impulsion du pouvoir. » (Page 126.)

En quoi consiste l'impulsion que le Pouvoir donne à la société? A imposer le *projet* de M. L. Blanc.

D'un autre côté, la société, c'est le genre humain.

Donc, en définitive, le genre humain reçoit l'impulsion de M. L. Blanc.

Libre à lui, dira-t-on. Sans doute le genre humain est libre de suivre les *conseils* de qui que ce soit. Mais ce n'est pas ainsi que M. L. Blanc comprend la chose. Il entend que son projet soit converti en *Loi*, et par conséquent imposé de force par le pouvoir.

« Dans notre projet, l'État ne fait que donner au travail une législation (*excusez du peu*), en vertu de laquelle le mouvement industriel peut et doit s'accomplir *en toute liberté*. Il (l'État) ne fait que placer la liberté sur une pente (*rien que cela*) qu'elle descend, une fois qu'elle y est placée, par la seule force des choses et par une suite naturelle du *mécanisme établi*. »

Mais quelle est cette pente? — Celle indiquée par

M. L. Blanc. — Ne conduit-elle pas aux abîmes? — Non, elle conduit au bonheur. — Comment donc la société ne s'y place-t-elle pas d'elle-même? — Parce qu'elle ne sait ce qu'elle veut et qu'elle a besoin d'*impulsion*. — Qui lui donnera cette impulsion? — Le pouvoir. — Et qui donnera l'impulsion au pouvoir? — L'inventeur du mécanisme, M. L. Blanc.

Nous ne sortons jamais de ce cercle : l'humanité passive et un grand homme qui la meut par l'intervention de la Loi.

Une fois sur cette pente, la société jouirait-elle au moins de quelque liberté? — Sans doute. — Et qu'est-ce que la liberté ?

« Disons-le une fois pour toutes : la liberté consiste non pas seulement dans le Droit accordé, mais dans le Pouvoir donné à l'homme d'exercer, de développer ses facultés, sous l'empire de la justice et sous la sauvegarde de la loi. »

« Et ce n'est point là une distinction vaine : le sens en est profond, les conséquences en sont immenses. Car dès qu'on admet qu'il faut à l'homme, pour être vraiment libre, le pouvoir d'exercer et de développer ses facultés, il en résulte que la société doit à chacun de ses membres l'instruction convenable, sans laquelle l'esprit humain ne *peut* se déployer, et les instruments de travail, sans lesquels l'activité humaine ne *peut* se donner carrière. Or, par l'intervention de qui la société donnera-t-elle à chacun de ses membres l'instruction convenable et les instruments de travail nécessaires, si ce n'est par l'intervention de l'Etat? »

Ainsi la liberté, c'est le pouvoir. — En quoi consiste ce Pouvoir? — A posséder l'instruction et les instruments de travail. — Qui *donnera* l'instruction et les instruments de travail? — La société, *qui les doit*. — Par l'intervention de qui la société donnera-t-elle des instruments de travail à ceux qui n'en ont pas? — Par l'*intervention de l'Etat*. — A qui l'Etat les prendra-t-il?

C'est au lecteur de faire la réponse et de voir où tout ceci aboutit.

Un des phénomènes les plus étranges de notre temps, et

qui étonnera probablement beaucoup nos neveux, c'est que
la doctrine qui se fonde sur cette triple hypothèse : l'inertie
radicale de l'humanité, — l'omnipotence de la Loi, — l'infaillibilité du Législateur, — soit le symbole sacré du parti
qui se proclame exclusivement démocratique.

Il est vrai qu'il se dit aussi *social.*

En tant que démocratique, il a une foi sans limite en
l'humanité.

Comme *social,* il la met au-dessous de la boue.

S'agit-il de droits politiques, s'agit-il de faire sortir de
son sein le Législateur, oh ! alors, selon lui, le peuple a la
science infuse ; il est doué d'un tact admirable ; *sa volonté
est toujours droite, la volonté générale ne peut errer.* Le
suffrage ne saurait être trop *universel.* Nul ne doit à la société aucune garantie. La volonté et la capacité de bien
choisir sont toujours supposées. Est-ce que le peuple peut se
tromper ? Est-ce que nous ne sommes pas dans le siècle des
lumières ? Quoi donc ! Le peuple sera-t-il éternellement en
tutelle ? N'a-t-il pas conquis ses droits par assez d'efforts et
de sacrifices ? N'a-t-il pas donné assez de preuves de son
intelligence et de sa sagesse ? N'est-il pas arrivé à sa maturité ? N'est-il pas en état de juger pour lui-même ? Ne con-
naît-il pas ses intérêts ? Y a-t-il un homme ou une classe qui
ose revendiquer le droit de se substituer au peuple, de décider et d'agir pour lui ? Non, non, le peuple veut être *libre,*
et il le sera. Il veut diriger ses propres affaires, et il les
dirigera.

Mais le Législateur est-il une fois dégagé des comices par
l'élection, oh ! alors le langage change. La nation rentre
dans la passivité, dans l'inertie, dans le néant, et le Législateur prend possession de l'omnipotence. A lui l'invention,
à lui la direction, à lui l'impulsion, à lui l'organisation.
L'humanité n'a plus qu'à se laisser faire ; l'heure du despotisme a sonné. Et remarquez que cela est fatal ; car ce

peuple, tout à l'heure si éclairé, si moral, si parfait, n'a plus aucunes tendances, ou, s'il en a, elles l'entraînent toutes vers la dégradation. Et on lui laisserait un peu de Liberté! Mais ne savez-vous pas que, selon M. Considérant, *la liberté conduit fatalement au monopole?* Ne savez-vous pas que la liberté c'est la concurrence? et que la concurrence, suivant M. L. Blanc, c'est *pour le peuple un système d'extermination, pour la bourgeoisie une cause de ruine?* Que c'est pour cela que les peuples sont d'autant plus exterminés et ruinés qu'ils sont plus libres, témoin la Suisse, la Hollande, l'Angleterre et les États-Unis? Ne savez-vous pas, toujours selon M. L. Blanc, que *la concurrence conduit au monopole*, et que, *par la même raison, le bon marché conduit à l'exagération des prix?* Que *la concurrence tend à tarir les sources de la consommation et pousse la production à une activité dévorante?* Que *la concurrence force la production à s'accroître et la consommation à décroître;* — d'où il suit que les peuples libres produisent pour ne pas consommer; — *qu'elle est tout à la fois oppression et démence*, et qu'il faut absolument que M. L. Blanc s'en mêle?

Quelle liberté, d'ailleurs, pourrait-on laisser aux hommes? Serait-ce la liberté de conscience? Mais on les verra tous profiter de la permission pour se faire athées. La liberté d'enseignement? Mais les pères se hâteront de payer des professeurs pour enseigner à leurs fils l'immoralité et l'erreur; d'ailleurs, à en croire M. Thiers, si l'enseignement était laissé à la liberté nationale, il cesserait d'être national, et nous élèverions nos enfants dans les idées des Turcs ou des Indous, au lieu que, grâce au despotisme légal de l'université, ils ont le bonheur d'être élevés dans les nobles idées des Romains. La liberté du travail? Mais c'est la concurrence, qui a pour effet de laisser tous les produits non consommés, d'exterminer le peuple et de ruiner la bourgeoisie. La liberté d'échanger? Mais on sait bien, les protectionistes l'ont démontré à satiété, qu'un homme se ruine quand il échange librement et que, pour s'enrichir, il faut échanger sans liberté. La liberté d'association? Mais, d'après la doctrine socialiste, liberté et association s'excluent, puisque précisément on n'aspire à ravir aux hommes leur liberté que pour les forcer de s'associer.

Vous voyez donc bien que les démocrates socialistes ne peuvent, en bonne conscience, laisser aux hommes aucune liberté, puisque, par leur nature propre, et si ces messieurs n'y mettent ordre, ils tendent, de toute part, à tous les genres de dégradation et de démoralisation.

Reste à deviner, en ce cas, sur quel fondement on réclame pour eux, avec tant d'instance, le suffrage universel.

Les prétentions des organisateurs soulèvent une autre question, que je leur ai souvent adressée, et à laquelle, que je sache, ils n'ont jamais répondu. Puisque les tendances naturelles de l'humanité sont assez mauvaises pour qu'on doive lui ôter sa liberté, comment se fait-il que les tendances des organisateurs soient bonnes? Les Législateurs et leurs agents ne font-ils pas partie du genre humain? Se croient-ils pétris d'un autre limon que le reste des hommes? Ils disent que la société, abandonnée à elle-même, court fatalement aux abîmes parce que ses instincts sont pervers. Ils prétendent l'arrêter sur cette pente et lui imprimer une meilleure direction. Ils ont donc reçu du ciel une intelligence et des vertus qui les placent en dehors et au-dessus de l'humanité; qu'ils montrent leurs titres. Ils veulent être *bergers*, ils veulent que nous soyons *troupeau*. Cet arrangement présuppose en eux une supériorité de nature, dont nous avons bien le droit de demander la preuve préalable.

Remarquez que ce que je leur conteste, ce n'est pas le droit d'inventer des combinaisons sociales, de les propager, de les conseiller, de les expérimenter sur eux-mêmes, à leurs frais et risques ; mais bien le droit de nous les imposer par l'intermédiaire de la Loi, c'est-à-dire des forces et des contributions publiques.

Je demande que les Cabétistes, les Fouriéristes, les Proudhoniens, les Universitaires, les Protectionistes renoncent non à leurs idées spéciales, mais à cette idée qui leur est commune, de nous assujettir de force à leurs groupes et séries, à leurs ateliers sociaux, à leur banque gratuite, à leur moralité gréco-romaine, à leurs entraves commerciales. Ce que je leur demande, c'est de nous laisser la faculté de juger leurs plans et de ne pas nous y associer, directement ou indirectement, si nous trouvons qu'ils froissent nos intérêts, ou s'ils répugnent à notre conscience.

Car la prétention de faire intervenir le pouvoir et l'impôt, outre qu'elle est oppressive et spoliatrice, implique encore cette hypothèse préjudicielle : l'infaillibilité de l'organisateur et l'incompétence de l'humanité.

Et si l'humanité est incompétente à juger pour elle-même, que vient-on nous parler de suffrage universel?

Cette contradiction dans les idées s'est malheureusement reproduite dans les faits, et pendant que le peuple-français a devancé tous les autres dans la conquête de ses droits, ou plutôt de ses garanties politiques, il n'en est pas moins resté le plus gouverné, dirigé, administré, imposé, entravé et exploité de tous les peuples.

Il est aussi celui de tous où les révolutions sont le plus imminentes, et cela doit être.

Dès qu'on part de cette idée, admise par tous nos publicistes et si énergiquement exprimée par M. L. Blanc en ces mots : « La société reçoit l'impulsion du pouvoir ; » dès que les hommes se considèrent eux-mêmes comme sensibles mais passifs, incapables de s'élever par leur propre discernement et par leur propre énergie à aucune moralité, à aucun bien-être, et réduits à tout attendre de la Loi ; en un

mot, quand ils admettent que leurs rapports avec l'État sont
ceux du troupeau avec le berger, il est clair que la Responsabilité du pouvoir est immense. Les biens et les maux, les
vertus, et les vices, l'égalité et l'inégalité, l'opulence et la
misère, tout découle de lui: Il est chargé de tout, il entreprend tout, il fait tout ; donc il répond de tout. Si nous
sommes heureux, il réclame à bon droit notre reconnaissance ; mais si nous sommes misérables, nous ne pouvons
nous en prendre qu'à lui. Ne dispose-t-il pas, en principe,
de nos personnes et de nos biens ? La Loi n'est-elle pas om-
nipotente ? En créant le monopole universitaire, il s'est fait
fort de répondre aux espérances des pères de famille privés
de liberté ; et si ces espérances sont déçues, à qui la faute ?
En réglementant l'industrie, il s'est fait fort de la faire prospérer, sinon il eût été absurde de lui ôter sa liberté ; et si elle
souffre, à qui la faute ? En se mêlant de pondérer la balance
du commerce, par le jeu des tarifs, il s'est fait fort de le
faire fleurir ; et si, loin de fleurir, il se meurt, à qui la faute ?
En accordant aux armements maritimes sa protection en
échange de leur liberté, il s'est fait fort de les rendre lucra-
tifs ; et s'ils sont onéreux, à qui la faute ?

Ainsi, il n'y a pas une douleur dans la nation dont le
Gouvernement ne se soit volontairement rendu responsable. Faut-il s'étonner que chaque souffrance soit une cause
de révolution ?

Et quel est le remède qu'on propose ? C'est d'élargir indéfiniment le domaine de la Loi, c'est-à-dire la Responsabilité du gouvernement.

Mais si le gouvernement se charge d'élever et de régler
les salaires et qu'il ne le puisse ; s'il se charge d'assister
toutes les infortunes et qu'il ne le puisse ; s'il se charge d'assurer des retraites à tous les travailleurs et qu'il ne le puisse ;
s'il se charge de fournir à tous les ouvriers des instruments
de travail et qu'il ne le puisse ; s'il se charge d'ouvrir à tous

les affamés d'emprunts un crédit gratuit et qu'il ne le puisse ;
si, selon les paroles que nous avons vues avec regret échapper
à la plume de M. de Lamartine, « l'État se donne la mission
d'éclairer, de développer, d'agrandir, de fortifier, de spiritualiser, et de sanctifier l'âme des peuples, » et qu'il échoue ;
ne voit-on pas qu'au bout de chaque déception, hélas ! plus
que probable, il y a une non moins inévitable révolution ?

Je reprends ma thèse et je dis : immédiatement après la
science économique et à l'entrée de la science politique [1],
se présente une question dominante. C'est celle-ci :

Qu'est-ce que la Loi ? que doit-elle être ? quel est son domaine ? quelles sont ses limites ? où s'arrêtent, par suite,
les attributions du Législateur ?

Je n'hésite pas à répondre : *La Loi, c'est la force commune organisée pour faire obstacle à l'Injustice*, — et pour
abréger, LA LOI, C'EST LA JUSTICE.

Il n'est pas vrai que le Législateur ait sur nos personnes
et nos propriétés une puissance absolue, puisqu'elles préexistent et que son œuvre est de les entourer de garanties.

Il n'est pas vrai que la Loi ait pour mission de régir nos
consciences, nos idées, nos volontés, notre instruction, nos
sentiments, nos travaux, nos échanges, nos dons, nos jouissances.

Sa mission est d'empêcher qu'en aucune de ces matières
le droit de l'un n'usurpe le droit de l'autre.

La Loi, parce qu'elle a pour sanction nécessaire la Force,
ne peut avoir pour domaine légitime que le légitime domaine
de la force, à savoir : la Justice.

---

[1] L'économie politique précède la politique ; celle-là dit si les intérêts humains sont naturellement harmoniques ou antagoniques ; ce
que celle-ci devrait savoir avant de fixer les attributions du gouvernement.

Et comme chaque individu n'a le droit de recourir à la force que dans le cas de légitime défense, la force collective, qui n'est que la réunion des forces individuelles, ne saurait être rationnellement appliquée à une autre fin.

La Loi, c'est donc uniquement l'organisation du droit individuel préexistant de légitime défense.

La Loi, c'est la Justice.

Il est si faux qu'elle puisse opprimer les personnes ou spolier les propriétés, même dans un but philanthropique, que sa mission est de les protéger.

Et qu'on ne dise pas qu'elle peut au moins être philanthropique, pourvu qu'elle s'abstienne de toute oppression, de toute spoliation ; cela est contradictoire. La Loi ne peut pas ne pas agir sur nos personnes ou nos biens ; si elle ne les garantit, elle les viole par cela seul qu'elle agit, par cela seul qu'elle est.

La Loi, c'est la Justice.

Voilà qui est clair, simple, parfaitement défini et délimité, accessible à toute intelligence, visible à tout œil, car la Justice est une quantité donnée, immuable, inaltérable, qui n'admet ni *plus* ni *moins*.

Sortez de là, faites la Loi religieuse, fraternitaire, égalitaire, philanthropique, industrielle, littéraire, artistique, aussitôt vous êtes dans l'infini, dans l'incertain, dans l'inconnu, dans l'utopie imposée, ou, qui pis est, dans la multitude des utopies combattant pour s'emparer de la Loi et s'imposer ; car la fraternité, la philanthropie n'ont pas comme la justice des limites fixes. Où vous arrêterez-vous ? Où s'arrêtera la Loi ? L'un, comme M. de Saint-Cricq, n'étendra sa philanthropie que sur quelques classes d'industriels, et il demandera à la Loi qu'elle *dispose des consommateurs en faveur des producteurs.* L'autre, comme M. Considérant, prendra en main la cause des travailleurs et réclamera pour eux de la Loi un MINIMUM *assuré, le vête-*

ment, le logement, la nourriture et toutes choses nécessaires à l'entretien de la vie. Un troisième, M. L. Blanc, dira, avec raison, que ce n'est là qu'une fraternité ébauchée et que la Loi doit donner à tous les instruments de travail et l'instruction. Un quatrième fera observer qu'un tel arrangement laisse encore place à l'inégalité et que la Loi doit faire pénétrer, dans les hameaux les plus reculés, le luxe, la littérature et les arts. Vous serez conduits ainsi jusqu'au *communisme*, ou plutôt la législation sera... ce qu'elle est déjà : — le champ de bataille de toutes les rêveries et de toutes les cupidités.

La Loi, c'est la Justice.

Dans ce cercle, on conçoit un gouvernement simple, inébranlable. Et je défie qu'on me dise d'où pourrait venir la pensée d'une révolution, d'une insurrection, d'une simple émeute contre une force publique bornée à réprimer l'injustice. Sous un tel régime, il y aurait plus de bien-être, le bien-être serait plus également réparti, et quant aux souffrances inséparables de l'humanité, nul ne songerait à en accuser le gouvernement, qui y serait aussi étranger qu'il l'est aux variations de la température. A-t-on jamais vu le peuple s'insurger contre la cour de cassation ou faire irruption dans le prétoire du juge de paix pour réclamer le minimum de salaires, le crédit gratuit, les instruments de travail, les faveurs du tarif, ou l'atelier social? Il sait bien que ces combinaisons sont hors de la puissance du juge, et il apprendrait de même qu'elles sont hors de la puissance de la Loi.

Mais faites la Loi sur le principe fraternitaire, proclamez que c'est d'elle que découlent les biens et les maux, qu'elle est responsable de toute douleur individuelle, de toute inégalité sociale, et vous ouvrez la porte à une série sans fin de plaintes, de haines, de troubles et de révolutions.

La Loi, c'est la Justice.

Et il serait bien étrange qu'elle pût être équitablement

autre chose ! Est-ce que la justice n'est pas le droit ? Est-ce
que les droits ne sont pas égaux ? Comment donc la Loi in-
terviendrait-elle pour me soumettre aux plans sociaux de
MM. Mimerel, de Melun, Thiers, Louis Blanc, plutôt que
pour soumettre ces messieurs à mes plans ? Croit-on que je
n'aie pas reçu de la nature assez d'imagination pour inventer
aussi une utopie ? Est-ce que c'est le rôle de la Loi de faire
un choix entre tant de chimères et de mettre la force publique au service de l'une d'elles ?

La Loi, c'est la Justice.

Et qu'on ne dise pas, comme on le fait sans cesse,
qu'ainsi conçue la Loi, athée, individualiste et sans entrailles, ferait l'humanité à son image. C'est là une déduction
absurde, bien digne de cet engouement gouvernemental
qui voit l'humanité dans la Loi.

Quoi donc ! De ce que nous serons libres, s'ensuit-il que
nous cesserons d'agir ? De ce que nous ne recevrons pas
l'impulsion de la Loi, s'ensuit-il que nous serons dénués
d'impulsion ? De ce que la Loi se bornera à nous garantir le
libre exercice de nos facultés, s'ensuit-il que nos facultés
seront frappées d'inertie ? De ce que la Loi ne nous imposera
pas des formes de religion, des modes d'association, des
méthodes d'enseignement, des procédés de travail, des di-
rections d'échange, des plans de charité, s'ensuit-il que
nous nous empresserons de nous plonger dans l'athéisme,
l'isolement, l'ignorance, la misère et l'égoïsme ? S'ensuit-il
que nous ne saurons plus reconnaître la puissance et la bonté
de Dieu, nous associer, nous entr'aider, aimer et secourir
nos frères malheureux, étudier les secrets de la nature, aspirer aux perfectionnements de notre être ?

La Loi, c'est la Justice.

Et c'est sous la Loi de justice, sous le régime du droit,
sous l'influence de la liberté, de la sécurité, de la stabilité,
de la responsabilité, que chaque homme arrivera à toute sa

valeur, à toute la dignité de son être, et que l'humanité accomplira avec ordre, avec calme, lentement sans doute, mais avec certitude, le progrès, qui est sa destinée.

Il me semble que j'ai pour moi la théorie; car quelque question que je soumette au raisonnement, qu'elle soit religieuse, philosophique, politique, économique; qu'il s'agisse de bien-être, de moralité, d'égalité, de droit, de justice, de progrès, de responsabilité, de solidarité, de propriété, de travail, d'échange, de capital, de salaires, d'impôts, de population, de crédit, de gouvernement; à quelque point de l'horizon scientifique que je place le point de départ de mes recherches, toujours invariablement j'aboutis à ceci : la solution du problème social est dans la Liberté.

Et n'ai-je pas aussi pour moi l'expérience? Jetez les yeux sur le globe. Quels sont les peuples les plus heureux, les plus moraux, les plus paisibles? Ceux où la Loi intervient le moins dans l'activité privée; où le gouvernement se fait le moins sentir; où l'individualité a le plus de ressort et l'opinion publique le plus d'influence; où les rouages administratifs sont les moins nombreux et les moins compliqués; les impôts les moins lourds et les moins inégaux; les mécontentements populaires les moins excités et les moins justifiables; où la responsabilité des individus et des classes est la plus agissante, et où, par suite, si les mœurs ne sont pas parfaites, elles tendent invinciblement à se rectifier; où les transactions, les conventions, les associations sont le moins entravées; où le travail, les capitaux, la population, subissent les moindres déplacements artificiels; où l'humanité obéit le plus à sa propre pente; où la pensée de Dieu prévaut le plus sur les inventions des hommes; ceux, en un mot, qui approchent le plus de cette solution : Dans les limites du droit, tout par la libre et perfectible spontanéité de l'homme; rien par la Loi ou la force que la Justice universelle.

Il faut le dire : il y a trop de grands hommes dans le monde ; il y a trop de législateurs, organisateurs, instituteurs de sociétés, conducteurs de peuples, pères des nations, etc., etc. Trop de gens se placent au-dessus de l'humanité pour la régenter, trop de gens font métier de s'occuper d'elle.

On me dira : Vous vous en occupez bien, vous qui parlez. C'est vrai. Mais on conviendra que c'est dans un sens et à un point de vue bien différents, et si je me mêle aux réformateurs c'est uniquement pour leur faire lâcher prise.

Je m'en occupe non comme Vaucanson, de son automate, mais comme un physiologiste, de l'organisme humain : pour l'étudier et l'admirer.

Je m'en occupe, dans l'esprit qui animait un voyageur célèbre.

Il arriva au milieu d'une tribu sauvage. Un enfant venait de naître et une foule de devins, de sorciers, d'empiriques l'entouraient, armés d'anneaux, de crochets et de liens. L'un disait : cet enfant ne flairera jamais le parfum d'un calumet, si je ne lui allonge les narines. Un autre : il sera privé du sens de l'ouïe, si je ne lui fais descendre les oreilles jusqu'aux épaules. Un troisième : il ne verra pas la lumière du soleil, si je ne donne à ses yeux une direction oblique. Un quatrième : il ne se tiendra jamais debout, si je ne lui courbe les jambes. Un cinquième : il ne pensera pas, si je ne comprime son cerveau. Arrière, dit le voyageur. Dieu fait bien ce qu'il fait ; ne prétendez pas en savoir plus que lui, et puisqu'il a donné des organes à cette frêle créature, laissez ses organes se développer, se fortifier par l'exercice, le tâtonnement, l'expérience et la Liberté.

Dieu a mis aussi dans l'humanité tout ce qu'il faut pour qu'elle accomplisse ses destinées. Il y a une physiologie sociale providentielle comme il y a une physiologie humaine providentielle. Les organes sociaux sont aussi constitués de manière à se développer harmoniquement au grand air de la Liberté. Arrière donc les empiriques et les organisateurs ! Arrière leurs anneaux, leurs chaînes, leurs crochets, leurs tenailles ! arrière leurs moyens artificiels ! arrière leur atelier social, leur phalanstère, leur gouvernementalisme, leur centralisation, leurs tarifs, leurs universités, leurs religions d'État, leurs banques gratuites ou leurs banques monopolisées, leurs compressions, leurs restrictions, leur moralisation ou leur égalisation par l'impôt ! Et puisqu'on a vainement infligé au corps social tant de systèmes, qu'on finisse par où l'on aurait dû commencer, qu'on repousse les systèmes, qu'on mette enfin à l'épreuve la Liberté, — la Liberté, qui est un acte de foi en Dieu et en son œuvre.

PROPRIÉTÉ ET SPOLIATION.

Première lettre [1].

Juillet 1848.

L'assemblée nationale est saisie d'une question immense, dont la solution intéresse au plus haut degré la prospérité et le repos de la France. Un Droit nouveau frappe à la porte de la Constitution : c'est le *Droit au travail*. Il n'y demande pas seulement une place ; il prétend y prendre, en tout ou en partie, celle du *Droit de propriété*.

M. Louis Blanc a déjà proclamé provisoirement ce droit nouveau, et l'on sait avec quel succès ;

M. Proudhon le réclame pour tuer la Propriété ;

M. Considérant, pour la raffermir, en la légitimant.

Ainsi selon ces publicistes, la Propriété porte en elle quelque chose d'injuste et de faux, un germe de mort. Je prétends démontrer qu'elle est la vérité et la justice même, et que ce qu'elle porte dans son sein, c'est le principe du progrès et de la vie.

Ils paraissent croire que, dans la lutte qui va s'engager, les pauvres sont intéressés au triomphe du *droit au travail* et les riches à la défense du *droit de propriété*. Je me crois

---

[1] Elle parut dans le *Journal des Débats*, n° du 24 juillet 1848.

(*Note de l'éditeur.*)

en mesure de prouver que le droit de propriété est essentiellement démocratique, et que tout ce qui le nie ou le
viole est fondamentalement aristocratique et anarchique.

J'ai hésité à demander place dans un journal pour une
dissertation d'économie sociale. Voici ce qui peut justifier
cette tentative :

D'abord, la gravité et l'actualité du sujet.

Ensuite, MM. Louis Blanc, Considérant, Proudhon ne
sont pas seulement publicistes ; ils sont aussi chefs d'écoles ;
ils ont derrière eux de nombreux et ardents sectateurs,
comme le témoigne leur présence à l'assemblée nationale.
Leurs doctrines exercent dès aujourd'hui une influence considérable, — selon moi, funeste dans le monde des affaires, —
et, ce qui ne laisse pas d'être grave, elles peuvent s'étayer
de concessions échappées à l'orthodoxie des maîtres de la
science.

Enfin, pourquoi ne l'avouerais-je pas? quelque chose, au
fond de ma conscience, me dit qu'au milieu de cette controverse brûlante, il me sera peut-être donné de jeter un de ces
rayons inattendus de clarté qui illuminent le terrain où
s'opère quelquefois la réconciliation des écoles les plus
divergentes.

C'en est assez, j'espère, pour que ces lettres trouvent
grâce auprès des lecteurs.

Je dois établir d'abord le reproche qu'on adresse à la
Propriété.

Voici en résumé comment M. Considérant s'en explique.
Je ne crois pas altérer sa théorie, en l'abrégeant [1].

« Tout homme possède légitimement la chose que son
« activité a créée. Il peut la consommer, la donner, l'échan-
« ger, la transmettre, sans que personne, ni même la société
« tout entière, ait rien à y voir.

[1] Voir le petit volume publié par M. Considérant sous ce titre : *Théorie
du Droit de propriété et du Droit au travail.*

« Le propriétaire possède donc légitimement non-seu-
« lement les produits qu'il a créés sur le sol, mais encore
« la *plus-value* qu'il a donnée au sol lui-même par la cul-
« ture.

« Mais il y a une chose qu'il n'a pas créée, qui n'est le
« fruit d'aucun travail; c'est la terre brute, c'est le capital
« primitif, c'est la puissance productive des agents naturels.
« Or, le propriétaire s'est emparé de ce capital. Là est
« l'usurpation, la confiscation, l'injustice, l'illégitimité per-
« manente.

« L'espèce humaine est placée sur ce globe pour y vivre
« et se développer. *L'espèce* est donc usufruitière de la
« surface du globe. Or, maintenant, cette surface est con-
« fisquée par le petit nombre, à l'exclusion du grand
« nombre.

« Il est vrai que cette confiscation est inévitable ; car
« comment cultiver, si chacun peut exercer à l'aventure et
« en liberté ses droits naturels, c'est-à-dire les droits de la
« sauvagerie ?

« Il ne faut donc pas détruire la propriété, mais il faut la
« légitimer. Comment ? par la reconnaissance du *droit au*
« *travail.*

« En effet, les sauvages n'exercent leurs quatre droits
« (chasse, pêche, cueillette et pâture) que sous la condi-
« tion du travail ; c'est donc sous la même condition que
« la société doit aux prolétaires l'équivalent de l'usufruit
« dont elle les a dépouillés.

« En définitive, la société doit à tous les membres de
« l'espèce, à charge de travail, un salaire qui les place dans
« une condition telle, qu'elle puisse être jugée aussi favo-
« rable que celle des sauvages.

« Alors la propriété sera légitime de tous points, et la
« réconciliation sera faite entre les riches et les pauvres. »

Voilà toute la théorie de M. Considérant[1]. Il affirme que cette question de la propriété est des plus simples, qu'il ne faut qu'un peu de bon sens pour la résoudre, et que cependant personne, avant lui, n'y avait rien compris.

Le compliment n'est pas flatteur pour le genre humain ; mais, en compensation, je ne puis qu'admirer l'extrême modestie que l'auteur met dans ses conclusions.

Que demande-t-il, en effet, à la société?

Qu'elle reconnaisse le Droit au travail comme l'équivalent, au profit de l'*espèce*, de l'usufruit de la terre brute.

Et à combien estime-t-il cet équivalent?

A ce que la terre brute peut faire vivre de sauvages.

Comme c'est à peu près un habitant par lieue carrée, les propriétaires du sol français peuvent légitimer leur usurpation à très-bon marché assurément. Ils n'ont qu'à prendre l'engagement que trente à quarante mille non-propriétaires s'élèveront, à leur côté, à toute la hauteur des Esquimaux.

Mais, que dis-je? Pourquoi parler de la France? Dans ce système, il n'y a plus de France, il n'y a plus de propriété

[1] M. Considérant n'est pas le seul qui la professe, témoin le passage suivant, extrait du *Juif errant* de M. Eugène Sue :

« *Mortification* exprimerait mieux le manque complet de ces choses « essentiellement vitales, qu'une société équitablement organisée devrait, « oui, devrait forcément à tout travailleur actif et probe, puisque la « civilisation l'a dépossédé de tout droit au sol, et qu'il naît avec ses « bras pour seul patrimoine.

« Le sauvage ne jouit pas des avantages de la civilisation, mais, du « moins, il a pour se nourrir les animaux des forêts, les oiseaux de l'air, « les poissons des rivières, les fruits de la terre ; et, pour s'abriter et se « chauffer, les arbres des grands bois.

« Le civilisé, déshérité de ces dons de Dieu, le civilisé qui regarde la « Propriété comme sainte et sacrée peut donc, en retour de son rude la- « beur quotidien qui enrichit le pays, peut donc demander un salaire « suffisant pour *vivre sainement*, rien de plus, rien de moins. »

nationale, puisque l'*usufruit* de la terre appartient, de plein droit, à l'*espèce.*

Au reste, je n'ai pas l'intention d'examiner en détail la théorie de M. Considérant, cela me mènerait trop loin. Je ne veux m'attaquer qu'à ce qu'il y a de grave et de sérieux au fond de cette théorie, je veux dire la question de la *Rente.*

Le système de M. Considérant peut se résumer ainsi :

Un produit agricole existe par le concours de deux actions :

L'*action de l'homme,* ou le travail, qui donne ouverture au droit de propriété ;

L'*action de la nature,* qui devrait être gratuite, et que les propriétaires font injustement tourner à leur profit. C'est là ce qui constitue l'usurpation des droits de l'*espèce.*

Si donc je venais à prouver que les hommes, dans leurs transactions, ne se font réciproquement payer *que leur travail,* qu'ils ne font pas entrer dans le prix des choses échangées l'*action de la nature,* M. Considérant devrait se tenir pour complétement satisfait.

Les griefs de M. Proudhon contre la propriété sont absolument les mêmes. « La propriété, dit-il, cessera d'être abusive *par la mutualité des services.* » Donc, si je démontre que les hommes n'échangent entre eux que des *services,* sans jamais se débiter réciproquement d'une obole pour l'usage de ces *forces naturelles* que Dieu a données gratuitement à tous, M. Proudhon, de son côté, devra convenir que son utopie est réalisée.

Ces deux publicistes ne seront pas fondés à réclamer le *droit au travail.* Peu importe que ce droit fameux soit considéré par eux sous un jour si diamétralement opposé que, selon M. Considérant, il doit légitimer la propriété, tandis que, selon M. Proudhon, il doit la tuer ; toujours est-il qu'il n'en sera plus question, pourvu qu'il soit bien prouvé que, sous le régime propriétaire, les hommes échangent peine contre peine, effort contre effort, travail contre travail, *service contre service*, le concours de la nature étant toujours livré *par-dessus le marché ;* en sorte que les forces naturelles, *gratuites* par destination, ne cessent pas de rester *gratuites* à travers toutes les transactions humaines.

On voit que ce qui est contesté, c'est la légitimité de la *Rente*, parce qu'on suppose qu'elle est, en tout ou en partie, un paiement injuste que le consommateur fait au propriétaire, non pour un service personnel, mais pour des bienfaits gratuits de la nature.

J'ai dit que les réformateurs modernes pouvaient s'appuyer sur l'opinion des principaux économistes [1].

En effet, Adam Smith dit que la Rente est souvent un intérêt raisonnable du capital dépensé sur les terres en amélioration, mais que souvent aussi cet intérêt n'est *qu'une partie de la Rente.*

Sur quoi Mac-Culloch fait cette déclaration positive :

« Ce qu'on nomme proprement la Rente, c'est la somme
« payée pour l'usage *des forces naturelles et de la puissance*
« *inhérente au sol.* Elle est entièrement distincte de la somme
« payée à raison des constructions, clôtures, routes et autres
« améliorations foncières. La rente est donc toujours un
« monopole. »

Buchanan va jusqu'à dire que « la Rente est une portion du revenu des consommateurs qui passe dans la poche du propriétaire. »

Ricardo :

« Une portion de la Rente est payée pour l'usage du ca-
« pital qui a été employé à améliorer la qualité de la terre,
« élever des bâtisses, etc. ; *l'autre est donnée pour l'usage*
« *des puissances primitives et indestructibles du sol.* »

---

[1] Cette proposition se trouve plus amplement développée aux chapitres v et ix des *Harmonies économiques,* tome VI.   (*Note de l'éditeur.*)

Scrope :

« La valeur de la terre et la faculté d'en tirer une *rente*
« sont dues à deux circonstances : 1° *à l'appropriation de*
« *ses puissances naturelles;* 2° au travail appliqué à son amé-
« lioration. Sous le premier rapport, la Rente est un mono-
« pole. C'est une restriction à l'usufruit des dons que le
« Créateur a faits aux hommes pour leurs besoins. Cette
« restriction n'est juste qu'autant qu'elle est nécessaire pour
« le bien commun. »

Senior :

« Les instruments de la production sont le travail et *les*
« *agents naturels.* Les agents naturels ayant été appropriés,
« les propriétaires *s'en font payer l'usage* sous forme de
« rente, qui n'est la récompense d'aucun sacrifice quel-
« conque, et est reçue par ceux qui n'ont ni travaillé ni fait
« des avances, mais qui se bornent à tendre la main pour
« recevoir les offrandes de la communauté. »

Après avoir dit qu'une partie de la Rente est l'intérêt du
capital, Senior ajoute :

« Le surplus est prélevé par le propriétaire des agents
« naturels et forme sa récompense, non pour avoir travaillé
« ou épargné, mais simplement pour n'avoir pas gardé
« quand il pouvait garder, pour avoir permis que les dons
« de la nature fussent acceptés. »

Certes, au moment d'entrer en lutte avec des hommes qui
proclament une doctrine spécieuse en elle-même, propre à
faire naître des espérances et des sympathies parmi les
classes souffrantes, et qui s'appuie sur de telles autorités, il
ne suffit pas de fermer les yeux sur la gravité de la situation; il ne suffit pas de s'écrier dédaigneusement qu'on n'a
devant soi que des rêveurs, des utopistes, des insensés, ou
même des factieux ; il faut étudier et résoudre la question
une fois pour toutes. Elle vaut bien un moment d'ennui.

Je crois qu'elle sera résolue d'une manière satisfaisante

pour tous, si je prouve que la propriété non-seulement laisse
à ce qu'on nomme les prolétaires l'usufruit gratuit des
agents naturels, mais encore décuple et centuple cet usufruit. J'ose espérer qu'il sortira de cette démonstration la
claire vue de quelques *harmonies* propres à satisfaire l'intelligence et à apaiser les prétentions de toutes les écoles économistes, socialistes et même communistes [1].

Deuxième lettre.

Quelle inflexible puissance que celle de la Logique !

De rudes conquérants se partagent une île ; ils vivent de
Rentes dans le loisir et le faste, au milieu des vaincus laborieux et pauvres. Il y a donc, dit la Science, une autre
source de *valeurs* que le travail.

Alors elle se met à décomposer la Rente et jette au monde
cette théorie :

« La Rente, c'est, pour une partie, l'intérêt d'un capital
dépensé. Pour une autre partie, *c'est le monopole d'agents
naturels usurpés et confisqués.* »

Bientôt cette économie politique *de l'école anglaise* passe
le détroit. La Logique socialiste s'en empare et dit aux travailleurs : Prenez garde ! dans le prix du pain que vous
mangez, il entre trois éléments. Il y a le travail du laboureur, vous le devez ; il y a le travail du propriétaire, vous le
devez ; il y a le travail de la nature, vous ne le devez pas.
Ce que l'on vous prend à ce titre, c'est un monopole, comme
dit Scrope ; c'est une taxe prélevée sur les dons que Dieu
vous a faits, comme dit Senior.

La Science voit le danger de sa distinction. Elle ne la re-

---

[1] Voy. à la fin de cet opuscule, la réclamation que provoqua cette première lettre, de la part de M. Considérant, et la réponse de F. Bastiat.

(Note de l'éditeur.)

tire pas néanmoins, mais l'explique : « Dans le mécanisme social, il est vrai, dit-elle, que le rôle du propriétaire est commode, mais il est nécessaire. On travaille pour lui, et il paie avec la chaleur du soleil et la fraîcheur des rosées. Il faut en passer par là, sans quoi il n'y aurait pas de culture. »

« Qu'à cela ne tienne, répond la Logique, j'ai mille organisations en réserve pour effacer l'injustice, qui d'ailleurs n'est jamais nécessaire. »

Donc, grâce à un faux principe, ramassé dans l'*école anglaise*, la Logique bat en brèche la propriété foncière. S'arrêtera-t-elle là ? Gardez-vous de le croire. Elle ne serait pas la Logique.

Comme elle a dit à l'agriculteur : La loi de la vie végétale ne peut être une propriété et donner un profit ;

Elle dira au fabricant de drap : La loi de la gravitation ne peut être une propriété et donner un profit ;

Au fabricant de toiles : La loi de l'élasticité des vapeurs ne peut être une propriété et donner un profit ;

Au maître de forges : La loi de la combustion ne peut être une propriété et donner un profit ;

Au marin : Les lois de l'hydrostatique ne peuvent être une propriété et donner un profit ;

Au charpentier, au menuisier, au bûcheron : Vous vous servez de scies, de haches, de marteaux ; vous faites concourir ainsi à votre œuvre la dureté des corps et la résistance des milieux. Ces lois appartiennent à tout le monde, et ne doivent pas donner lieu à un profit.

Oui, la Logique ira jusque-là, au risque de bouleverser la société entière ; après avoir nié la Propriété foncière, elle niera la productivité du capital, toujours en se fondant sur cette donnée que le Propriétaire et le Capitaliste se font rétribuer pour l'usage des puissances naturelles. C'est pour cela qu'il importe de lui prouver qu'elle part d'un faux principe ; qu'il n'est pas vrai que dans aucun art, dans aucun métier, dans aucune industrie, on se fasse payer les forces de la nature, et qu'à cet égard l'agriculture n'est pas privilégiée.

Il est des choses qui sont *utiles* sans que le travail intervienne : la terre, l'air, l'eau, la lumière et la chaleur du soleil, les matériaux et les forces que nous fournit la nature.

Il en est d'autres qui ne deviennent *utiles* que parce que le travail s'exerce sur ces matériaux et s'empare de ces forces.

L'*utilité* est donc due quelquefois à la nature seule, quelquefois au travail seul, presque toujours à l'activité combinée du travail et de la nature.

Que d'autres se perdent dans les définitions. Pour moi, j'entends par *Utilité* ce que tout le monde comprend par ce mot, dont l'étymologie marque très-exactement le sens. Tout ce qui *sert*, que ce soit de par la nature, de par le travail ou de par les deux, est *Utile*.

J'appelle *Valeur* cette portion seulement d'*utilité* que le travail communique ou ajoute aux choses, en sorte que deux choses se *valent* quand ceux qui les ont *travaillées* les échangent librement l'une contre l'autre. Voici mes motifs :

Qu'est-ce qui fait qu'un homme refuse un échange? c'est la connaissance qu'il a que la chose qu'on lui offre exigerait de lui moins de travail que celle qu'on lui demande. On aura beau lui dire : J'ai moins travaillé que vous, mais la gravitation m'a aidé, et je la mets en ligne de compte; il répondra : Je puis aussi me servir de la gravitation, avec un travail égal au vôtre.

Quand deux hommes sont isolés, s'ils travaillent, *c'est pour se rendre service à eux-mêmes ;* que l'échange intervienne, chacun *rend service* à l'autre et en reçoit un service *équivalent*. Si l'un d'eux se fait aider par une puissance naturelle qui soit à la disposition de l'autre, cette puissance ne comptera pas dans le marché; le droit de refus s'y oppose.

Robinson chasse et Vendredi pêche. Il est clair que la quantité de poisson échangée contre du gibier sera déterminée par le travail. Si Robinson disait à Vendredi : « La nature prend plus de peine pour faire un oiseau que pour faire un poisson; donne-moi donc plus de ton travail que je ne t'en donne du mien, puisque je te cède, en compensation, un plus grand effort de la nature... » Vendredi ne manquerait pas de répondre : « Il ne t'est pas donné, non plus qu'à moi, d'apprécier les efforts de la nature. Ce qu'il faut comparer, c'est ton travail au mien, et si tu veux établir nos relations sur ce pied que je devrai, d'une manière permanente, travailler plus que toi, je vais me mettre à chasser, et tu pêcheras si tu veux. »

On voit que la libéralité de la nature, dans cette hypothèse, ne peut devenir un monopole à moins de violence. On voit encore que si elle entre pour beaucoup dans l'*utilité*, elle n'entre pour rien dans la *valeur*.

J'ai signalé autrefois la métaphore comme un ennemi de l'économie politique, j'accuserai ici la métonymie du même méfait [1].

Se sert-on d'un langage bien exact quand on dit : « L'eau *vaut* deux sous? »

On raconte qu'un célèbre astronome ne pouvait se décider à dire : Ah! le beau coucher du soleil! Même en présence des dames, il s'écriait, dans son étrange enthousiasme : Ah! le beau spectacle que celui de la rotation de la terre, quand les rayons du soleil la frappent par la tangente !

Cet astronome était exact et ridicule. Un économiste ne le serait pas moins qui dirait : Le travail qu'il faut faire pour aller chercher l'eau à la source vaut deux sous.

---

[1] Voy. le chap. XXII de la Ire série des *Sophismes*.

(Note de l'éditeur.)

L'étrangeté de la périphrase n'en empêche pas l'exactitude.

En effet, l'eau ne *vaut* pas. Elle n'a pas de *valeur*, quoiqu'elle ait de l'*utilité*. Si nous avions tous et toujours une source à nos pieds, évidemment l'eau n'aurait aucune *valeur*, puisqu'elle ne pourrait donner lieu à aucun échange. Mais est-elle à un quart de lieue, il faut l'aller chercher, c'est un travail, et voilà l'origine de la *valeur*. Est-elle à une demi-lieue, c'est un travail double, et, partant, une *valeur* double, quoique l'*utilité* reste la même. L'eau est pour moi un don gratuit de la nature, à la condition de l'aller chercher. Si je le fais moi-même, je me rends un service moyennant une peine. Si j'en charge un autre, je lui donne une peine et lui dois un service. Ce sont deux peines, deux services à comparer, à débattre. Le don de la nature reste toujours gratuit. En vérité, il me semble que c'est dans le *travail* et non dans l'eau que réside la *valeur*, et qu'on fait une métonymie aussi bien quand on dit : *L'eau vaut deux sous*, que lorsqu'on dit : *J'ai bu une bouteille*.

L'air est un don gratuit de la nature, il n'a pas de *valeur*. Les économistes disent : Il n'a pas de valeur d'échange, mais il a de la valeur d'usage. Quelle langue ! Eh ! Messieurs, avez-vous pris à tâche de dégoûter de la science ? Pourquoi ne pas dire tout simplement : Il n'a pas de *valeur*, mais il a de l'*utilité*? Il a de l'*utilité* parce qu'il *sert*. Il n'a pas de *valeur* parce que la nature a fait tout et le *travail* rien. Si le travail n'y est pour rien, personne n'a à cet égard de *service* à rendre, à recevoir ou à rémunérer. Il n'y a ni peine à prendre, ni échange à faire ; il n'y a rien à comparer, il n'y a pas de *valeur*.

Mais entrez dans une cloche à plongeur et chargez un homme de vous envoyer de l'air par une pompe pendant deux heures ; il prendra une peine, il vous rendra un service ; vous aurez à vous *acquitter*. Est-ce l'air que vous paierez? Non, c'est le travail. Donc, est-ce l'air qui a acquis de la *valeur*? Parlez ainsi pour abréger, si vous voulez, mais n'oubliez pas que c'est une *métonymie ;* que l'air reste gratuit ; et qu'aucune intelligence humaine ne saurait lui assigner une *valeur* ; que s'il en a une, c'est celle qui se mesure par la peine prise, comparée à la peine donnée en échange.

Un blanchisseur est obligé de faire sécher le linge dans un grand établissement par l'action du feu. Un autre se contente de l'exposer au soleil. Ce dernier prend moins de peine ; il n'est ni ne peut être aussi exigeant. Il ne me fait donc pas payer la chaleur des rayons du soleil, et c'est moi consommateur qui en profite.

Ainsi la grande loi économique est celle-ci :

Les services s'échangent contre des services.

Do ut des ; do ut facias ; facio ut des ; facio ut facias ; fais ceci pour moi, et je ferai cela pour toi, c'est bien trivial, bien vulgaire ; ce n'en est pas moins le commencement, le milieu et la fin de la science [1].

Nous pouvons tirer de ces trois exemples cette conclusion générale : Le consommateur rémunère tous les *services* qu'on lui rend, toute la peine qu'on lui épargne, tous les

---

[1] « Il ne suffit pas que la valeur ne soit pas dans la matière ou dans « les forces naturelles. Il ne suffit pas qu'elle soit exclusivement dans les « *services*. Il faut encore que les services eux-mêmes ne puissent pas « avoir une *valeur* exagérée. Car qu'importe à un malheureux ouvrier « de payer le blé cher, parce que le propriétaire se fait payer les puis- « sances productives du sol ou bien se fait payer démesurément son « intervention ? »

« C'est l'œuvre de la Concurrence d'égaliser les services sur le pied de « la justice. Elle y travaille sans cesse. »

(*Pensée inédite de l'auteur.*)

Pour les développements sur la *Valeur* et la *Concurrence*, voy. les chap. v et x des *Harmonies économiques,* au tome VI.

Voy., de plus, au présent volume, les exemples cités pag. 38 et suiv.

(*Note de l'éditeur.*)

travaux qu'il occasionne; mais il jouit, sans les payer, des dons gratuits de la nature et des puissances que le producteur a mises en œuvre.

Voilà trois hommes qui ont mis à ma disposition de l'air, de l'eau et de la chaleur, sans se rien faire payer que leur peine.

Qu'est-ce donc qui a pu faire croire que l'agriculteur, qui se sert aussi de l'air, de l'eau et de la chaleur, me fait payer la prétendue *valeur intrinsèque* de ces *agents naturels?* qu'il me porte en compte de l'utilité créée et de l'utilité non créée? que, par exemple, le prix du blé vendu à 18 fr. se décompose ainsi :

12 fr. pour le travail actuel,
3 fr. pour le travail antérieur, } propriété légitime ;

3 fr. pour l'air, la pluie, le soleil, la vie végétale, propriété illégitime?

Pourquoi tous les économistes de *l'école anglaise* croient-ils que ce dernier élément s'est furtivement introduit dans la valeur du blé?

Troisième lettre.

Les services s'échangent contre des services. Je suis obligé de me faire violence pour résister à la tentation de montrer ce qu'il y a de simplicité, de vérité et de fécondité dans cet axiome.

Que deviennent devant lui toutes ces subtilités : *Valeur d'usage et valeur d'échange, produits matériels et produits immatériels, classes productives et classes improductives?* Industriels, avocats, médecins, fonctionnaires, banquiers, négociants, marins, militaires, artistes, ouvriers, tous tant que nous sommes, à l'exception des hommes de rapine, nous rendons et recevons des *services*. Or, ces services réciproques étant seuls commensurables entre eux, c'est en eux seuls que réside la *valeur*, et non dans la matière gratuite et dans les agents naturels gratuits qu'ils mettent en œuvre. Qu'on ne dise donc point, comme c'est aujourd'hui la mode, que le négociant est un intermédiaire parasite. Prend-il ou ne prend-il pas une peine? Nous épargne-t-il ou non du travail? Rend-il ou non des *services?* S'il rend des *services*, il crée de la *valeur* aussi bien que le fabricant [1].

Comme le fabricant, pour faire tourner ses mille broches, s'empare, par la machine à vapeur, du poids de l'atmosphère et de l'expansibilité des gaz, de même le négociant, pour exécuter ses transports, se sert de la direction des vents et de la fluidité de l'eau. Mais ni l'un ni l'autre ne nous font payer ces *forces naturelles*, car plus ils en sont secondés, plus ils sont forcés de baisser leurs prix. Elles restent donc ce que Dieu a voulu qu'elles fussent, un don gratuit, sous la condition du travail, pour l'humanité tout entière.

En est-il autrement en agriculture? C'est ce que j'ai à examiner.

Supposons une île immense habitée par quelques sauvages. L'un d'entre eux conçoit la pensée de se livrer à la culture. Il s'y prépare de longue main, car il sait que l'entreprise absorbera bien des journées de travail avant de donner la moindre récompense. Il accumule des provisions, il fabrique de grossiers instruments. Enfin le voilà prêt; il clôt et défriche un lopin de terre.

Ici deux questions:

Ce sauvage blesse-t-il les Droits de la communauté?

Blesse-t-il ses Intérêts?

Puisqu'il y a cent mille fois plus de terres que la commu-

---

[1] Voy., sur la question des intermédiaires, au tome V, le chap. vi du pamphlet *Ce qu'on voit et ce qu'on ne voit pas*, et au tome VI, le commencement du chap. xvi.

(*Note de l'éditeur.*)

nauté n'en pourrait cultiver, il ne blesse pas plus ses droits que je ne blesse ceux de mes compatriotes quand je puise dans la Seine un verre d'eau pour boire, ou dans l'atmosphère un pied cube d'air pour respirer.

Il ne blesse pas davantage ses intérêts. Bien au contraire : ne chassant plus ou chassant moins, ses compagnons ont proportionnellement plus d'espace ; en outre, s'il produit plus de subsistances qu'il n'en peut consommer, il lui reste un excédant à échanger.

Dans cet échange, exerce-t-il la moindre oppression sur ses semblables ? Non, puisque ceux-ci sont libres d'accepter ou de refuser.

Se fait-il payer le concours de la terre, du soleil et de la pluie ? Non, puisque chacun peut recourir, comme lui, à ces agents de production.

Veut-il vendre son lopin de terre, que pourra-t-il obtenir ? L'équivalent de son travail, et voilà tout. S'il disait : Donnez-moi d'abord autant de votre temps que j'en ai consacré à l'opération, et ensuite une autre portion de votre temps pour la valeur de la terre brute ; on lui répondrait : Il y a de la terre brute à côté de la vôtre, je ne puis que vous restituer votre temps, puisque, avec un temps égal, rien ne m'empêche de me placer dans une condition semblable à la vôtre. C'est justement la réponse que nous ferions au porteur d'eau qui nous demanderait deux sous pour la valeur de son service et deux pour la valeur de l'eau ; par où l'on voit que la terre et l'eau ont cela de commun, que l'une et l'autre beaucoup d'*utilité*, et que ni l'une ni l'autre n'ont de *valeur*.

Que si notre sauvage voulait *affermer* son champ, il ne trouverait jamais que la rémunération de son travail sous une autre forme. Des prétentions plus exagérées rencontreraient toujours cette inexorable réponse : « Il y a des terres dans l'île », réponse plus décisive que celle du meunier de Sans-Souci : « Il y a des juges à Berlin [1]. »

Ainsi, à l'origine du moins, le propriétaire, soit qu'il vende les produits de sa terre, ou sa terre elle-même, soit qu'il l'afferme, ne fait autre chose que rendre et recevoir des *services* sur le pied de l'égalité. Ce sont ces services qui se comparent, et par conséquent qui *valent*, la valeur n'étant attribuée au sol que par abréviation ou *métonymie*.

Voyons ce qui survient à mesure que l'île se peuple et se cultive.

Il est bien évident que la facilité de se procurer des matières premières, des subsistances et du *travail* y augmente pour tout le monde, sans privilége pour personne, comme on le voit aux États-Unis. Là, il est absolument impossible aux propriétaires de se placer dans une position plus favorable que les autres travailleurs, puisque, à cause de l'abondance des terres, chacun a le choix de se porter vers l'agriculture si elle devient plus lucrative que les autres car-

---

[1] Nous avons entendu naguère nier la légitimité du fermage. Sans aller jusque-là, beaucoup de personnes ont de la peine à comprendre la pérennité du loyer des capitaux. Comment, disent-elles, un capital une fois formé peut-il donner un revenu éternel ? Voici, par un exemple, cette légitimité et cette pérennité expliquées.

J'ai cent sacs de blé, je pourrais m'en servir pour vivre pendant que je me livre à un travail utile. Au lieu de cela, je les prête pour un an. Que me doit l'emprunteur ? la restitution intégrale de mes cent sacs de blé. Ne me doit-il que cela ? En ce cas, j'aurais rendu un service sans en recevoir. Il me doit donc, outre la simple restitution de mon prêt, un *service*, une rémunération qui sera déterminée par les lois de l'offre et de la demande : c'est l'*intérêt*. On voit qu'au bout de l'an, j'ai encore cent sacs de blé à prêter; et ainsi de suite pendant l'éternité. L'intérêt est une petite portion du travail que mon prêt a mis l'emprunteur à même d'exécuter. Si j'ai assez de sacs de blé pour que les intérêts suffisent à mon existence, je puis être un homme de loisir sans faire tort à personne, et il me serait facile de montrer que le loisir, ainsi acheté, est lui-même un des ressorts progressifs de la société.

rières. Cette liberté suffit pour maintenir l'*équilibre des services.* Elle suffit aussi pour que les *agents naturels*, dont on se sert dans un grand nombre d'industries aussi bien qu'en agriculture, ne profitent pas aux producteurs, en tant que tels, mais au public consommateur.

Deux frères se séparent; l'un va à la pêche de la baleine, l'autre va défricher des terres dans le *Far-West.* Ils échangent ensuite de l'huile contre du blé. L'un porte-t-il plus en compte la *valeur* du sol que la *valeur* de là baleine? La comparaison ne peut porter que sur les *services* reçus et rendus. Ces services seuls ont donc de la *valeur.*

Cela est si vrai que, si la nature a été très-libérale du côté de la terre, c'est-à-dire si la récolte est abondante, le prix du blé baisse, et *c'est le pêcheur qui en profite.* Si la nature a été libérale du côté de l'Océan, en d'autres termes, si la pêche a été heureuse, c'est l'huile qui est à bon marché, *au profit de l'agriculteur.* Rien ne prouve mieux que le don gratuit de la nature, quoique mis en œuvre par le producteur, reste toujours gratuit pour les masses, à la seule condition de payer cette mise en œuvre qui est le *service.*

Donc, tant qu'il y aura abondance de terres incultes dans le pays, l'équilibre se maintiendra entre les services réciproques, et tout avantage exceptionnel sera refusé aux propriétaires.

Il n'en serait pas ainsi, si les propriétaires parvenaient à interdire tout nouveau défrichement. En ce cas, il est bien clair qu'ils feraient la loi au reste de la communauté. La population augmentant, le besoin de subsistance se faisant de plus en plus sentir, il est clair qu'ils seraient en mesure de se faire payer plus cher leurs *services,* ce que le langage ordinaire exprimerait ainsi, par métonymie : *Le sol a plus de valeur.* Mais la preuve que ce privilége inique conférerait une *valeur factice* non à la matière, mais aux services, c'est ce que nous voyons en France et à Paris même. Par un procédé semblable à celui que nous venons de décrire, la loi limite le nombre des courtiers, agents de change, notaires, bouchers; et qu'arrive-t-il? C'est qu'en les mettant à même de mettre à haut prix leurs *services*, elle crée en leur faveur un capital qui n'est incorporé dans aucune matière. Le besoin d'abréger fait dire alors : « Cette étude, ce cabinet, ce brevet *valent* tant, » et la *métonymie* est évidente. Il en est de même pour le sol.

Nous arrivons à la dernière hypothèse, celle où le sol de l'île entière est soumis à l'appropriation individuelle et à la culture.

Ici il semble que la position relative des deux classes va changer.

En effet, la population continue de s'accroître ; elle va encombrer toutes les carrières, excepté la seule où la place soit prise. Le propriétaire fera donc la loi de l'échange ! Ce qui limite la *valeur d'un service*, ce n'est jamais la volonté de celui qui le rend, c'est quand celui à qui on l'offre peut s'en passer, ou se le rendre à lui-même, ou s'adresser à d'autres. Le prolétaire n'a plus aucune de ces alternatives. Autrefois il disait au propriétaire : « Si vous me demandez plus que la rémunération de votre travail, je cultiverai moi-même; » et le propriétaire était forcé de se soumettre. Aujourd'hui le propriétaire a trouvé cette réplique : « Il n'y a plus de place dans le pays. » Ainsi, qu'on voie la Valeur dans les choses ou dans les services, l'agriculteur profitera de l'absence de toute concurrence, et comme les propriétaires feront la loi aux fermiers et aux ouvriers des campagnes, en définitive ils la feront à tout le monde.

Cette situation nouvelle a évidemment pour cause unique ce fait, que les non-propriétaires ne peuvent plus contenir les exigences des possesseurs du sol par ce mot : « Il reste du sol à défricher. »

Que faudrait-il donc pour que l'*équilibre des services* fût maintenu, pour que l'hypothèse actuelle rentrât à l'instant dans l'hypothèse précédente ? Une seule chose : c'est qu'à côté de notre île il en surgît une seconde, ou, mieux encore, des continents non entièrement envahis par la culture.

Alors le travail continuerait à se développer, se répartissant dans de justes proportions entre l'agriculture et les autres industries, sans oppression possible de part ni d'autre, puisque si le propriétaire disait à l'artisan : « Je te vendrai mon blé à un prix qui dépasse la rémunération normale du travail, » celui-ci se hâterait de répondre : « Je travaillerai pour les propriétaires du continent, qui ne peuvent avoir de telles prétentions. »

Cette période arrivée, la vraie garantie des masses est donc dans la liberté de l'échange, dans le droit du travail [1].

Le *droit du travail*, c'est la liberté, c'est la propriété. L'artisan est propriétaire de son œuvre, de ses services ou du prix qu'il en a retiré, aussi bien que le propriétaire du sol. Tant que, en vertu de ce droit, il peut les échanger sur toute la surface du globe contre des produits agricoles, il maintient *forcément* le propriétaire foncier dans cette position d'*égalité* que j'ai précédemment décrite, où *les services s'échangent contre des services*, sans que la possession du sol confère par elle-même, pas plus que la possession d'une machine à vapeur ou du plus simple outil, un avantage indépendant du travail.

Mais si, usurpant la puissance législative, les propriétaires défendent aux prolétaires de travailler pour le dehors contre de la subsistance, alors l'équilibre des services est rompu. Par respect pour l'exactitude scientifique, je ne dirai pas que par là ils élèvent artificiellement la *valeur du sol ou des*

[1] Cette hypothèse a été examinée de nouveau par l'auteur dans la dernière partie de sa lettre à M. Thiers. Voy. ci-après les 12 dernières pages de *Protectionisme et Communisme*.

(*Note de l'éditeur.*)

agents naturels ; mais je dirai qu'ils élèvent artificiellement la *valeur de leurs services*. Avec *moins* de travail ils paient *plus* de travail. Ils oppriment. Ils font comme tous les monopoleurs brevetés ; ils font comme les propriétaires de l'autre période qui prohibaient les défrichements ; ils introduisent dans la société une cause d'inégalité et de misère ; ils altèrent les notions de justice et de propriété ; ils creusent sous leurs pas un abîme [1].

Mais quel soulagement pourraient trouver les non-propriétaires dans la proclamation du *droit au travail ?* En quoi ce droit nouveau accroîtrait-il les subsistances ou les travaux à distribuer aux masses ? Est-ce que tous les capitaux ne sont pas consacrés à faire travailler ? Est-ce qu'ils grossissent en passant par les coffres de l'État ? Est-ce qu'en les ravissant au peuple par l'impôt, l'État ne ferme pas au moins autant de sources de travail d'un côté qu'il en ouvre de l'autre ?

Et puis, en faveur de qui stipulez-vous ce droit ? Selon la théorie qui vous l'a révélé, ce serait en faveur de quiconque n'a plus sa part d'usufruit de la terre brute. Mais les banquiers, négociants, manufacturiers, légistes, médecins, fonctionnaires, artistes, artisans ne sont pas propriétaires fonciers. Voulez-vous dire que les possesseurs du sol seront tenus d'assurer du travail à tous ces citoyens ? Mais tous se créent des débouchés les uns aux autres. Entendez-vous seulement que les riches, propriétaires ou non-propriétaires du sol, doivent venir au secours des pauvres ? Alors vous parlez d'*assistance*, et non d'un droit ayant sa source dans l'appropriation du sol.

---

[1] Sur la propriété foncière, voy. les chap. IX et XIII des *Harmonies économiques*, au tome VI. — Voy. aussi, au tome II, la seconde parabole du discours prononcé, le 29 septembre 1846, à la salle Montesquieu.

(*Note de l'éditeur.*)

En fait de droits, celui qu'il faut réclamer, parce qu'il
est incontestable, rigoureux, sacré, c'est le *droit du travail ;*
c'est la liberté, c'est la propriété, non celle du sol seulement, mais celle des bras, de l'intelligence, des facultés, de
la personnalité, propriété qui est violée si une classe peut
interdire aux autres *l'échange libre des services* au dehors
comme au dedans. Tant que cette liberté existe, la propriété foncière n'est pas un privilége ; elle n'est, comme
toutes les autres, que la *propriété d'un travail.*

Il me reste à déduire quelques conséquences de cette
doctrine.

Quatrième lettre.

Les physiocrates disaient : La terre seule est productive.

Certains économistes ont dit : Le travail seul est productif.

Quand on voit le laboureur courbé sur le sillon qu'il ar-
rose de ses sueurs, on ne peut guère nier son concours à
l'œuvre de la production. D'un autre côté, la nature ne se
repose pas. Et le rayon qui perce la nue, et la nue que chasse
le vent, et le vent qui amène la pluie, et la pluie qui dis-
sout les substances fertilisantes, et ces substances qui développent dans la jeune plante le mystère de la vie, toutes
les puissances connues et inconnues de la nature préparent
la moisson pendant que le laboureur cherche dans le sommeil une trêve à ses fatigues.

Il est donc impossible de ne pas le reconnaître : le Travail et la nature se combinent pour accomplir le phénomène
de la production. *L'utilité*, qui est le fonds sur lequel vit le
genre humain, résulte de cette coopération, et cela est aussi
vrai de presque toutes les industries que de l'agriculture.

Mais, dans les échanges que les hommes accomplissent
entre eux, il n'y a qu'une chose qui se compare et se puisse

comparer, c'est le travail humain, c'est le service reçu et rendu. Ces services sont seuls commensurables entre eux ; c'est donc eux seuls qui sont rémunérables, c'est en eux seuls que réside la Valeur, et il est très-exact de dire qu'en définitive l'homme n'est *propriétaire* que de son œuvre *propre.*

Quant à la portion d'utilité due au concours de la nature, quoique très-réelle, quoique immensément supérieure à tout ce que l'homme pourrait accomplir, elle est *gratuite ;* elle se transmet de main en main par-dessus le marché ; elle est sans Valeur proprement dite. Et qui pourrait apprécier, mesurer, déterminer la valeur des lois naturelles qui agissent, depuis le commencement du monde, pour produire un effet quand le travail les sollicite? à quoi les comparer? comment les *évaluer?* Si elles avaient une Valeur, elles figureraient sur nos comptes et nos inventaires ; nous nous ferions rétribuer pour leur usage. Et comment y parviendrions-nous, puisqu'elles sont à la disposition de tous sous la même condition, celle du travail [1] ?

Ainsi, toute production utile est l'œuvre de la nature qui agit gratuitement et du travail qui se rémunère.

Mais, pour arriver à la production d'une utilité donnée, ces deux contingents, *travail humain, forces naturelles,* ne sont pas dans des rapports fixes et immuables. Bien loin de là. Le progrès consiste à faire que la proportion du *concours naturel* s'accroisse sans cesse et vienne diminuer d'autant, en s'y substituant, la proportion du *travail humain.* En d'autres termes, pour une quantité donnée d'utilité, la coopération gratuite de la *nature* tend à remplacer de plus en plus la coopération onéreuse du *travail.* La partie *com-*

[1] Sur l'objection tirée d'un prétendu accaparement des agents naturels, voy., au tome V, la lettre xive de *Gratuité du crédit,* et, au tome VI, les deux dernières pages du chap. xiv.

(*Note de l'éditeur.*)

mune s'accroît aux dépens de la partie rémunérable et *appropriée*.

Si vous aviez à transporter un fardeau d'un quintal, de Paris à Lille, sans l'intervention d'aucune force naturelle, c'est-à-dire à dos d'homme, il vous faudrait un mois de fatigue ; si, au lieu de prendre cette peine vous-même, vous la donniez à un autre, vous auriez à lui restituer une peine égale, sans quoi il ne la prendrait pas. Viennent le traîneau, puis la charrette, puis le chemin de fer ; à chaque progrès, c'est une partie de l'œuvre mise à la charge des forces naturelles, c'est une diminution de peine à prendre ou à rémunérer. Or, il est évident que toute rémunération anéantie est une conquête, non au profit de celui qui rend le service, mais de celui qui le reçoit, c'est-à-dire de l'humanité.

Avant l'invention de l'imprimerie, un scribe ne pouvait copier une Bible en moins d'un an, et c'était la mesure de la rémunération qu'il était en droit d'exiger. Aujourd'hui, on peut avoir une Bible pour 5 francs, ce qui ne répond guère qu'à une journée de travail. La force naturelle et *gratuite* s'est donc substituée à la force rémunérable pour deux cent quatre-vingt-dix-neuf parties sur trois cents ; une partie représente le *service* humain et reste *Propriété personnelle ;* deux cent quatre-vingt-dix-neuf parties représentent le *concours naturel*, ne se paient plus et sont par conséquent tombées dans le domaine de la gratuité et de la communauté.

Il n'y a pas un outil, un instrument, une machine qui n'ait eu pour résultat de diminuer le concours du travail humain, soit la Valeur du produit, soit encore ce qui fait le fondement de la Propriété.

Cette observation qui, j'en conviens, n'est que bien imparfaitement exposée ici, me semble devoir rallier sur un terrain commun, celui de la *Propriété* et de la *Liberté*, les écoles qui se partagent aujourd'hui d'une manière si fâcheuse l'empire de l'opinion.

Toutes les écoles se résument en un axiome.

Axiome Économiste : Laissez faire, laissez passer.

Axiome Egalitaire : Mutualité des services.

Axiome Saint-Simonien : A chacun selon sa capacité, à chaque capacité selon ses œuvres.

Axiome Socialiste : Partage équitable entre le capital, le talent et le travail.

Axiome Communiste : Communauté des biens.

Je vais indiquer (car je ne puis faire ici autre chose) que la doctrine exposée dans les lignes précédentes satisfait à tous ces vœux.

ÉCONOMISTES. Il n'est guère nécessaire de prouver que les Économistes doivent accueillir une doctrine qui procède évidemment de *Smith* et de *Say*, et ne fait que montrer une conséquence des lois générales qu'ils ont découvertes. *Laissez faire, laissez passer*, c'est ce que résume le mot *liberté*, et je demande s'il est possible de concevoir la notion de *propriété* sans liberté. Suis-je propriétaire de mes œuvres, de mes facultés, de mes bras, si je ne puis les employer à rendre des *services* volontairement acceptés ? Ne dois-je pas être *libre* ou d'exercer mes forces isolément, ce qui entraîne la nécessité de l'échange, ou de les unir à celles de mes frères, ce qui est *association* ou échange sous une autre forme ?

Et si la liberté est gênée, n'est-ce pas la Propriété elle-même qui est atteinte? D'un autre côté, comment les *services* réciproques auront-ils tous leur juste Valeur relative, s'ils ne s'échangent pas librement, si la loi défend au travail humain de se porter vers ceux qui sont les mieux rémunérés ? La propriété, la justice, l'égalité, l'équilibre des services ne peuvent évidemment résulter que de la Liberté. C'est encore la Liberté qui fait tomber le concours des forces naturelles dans le domaine *commun* ; car, tant qu'un privilége légal m'attribue l'exploitation exclusive d'une force naturelle, je me fais payer non-seulement pour mon travail, mais pour l'usage de cette force. Je sais combien il est de mode aujourd'hui de maudire la liberté. Le siècle semble avoir pris au sérieux l'ironique refrain de notre grand chansonnier :

> Mon cœur en belle haine
> A pris la liberté.
> Fi de la liberté !
> A bas la liberté !

Pour moi, qui l'aimai toujours par instinct, je la défendrai toujours par raison.

ÉGALITAIRES. La *mutualité des services* à laquelle ils aspirent est justement ce qui résulte du régime *propriétaire*.

En apparence, l'homme est propriétaire de la chose tout entière, de toute l'utilité que cette chose renferme. En réalité, il n'est propriétaire que de sa Valeur, de cette portion d'utilité communiquée par le travail, puisque, en la cédant, il ne peut se faire rémunérer que pour le *service* qu'il rend. Le représentant des égalitaires condamnait ces jours-ci à la tribune la Propriété, restreignant ce mot à ce qu'il nomme les *usures*, l'usage du sol, de l'argent, des maisons, du crédit, etc. Mais ces *usures* sont du travail et ne peuvent être que du travail. Recevoir un service implique l'obligation de le rendre. C'est en quoi consiste la *mutualité des services*. Quand je prête une chose que j'ai produite à la sueur de mon front, et dont je pourrais tirer parti, je rends un *service* à l'emprunteur, lequel me doit aussi un *service*. Il ne m'en rendrait aucun s'il se bornait à me restituer la chose au bout de l'an. Pendant cet intervalle, il aurait profité de mon travail à mon détriment. Si je me faisais rémunérer pour autre chose que pour mon travail, l'objection des Égalitaires serait spécieuse. Mais il n'en est rien. Une fois donc qu'ils se seront assurés de la vérité de la théorie exposée dans ces articles, s'ils sont conséquents, ils se réuniront à nous pour raffermir la Propriété et réclamer ce qui la complète ou plutôt ce qui la constitue, la Liberté.

SAINT-SIMONIENS : *A chacun selon sa capacité, à chaque capacité selon ses œuvres.*

C'est encore ce que réalise le régime propriétaire.

Nous nous rendons des services réciproques ; mais ces services ne sont pas proportionnels à la durée ou à l'intensité du travail. Ils ne se mesurent pas au dynamomètre ou au chronomètre. Que j'aie pris une peine d'une heure ou d'un jour, peu importe à celui à qui j'offre mon service. Ce qu'il regarde, ce n'est pas la peine que je prends, mais celle que je lui épargne[1]. Pour économiser de la fatigue et du temps, je cherche à me faire aider par une *force naturelle.* Tant que nul, excepté moi, ne sait tirer parti de cette force, je rends aux autres, à temps égal, plus de services qu'ils ne s'en peuvent rendre eux-mêmes. Je suis bien rémunéré, je m'enrichis sans nuire à personne. La *force naturelle* tourne à mon seul profit, ma capacité est récompensée : *A chacun selon sa capacité.* Mais bientôt mon secret se divulgue. L'imitation s'empare de mon procédé, la concurrence me force à réduire mes prétentions. Le prix du produit baisse jusqu'à ce que mon travail ne reçoive plus que la rémunération normale de tous les travaux analogues. La *force naturelle* n'est pas perdue pour cela ; elle m'échappe, mais elle est recueillie par l'humanité tout entière, qui désormais se procure une satisfaction égale avec un moindre travail. Quiconque exploite cette force pour son propre usage prend moins de peine qu'autrefois et, par suite, quiconque l'exploite pour autrui a droit à une moindre rémunération. S'il veut accroître son bien-être, il ne lui reste

---

[1] Sur *l'Effort épargné*, considéré comme l'élément le plus important de la valeur, voy. le chap. v du tome VI.

(Note de l'éditeur.)

d'autre ressource que d'accroître son travail. *A chaque capacité selon ses œuvres.* En définitive, il s'agit de *travailler mieux*, ou de *travailler plus*, ce qui est la traduction rigoureuse de l'axiome saint-simonien.

SOCIALISTES. *Partage équitable entre le talent, le capital et le travail.*

L'équité dans le partage résulte de la loi : *les services s'échangent contre les services*, pourvu que ces échanges soient libres, c'est-à-dire pourvu que la Propriété soit reconnue et respectée.

Il est bien clair d'abord que celui qui a plus de *talent* rend plus de *services*, à peine égale ; d'où il suit qu'on lui alloue volontairement une plus grande rémunération.

Quant au Capital et au Travail, c'est un sujet sur lequel je regrette de ne pouvoir m'étendre ici, car il n'en est pas qui ait été présenté au public sous un jour plus faux et plus funeste.

On représente souvent le Capital comme un monstre dévorant, comme l'ennemi du Travail. On est parvenu ainsi à jeter une sorte d'antagonisme irrationnel entre deux puissances qui, au fond, sont de même origine, de même nature, concourent, s'entr'aident, et ne peuvent se passer l'une de l'autre. Quand je vois le Travail s'irriter contre le Capital, il me semble voir l'Inanition repousser les aliments.

Je définis le Capital ainsi : *Des matériaux, des instruments et des provisions*, dont l'usage est *gratuit*, ne l'oublions pas, en tant que la nature a concouru à les produire, et dont la Valeur seule, fruit du travail, se fait payer.

Pour exécuter une œuvre utile, il faut des *matériaux* ; pour peu qu'elle soit compliquée, il faut des *instruments* ; pour peu qu'elle soit de longue haleine, il faut des *provisions*. Par exemple : pour qu'un chemin de fer soit entrepris, il faut que la société ait épargné assez de moyens d'existence pour faire vivre des milliers d'hommes pendant plusieurs années.

Matériaux, instruments, provisions sont eux-mêmes le fruit d'un travail antérieur, lequel n'a pas encore été rémunéré. Lors donc que le travail antérieur et le travail actuel se combinent pour une fin, pour une œuvre commune, ils se rémunèrent l'un par l'autre; il y a là échange de travaux, *échange de services* à conditions débattues. Quelle est celle des deux parties qui obtiendra les meilleures conditions? Celle qui a moins besoin de l'autre. Nous rencontrons ici l'inexorable loi de l'offre et de la demande; s'en plaindre c'est une puérilité et une contradiction. Dire que le travail doit être très-rémunéré quand les travailleurs sont nombreux et les capitaux exigus, c'est dire que chacun doit être d'autant mieux pourvu que la provision est plus petite.

Pour que le travail soit demandé et bien payé, il faut donc qu'il y ait dans le pays beaucoup de matériaux, d'instruments et de provisions, autrement dit, beaucoup de Capital.

Il suit de là que l'intérêt fondamental des ouvriers est que le capital se forme rapidement ; que par leur prompte accumulation, les matériaux, les instruments et les provisions se fassent entre eux une active concurrence. Il n'y a que cela qui puisse améliorer le sort des travailleurs. Et quelle est la condition essentielle pour que les capitaux se forment? C'est que chacun soit sûr d'être réellement *propriétaire*, dans toute l'étendue du mot, de son travail et de ses épargnes. Propriété, sécurité, liberté, ordre, paix, économie, voilà ce qui intéresse tout le monde, mais surtout, et au plus haut degré, les prolétaires.

Communistes. A toutes les époques, il s'est rencontré des cœurs honnêtes et bienveillants, des Thomas Morus, des Harrington, des Fénelon, qui, blessés par le spectacle des souffrances humaines et de l'inégalité des conditions, ont cherché un refuge dans l'utopie *communiste*.

Quelque étrange que cela puisse paraître, j'affirme que
le régime propriétaire tend à réaliser de plus en plus, sous
nos yeux, cette utopie. C'est pour cela que j'ai dit en commençant que la propriété était essentiellement démocratique.

Sur quel fonds vit et se développe l'humanité? sur tout
ce qui *sert*, sur tout ce qui est *utile*. Parmi les choses *utiles*,
il y en a auxquelles le travail humain reste étranger, l'air,
l'eau, la lumière du soleil; pour celles-là la gratuité, la
Communauté est entière. Il y en a d'autres qui ne deviennent *utiles* que par la coopération du travail et de la nature.
L'*utilité* se décompose donc en elles. Une portion y est
mise par le Travail, et celle-là seule est rémunérable, a de
la Valeur et constitue la Propriété. L'autre portion y est
mise par les agents naturels, et celle-ci reste gratuite et
Commune.

Or, de ces deux forces qui concourent à produire l'*utilité*, la seconde, celle qui est gratuite et commune, se substitue incessamment à la première, celle qui est onéreuse et
par suite rémunérable. C'est la loi du progrès. Il n'y a pas
d'homme sur la terre qui ne cherche un auxiliaire dans les
puissances de la nature, et quand il l'a trouvé, aussitôt il en
fait jouir l'humanité tout entière, en abaissant proportionnellement le prix du produit.

Ainsi, dans chaque produit donné, la portion d'utilité qui
est à titre *gratuit* se substitue peu à peu à cette autre portion qui reste à titre *onéreux*.

Le fonds *commun* tend donc à dépasser dans des proportions indéfinies le fonds *approprié*, et l'on peut dire qu'au
sein de l'humanité le domaine de la communauté s'élargit
sans cesse.

D'un autre côté, il est clair que, sous l'influence de la liberté, la portion d'utilité qui reste rémunérable ou appro-
priable tend à se répartir d'une manière sinon rigoureuse-

ment égale, du moins proportionnelle aux *services* rendus, puisque ces services mêmes sont la mesure de la rémunération.

On voit par là avec quelle irrésistible puissance le principe de la Propriété tend à réaliser l'égalité parmi les hommes. Il fonde d'abord un *fonds commun* que chaque progrès grossit sans cesse, et à l'égard duquel l'égalité est parfaite, car tous les hommes sont égaux devant une valeur *anéantie*, devant une utilité qui a cessé d'être rémunérable. Tous les hommes sont égaux devant cette portion du prix des livres que l'imprimerie a fait disparaître.

Ensuite, quant à la portion d'utilité qui correspond au travail humain, à la peine ou à l'habileté, la concurrence tend à établir l'équilibre des rémunérations, et il ne reste d'inégalité que celle qui se justifie par l'inégalité même des efforts, de la fatigue, du travail, de l'habileté, en un mot, des *services* rendus; et, outre qu'une telle inégalité sera éternellement juste, qui ne comprend que, sans elle, les efforts s'arrêteraient tout à coup?

Je pressens l'objection! Voilà bien, dira-t-on, l'optimisme des économistes. Ils vivent dans leurs théories et ne daignent pas jeter les yeux sur les faits. Où sont, dans la réalité, ces tendances égalitaires? Le monde entier ne présente-t-il pas le lamentable spectacle de l'opulence à côté du paupérisme? du faste insultant le dénûment? de l'oisiveté et de la fatigue? de la satiété et de l'inanition?

Cette inégalité, ces misères, ces souffrances, je ne les nie pas. Et qui pourrait les nier? Mais je dis: Loin que ce soit le principe de la Propriété qui les engendre, elles sont imputables au principe opposé, au principe de la Spoliation.

C'est ce qui me reste à démontrer.

Cinquième lettre.

Non, les économistes ne pensent pas, comme on le leur reproche, que nous soyons dans le meilleur des mondes. Ils ne ferment ni leurs yeux aux plaies de la société, ni leurs oreilles aux gémissements de ceux qui souffrent. Mais, ces douleurs, ils en cherchent la cause, et ils croient avoir reconnu que, parmi celles sur lesquelles la société peut agir, il n'en est pas de plus active, de plus générale que l'injustice. Voilà pourquoi ce qu'ils invoquent, avant tout et surtout, c'est la justice, la justice universelle.

L'homme veut améliorer son sort, c'est sa première loi. Pour que cette amélioration s'accomplisse, un travail préalable ou une *peine* est nécessaire. Le même principe qui pousse l'homme vers son bien-être le porte aussi à éviter cette *peine* qui en est le moyen. Avant de s'adresser à son propre travail, il a trop souvent recours au travail d'autrui.

On peut donc appliquer à l'*intérêt personnel* ce qu'Esope disait de la langue : Rien au monde n'a fait plus de bien ni plus de mal. L'intérêt personnel crée tout ce par quoi l'humanité vit et se développe; il stimule le travail, il enfante la *propriété*. Mais, en même temps, il introduit sur la terre toutes les injustices qui, selon leurs formes, prennent des noms divers et se résument dans ce mot : *Spoliation*.

Propriété, spoliation, sœurs nées du même père, salut et fléau de la société, génie du bien et génie du mal, puissances qui se disputent, depuis le commencement, l'empire et les destinées du monde !

Il est aisé d'expliquer, par cette origine commune à la Propriété et à la Spoliation, la facilité avec laquelle Rousseau et ses modernes disciples ont pu calomnier et ébranler l'ordre social. Il suffisait de ne montrer l'*Intérêt personnel* que par une de ses faces.

Nous avons vu que les hommes sont naturellement Propriétaires de leurs œuvres, et qu'en se transmettant des uns aux autres ces propriétés ils se rendent des *services* réciproques.

Cela posé, le caractère général de la Spoliation consiste à employer la force ou la ruse pour altérer à notre profit l'équivalence des services.

Les combinaisons de la Spoliation sont inépuisables, comme les ressources de la sagacité humaine. Il faut deux conditions pour que les services échangés puissent être tenus pour légitimement équivalents. La première, c'est que le jugement de l'une des parties contractantes ne soit pas faussé par les manœuvres de l'autre ; la seconde, c'est que la transaction soit libre. Si un homme parvient à extorquer de son semblable un service réel, en lui faisant croire que ce qu'il lui donne en retour est aussi un service réel, tandis que ce n'est qu'un service illusoire, il y a spoliation. A plus forte raison, s'il a recours à la force.

On est d'abord porté à penser que la Spoliation ne se manifeste que sous la forme de ces *vols* définis et punis par le Code. S'il en était ainsi, je donnerais, en effet, une trop grande importance sociale à des faits exceptionnels, que la conscience publique réprouve et que la loi réprime. Mais, hélas ! il y a la spoliation qui s'exerce avec le consentement de la loi, par l'opération de la loi, avec l'assentiment et souvent aux applaudissements de la société. C'est cette Spoliation seule qui peut prendre des proportions énormes, suffisantes pour altérer la distribution de la richesse dans le corps social, paralyser pour longtemps la force de nivellement qui est dans la Liberté, créer l'inégalité permanente des conditions, ouvrir le gouffre de la misère, et répandre sur le monde ce déluge de maux que des esprits superficiels attribuent à la Propriété. Voilà la Spoliation dont je parle, quand je dis qu'elle dispute au principe opposé, depuis l'origine, l'empire du monde. Signalons brièvement quelques-unes de ses manifestations.

Qu'est-ce d'abord que la guerre, telle surtout qu'on la comprenait dans l'antiquité ? Des hommes s'associaient, se formaient en corps de nation, dédaignaient d'appliquer leurs facultés à l'exploitation de la nature pour en obtenir des moyens d'existence ; mais, attendant que d'autres peuples eussent formé des *propriétés*, ils les attaquaient, le fer et le feu à la main, et les dépouillaient périodiquement de leurs biens. Aux vainqueurs alors non-seulement le butin, mais la gloire, les chants des poëtes, les acclamations des femmes, les récompenses nationales et l'admiration de la postérité ! Certes, un tel régime, de telles idées universellement acceptées devaient infliger bien des tortures, bien des souffrances, amener une bien grande inégalité parmi les hommes. Est-ce la faute de la Propriété ?

Plus tard, les spoliateurs se raffinèrent. Passer les vaincus au fil de l'épée, ce fut, à leurs yeux, détruire un trésor. Ne ravir que des propriétés, c'était une spoliation transitoire ; ravir les hommes avec les choses, c'était organiser la spoliation permanente. De là l'esclavage, qui est la spoliation poussée jusqu'à sa limite idéale, puisqu'elle dépouille le vaincu de toute propriété actuelle et de toute propriété future, de ses œuvres, de ses bras, de son intelligence, de ses facultés, de ses affections, de sa personnalité tout entière. Il se résume en ceci : exiger d'un homme tous les services que la force peut lui arracher, et ne lui en rendre aucun. Tel a été l'état du monde jusqu'à une époque qui n'est pas très-éloignée de nous. Tel il était en particulier à Athènes, à Sparte, à Rome, et il est triste de penser que ce sont les idées et les mœurs de ces républiques que l'éducation offre à notre engouement et fait pénétrer en nous par tous les pores. Nous ressemblons à ces plantes, auxquelles l'horticulteur a fait absorber des eaux colorées et qui reçoivent ainsi une teinte artificielle

ineffaçable. Et l'on s'étonne que des générations ainsi instruites ne puissent fonder une République honnête ! Quoi
qu'il en soit, on conviendra qu'il y avait là une cause d'inégalité qui n'est certes pas imputable au régime propriétaire
tel qu'il a été défini dans les précédents articles.

Je passe par-dessus le *servage*, le *régime féodal* et ce qui
l'a suivi jusqu'en 89. Mais je ne puis m'empêcher de men-
tionner la Spoliation qui s'est si longtemps exercée par
l'abus des influences religieuses. Recevoir des hommes des
services positifs, et ne leur rendre en retour que des services imaginaires, frauduleux, illusoires et dérisoires, c'est
les spolier de leur consentement, il est vrai ; circonstance
aggravante, puisqu'elle implique qu'on a commencé par
pervertir la source même de tout progrès, le jugement. Je
n'insisterai pas là-dessus. Tout le monde sait ce que l'exploitation de la crédulité publique, par l'abus des religions
vraies ou fausses, avait mis de distance entre le sacerdoce
et le vulgaire dans l'Inde, en Égypte, en Italie, en Espagne.
Est-ce encore la faute de la Propriété ?

Nous venons au dix-neuvième siècle, après ces grandes
iniquités sociales qui ont imprimé sur le sol une trace profonde ; et qui peut nier qu'il faut du temps pour qu'elle
s'efface, alors même que nous ferions prévaloir dès aujourd'hui dans toutes nos lois, dans toutes nos relations,
le principe de la propriété, qui n'est que la *liberté*, qui
n'est que l'expression de la *justice universelle* ? Rappelons-
nous que le *servage* couvre, de nos jours, la moitié de l'Europe ; qu'en France, il y a à peine un demi-siècle que la
féodalité a reçu le dernier coup ; qu'elle est encore dans
toute sa splendeur en Angleterre ; que toutes les nations
font des efforts inouïs pour tenir debout de puissantes
armées, ce qui implique ou qu'elles menacent réciproquement leurs propriétés, ou que ces armées ne sont elles-
mêmes qu'une grande spoliation. Rappelons-nous que tous

les peuples succombent sous le poids de dettes dont il faut
bien rattacher l'origine à des folies passées ; n'oublions pas
que nous-mêmes nous payons des millions annuellement
pour prolonger la vie artificielle de colonies à esclaves,
d'autres millions pour empêcher la traite sur les côtes
d'Afrique (ce qui nous a impliqués dans une de nos plus
grandes difficultés diplomatiques), et que nous sommes sur
le point de livrer 100 millions aux planteurs pour couronner
les sacrifices que ce genre de spoliation nous a infligés sous
tant de formes.

Ainsi le passé nous tient, quoi que nous puissions dire.
Nous ne nous en dégageons que progressivement. Est-il
surprenant qu'il y ait de l'Inégalité parmi les hommes,
puisque le principe Égalitaire, la Propriété, a été jusqu'ici
si peu respecté ? D'où viendra le nivellement des conditions
qui est le vœu ardent de notre époque et qui la caractérise
d'une manière si honorable ? Il viendra de la simple Justice, de la réalisation de cette loi : *Service pour service.*
Pour que deux services s'échangent selon leur *valeur* réelle,
il faut deux choses aux parties contractantes : lumières
dans le jugement, liberté dans la transaction. Si le jugement n'est pas éclairé, en retour de services réels, on accep-
tera, même librement, des services dérisoires. C'est encore
pis si la force intervient dans le contrat.

Ceci posé, et reconnaissant qu'il y a entre les hommes
une inégalité dont les causes sont historiques, et ne peuvent céder qu'à l'action du temps, voyons si du moins
notre siècle, faisant prévaloir partout la *justice,* va enfin
bannir la force et la ruse des transactions humaines, laisser s'établir naturellement l'équivalence des services, et faire
triompher la cause démocratique et égalitaire de la Propriété.

Hélas ! je rencontre ici tant d'abus naissants, tant d'excep-
tions, tant de déviations directes ou indirectes, apparaissant

à l'horizon du nouvel ordre social, que je ne sais par où commencer.

Nous avons d'abord les priviléges de toute espèce. Nul ne peut se faire avocat, médecin, professeur, agent de change, courtier, notaire, avoué, pharmacien, imprimeur, boucher, boulanger, sans rencontrer des prohibitions légales. Ce sont autant de *services* qu'il est défendu de rendre, et, par suite, ceux à qui l'autorisation est accordée les mettent à plus haut prix, à ce point que ce privilége seul, sans travail, a souvent une grande valeur. Ce dont je me plains ici, ce n'est pas qu'on exige des garanties de ceux qui rendent ces *services*, quoiqu'à vrai dire la garantie efficace se trouve en ceux qui les reçoivent et les paient. Mais encore faudrait-il que ces garanties n'eussent rien d'exclusif. Exigez de moi que je sache ce qu'il faut savoir pour être avocat ou médecin, soit; mais n'exigez pas que je l'aie appris en telle ville, en tel nombre d'années, etc.

Vient ensuite le prix artificiel, la valeur supplémentaire qu'on essaie de donner, par le jeu des tarifs, à la plupart des choses nécessaires, blé, viande, étoffes, fer, outils, etc.

Il y a là évidemment un effort pour détruire l'équivalence des services, une atteinte violente à la plus sacrée de toutes les propriétés, celle des bras et des facultés. Ainsi que je l'ai précédemment démontré, quand le sol d'un pays a été successivement occupé, si la population ouvrière continue à croître, son droit est de limiter les prétentions du propriétaire foncier, en travaillant pour le dehors, en faisant venir du dehors sa subsistance. Cette population n'a que du travail à livrer en échange des produits, et il est clair que si le premier terme s'accroît sans cesse, quand le second demeure stationnaire, il faudra donner plus de travail contre moins de produits. Cet effet se manifeste par la baisse des salaires, le plus grand des malheurs, quand elle est due à des causes naturelles, le plus grand des crimes, quand elle provient de la loi.

Arrive ensuite l'impôt. Il est devenu un moyen de vivre très-recherché. On sait que le nombre des places a toujours été croissant et que le nombre des solliciteurs s'accroît encore plus vite que le nombre des places. Or, quel est le solliciteur qui se demande s'il rendra au public des *services* équivalents à ceux qu'il en attend? Ce fléau est-il près de cesser? Comment le croire, quand on voit que l'opinion publique elle-même pousse à tout faire faire par cet être fictif *l'État*, qui signifie *une collection d'agents salariés?* Après avoir jugé tous les hommes sans exception capables de gouverner le pays, nous les déclarons incapables de se gouverner eux-mêmes. Bientôt il y aura deux ou trois agents salariés auprès de chaque Français, l'un pour l'empêcher de trop travailler, l'autre pour faire son éducation, un troisième pour lui fournir du crédit, un quatrième pour entraver ses transactions, etc., etc. Où nous conduira cette illusion qui nous porte à croire que l'État est un personnage qui a une fortune inépuisable indépendante de la nôtre?

Le peuple commence à savoir que la machine gouvernementale est coûteuse. Mais ce qu'il ne sait pas, c'est que le fardeau retombe *inévitablement* sur lui. On lui fait croire que si jusqu'ici sa part a été lourde, la République a un moyen, tout en augmentant le fardeau général, d'en repasser au moins la plus grande partie sur les épaules du riche. Funeste illusion! Sans doute on peut arriver à ce que le percepteur s'adresse à telle personne plutôt qu'à telle autre, et que, matériellement, il reçoive l'argent de la main du riche. Mais l'impôt une fois payé, tout n'est pas fini. Il se fait un travail ultérieur dans la société, il s'opère des réactions sur la valeur respective des services, et l'on ne peut pas éviter que la charge ne se répartisse à la longue sur

tout le monde, le pauvre compris. Son véritable intérêt est
donc, non qu'on frappe une classe, mais qu'on les ménage
toutes, à cause de la solidarité qui les lie.

Or, rien annonce-t-il que le temps soit venu où les taxes
vont être diminuées?

Je le dis sincèrement : je crois que nous entrons dans
une voie où, avec des formes fort douces, fort subtiles, fort
ingénieuses, revêtues des beaux noms de solidarité et de
fraternité, la spoliation va prendre des développements dont
l'imagination ose à peine mesurer l'étendue. Cette forme, la
voici : Sous la dénomination d'*État*, on considère la collection des citoyens comme un être réel, ayant sa vie propre, sa richesse propre, indépendamment de la vie et de la
richesse des citoyens eux-mêmes, et puis chacun s'adresse
à cet être fictif pour en obtenir qui l'instruction, qui le travail, qui le crédit, qui les aliments, etc., etc. Or, l'État ne
peut rien donner aux citoyens qu'il n'ait commencé par le
leur prendre. Les seuls effets de cet intermédiaire, c'est
d'abord une grande déperdition de forces, et ensuite la complète destruction de l'*équivalence des services*, car l'effort de
chacun sera de livrer le moins possible aux caisses de l'État
et d'en retirer le plus possible. En d'autres termes, le Trésor
public sera au pillage. Et ne voyons-nous pas dès aujour-
d'hui quelque chose de semblable? Quelle classe ne sollicite pas les faveurs de l'État? Il semble que c'est en lui
qu'est le principe de vie. Sans compter la race innombrable de ses propres agents, l'agriculture, les manufactures,
le commerce, les arts, les théâtres, les colonies, la navigation attendent tout de lui. On veut qu'il défriche, qu'il irri-
gue, qu'il colonise, qu'il enseigne et même qu'il amuse.
Chacun mendie une prime, une subvention, un encouragement et surtout la *gratuité* de certains services, comme
l'instruction et le crédit. Et pourquoi pas demander à l'État
la gratuité de tous les services? pourquoi pas exiger de

l'État qu'il nourrisse, abreuve, loge et habille gratuitement tous les citoyens ?

Une classe était restée étrangère à ces folles prétentions,

> Une pauvre servante au moins m'était restée,
> Qui de ce mauvais air n'était pas infectée ;

c'était le peuple proprement dit, l'innombrable classe des travailleurs. Mais la voilà aussi sur les rangs. Elle verse largement au Trésor ; en toute justice, en vertu du principe de l'égalité, elle a les mêmes droits à cette dilapidation universelle dont les autres classes lui ont donné le signal. Regrettons profondément que le jour où sa voix s'est fait entendre, ç'ait été pour demander part au pillage et non pour le faire cesser. Mais cette classe pouvait-elle être plus éclairée que les autres ? N'est-elle pas excusable d'être dupe de l'illusion qui nous aveugle tous ?

Cependant, par le seul fait du nombre des solliciteurs, qui est aujourd'hui égal au nombre des citoyens, l'erreur que je signale ici ne peut être de longue durée, et l'on en viendra bientôt, je l'espère, à ne demander à l'État que les seuls services de sa compétence, justice, défense nationale, travaux publics, etc.

Nous sommes en présence d'une autre cause d'inégalité, plus active peut-être que toutes les autres, *la guerre au Capital*. Le Prolétariat ne peut s'affranchir que d'une seule manière, par l'accroissement du capital national. Quand le capital s'accroît plus rapidement que la population, il s'ensuit deux effets infaillibles qui tous deux concourent à améliorer le sort des ouvriers : baisse des produits, hausse des salaires. Mais, pour que le capital s'accroisse, il lui faut avant tout de la *sécurité*. S'il a peur, il se cache, s'exile, se dissipe et se détruit. C'est alors que le travail s'arrête et que les bras s'offrent au rabais. Le plus grand de tous les malheurs pour la classe ouvrière, c'est donc de s'être laissé entraîner par des flatteurs à une guerre contre le capital, aussi absurde que funeste. C'est une menace perpétuelle de spoliation pire que la spoliation même.

En résumé, s'il est vrai, comme j'ai essayé de le démontrer, que la Liberté, qui est la libre disposition des propriétés, et, par conséquent, la consécration suprême du Droit de Propriété ; s'il est vrai, dis-je, que la Liberté tend invinciblement à amener la *juste équivalence des services,* à réaliser progressivement l'Egalité, à rapprocher tous les hommes d'un même niveau qui s'élève sans cesse, ce n'est pas à la Propriété qu'il faut imputer l'Inégalité désolante dont le monde nous offre encore le triste aspect, mais au principe opposé, à la Spoliation, qui a déchaîné sur notre planète les guerres, l'esclavage, le servage, la féodalité, l'exploitation de l'ignorance et de la crédulité publiques, les privilèges, les monopoles, les restrictions, les emprunts publics, les fraudes commerciales, les impôts excessifs, et, en dernier lieu, la guerre au capital et l'absurde prétention de chacun de vivre et se développer aux dépens de tous.

RÉCLAMATION DE M. CONSIDÉRANT ET RÉPONSE DE F. BASTIAT,

Publiées par le *Journal des Débats,* dans son n° du 28 juillet 1848.

MONSIEUR,

Dans les discussions graves dont la question sociale va être l'objet, je suis bien décidé à ne pas permettre que l'on donne au public, comme m'appartenant, des opinions qui ne sont pas les miennes, ou qu'on présente les miennes sous un jour qui les altère et les défigure.

Je n'ai pas défendu le principe de la *propriété,* pendant vingt ans, contre les Saint-Simoniens qui niaient le droit d'hérédité, contre les Babouvistes, les Owenistes, et contre toutes les variétés de Communistes, pour consentir à me voir rangé parmi les adversaires de ce *droit de pro-*

priété dont je crois avoir établi la légitimité logique sur des bases assez difficiles à ébranler.

Je n'ai pas combattu, au Luxembourg, les doctrines de M. Louis Blanc, je n'ai pas été maintes fois attaqué par M. Proudhon comme un des défenseurs les plus acharnés de la propriété, pour pouvoir laisser, sans réclamation, M. Bastiat me faire figurer chez vous, avec ces deux socialistes, dans une sorte de triumvirat *anti-propriétaire*.

Comme je voudrais d'ailleurs n'être pas forcé de réclamer de votre loyauté des insertions trop considérables de ma prose dans vos colonnes, et qu'en ceci vous devez être d'accord avec mon désir, je vous demande la permission de faire à M. Bastiat, avant qu'il aille plus loin, quelques observations propres à abréger beaucoup les réponses qu'il peut me forcer de lui faire et peut-être même à m'en dispenser complétement.

1° Je ne voudrais pas que M. Bastiat, lors même qu'il croit analyser ma pensée très-fidèlement, donnât, en guillemettant et comme citations textuelles de ma brochure sur le droit de propriété et le droit au travail, ou de tout autre écrit, des phrases qui sont de lui, et qui, notamment dans l'avant-dernière de celles qu'il me prête, rendent inexactement mes idées. Ce procédé n'est pas heureux, et peut mener celui qui l'emploie beaucoup plus loin qu'il ne le voudrait lui-même. Abrégez et analysez comme vous l'entendez, c'est votre droit; mais ne donnez pas à votre abréviation analytique le caractère d'une citation textuelle.

2° M. Bastiat dit : « Ils (les trois socialistes parmi lesquels je figure) « paraissent croire que dans la lutte qui va s'engager, les pauvres sont « intéressés au triomphe du *droit au travail*, et les riches à la défense « du *droit de propriété*. » Je ne crois pour ma part, et même je ne crois pas *paraître croire* rien de semblable. Je crois, au contraire, que les riches sont aujourd'hui plus sérieusement intéressés que les pauvres à la reconnaissance du *droit au travail*. C'est la pensée qui domine tout mon écrit, publié pour la première fois, non pas aujourd'hui, mais il y a dix ans, et composé pour donner aux gouvernants et à la propriété un avertissement salutaire, en même temps que pour défendre la propriété contre la logique redoutable de ses adversaires. Je crois, en outre, que le *droit de propriété* est tout autant dans l'intérêt des pauvres que dans celui des riches ; car je regarde la négation de ce droit comme la négation du principe de l'individualité ; et sa suppression, en quelque état de société que ce fût, me paraîtrait le signal d'un retour à l'état sauvage, dont je ne me suis jamais, que je sache, montré très-partisan.

3° Enfin M. Bastiat s'exprime ainsi :

« Au reste, je n'ai pas l'intention d'examiner en détail la théorie de « M. Considérant... Je ne veux m'attaquer qu'à ce qu'il y a de grave et

« de sérieux au fond de cette théorie, je veux dire la question de la
« *Rente*. Le système de M. Considérant peut se résumer ainsi : Un produit
« agricole existe par le concours de deux actions : *l'action de l'homme*,
« ou le travail, qui donne ouverture au droit de propriété ; *l'action de*
« *la nature*, qui devrait être gratuite, et que les propriétaires font injus-
« tement tourner à leur profit. C'est là ce qui constitue l'usurpation des
« droits de l'espèce. »

J'en demande mille fois pardon à M. Bastiat, mais il n'y a pas un
mot dans ma brochure qui puisse l'autoriser à me prêter les opinions
qu'il m'attribue bien gratuitement ici. En général, je déguise peu ma
pensée, et quand je pense midi, je n'ai pas l'habitude de dire quatorze
heures. Que M. Bastiat donc, s'il veut me faire l'honneur de battre ma
brochure en brèche, combatte ce que j'y ai mis et non ce qu'il y met. Je
n'y ai pas écrit un mot contre la *Rente* ; la question de la *Rente*, que je
connais comme tout le monde, n'y figure ni de près ni de loin, ni en espèce ni même en apparence ; et quand M. Bastiat me fait dire « que
« l'action de la nature devrait être gratuite, que les propriétaires la font
« injustement tourner à leur profit, et que c'est là ce qui constitue, sui-
« vant moi, l'usurpation des droits de l'*espèce*, » il reste encore et toujours dans un ordre d'idées que je n'ai pas le moins du monde abordé ; il
me prête une opinion que je considère comme absurde, et qui est même
diamétralement opposée à toute la doctrine de mon écrit. Je ne me plains
pas du tout, en effet, de ce que les propriétaires jouissent de l'*action de
la nature* ; je demande, pour ceux qui n'en jouissent pas, le droit à un
travail qui leur permette de pouvoir, à côté des propriétaires, créer des
produits et vivre en travaillant, quand la propriété (agricole ou industrielle) ne leur en offre pas le moyen.

Au reste, Monsieur, je n'ai pas la prétention grande de discuter, con-
tradictoirement avec M. Bastiat, mes opinions dans vos colonnes. C'est
une faveur et un honneur auxquels je ne suis point réservé. Que M. Bastiat fasse donc de mon système des décombres et de la poussière, je ne
me croirai en droit de réclamer votre hospitalité pour mes observations
que quand, faute d'avoir compris, il m'attribuera des doctrines dont je
n'aurai point pris la responsabilité. Je sais bien qu'il devient souvent
facile de terrasser les gens quand on leur fait dire ce que l'on veut en
place de ce qu'ils disent ; je sais bien surtout qu'on a toujours plus aisément raison contre les *socialistes*, quand on les combat confusément et en
bloc que quand on les prend chacun pour ce qu'ils proposent ; mais, à
tort ou à raison, je tiens pour mon compte à ne porter d'autre responsabilité que la mienne.

La discussion qu'engage dans vos colonnes M. Bastiat porte, monsieur
le Rédacteur, sur des sujets trop délicats et trop graves pour que, en ceci

du moins, vous ne soyez pas de mon avis. Je me tiens donc pour assuré
que vous approuverez ma juste susceptibilité, et que vous donnerez loyalement à ma réclamation, dans vos colonnes, une place visible et un caractère lisible.

V. Considérant,

Représentant du peuple.

Paris, le 24 juillet 1848.

M. Considérant se plaint de ce que j'ai altéré ou défiguré
son opinion sur la propriété. Si j'ai commis cette faute, c'est
bien involontairement, et je ne saurais mieux faire, pour la
réparer, que de citer des textes.

Après avoir établi qu'il y a deux sortes de Droits, le Droit
naturel, qui est l'expression des rapport résultant de la nature même des êtres ou des choses, et le Droit conventionnel
ou légal, *qui n'existe qu'à la condition de régir des rapports
faux*, M. Considérant poursuit ainsi :

« Cela posé, nous dirons nettement que la Propriété telle qu'elle a été
généralement constituée *chez tous les peuples industrieux jusqu'à nos
jours*, est entachée d'illégitimité et pèche contre le Droit... L'espèce humaine est placée sur la terre pour y vivre et se développer. L'espèce est
donc usufruitière de la surface du globe...

« Or, sous le régime qui constitue la Propriété dans toutes les nations
civilisées, le fonds commun sur lequel l'Espèce a plein droit d'usufruit a été
envahi ; il se trouve confisqué par le petit nombre à l'exclusion du grand
nombre. Eh bien ! n'y eût-il en fait qu'un seul homme exclu de son droit
à l'usufruit du fonds commun par la nature du régime de propriété,
cette exclusion constituerait à elle seule une atteinte au Droit, et le
régime de propriété qui la consacrerait serait certainement injuste, illégitime.

« Tout homme qui venant au monde dans une société civilisée ne
possède rien et trouve la terre confisquée tout autour de lui, ne pourrait-
il pas dire à ceux qui lui prêchent le respect pour le régime existant de
la propriété, en alléguant le respect qu'on doit au droit de propriété :
« Mes amis, entendons-nous et distinguons un peu les choses ; je suis
« fort partisan du droit de propriété et très-disposé à le respecter à l'é-
« gard d'autrui, à la seule condition qu'autrui le respecte à mon égard.
« Or, en tant que membre de l'espèce, j'ai droit à l'usufruit du fonds,

« qui est la propriété commune de l'espèce et que la nature n'a pas, que
« je sache, donné aux uns au détriment des autres. En vertu du régime
« de propriété que je trouve établi en arrivant ici, le fonds commun est
« confisqué et très-bien gardé. Votre régime de propriété est donc fondé
« sur la spoliation de mon droit d'usufruit. Ne confondez pas le droit de
« propriété avec le régime particulier de propriété que je trouve établi
« par votre droit factice. »

« Le régime actuel de la propriété est donc illégitime et repose sur une
fondamentale spoliation. »

M. Considérant arrive enfin à poser le *principe fondamental*
du droit de propriété en ces termes :

« Tout homme possède légitimement la chose que son travail, son intelligence, ou plus généralement que son activité a créée. »

Pour montrer la portée de ce principe, il suppose une
première génération cultivant une ile isolée. Les résultats
du travail de cette génération se divisent en deux catégories.

« La première comprend les produits du sol qui appartenaient à cette
première génération en sa qualité d'usufruitière, augmentés, raffinés ou
fabriqués par son travail, par son industrie : ces produits bruts ou fabriqués consistent soit en objets de consommation, soit en instruments de
travail. Il est clair que ces produits appartiennent en toute et légitime
propriété à ceux qui les ont créés par leur activité...

« Non-seulement cette génération a créé les produits que nous venons
de désigner... mais encore elle a ajouté une *plus-value* à la valeur primi-
tive du sol par la culture, par les constructions, par tous les travaux de
fonds et immobiliers qu'elle a exécutés.

« Cette *plus-value* constitue évidemment un produit, une valeur due à
l'activité de la première génération. »

M. Considérant reconnaît que cette seconde valeur est
aussi une propriété légitime. Puis il ajoute :

« Nous pouvons donc parfaitement reconnaître que, quand la seconde génération arrivera, elle trouvera sur la terre deux sortes de
capitaux :

« A. Le *capital primitif ou naturel*, qui n'a pas été créé par les hommes de la première génération, c'est-à-dire la valeur de la terre brute.

« B. Le *capital créé* par la première génération, comprenant, 1° les produits, denrées et instruments qui n'auront pas été consommés et usés par la première génération ; 2° la *plus-value* que le travail de la première génération aura ajoutée à la valeur de la terre brute.

« Il est donc évident et il résulte clairement et nécessairement du principe fondamental du Droit de propriété tout à l'heure établi, que chaque individu de la deuxième génération a un Droit égal au capital Primitif ou Naturel ; tandis qu'il n'a aucun Droit à l'autre Capital, au Capital Créé par la première génération. Chaque individu de celle-ci pourra donc disposer de sa part du Capital Créé en faveur de tels ou tels individus de la seconde génération qu'il lui plaira choisir, enfants, amis, etc. »

Ainsi dans cette seconde génération il y a deux sortes d'individus, ceux qui héritent du capital créé et ceux qui n'en héritent pas. Il y a aussi deux sortes de capitaux, le capital primitif ou naturel et le capital créé. Ce dernier appartient légitimement aux héritiers, mais le premier appartient légitimement à tout le monde. *Chaque individu de la seconde génération a un droit égal au capital primitif.* Or il est arrivé que les héritiers du capital créé se sont emparés aussi du capital non créé, l'ont envahi, usurpé, confisqué. Voilà pourquoi et en quoi le *régime actuel* de la propriété est illégitime, contraire au droit et repose sur une fondamentale spoliation.

Je puis certainement me tromper ; mais il me semble que cette doctrine reproduit exactement, quoique en d'autres termes, celle de Buchanan, Mac-Culloch et Senior sur la *Rente.* Eux aussi reconnaissent la propriété légitime de ce qu'on a créé par le travail. Mais ils regardent comme illégitime l'usurpation de ce que M. Considérant appelle la *valeur de la terre brute,* et de ce qu'ils nomment *force productive* de la terre.

Voyons maintenant comment cette injustice peut être réparée.

« Le sauvage jouit, au milieu des forêts, des savanes, des quatre droits naturels : chasse, pêche, cueillette, pâture. Telle est la première forme du Droit.

. « Dans toutes les sociétés civilisées, l'homme du peuple, le prolétaire, qui n'hérite de rien et ne possède rien, est purement et simplement dépouillé de ces droits. On ne peut donc pas dire que le droit primitif ait ici changé de forme, puisqu'il n'existe plus. La forme a disparu avec le fond.

« Or quelle serait la forme sous laquelle le Droit pourrait se concilier avec les conditions d'une société industrieuse ? La réponse est facile. Dans l'état sauvage, pour user de son droit, l'homme est *obligé d'agir*. Les travaux de la pêche, de la chasse, de la cueillette, de la pâture, sont les conditions de l'exercice de son droit. Le droit primitif n'est donc que le *droit à ces travaux*.

« Eh bien ! qu'une société industrieuse, qui a pris possession de la terre, et qui enlève à l'homme la faculté d'exercer à l'aventure et en liberté sur la surface du sol ses quatre droits naturels; que cette société reconnaisse à l'individu, en compensation de ces droits, dont elle le dépouille, le DROIT AU TRAVAIL, — alors en principe, et sauf application convenable, l'individu n'aura plus à se plaindre. En effet, son droit primitif était le droit au travail exercé au sein d'un atelier pauvre, au sein de la nature brute ; son droit actuel serait le même droit exercé dans un atelier mieux pourvu, plus riche, où l'activité individuelle doit être plus productive. '

« La condition *sine quâ non*, pour la légitimité de la propriété, est donc que la société reconnaisse au prolétaire le *droit au travail*, et qu'elle lui *assure* au moins autant de moyens de subsistance, pour un exercice d'activité donné, que cet exercice eût pu lui en procurer dans l'état primitif. »

Maintenant je laisse au lecteur à juger si j'avais altéré ou défiguré les opinions de M. Considérant.

M. Considérant croit être un défenseur acharné du *droit de propriété*. Sans doute il défend ce droit tel qu'il le comprend, mais il le comprend à sa manière, et la question est de savoir si c'est la bonne. En tout cas, ce n'est pas celle de tout le monde.

Il dit lui-même que, *quoiqu'il ne fallût qu'une modeste dose de bon sens pour résoudre la question de la propriété, elle n'a jamais été bien comprise.* Il m'est bien permis de ne pas souscrire à cette condamnation de l'intelligence humaine.

Ce n'est pas seulement la théorie que M. Considérant accuse. Je la lui abandonnerais, pensant avec lui qu'en cette matière, comme en bien d'autres, elle s'est souvent fourvoyée.

Mais il condamne aussi la pratique universelle. Il dit nettement :

« La propriété, telle qu'elle a été généralement constituée *chez tous les peuples industrieux jusqu'à nos jours*, est entachée d'illégitimité et pèche singulièrement contre le droit. »

Si donc M. Considérant est un défenseur acharné de la propriété, c'est au moins d'un mode de propriété différent de celui qui a été reconnu et pratiqué parmi les hommes depuis le commencement du monde.

Je suis bien convaincu que M. Louis Blanc et M. Proudhon se disent aussi défenseurs de la propriété comme ils l'entendent.

Moi-même je n'ai pas d'autre prétention que de donner de la propriété une explication que je crois vraie et qui peut-être est fausse.

Je crois que la propriété foncière, telle qu'elle se forme naturellement, est toujours le fruit du travail ; qu'elle repose par conséquent sur le principe même établi par M. Considérant ; qu'elle n'exclut pas les prolétaires de l'usufruit de la terre brute ; qu'au contraire elle décuple et centuple pour eux cet usufruit : qu'elle n'est donc pas entachée d'illégitimité, et que tout ce qui l'ébranle dans les faits et dans les convictions est une calamité autant pour ceux qui ne possèdent pas le sol que pour ceux qui le possèdent.

C'est ce que je voudrais m'efforcer de démontrer, autant que cela se peut faire dans les colonnes d'un journal.

F. BASTIAT.

BACCALAURÉAT

ET SOCIALISME

Citoyens représentants,

J'ai soumis à l'Assemblée un amendement qui a pour objet la *suppression des grades universitaires*. Ma santé ne me permet pas de le développer à la tribune. Permettez-moi d'avoir recours à la plume [1].

La question est extrêmement grave. Quelque défectueuse que soit la loi qui a été élaborée par votre commission, je crois qu'elle marquerait un progrès signalé sur l'état actuel de l'instruction publique, si elle était amendée ainsi que je le propose.

Les grades universitaires ont le triple inconvénient d'*uniformiser* l'enseignement (l'uniformité n'est pas l'unité) et de l'*immobiliser* après lui avoir imprimé la *direction la plus funeste*.

S'il y a quelque chose au monde qui soit progressif par nature, c'est l'enseignement. Qu'est-ce, en effet, sinon la transmission, de génération en génération, des connaissances

---

[1] Vingt ans auparavant, l'auteur, dans son premier écrit, signalait déjà la liberté de l'enseignement comme l'une des réformes que la nation devait s'efforcer d'obtenir. Voy., au tome Iᵉʳ, l'opuscule intitulé : *Aux électeurs du département des Landes*.

(*Note de l'éditeur.*)

acquises par la société; c'est-à-dire d'un trésor qui s'épure et s'accroît tous les jours ?

Comment est-il arrivé que l'enseignement, en France, soit demeuré uniformé et stationnaire, à partir des ténèbres du moyen âge? Parce qu'il a été monopolisé et renfermé, par les grades universitaires, dans un cercle infranchissable.

Il fut un temps où, pour arriver à quelque connaissance que ce soit, il était aussi nécessaire d'apprendre le latin et le grec, qu'il était indispensable aux Basques et aux Bas-Bretons de commencer par apprendre le français. Les langues vivantes n'étaient pas fixées; l'imprimerie n'avait pas été découverte; l'esprit humain ne s'était pas appliqué à pénétrer les secrets de la nature. Être instruit, c'était savoir ce qu'avaient pensé Epicure et Aristote. Dans les rangs élevés on se vantait de ne savoir pas lire. Une seule classe possédait et communiquait l'instruction, celle des Clercs. Quelle pouvait être alors cette instruction? Évidemment, elle devait être bornée à la connaissance des langues mortes, et principalement du latin. Il n'y avait que des livres latins; on n'écrivait qu'en latin; le latin était la langue de la religion; les Clercs ne pouvaient enseigner que ce qu'ils avaient appris, le latin.

On comprend donc qu'au moyen âge l'enseignement fût circonscrit à l'étude des langues mortes, fort improprement dites savantes.

Est-il naturel, est-il bon qu'il en soit ainsi au dix-neuvième siècle? Le latin est-il un instrument nécessaire à l'acquisition des connaissances? Est-ce dans les écrits que nous ont laissés les Romains qu'on peut apprendre la religion, la physique, la chimie, l'astronomie, la physiologie, l'histoire, le droit, la morale, la technologie industrielle, ou la science sociale ?

Savoir une langue, comme savoir lire, c'est posséder un instrument. Et n'est-il pas étrange que nous passions toute notre jeunesse à nous rendre maîtres d'un instrument qui n'est plus bon à rien, — ou pas à grand'chose, puisqu'on n'a rien de plus pressé, quand on commence à le savoir, que de l'oublier? — Hélas! que ne peut-on oublier aussi vite les impressions que laisse cette funeste étude!

Que dirions-nous si, à Saint-Cyr, pour préparer la jeunesse aux sciences militaires modernes, on lui enseignait exclusivement à lancer des pierres avec la fronde?

La loi de notre pays décide que les carrières les plus honorables seront fermées à quiconque n'est pas Bachelier. Elle décide, en outre, que pour être bachelier il faut avoir bourré sa tête de latinité, au point de n'y pas laisser entrer autre chose. Or, qu'arrive-t-il, de l'aveu de tout le monde? C'est que les jeunes gens *ont calculé la juste mesure rigoureusement nécessaire pour atteindre le grade*, et ils s'en tiennent là. Vous vous récriez, vous gémissez. Eh! ne comprenez-vous pas que c'est le cri de la conscience publique qui ne veut pas se laisser imposer un effort inutile?

Enseigner un instrument qui, dès qu'on le sait, ne rend plus aucun son, c'est une anomalie bien bizarre! Comment s'est-elle perpétuée jusqu'à nos jours? L'explication est dans ce seul mot : MONOPOLE. Le monopole est ainsi fait qu'il frappe d'immobilisme tout ce qu'il touche.

Aussi, j'aurais désiré que l'Assemblée législative réalisât la liberté, c'est-à-dire le progrès de l'enseignement. Il est maintenant décidé qu'il n'en sera pas ainsi. Nous n'aurons pas la liberté complète. Qu'il me soit permis de tenter un effort pour en sauver un lambeau.

La liberté peut être considérée au point de vue des personnes et relativement aux matières — *ratione personæ et ratione materiæ*, comme disent les légistes; car supprimer la concurrence des méthodes, ce n'est pas un moindre attentat à la liberté que de supprimer la concurrence des hommes.

Il y en a qui disent : « La carrière de l'enseignement va être libre, car chacun y pourra entrer. » C'est une grande illusion.

L'État, ou pour mieux dire le parti, la faction, la secte, l'homme qui s'empare momentanément, et même très-légalement, de l'influence gouvernementale, peut donner à l'enseignement la direction qu'il lui plaît, et façonner à son gré toutes les intelligences par le seul mécanisme des grades.

Donnez à un homme la collation des grades, et, tout en vous laissant libres d'enseigner, l'enseignement sera, de fait, dans la servitude.

Moi, père de famille, et le professeur avec lequel je me concerte pour l'éducation de mon fils, nous pouvons croire que la véritable instruction consiste à savoir ce que les choses sont et ce qu'elles produisent, tant dans l'ordre physique que dans l'ordre moral. Nous pouvons penser que celui-là est le mieux instruit qui se fait l'idée la plus exacte des phénomènes et sait le mieux l'enchaînement des effets aux causes. Nous voudrions baser l'enseignement sur cette donnée. — Mais l'État a une autre idée. Il pense qu'être savant c'est être en mesure de scander les vers de Plaute, et de citer, sur le feu et sur l'air, les opinions de Thalès et de Pythagore.

Or, que fait l'État ? Il nous dit : Enseignez ce que vous voudrez à votre élève ; mais, quand il aura vingt ans, je le ferai interroger sur les opinions de Pythagore et de Thalès, je lui ferai scander les vers de Plaute, et, s'il n'est assez fort en ces matières pour me prouver qu'il y a consacré toute sa jeunesse, il ne pourra être ni médecin, ni avocat, ni magistrat, ni consul, ni diplomate, ni professeur.

Dès lors, je suis bien forcé de me soumettre, car je ne prendrai pas sur moi la responsabilité de fermer à mon fils tant de si belles carrières. Vous aurez beau me dire que je suis libre ; j'affirme que je ne le suis pas, puisque vous me réduisez à faire de mon fils, du moins à mon point de vue, un pédant, — peut-être *un affreux petit rhéteur*, — et, à coup sûr, un turbulent factieux.

Car si encore les connaissances exigées par le baccalauréat avaient quelques rapports avec les besoins et les intérêts de notre époque! si du moins elles n'étaient qu'inutiles! mais elles sont déplorablement funestes. Fausser l'esprit humain, c'est le problème que semblent s'être posé et qu'ont résolu les corps auxquels a été livré le monopole de l'enseignement. C'est ce que je vais essayer de démontrer.

Depuis le commencement de ce débat, l'Université et le Clergé se renvoient les accusations comme des balles. Vous pervertissez la jeunesse avec votre rationalisme philosophique, dit le Clergé ; vous l'abrutissez avec votre dogmatisme religieux, répond l'Université.

Surviennent les conciliateurs qui disent : La religion et la philosophie sont sœurs. Fusionnons le libre examen et l'autorité. Université, Clergé, vous avez eu tour à tour le monopole ; partagez-le, et que ça finisse.

Nous avons entendu le vénérable évêque de Langres apostropher ainsi l'Université: « C'est vous qui nous avez donné la génération socialiste de 1848. »

Et M. Crémieux s'est hâté de rétorquer l'apostrophe en ces termes : « C'est vous qui avez élevé la génération révolutionnaire de 1793. »

S'il y a du vrai dans ces allégations, que faut-il en conclure? Que les deux enseignements ont été funestes, non par ce qui les différencie, mais par ce qui leur est commun.

Oui, c'est ma conviction : il y a entre ces deux enseignements un point commun, c'est l'abus des études classiques, et c'est par là que tous deux ont perverti le jugement et la moralité du pays. Ils diffèrent en ce que l'un fait prédominer l'élément religieux, l'autre l'élément philosophique ;

mais ces éléments, loin d'avoir fait le mal, comme on se le reproche, l'ont atténué. Nous leur devons de n'être pas aussi barbares que les barbares sans cesse proposés, par le latinisme, à notre imitation.

Qu'on me permette une supposition un peu forcée, mais qui fera comprendre ma pensée.

Je suppose donc qu'il existe quelque part, aux antipodes, une nation qui, haïssant et méprisant le travail, ait fondé tous ses moyens d'existence sur le pillage successif de tous les peuples voisins et sur l'esclavage. Cette nation s'est fait une politique, une morale, une religion, une opinion publique conformes au principe brutal qui la conserve et la développe. La France ayant donné au Clergé le monopole de l'éducation, celui-ci ne trouve rien de mieux à faire que d'envoyer toute la jeunesse française chez ce peuple, vivre de sa vie, s'inspirer de ses sentiments, s'enthousiasmer de ses enthousiasmes, et respirer ses idées comme l'air. Seulement il a soin que chaque écolier parte muni d'un petit volume appelé : *l'Évangile*. Les générations ainsi élevées reviennent sur le sol de la patrie ; une révolution éclate : je laisse à penser le rôle qu'elles y jouent.

Ce que voyant, l'État arrache au Clergé le monopole de l'enseignement et le remet à l'Université. L'Université, fidèle aux traditions, envoie, elle aussi, la jeunesse aux antipodes, chez le peuple pillard et possesseur d'esclaves, après l'avoir toutefois approvisionnée d'un petit volume intitulé : *Philosophie*. Cinq ou six générations ainsi élevées ont à peine revu le sol natal qu'une seconde révolution vient à éclater. Formées à la même école que leurs devancières, elles s'en montrent les dignes émules.

Alors vient la guerre entre les monopoleurs. C'est votre petit livre qui a fait tout le mal, dit le Clergé. C'est le vôtre, répond l'Université.

Eh non, Messieurs, vos petits livres ne sont pour rien en

tout ceci. Ce qui a fait le mal, c'est l'idée bizarre, par vous deux conçue et exécutée, d'envoyer la jeunesse française, destinée au travail, à la paix, à la liberté, s'imprégner, s'imbiber et se saturer des sentiments et des opinions d'un peuple de brigands et d'esclaves.

J'affirme ceci : Les doctrines subversives auxquelles on a donné le nom de *socialisme* ou *communisme* sont le fruit de l'enseignement classique, qu'il soit distribué par le Clergé ou par l'Université. J'ajoute que le Baccalauréat imposera de force l'enseignement classique même à ces écoles prétendues libres qui doivent, dit-on, surgir de la loi. C'est pour cela que je demande la suppression des grades.

On vante beaucoup l'étude du latin comme moyen de développer l'intelligence ; c'est du pur *conventionalisme*. Les Grecs, qui n'apprenaient pas le latin, ne manquaient pas d'intelligence, et nous ne voyons pas que les femmes françaises en soient dépourvues, non plus que de bon sens. Il serait étrange que l'esprit humain ne pût se renforcer qu'en se faussant ; et ne comprendra-t-on jamais que l'avantage très-problématique qu'on allègue, s'il existe, est bien chèrement acheté par le redoutable inconvénient de faire pénétrer dans l'âme de la France, avec la langue des Romains, leurs idées, leurs sentiments, leurs opinions et la caricature de leurs mœurs ?

Depuis que Dieu a prononcé sur les hommes cet arrêt : Vous mangerez votre pain à la sueur de votre front, — l'existence est pour eux une si grande, si absorbante affaire que, selon les moyens qu'ils prennent pour y pourvoir, leurs mœurs, leurs habitudes, leurs opinions, leur morale, leurs arrangements sociaux doivent présenter de grandes différences.

Un peuple qui vit de chasse ne peut ressembler à un peuple qui vit de pêche, ni une nation de pasteurs à une nation de marins.

Mais ces différences ne sont encore rien en comparaison de celle qui doit caractériser deux peuples dont l'un vit de travail et l'autre de vol.

Car entre chasseurs, pêcheurs, pasteurs, laboureurs, commerçants, fabricants, il y a ceci de commun, que tous cherchent la satisfaction de leurs besoins dans l'action qu'ils exercent sur les choses. Ce qu'ils veulent soumettre à leur empire, c'est la nature.

Mais les hommes qui fondent leurs moyens d'existence sur le pillage exercent leur action sur d'autres hommes ; ce qu'ils aspirent ardemment à dominer, ce sont leurs semblables.

Pour que les hommes existent, il faut nécessairement que cette action sur la nature, qu'on nomme travail, soit exercée.

Il se peut que les fruits de cette action profitent à la nation qui s'y livre ; il est possible aussi qu'ils arrivent de seconde main, et par force, à un autre peuple superposé sur le peuple travailleur.

Je ne puis développer ici toute cette pensée ; mais qu'on veuille bien y réfléchir, et l'on restera convaincu qu'entre deux agglomérations d'hommes placées dans des conditions si opposées tout doit différer, mœurs, coutumes, jugements, organisation, morale, religion ; et à ce point que les mots mêmes destinés à exprimer les relations les plus fondamentales, comme les mots famille, propriété, liberté, vertu, société, gouvernement, république, peuple, ne peuvent représenter, chez l'une et chez l'autre, les mêmes idées.

Un peuple de guerrier comprend bientôt que la Famille peut affaiblir le dévouement militaire (nous le sentons nous-mêmes, puisque nous l'interdisons à nos soldats) ; cependant, il ne faut pas que la population s'arrête. Comment résoudre le problème ? Comme firent Platon en théorie et

Lycurgue en pratique : par la *promiscuité*. Platon, Lycurgue, voilà pourtant des noms qu'on nous habitue à ne prononcer qu'avec idolâtrie.

Pour ce qui est de la Propriété, je défie qu'on en trouve dans toute l'antiquité une définition passable. Nous disons, nous : l'homme est propriétaire de lui-même, par conséquent de ses facultés, et, par suite, du produit de ses facultés. Mais les Romains pouvaient-ils concevoir une telle notion ? Possesseurs d'esclaves, pouvaient-ils dire : l'homme s'appartient? Méprisant le travail, pouvaient-ils dire : l'homme est propriétaire du produit de ses facultés? C'eût été ériger en système le suicide collectif.

Sur quoi donc l'antiquité faisait-elle reposer la propriété? Sur la loi, — idée funeste, la plus funeste qui se soit jamais introduite dans le monde, puisqu'elle justifie l'usage et l'abus de tout ce qu'il plaît à la loi de déclarer *propriété*, même des fruits du vol, même de l'homme.

Dans ces temps de barbarie, la Liberté ne pouvait être mieux comprise. Qu'est-ce que la Liberté? C'est l'ensemble des libertés. Être libre, sous sa responsabilité, de penser et d'agir, de parler et d'écrire, de travailler et d'échanger, d'enseigner et d'apprendre, cela seul est être libre. Une nation disciplinée en vue d'une bataille sans fin peut-elle ainsi concevoir la Liberté? Non, les Romains prostituaient ce nom à une certaine audace dans les luttes intestines que suscitait entre eux le partage du butin. Les chefs voulaient tout; le peuple exigeait sa part. De là les orages du Forum, les retraites au mont Aventin, les lois agraires, l'intervention des tribuns, la popularité des conspirateurs; de là cette maxime : *Malo periculosam libertatem*, etc., passée dans notre langue, et dont j'enrichissais, au collége, tous mes livres de classe :

> O liberté ! que tes orages
> Ont de charme pour les grands cœurs !

Beaux exemples, sublimes préceptes, précieuses semences à déposer dans l'âme de la jeunesse française !

Que dire de la morale romaine? Et je ne parle pas ici des rapports de père à fils, d'époux à épouse, de patron à client, de maître à serviteur, d'homme à Dieu, rapports que l'esclavage, à lui tout seul, ne pouvait manquer de transformer en un tissu de turpitudes; je veux ne m'arrêter qu'à ce qu'on nomme le beau côté de la république, le *patriotisme*. Qu'est-ce que ce patriotisme? la haine de l'étranger. Détruire toute civilisation, étouffer tout progrès, promener sur le monde la torche et l'épée, enchaîner des femmes, des enfants, des vieillards aux chars de triomphe, c'était là la gloire, c'était là la vertu. C'est à ces atrocités qu'étaient réservés le marbre des statuaires et le chant des poëtes. Combien de fois nos jeunes cœurs n'ont-ils pas palpité d'admiration, hélas! et d'émulation à ce spectacle ! C'est ainsi que nos professeurs, prêtres vénérables, pleins de jours et de charité, nous préparaient à la vie chrétienne et civilisée, tant est grande la puissance du *conventionalisme!*

La leçon n'a pas été perdue; et c'est de Rome sans doute que nous vient cette sentence vraie du vol, fausse du travail : *Un peuple perd ce qu'un autre gagne*, sentence qui gouverne encore le monde.

Pour nous faire une idée de la morale romaine, imaginons, au milieu de Paris, une association d'hommes haïssant le travail, décidés à se procurer des jouissances par la ruse et la force, par conséquent en guerre avec la société. Il ne faut pas douter qu'il ne se formât bientôt au sein de cette association une certaine morale et même de fortes vertus. Courage, persévérance, dissimulation, prudence, discipline, constance dans le malheur, secret profond, point d'honneur, dévouement à la communauté, telles seront sans doute les vertus que la nécessité et l'opinion développeraient parmi ces brigands; telles furent celles des flibustiers ; telles furent celles des Romains. On dira que, quant à ceux-ci, la grandeur de leur entreprise et l'immensité du succès a jeté sur leurs crimes un voile assez glorieux pour les transformer en vertus. — Et c'est pour cela que cette école est si pernicieuse. Ce n'est pas le vice abject, c'est le vice couronné de splendeur qui séduit les âmes.

Enfin, relativement à la *société*, le monde ancien a légué au nouveau deux fausses notions qui l'ébranlent et l'ébranleront longtemps encore.

L'une : Que *la société est un état hors de nature, né d'un contrat*. Cette idée n'était pas aussi erronée autrefois qu'elle l'est de nos jours. Rome, Sparte, c'étaient bien deux associations d'hommes ayant un but commun et déterminé : le pillage ; ce n'étaient pas précisément des sociétés, mais des armées.

L'autre, corollaire de la précédente : Que *la loi crée les droits*, et que, par suite, le législateur et l'humanité sont entre eux dans les mêmes rapports que le potier et l'argile. Minos, Lycurgue, Solon, Numa avaient fabriqué les sociétés crétoise, lacédémonienne, athénienne, romaine. Platon était fabricant de républiques imaginaires devant servir de modèle aux futurs *instituteurs des peuples* et *pères des nations*.

Or, remarquez-le bien, ces deux idées forment le caractère spécial, le cachet distinctif du *socialisme*, en prenant ce mot dans le sens défavorable et comme la commune étiquette de toutes les utopies sociales.

Quiconque, ignorant que le corps social est un ensemble de lois naturelles, comme le corps humain, rêve de créer une société artificielle, et se prend à manipuler à son gré la famille, la propriété, le droit, l'humanité, est socialiste. Il ne fait pas de la physiologie, il fait de la statuaire ; il n'observe pas, il invente ; il ne croit pas en Dieu, il croit en lui-même ; il n'est pas savant, il est tyran ; il ne sert pas les hommes, il en dispose ; il n'étudie pas leur nature, il la change, suivant le conseil de Rousseau[1]. Il s'inspire de l'antiquité; il procède de Lycurgue et de Platon. — Et pour tout dire, à coup sûr, il est *bachelier*.

Vous exagérez, me dira-t-on, il n'est pas possible que notre studieuse jeunesse puise, dans la belle antiquité, des opinions et des sentiments si déplorables.

Et que voulez-vous qu'elle y puise que ce qui y est? Faites un effort de mémoire et rappelez-vous dans quelle disposition d'esprit, au sortir du collége, vous êtes entré dans le monde. Est-ce que vous ne brûliez pas du désir d'imiter les ravageurs de la terre et les agitateurs du Forum? Pour moi, quand je vois la société actuelle jeter les jeunes gens, par dizaines de mille, dans le moule des Brutus et des Gracques, pour les lancer ensuite, incapables de tout travail honnête (*opus servile*), dans la presse et dans la rue, je m'étonne qu'elle résiste à cette épreuve. Car l'enseignement classique n'a pas seulement l'imprudence de nous plonger dans la vie romaine. Il nous y plonge en nous habituant à nous passionner pour elle, à la considérer comme le beau idéal de l'humanité, type sublime, trop haut placé pour les âmes modernes, mais que nous devons nous efforcer d'imiter sans jamais prétendre à l'atteindre [2].

Objectera-t-on que le Socialisme a envahi les classes qui n'aspirent pas au Baccalauréat?

Je répondrai avec M. Thiers :

« L'enseignement secondaire apprend aux enfants des classes aisées les langues anciennes..... Ce ne sont pas seulement des mots qu'on apprend aux enfants en leur apprenant le grec et le latin, ce sont de nobles

---

[1] « Celui qui ose entreprendre d'instituer un peuple doit se sentir en état de changer, pour ainsi dire, la nature humaine..., d'altérer la constitution physique et morale de l'homme, etc. » (*Contrat social*, chap. vii.)

[2] Voy. les pages 365 à 380 du présent volume.

(*Note de l'éditeur.*)

et sublimes choses (la spoliation, la guerre et l'esclavage), c'est l'histoire de l'humanité sous des images simples, grandes, *ineffaçables*..... L'instruction secondaire forme ce qu'on appelle les classes éclairées d'une nation. Or, si les classes éclairées ne sont pas la nation tout entière, elles la caractérisent. Leurs vices, leurs qualités, leurs penchants bons et mauvais sont bientôt ceux de la nation tout entière, elles font le peuple lui-même par la contagion de leurs idées et de leurs sentiments [1]. » (Très-bien.)

Rien n'est plus vrai, et rien n'explique mieux les déviations funestes et factices de nos révolutions.

« L'antiquité, ajoutait M. Thiers, osons le dire à un siècle orgueilleux de lui-même, l'antiquité est *ce qu'il y a de plus beau au monde.* Laissons, Messieurs, laissons l'enfance dans l'antiquité, comme dans un asile *calme, paisible* et *sain,* destiné à la conserver fraîche et pure. »

Le calme de Rome ! la paix de Rome ! la pureté de Rome ! oh ! si la longue expérience et le remarquable bon sens de M. Thiers n'ont pu le préserver d'un engouement si étrange, comment voulez-vous que notre ardente jeunesse s'en défende [2] ?

---

[1] Rapport de M. Thiers sur la loi de l'instruction secondaire. 1844.

[2] L'éloignement ne contribue pas peu à donner à des figures antiques un caractère de grandeur. Si l'on nous parle du citoyen romain, nous ne nous représentons pas ordinairement un brigand occupé d'acquérir, aux dépens de peuples pacifiques, du butin et des esclaves ; nous ne le voyons pas circuler, à demi nu, hideux de malpropreté, dans des rues bourbeuses ; nous ne le surprenons pas fouettant jusqu'au sang ou mettant à mort l'esclave qui montre un peu d'énergie et de fierté. — Nous préférons nous représenter une belle tête supportée par un buste plein de force et de majesté, et drapé comme une statue antique. Nous aimons à contempler ce personnage dans ses méditations sur les hautes destinées de sa patrie. Il nous semble voir sa famille entourant le foyer qu'honore la présence des dieux ; l'épouse préparant le simple repas du guerrier et jetant un regard de confiance et d'admiration sur le front de son époux ; les jeunes enfants attentifs aux discours d'un vieillard qui endort les heures par le récit des exploits et des vertus de leur père...

Oh ! que d'illusions seraient dissipées si nous pouvions évoquer le

Ces jours-ci l'Assemblée nationale a assisté à un dialogue comique, digne assurément du pinceau de Molière.

M. THIERS, s'adressant du haut de la tribune, et sans rire, à M. Barthélemy Saint-Hilaire : « Vous avez tort, non pas sous le rapport de l'art, mais *sous le rapport moral,* de préférer pour des Français surtout, qui sont une nation latine, les lettres grecques aux latines. »

M. BARTHÉLEMY SAINT-HILAIRE, aussi sans rire : « Et Platon ! »

M. THIERS, toujours sans rire : « On a bien fait, on fait bien de soigner les études grecques et latines. Je préfère les latines *dans un but moral.* Mais on a voulu que ces pauvres jeunes gens sussent en même temps l'allemand, l'anglais, les sciences exactes, les sciences physiques, l'histoire, etc. »

Savoir ce qui est, voilà le mal. S'imprégner des mœurs romaines, voilà la moralité !

M. Thiers n'est ni le premier ni le seul qui ait succombé à cette illusion, j'ai presque dit à cette mystification. Qu'il me soit permis de signaler, en peu de mots, l'empreinte profonde (et quelle empreinte !) que l'enseignement classique a imprimée à la littérature, à la morale et à la politique de notre pays.

C'est un tableau que je n'ai ni le loisir ni la prétention d'achever, car quel écrivain ne devrait comparaître ? Contentons-nous d'une esquisse.

Je ne remonterai pas à Montaigne. Chacun sait qu'il était aussi Spartiate par ses velléités qu'il l'était peu par ses goûts.

Quant à Corneille, dont je suis l'admirateur sincère, je crois qu'il a rendu un triste service à l'esprit du siècle en revêtant de beaux vers, en donnant un cachet de grandeur sublime à des sentiments forcés, outrés, farouches, anti-sociaux, tels que ceux-ci :

passé, nous promener dans les rues de Rome, et voir de près les hommes que, de loin, nous admirons de si bonne foi !...

(*Ébauche inédite de l'auteur, un peu antérieure à 1830.*)

> Mais vouloir au public immoler ce qu'on aime,
> S'attacher au combat contre un autre soi-même...
> Une telle vertu n'appartenait qu'à nous...
> Rome a choisi mon bras, je n'examine rien,
> Avec une allégresse aussi pleine et sincère
> Que j'épousai la sœur, je combattrai le frère.

Et j'avoue que je me sens disposé à partager le sentiment de Curiace, en en faisant l'application non à un fait particulier, mais à l'histoire de Rome tout entière, quand il dit :

> Je rends grâces aux dieux de n'être pas Romain
> Pour conserver encor quelque chose d'humain.

Fénelon. Aujourd'hui, le *Communisme* nous fait horreur, parce qu'il nous effraie ; mais la longue fréquentation des anciens n'avait-elle pas fait un communiste de Fénelon, de cet homme que l'Europe moderne regarde avec raison comme le plus beau type de la perfection morale ? Lisez son *Télémaque*, ce livre qu'on se hâte de mettre dans les mains de l'enfance ; vous y verrez Fénelon empruntant les traits de la Sagesse elle-même pour instruire les législateurs. Et sur quel plan organise-t-il sa société-modèle ? D'un côté, le législateur pense, invente, agit ; de l'autre, la société, impassible et inerte, se laisse faire. Le mobile moral, le principe d'action est ainsi arraché à tous les hommes pour être l'attribut d'un seul. Fénelon, précurseur de nos modernes organisateurs les plus hardis, décide de l'alimentation, du logement, du vêtement, des jeux, des occupations de tous les Salentins. Il dit ce qu'il leur sera permis de boire et de manger, sur quel plan leurs maisons devront être bâties, combien elles auront de chambres, comment elles seront meublées.

Il dit... mais je lui cède la parole.

« Mentor établit des magistrats à qui les marchands rendaient compte de leurs effets, de leurs profits, de leurs dépenses et de leurs entreprises...

D'ailleurs, la liberté du commerce était entière... Il défendit toutes les marchandises de pays étrangers qui pouvaient introduire le luxe et la mollesse... Il retrancha un nombre prodigieux de marchands qui vendaient des étoffes façonnées, etc..... Il régla les habits, la nourriture, les meubles, la grandeur et l'ornement des maisons pour toutes les conditions différentes.

« Réglez les conditions par la naissance, disait-il au roi...; les personnes du premier rang, après vous, seront vêtues de blanc...; celles du second rang, de bleu...; les troisièmes, de vert...; les quatrièmes d'un jaune aurore...; les cinquièmes, d'un rouge pâle ou rose...; les sixièmes, d'un gris de lin...; et les septièmes, qui seront les dernières du peuple, d'une couleur mêlée de jaune et de blanc. Voilà les habits de sept conditions différentes pour les hommes libres. Tous les esclaves seront vêtus de gris brun. On [1] ne souffrira jamais aucun changement, ni pour la nature des étoffes, ni pour la forme des habits.

« Il régla de même la nourriture des citoyens et des esclaves.

« Il retrancha ensuite la musique molle et efféminée.

« Il donna des modèles d'une architecture simple et gracieuse. Il voulut que chaque maison un peu considérable eût un salon et un péristyle, avec de petites chambres pour toutes *les personnes libres*.

« Au reste, la modération et la frugalité de Mentor n'empêchèrent pas qu'il n'autorisât tous les grands bâtiments destinés aux courses de chevaux et de chariots, aux *combats de lutteurs et à ceux du ceste.*

« La peinture et la sculpture parurent à Mentor des arts qu'il n'est pas permis d'abandonner; mais il voulut qu'on souffrît dans Salente peu d'hommes attachés à ces arts. »

Ne reconnaît-on pas là une imagination enflammée par la lecture de Platon et l'exemple de Lycurgue, s'amusant à faire ses expériences sur les hommes comme sur de la vile matière?

Et qu'on ne justifie pas de telles chimères en disant qu'elles sont le fruit d'une excessive bienveillance. Autant il en est de tous les organisateurs et désorganisateurs de sociétés.

Rollin. Il est un autre homme, presque l'égal de Fénelon

---

[1] Les pétrisseurs de sociétés ont quelquefois assez de pudeur pour ne pas dire : Je ferai, je disposerai. Ils se servent volontiers de cette forme détournée, mais équivalente : On fera, on ne souffrira pas.

par l'intelligence et par le cœur, et qui, plus que Fénelon,
s'est occupé d'éducation, c'est Rollin. Eh bien ! à quel degré
d'abjection intellectuelle et morale la longue fréquentation
de l'antiquité n'avait-elle pas réduit ce bonhomme Rollin !
On ne peut lire ses livres sans se sentir saisi de tristesse et
de pitié. On ne sait s'il est chrétien ou païen, tant il se montre
impartial entre Dieu et les dieux. Les miracles de la Bible et
les légendes des temps héroïques trouvent en lui la même
crédulité. Sur sa physionomie placide on voit toujours errer
l'ombre des passions guerrières ; il ne parle que de javelots,
d'épées et de catapultes. C'est pour lui, comme pour Bossuet, un des problèmes sociaux les plus intéressants, de
savoir si la phalange macédonienne valait mieux que la
légion romaine. Il exalte les Romains pour ne s'être adonnés
qu'aux sciences qui ont pour objet la domination : l'éloquence, la politique, la guerre. A ses yeux, toutes les autres
connaissances sont des sources de corruption, et ne sont
propres qu'à incliner les hommes vers la paix ; aussi il les
bannit soigneusement de ses colléges, aux applaudissements
de M. Thiers. Tout son encens est pour Mars et Bellone ; à
peine s'il en détourne quelques grains pour le Christ. Triste
jouet du *conventionalisme* qu'a fait prédominer l'instruction
classique, il est si décidé d'avance à admirer les Romains,
que, en ce qui les concerne, la simple abstention des plus
grands forfaits est mise par lui au niveau des plus hautes
vertus. Alexandre, pour avoir regretté d'avoir assassiné son
meilleur ami, Scipion, pour n'avoir pas enlevé une femme à
son époux, font preuve, à ses yeux, d'un héroïsme inimita-
ble. Enfin, s'il a fait de chacun de nous une *contradiction vivante,* il en est, certes, le plus parfait modèle.

On pense bien que Rollin était enthousiaste du Communisme et des institutions lacédémoniennes. Rendons-lui
justice, cependant ; son admiration n'est pas exclusive. Il
reprend, avec les ménagements convenables, ce législa-

teur d'avoir imprimé à son œuvre quatre taches légères :

1° L'oisiveté,

2° La promiscuité,

3° Le meurtre des enfants,

4° L'assassinat en masse des esclaves.

Ces quatre réserves une fois faites, le bonhomme, rentrant dans le *conventionalisme* classique, voit en Lycurgue non un homme, mais un dieu, et trouve sa police parfaite.

L'intervention du législateur en toutes choses paraît à Rollin si indispensable, qu'il félicite très-sérieusement les Grecs de ce qu'un homme nommé *Pélasge* soit venu leur enseigner à manger du gland. Avant, dit-il, ils broutaient l'herbe comme les bêtes.

Ailleurs, il dit :

« Dieu devait l'empire du monde aux Romains en récompense de leurs grandes vertus, qui ne sont qu'apparentes. Il n'aurait pas fait justice s'il avait accordé à ces vertus, qui n'ont rien de réel, un moindre prix. »

Ne voit-on pas clairement ici le conventionalisme et le christianisme se disputer, dans la personne de Rollin, une pauvre âme en peine ? L'esprit de cette phrase, c'est l'esprit de tous les ouvrages du fondateur de l'enseignement en France. Se contredire, faire Dieu se contredire et nous apprendre à nous contredire, c'est tout Rollin, c'est tout le Baccalauréat.

Si la Promiscuité et l'Infanticide éveillent les scrupules de Rollin, à l'égard des institutions de Lycurgue, il se passionne pour tout le reste, et trouve même moyen de justifier le vol. Voici comment. Le trait est curieux, et se rattache assez à mon sujet pour mériter d'être rapporté.

Rollin commence par poser en principe que la LOI CRÉE LA PROPRIÉTÉ, — principe funeste, commun à tous les organisateurs, et que nous retrouverons bientôt dans la bouche de Rousseau, de Mably, de Mirabeau, de Robespierre et de

Babeuf. Or, puisque la loi est la raison d'être de la propriété, ne peut-elle pas être aussi bien la raison d'être du vol ? Qu'opposer à ce raisonnement ?

« Le vol était permis à Sparte, dit Rollin, il était sévèrement puni chez les Scythes. La raison de cette différence est sensible, c'est que la loi, *qui seule décide de la propriété et de l'usage des biens*, n'avait rien accordé chez les Scythes à un particulier sur le bien d'un autre, et que la loi, chez les Lacédémoniens, avait fait tout le contraire. »

Ensuite, le bon Rollin, dans l'ardeur de son plaidoyer en faveur du vol et de Lycurgue, invoque la plus incontestable des autorités, celle de Dieu :

« Rien n'est plus ordinaire, dit-il, que des droits semblables accordés sur le bien d'autrui : c'est ainsi que Dieu non-seulement avait donné aux pauvres le pouvoir de cueillir du raisin dans les vignes et de glaner dans les champs, et d'en emporter les gerbes entières, mais avait encore accordé à tout passant sans distinction la liberté d'entrer autant de fois qu'il lui plaisait dans la vigne d'autrui, et d'en manger autant de raisin qu'il voulait, *malgré le maître de la vigne*. Dieu en rend lui-même la première raison. C'est que la terre d'Israël était à lui et que les Israélites n'en jouissaient qu'à cette condition onéreuse. »

On dira, sans doute, que c'est là une doctrine personnelle à Rollin. C'est justement ce que je dis. Je cherche à montrer à quel état d'infirmité morale la fréquentation habituelle de l'effroyable Société antique peut réduire les plus belles et les plus honnêtes intelligences.

Montesquieu. On a dit de Montesquieu qu'il avait retrouvé les titres du genre humain. C'est un de ces grands écrivains dont chaque phrase a le privilége de faire autorité. A Dieu ne plaise que je veuille amoindrir sa gloire ! Mais que ne faut-il pas penser de l'éducation classique, si elle est parvenue à égarer cette noble intelligence au point de lui faire admirer dans l'antiquité les institutions les plus barbares ?

Les anciens Grecs, pénétrés de la nécessité que les peuples qui vivaient sous un gouvernement populaire fussent élevés *à la vertu*, firent pour l'inspirer des institutions singulières. Les lois de Crète étaient l'original de celles de Lacédémone; et celles de Platon en étaient la correction.

Je prie qu'on fasse un peu d'attention à l'étendue de génie qu'il fallut à ces législateurs pour voir qu'en choquant tous les usages reçus, en confondant toutes les vertus, ils montreraient à l'univers *leur sagesse*. Lycurgue, mêlant le larcin avec l'esprit de justice, le plus dur esclavage avec l'extrême liberté, les sentiments les plus atroces avec la plus grande modération, donna de la stabilité à sa ville. Il sembla lui ôter toutes les ressources, les arts, le commerce, l'argent, les murailles; on y a de l'ambition sans espérance d'être mieux; *on y a les sentiments naturels, et on n'y est ni enfant, ni mari, ni père;* la pudeur même est ôtée à la chasteté. C'est par ces chemins que Sparte est menée *à la grandeur et à la gloire;* mais avec une telle infaillibilité de ses institutions, qu'on n'obtenait rien contre elle en gagnant des batailles, si on ne parvenait à lui ôter sa police.

(*Esprit des Lois*, livre IV, chap. VIII.)

Ceux qui voudront faire des institutions pareilles établiront la communauté des biens de la république de Platon; ce respect qu'il demandait pour les dieux, cette séparation d'avec les étrangers, pour la conservation des mœurs, et la cité faisant le commerce et non pas les citoyens; ils donneront nos arts sans notre luxe, et nos besoins sans nos désirs.

Montesquieu explique en ces termes la grande influence que les anciens attribuaient à la musique.

... Je crois que je pourrais expliquer ceci : Il faut se mettre dans l'esprit que dans les villes grecques, surtout celles qui avaient *pour principal objet* la guerre, tous les travaux et toutes les professions qui pouvaient conduire à gagner de l'argent étaient regardés comme *indignes d'un homme libre*. « La plupart des arts, dit Xénophon, corrompent « le corps de ceux qui les exercent; ils obligent à s'asseoir à l'ombre ou « près du feu : on n'a de temps ni pour ses amis ni pour la république. » Ce ne fut que dans *la corruption* de quelques démocraties que les artisans parvinrent à être citoyens. C'est ce qu'Aristote nous apprend; et il soutient qu'une bonne république ne leur donnera jamais le droit de cité.

L'agriculture était encore une profession *servile*, et ordinairement c'était quelque peuple vaincu qui l'exerçait : les Ilotes, chez les Lacédémoniens; les Périéciens chez les Crétois; les Pénestes, chez les Thessaliens; d'autres peuples esclaves, dans d'autres républiques.

Enfin tout le commerce était *infâme* chez les Grecs. *Il aurait fallu qu'un citoyen eût rendu des services à un esclave*, à un locataire, à un étranger : cette idée *choquait l'esprit de la liberté grecque*. Aussi Platon veut-il dans ses lois qu'on punisse un citoyen qui ferait le commerce.

On était donc *fort embarrassé* dans les républiques grecques : On ne voulait pas que les citoyens travaillassent au commerce, à l'agriculture ni aux arts ; on ne voulait pas non plus qu'ils fussent oisifs. Ils trouvaient une occupation dans les exercices qui dépendent de la gymnastique et dans ceux qui avaient du *rapport à la guerre*. L'institution ne leur en donnait point d'autres. Il faut donc regarder les Grecs comme une société d'athlètes et de combattants. Or ces exercices, si propres à faire des gens durs et sauvages, avaient besoin d'être tempérés par d'autres qui pussent adoucir les mœurs. La musique, qui tient à l'esprit par les organes du corps, était très-propre à cela.

(Esprit des Lois, livre V.)

Voilà l'idée que l'enseignement classique nous donne de la Liberté. Voici maintenant comment il nous enseigne à comprendre l'Égalité et la Frugalité :

Quoique dans la démocratie l'égalité réelle soit l'âme de l'État, cependant elle est si difficile à établir qu'une exactitude extrême à cet égard ne conviendrait pas toujours. Il suffit que l'on établisse un cens qui réduise ou fixe les différences à un certain point ; après quoi c'est à des lois particulières à égaliser pour ainsi dire les inégalités, par les charges qu'elles imposent aux riches et le soulagement qu'elles accordent aux pauvres.

(Esprit des Lois, livre V, chap. v.)

Il ne suffit pas dans une bonne démocratie que les portions de terre soient égales ; il faut qu'elles soient petites comme chez les Romains...

Comme l'égalité des fortunes entretient la frugalité, la frugalité maintient l'égalité des fortunes. Ces choses, quoique différentes, sont telles qu'elles ne peuvent subsister l'une sans l'autre.

(Esprit des Lois, chap. vi.)

Les Samnites avaient une coutume qui, dans une petite république, et surtout dans la situation où était la leur, devait produire d'*admirables effets*. On assemblait tous les jeunes gens et on les jugeait. Celui qui était déclaré *le meilleur* de tous prenait pour sa femme la fille qu'il voulait ; celui qui avait les suffrages après lui choisissait encore, et ainsi de suite... Il serait difficile d'imaginer une récompense plus noble, plus grande, moins à charge à un petit État, plus capable d'agir sur l'un et l'autre sexe.

Les Samnites descendaient des Lacédémoniens ; et Platon, dont les institutions ne sont que la *perfection* des lois de Lycurgue, donna à peu près une pareille loi.

> (*Esprit des Lois*, livre VII, chap. XVI.)

Rousseau. Aucun homme n'a exercé sur la révolution française autant d'influence que Rousseau. « Ses ouvrages, dit L. Blanc, étaient sur la table du comité de salut public. » « Ses paradoxes, dit-il encore, que son siècle prit pour des hardiesses littéraires, devaient bientôt retentir dans les assemblées de la nation sous la forme de vérités dogmatiques et *tranchantes comme l'épée.* » Et, afin que le lien moral qui rattache Rousseau à l'antiquité ne soit pas méconnu, le même panégyriste ajoute : « Son style rappelait le langage pathétique et véhément d'un *fils de Cornélie.* »

Qui ne sait, d'ailleurs, que Rousseau était l'admirateur le plus passionné des idées et des mœurs qu'on est convenu d'attribuer aux Romains et aux Spartiates? Il dit lui-même que la lecture de Plutarque l'a fait ce qu'il est.

Son premier écrit fut dirigé contre l'intelligence humaine. Aussi, dès les premières pages, il s'écrie :

Oublierai-je que ce fut dans le sein de la Grèce qu'on vit s'élever cette cité aussi célèbre par son *heureuse ignorance* que par la *sagesse* de ses lois, cette république *de demi-dieux plutôt que d'hommes,* tant leurs vertus semblaient supérieures à l'humanité? O Sparte ! opprobre éternel d'une vaine doctrine ! tandis que les vices conduits par les beaux-arts s'introduisaient dans Athènes, tandis qu'un tyran y rassemblait avec tant de soin les ouvrages du prince des poëtes, tu chassais de tes murs les arts et les artistes, les sciences et les savants !

> (*Discours sur le rétablissement des sciences et des arts.*)

Dans son second ouvrage, le *Discours sur l'inégalité des conditions,* il s'emporta avec plus de véhémence encore contre toutes les bases de la société et de la civilisation. C'est pourquoi il se croyait l'interprète de la sagesse antique :

« Je me supposerai dans le lycée d'Athènes, répétant les leçons de *mes maîtres,* ayant les Platon et les Xénocrate pour juges, et le genre humain pour auditeur. »

L'idée dominante de ce discours célèbre peut se résumer ainsi: Le sort le plus affreux attend ceux qui, ayant le malheur de naître après nous, ajouteront leurs connaissances aux nôtres. Le développement de nos facultés nous rend déjà très-malheureux. Nos pères l'étaient moins étant plus ignorants. Rome approchait de la perfection; Sparte l'avait réalisée, autant que la perfection est compatible avec l'état social. Mais le vrai bonheur pour l'homme, c'est de vivre dans les bois, seul, nu, sans liens, sans affections, sans langage, sans religion, sans idées, sans famille, enfin dans cet état où il était si rapproché de la bête qu'il est fort douteux qu'il se tînt debout et que ses mains ne fussent pas des pieds.

Malheureusement, cet âge d'or ne s'est pas perpétué. Les hommes ont passé par un état intermédiaire qui ne laissait pas que d'avoir des charmes :

« Tant qu'ils se contentèrent de leurs cabanes rustiques, tant qu'ils se contentèrent de coudre leurs habits de peaux avec des arêtes, à se parer de plumes et de coquillages, à se peindre le corps de diverses couleurs... tant qu'ils ne s'occupèrent que des ouvrages *qu'un seul* pouvait faire, ils vécurent libres, sains, bons et heureux. »

Hélas! ils ne surent pas s'arrêter à ce premier degré de culture :

« Dès l'instant qu'un homme *eut besoin du secours d'un autre* (voilà la société qui fait sa funeste apparition); dès qu'on s'aperçut qu'il était utile à un seul d'avoir des provisions pour deux, l'égalité disparut, la propriété s'introduisit, le travail devint nécessaire...

« La métallurgie et l'agriculture furent les deux arts dont l'invention produisit cette grande révolution. Pour le poëte, c'est l'or et l'argent, pour le philosophe, c'est le *fer* et le *blé* qui ont civilisé les hommes et *perdu le genre humain.*

Il fallut donc sortir de l'*état de nature* pour entrer dans la *société*. Ceci est l'occasion du troisième ouvrage de Rousseau, *le Contrat social*.

Il n'entre pas dans mon sujet d'analyser ici cette œuvre; je me bornerai à faire remarquer que les idées gréco-romaines s'y reproduisent à chaque page.

Puisque la société est un pacte, chacun a droit de stipuler pour lui-même.

Il n'appartient qu'à ceux qui s'associent de régler les conditions de la société.

Mais cela n'est pas facile.

Comment les régleront-ils? sera-ce d'un commun accord, par une inspiration subite?... Comment une multitude aveugle, qui souvent ne sait ce qu'elle veut, exécuterait-elle d'elle-même une entreprise aussi grande, aussi difficile qu'un système de législation?... De là la nécessité d'un législateur.

Ainsi le suffrage universel est aussitôt escamoté en pratique qu'admis en théorie.

Car comment s'y prendra ce législateur, qui *doit être, à tous égards, un homme extraordinaire, qui, osant entreprendre d'instituer un peuple, doit se sentir en état de changer la nature humaine, d'altérer la constitution physique et morale de l'homme*, qui doit, en un mot, *inventer la machine* dont les hommes sont la matière?

Rousseau prouve fort bien ici que le législateur ne peut compter ni sur la force, ni sur la persuasion. Comment sortir de ce pas? Par l'imposture.

« Voilà ce qui força de tout temps les pères des nations à recourir à l'intervention du ciel et d'honorer les dieux de leur propre sagesse... Cette raison sublime, qui s'élève au-dessus des âmes vulgaires, est celle dont le législateur met les décisions dans la bouche des immortels, pour entraîner, par l'autorité divine, ceux que ne pourrait ébranler la prudence humaine. Mais il n'appartient pas à tout le monde de faire parler les *dieux*. » (*Les Dieux! les Immortels!* réminiscence classique.)

Comme Platon et Lycurgue, ses maîtres, comme les Spartiates et les Romains, ses héros, Rousseau donnait aux mots *travail* et *liberté* un sens selon lequel ils expriment deux idées incompatibles. Dans l'état social, il faut donc opter : renoncer à être libre, ou mourir de faim. Il y a cependant une issue à la difficulté, c'est l'esclavage.

« A l'instant qu'un peuple se donne des représentants, il n'est plus libre ; il n'est plus !

« Chez les Grecs, tout ce que le peuple avait à faire, il le faisait lui-même. Il était sans cesse assemblé sur la place ; *des esclaves faisaient ses travaux ; sa grande affaire était la liberté.* N'ayant plus les mêmes avantages, comment conserver les mêmes droits ? Vous donnez plus à votre gain qu'à votre liberté, et vous craignez bien moins l'esclavage que la misère.

« Quoi ! la liberté ne se maintient qu'à l'appui de la servitude ? Peut-être. Les deux excès se touchent. Tout ce qui n'est pas dans la nature a ses inconvénients, et la société civile plus que tout le reste. Il y a telles positions malheureuses où on ne peut sauver sa liberté qu'aux dépens de celle d'autrui, et où le citoyen ne peut être extrêmement libre que l'esclave ne soit extrêmement esclave. Telle était la position de Sparte. Pour vous, peuples modernes, vous n'avez point d'esclaves, mais vous l'êtes, etc. »

Voilà bien le conventionalisme classique. Les anciens avaient été poussés à se donner des esclaves par leurs instincts brutaux. Mais comme c'est un parti pris, une tradition de collége de trouver beau tout ce qu'ils ont fait, on leur attribue des raisonnements raffinés sur la quintessence de la liberté.

L'opposition qu'établit Rousseau entre l'état de la nature et l'état social est aussi funeste à la morale privée qu'à la morale publique. Selon ce système, la société est le résultat d'un pacte qui donne naissance à la Loi, laquelle, à son tour, tire du néant la justice et la moralité. Dans l'état de nature, il n'y a ni moralité ni justice. Le père n'a aucun devoir envers son fils, le fils envers son père, le mari envers sa femme, la femme envers son mari. « Je ne dois rien à qui je n'ai rien promis; je ne reconnais à autrui que ce qui m'est inutile; j'ai un droit illimité à tout ce qui me tente et que je puis atteindre. »

Il suit de là que si le pacte social une fois conclu vient à être dissous, tout s'écroule à la fois, société, loi, moralité, justice, devoir. « Chacun, dit Rousseau, rentre dans ses droits primitifs, et reprend sa liberté naturelle en perdant la liberté conventionnelle pour laquelle il y renonça. »

Or, il faut savoir qu'il faut bien peu de chose pour que le pacte social soit dissous. Cela arrive toutes les fois qu'un particulier viole ses engagements ou se soustrait à l'exécution d'une loi quelconque. Qu'un condamné s'évade quand la société lui dit : *Il est expédient que tu meures* ; qu'un citoyen refuse l'impôt, qu'un comptable mette la main dans la caisse publique, *à l'instant* le contrat social est violé, tous les devoirs moraux cessent, la justice n'existe plus, les pères, les mères, les enfants, les époux ne se doivent rien; chacun a un droit illimité à tout ce qui le tente ; en un mot, la population tout entière rentre dans l'état de nature.

Je laisse à penser les ravages que doivent faire de pareilles doctrines aux époques révolutionnaires.

Elles ne sont pas moins funestes à la morale privée. Quel est le jeune homme, entrant dans le monde plein de fougue et de désirs, qui ne se dise : « Les impulsions de mon cœur sont la voix de la nature, qui ne se trompe jamais. Les institutions qui me font obstacle viennent des hommes, et ne sont que des conventions arbitraires auxquelles je n'ai pas concouru. En foulant aux pieds ces institutions, j'aurai le double plaisir de satisfaire mes penchants et de me croire un héros. »

Faut-il rappeler ici cette triste et douloureuse page des *Confessions ?*

« Mon troisième enfant fut donc mis aux Enfants trouvés, ainsi que les deux premiers. Il en fut de même des deux suivants, car j'en ai eu cinq en tout. Cet arrangement me parut si bon, que, si je ne m'en vantai pas, ce fut uniquement par égard pour leur mère... En livrant mes enfants à l'éducation publique... *je me regardais comme un membre de la république de Platon !* »

Mably. Il n'est pas besoin de citations pour prouver la gréco-romano-manie de l'abbé Mably. Homme tout d'une pièce, d'un esprit plus étroit, d'un cœur moins sensible que Rousseau, l'idée chez lui admettait moins de tempéraments et de mélanges. Aussi fut-il franchement platonicien, c'est-à-dire communiste. Convaincu, comme tous les classiques, que l'humanité est une matière première pour les fabricants d'institutions, comme tous les classiques aussi, il aimait mieux être fabricant que matière première. En conséquence, il se pose comme Législateur. A ce titre, il fut d'abord appelé à *instituer* la Pologne, et il ne paraît pas avoir réussi. Ensuite, il offrit aux Anglo-Américains le brouet noir des Spartiates, à quoi il ne put les décider. Outré de cet aveuglement, il prédit la chute de l'Union et ne lui donna pas pour cinq ans d'existence.

Qu'il me soit permis de faire ici une réserve. En citant les doctrines absurdes et subversives d'hommes tels que Fénelon, Rollin, Montesquieu, Rousseau, je n'entends certes pas dire qu'on ne doive à ces grands écrivains des pages pleines de raison et de moralité. Mais ce qu'il y a de faux dans leurs livres vient du conventionalisme classique, et ce qu'il y a de vrai dérive d'une autre source. C'est précisément ma thèse que l'enseignement exclusif des lettres grecques et latines fait de nous tous des *contradictions vivantes.* Il nous tire violemment vers un passé dont il glorifie jusqu'aux horreurs, pendant que le christianisme, l'esprit du siècle et ce fonds de bon sens qui ne perd jamais ses droits, nous montrent l'idéal dans l'avenir.

Je vous fais grâce de Morelly, Brissot, Raynal, justifiant, que dis-je? exaltant à l'envi la guerre, l'esclavage, l'imposture sacerdotale, la communauté des biens, l'oisiveté. Qui pourrait se méprendre sur la source impure de pareilles doctrines? Cette source, j'ai pourtant besoin de la nommer encore, c'est l'éducation classique telle qu'elle nous est imposée à tous par le Baccalauréat.

Ce n'est pas seulement dans les œuvres littéraires que la *calme, paisible et pure* antiquité a versé son poison, mais encore dans les livres des jurisconsultes. Je défie bien qu'on trouve dans aucun de nos légistes quelque chose qui approche d'une notion raisonnable sur le droit de propriété. Et que peut être une législation d'où cette notion est absente? Ces jours-ci, j'ai eu l'occasion d'ouvrir le *Traité du droit des gens*, par Vattel. J'y vois que l'auteur a consacré un chapitre à l'examen de cette question : *Est-il permis d'enlever des femmes ?* Il est clair que la légende des Romains et des Sabines nous a valu ce précieux morceau. L'auteur, après avoir pesé, avec le plus grand sérieux, le *pour* et le *contre*, se décide en faveur de l'affirmative. Il devait cela à la gloire de Rome. Est-ce que les Romains ont eu jamais tort ? Il y a un *conventionalisme* qui nous défend de le penser; ils sont Romains, cela suffit. Incendie, pillage, rapt, tout ce qui vient d'eux est *calme, paisible et pur.*

Alléguera-t-on que ce ne sont là que des appréciations personnelles ! Il faudrait que notre société jouât de bonheur pour que l'action uniforme de l'enseignement classique, renforcée par l'assentiment de Montaigne, Corneille, Fénelon, Rollin, Montesquieu, Rousseau, Raynal, Mably, ne concourût pas à former l'opinion générale. C'est ce que nous verrons.

En attendant, nous avons la preuve que l'idée communiste ne s'était pas emparée seulement de quelques individualités, mais de corporations entières, et les plus instruites comme les plus influentes. Quand les jésuites voulurent organiser un ordre social au Paraguay, quels furent les

plans que leur suggérèrent leurs études passées? Ceux de
Minos, Platon et Lycurgue. Ils réalisèrent le communisme,
qui, à son tour, ne manqua pas de réaliser ses tristes conséquences. Les Indiens descendirent à quelques degrés au-
dessous de l'état sauvage. Cependant, telle était la prévention invétérée des Européens en faveur des institutions
communistes, toujours présentées comme le type de la perfection, qu'on célébrait de toutes parts le bonheur et la
vertu de ces êtres sans nom (car ce n'étaient plus des
hommes), végétant sous la houlette des jésuites.

Rousseau, Mably, Montesquieu, Raynal, ces grands prô-
neurs des Missions, avaient-ils vérifié les faits ? Pas le moins
du monde. Est-ce que les livres grecs et latins peuvent
tromper? Est-ce qu'on peut s'égarer en prenant pour guide
Platon? Donc, les Indiens du Paraguay étaient heureux ou
devaient l'être, sous peine d'être misérables contre toutes
les règles. Azara, Bougainville et d'autres voyageurs parti-
rent sous l'influence de ces idées préconçues pour aller admirer tant de merveilles. D'abord, la triste réalité avait beau
leur crever les yeux, ils ne pouvaient y croire. Il fallut
pourtant se rendre à l'évidence, et ils finirent par constater,
à leur grand regret, que le communisme, séduisante chimère, est une affreuse réalité.

La logique est inflexible. Il est bien clair que les auteurs
que je viens de citer n'avaient pas osé pousser leur doctrine
jusqu'au bout. Morelly et Brissot se chargèrent de réparer
cette inconséquence. En vrais platoniciens, ils prêchèrent
ouvertement la communauté des biens et des femmes, et
cela, remarquons-le bien, en invoquant sans cesse les exemples et les préceptes de cette belle antiquité que tout le
monde est convenu d'admirer.

Tel était, sur la Famille, la Propriété, la Liberté, la Société, l'état où l'éducation donnée par le clergé avait réduit
l'opinion publique en France, quand éclata la Révolution.

Elle s'explique, sans doute, par des causes étangères à l'enseignement classique. Mais est-il permis de douter que cet enseignement n'y ait mêlé une foule d'idées fausses, de sentiments brutaux, d'utopies subversives, d'expérimentations fatales ? Qu'on lise les discours prononcés à l'Assemblée législative et à la Convention. C'est la langue de Rousseau et de Mably. Ce ne sont que prosopopées, invocations, apostrophes à Fabricius, à Caton, aux deux Brutus, aux Gracques, à Catilina. Va-t-on commettre une atrocité ? On trouve toujours, pour la glorifier, l'exemple d'un Romain. Ce que l'éducation a mis dans l'esprit passe dans les actes. Il est convenu que Sparte et Rome sont des modèles ; donc il faut les imiter ou les parodier. L'un veut instituer les jeux Olympiques, l'autre les lois agraires et un troisième le brouet noir dans les rues.

Je ne puis songer à épuiser ici cette question, bien digne qu'une main exercée y consacre autre chose qu'un pamphlet : « De l'influence des lettres grecques et latines sur l'esprit de nos révolutions. » Je dois me borner à quelques traits.

Deux grandes figures dominent la Révolution française et semblent la personnifier : Mirabeau et Robespierre. Quelle était leur doctrine sur la Propriété ?

Nous avons vu que les peuples qui, dans l'antiquité, avaient fondé leurs moyens d'existence sur la rapine et l'esclavage ne pouvaient rattacher la propriété à son véritable principe. Ils étaient obligés de la considérer comme un fait de convention, et ils la faisaient reposer sur la loi ; ce qui permet d'y faire entrer l'esclavage et le vol, comme l'explique si naïvement Rollin.

Rousseau avait dit aussi : « La propriété est de convention et d'institution humaine, au lieu que la liberté est un don de la nature. »

Mirabeau professait la même doctrine :

« La propriété, dit-il, est une *création sociale*. Les lois ne protégent pas, ne maintiennent pas seulement la propriété, *elles la font naître*, elles la déterminent, elles lui donnent le rang et l'étendue qu'elle occupe dans les droits des citoyens.

Et quand Mirabeau s'exprimait ainsi, ce n'était pas pour faire de la théorie. Son but actuel était d'engager le législateur à limiter l'exercice d'un droit qui était bien à sa discrétion, puisqu'il l'avait créé.

Robespierre reproduit les définitions de Rousseau.

« En définissant la Liberté, ce premier besoin de l'homme, le plus sacré des droits qu'il *tient de la nature*, nous avons dit, avec raison, qu'elle a pour limite le droit d'autrui. Pourquoi n'avez-vous pas appliqué ce principe à la Propriété, *qui est une institution sociale*, comme si les lois de la nature étaient moins inviolables que les *conventions* des hommes? »

Après ce préambule, Robespierre passe à la définition.

« La propriété est le droit qu'a chaque citoyen de jouir et de disposer des biens qui lui sont garantis *par la loi*. »

Ainsi voilà l'opposition bien marquée entre la Liberté et la Propriété. Ce sont deux droits d'origine différente. L'un vient *de la nature*, l'autre est *d'institution sociale*. Le premier est *naturel*, le second *conventionnel*.

Or, qui fait la loi ? Le législateur. Il peut donc mettre à l'exercice du droit de propriété, puisqu'il le confère, les conditions qu'il lui plaît.

Aussi Robespierre se hâte de déduire de sa définition le *droit au travail*, le *droit à l'assistance* et *l'impôt progressif*.

« La société est obligée de pourvoir à la subsistance de tous ses membres, soit en leur procurant du travail, soit en assurant des moyens d'exister à ceux qui sont hors d'état de travailler.

« Les secours nécessaires à l'indigence sont une dette du riche envers le pauvre. *Il appartient à la loi* de déterminer la manière dont cette dette doit être acquittée.

« Les citoyens dont le revenu n'excède pas ce qui est nécessaire à leur subsistance sont dispensés de contribuer aux dépenses publiques. Les autres doivent les supporter *progressivement*, selon l'étendue de leur fortune. »

Robespierre, dit M. Sudre, adoptait ainsi toutes les mesures qui, dans l'esprit de leurs inventeurs, comme dans la réalité, constituent la transition de la propriété au communisme. Par l'application du *Traité des lois* de Platon, il s'acheminait, sans le savoir, vers la réalisation de l'état social décrit dans le livre de la *République*.

(On sait que Platon a fait deux livres : l'un pour signaler la perfection idéale — communauté des biens et des femmes — c'est le livre de la *République*; l'autre pour enseigner les moyens de transition, c'est le *Traité des lois*.)

Robespierre peut être considéré, d'ailleurs, comme un enthousiaste de la *calme, paisible et pure* antiquité. Son discours même sur la Propriété abonde en déclamations du goût de celles-ci : « Aristide n'aurait pas envié les trésors de Crassus ! La chaumière de Fabricius n'a rien à envier au palais de Crassus ! » etc.

Une fois que Mirabeau et Robespierre attribuaient, en principe, au législateur la faculté de fixer la limite du droit de propriété, il importe peu de savoir à quel degré ils jugeaient opportun de placer cette limite. Il pouvait leur convenir de ne pas aller plus loin que le droit au travail, le droit à l'assistance et l'impôt progressif. Mais d'autres, plus conséquents, ne s'arrêtaient pas là. Si la loi, qui crée la propriété et en dispose, peut faire un pas vers l'égalité, pourquoi n'en ferait-elle pas deux ? Pourquoi ne réaliserait-elle pas l'égalité absolue ?

Aussi Robespierre fut dépassé par Saint-Just, cela devait être, et Saint-Just par Babeuf, cela devait être encore. Dans cette voie, il n'y a qu'un terme raisonnable. Il a été marqué par le divin Platon.

Saint-Just... mais je me laisse trop circonscrire dans la

question de propriété. J'oublie que j'ai entrepris de montrer comment l'éducation classique a perverti toutes les notions morales. Convaincu que le lecteur voudra bien me croire sur parole, quand j'affirme que Saint-Just a dépassé Robespierre dans la voie du communisme, je reprends mon sujet.

Il faut d'abord savoir que les erreurs de Saint-Just se rattachaient aux études classiques. Comme tous les hommes de son temps et du nôtre, il était imprégné d'Antiquité. Il se croyait un Brutus. Retenu loin de Paris par son parti, il écrivait :

« O Dieu ! faut-il que Brutus languisse, oublié, loin de Rome! Mon parti est pris, cependant, et si Brutus ne tue point les autres, il se tuera lui-même. »

Tuer ! il semble que ce soit ici-bas la destination de l'homme.

Tous les hellénistes et latinistes sont convenus que le principe d'une république, c'est la *vertu*, et Dieu sait ce qu'ils entendent par ce mot ! C'est pourquoi Saint-Just écrivait :

« Un gouvernement républicain a la Vertu pour principe, sinon la Terreur. »

C'est encore un opinion dominante dans l'antiquité que le travail est infâme. Aussi Saint-Just le condamnait en ces termes :

« Un métier s'accorde mal avec le véritable citoyen. La main de l'homme n'est faite que pour la terre et pour les armes. »

Et c'est pour que personne ne pût s'avilir à exercer un métier qu'il voulait distribuer des terres à tout le monde.

Nous avons vu que, selon les idées des anciens, le législateur est à l'humanité ce que le potier est à l'argile. Malheureusement, quand cette idée domine, nul ne veut être argile

et chacun veut être potier. On pense bien que Saint-Just
s'attribuait le beau rôle :

« Le jour où je me serai convaincu qu'il est impossible *de donner* aux
Français des mœurs douces, sensibles et inexorables pour la tyrannie et
l'injustice, je me poignarderai.

« S'il y avait des mœurs, tout irait bien ; il faut des institutions pour
les épurer. Pour réformer les mœurs, il faut commencer par contenter le
besoin et l'intérêt. Il faut donner quelques terres à tout le monde.

« Les enfants sont vêtus de toile en toute saison. Ils couchent sur des
nattes et dorment huit heures. Ils sont nourris en commun, et ne vivent
que de racines, de fruits, de légumes, de pain et d'eau. Ils ne peuvent
goûter de chair qu'après l'âge de seize ans.

« Les hommes âgés de vingt-cinq ans seront tenus de déclarer tous les
ans, dans le temple, les noms de leurs amis. Celui qui abandonne son
ami sans raison suffisante sera banni ! »

Ainsi Saint-Just, à l'imitation de Lycurgue, Platon, Fénelon, Rousseau, s'attribue à lui-même sur les mœurs, les
sentiments, les richesses et les enfants des Français, plus de
droits et de puissance que n'en ont tous les Français ensemble. Que l'humanité est petite auprès de lui ! ou plutôt elle
ne vit qu'en lui. Son cerveau est le cerveau, son cœur est le
cœur de l'humanité.

Voilà donc la marche imprimée à la révolution par le conventionalisme greco-latin. Platon a marqué l'idéal. Prêtres
et laïques, au dix-septième et au dix-huitième siècle, se mettent à célébrer cette merveille. Vient l'heure de l'action :
Mirabeau descend le premier degré, Robespierre le second,
Saint-Just le troisième, Antonelle le quatrième, et Babeuf,
plus logique que tous ses prédécesseurs, se dresse au dernier, au communisme absolu, au platonisme pur. Je devrais
citer ici ses écrits ; je me bornerai à dire, car ceci est caractéristique, qu'il les signait *Caïus Gracchus*.

L'esprit de la révolution, au point de vue qui nous occupe, se montre tout entier dans quelques citations. Que
voulait Robespierre ? « *Élever les âmes à la hauteur des*

vertus républicaines des peuples antiques. » (3 nivôse an III.)
Que voulait Saint-Just ? « *Nous offrir le bonheur de Sparte
et d'Athènes.* » (23 nivôse an III.) Il voulait en outre « *Que
tous les citoyens portassent sous leur habit le couteau de Brutus.* » (Ibid.) Que voulait le sanguinaire Carrier ? « *Que toute
la jeunesse envisage désormais le brasier de Scœvola, la ciguë
de Socrate, la mort de Cicéron et l'épée de Caton.* » Que voulait Rabaut Saint-Étienne ? « *Que, suivant les principes des
Crétois et des Spartiates, l'État s'empare de l'homme dès le
berceau et même avant la naissance.* » (16 décembre 1692).
Que voulait la section des Quinze-Vingts ? « *Qu'on consacre
une église à la liberté, et qu'on fasse élever un autel sur lequel
brûlera un feu perpétuel entretenu par de jeunes vestales.* »
(21 novembre 1794.) Que voulait la Convention tout entière ? « *Que nos communes ne renferment désormais que des
Brutus et des Publicola.* » (19 mars 1794.)

Tous ces sectaires étaient de bonne foi cependant, et ils
n'en étaient que plus dangereux ; car la sincérité dans l'erreur, c'est du fanatisme, et le fanatisme est une force, surtout quand il agit sur des masses préparées à subir son
action. L'universel enthousiasme en faveur d'un type social
ne peut être toujours stérile, et l'opinion publique, éclairée
ou égarée, n'en est pas moins la reine du monde. Quand une
de ces erreurs fondamentales, — telle que la Glorification
de l'Antiquité, — pénétrant par l'enseignement dans tous
les cerveaux avec les premières lueurs de l'intelligence,
s'y fixe à l'état de *conventionalisme,* elle tend à passer des
esprits aux actes. Qu'une révolution fasse alors sonner
l'heure des expériences, et qui peut dire sous quel nom terrible apparaîtra celui qui, cent ans plus tôt, se fût appelé
Fénélon ? Il eût déposé son idée dans un roman, il meurt
pour elle sur l'échafaud ; il eût été poëte, il se fait martyr ; il
eût amusé la société, il la bouleverse.

Cependant il y a dans la réalité une puissance supérieure

au conventionalisme le plus universel. Quand l'éducation a déposé dans le corps social une semence funeste, il y a en lui une force de conservation, *vis medicatrix*, qui le fait se débarrasser à la longue, à travers les souffrances et les larmes, du germe délétère.

Lors donc que le communisme eut assez effrayé et compromis la société, une réaction devint infaillible. La France se prit à reculer vers le despotisme. Dans son ardeur, elle eût fait bon marché même des légitimes conquêtes de la Révolution. Elle eut le Consulat et l'Empire. Mais, hélas ! ai-je besoin de faire observer que l'infatuation romaine la suivit dans cette phase nouvelle? L'Antiquité est là, toujours là pour justifier toutes les formes de la violence. Depuis Lycurgue jusqu'à César, que de modèles à choisir ! Donc, — et j'emprunte ici le langage de M. Thiers, — « nous qui, après avoir été Athéniens avec Voltaire, avons un moment voulu être Spartiates sous la Convention, nous nous fîmes soldats de César sous Napoléon. » Peut-on méconnaître l'empreinte que notre engouement pour Rome a laissée sur cette époque? Eh ! mon Dieu, cette enpreinte est partout. Elle est dans les édifices, dans les monuments, dans la littérature, dans les modes même de la France impériale : elle est dans les noms ridicules imposés à toutes nos institutions. Ce n'est pas par hasard, sans doute, que nous vîmes surgir de toute part des *Consuls*, un *Empereur*, des *Sénateurs*, des *Tribuns*, des *Préfets*, des *Sénatus-Consultes*, des *Aigles*, des *Colonnes trajanes*, des *Légions*, des *Champs de Mars*, des *Prytanées*, des *Lycées*.

La lutte entre les principes révolutionnaires et contre-révolutionnaires semblait devoir se terminer aux journées de Juillet 1830. Depuis cette époque, les forces intellectuelles de ce pays se sont tournées vers l'étude des questions sociales, ce qui n'a rien en soi que de naturel et d'utile. Malheureusement, l'Université donne le premier branle à la marche de l'esprit humain, et le dirige encore vers les sources empoisonnées de l'Antiquité; de telle sorte que notre malheureuse patrie en est réduite à recommencer son passé et à traverser les mêmes épreuves. Il semble qu'elle soit condamnée à tourner dans ce cercle : Utopie, expérimentation, réaction. — Platonisme littéraire, communisme révolutionnaire, despotisme militaire. — Fénelon, Robespierre, Napoléon ! — Peut-il en être autrement ? La jeunesse, où se recrutent la littérature et le journalisme, au lieu de chercher à découvrir et à exposer les lois naturelles de la société, se borne à reprendre en sous-œuvre cet axiome grœco-romain : *L'ordre social est une création du Législateur*. Point de départ déplorable qui ouvre une carrière sans limites à l'imagination, et n'est que l'enfantement perpétuel du *Socialisme*. — Car, si la société est une invention, qui ne veut être l'inventeur ? qui ne veut être ou Minos, ou Lycurgue, ou Platon, ou Numa, ou Fénelon, ou Robespierre, ou Babeuf, ou Saint-Simon, ou Fourier, ou Louis Blanc, ou Proudhon ? Qui ne trouve glorieux *d'instituer un Peuple ?* Qui ne se complaît dans le titre de *Père des nations ?* Qui n'aspire à combiner, comme des éléments chimiques, la Famille et la Propriété ?

Mais, pour donner carrière à sa fantaisie ailleurs que dans les colonnes d'un journal, il faut tenir le pouvoir, il faut occuper le point central où aboutissent tous les fils de la puissance publique. C'est le préalable obligé de toute expérimentation. Chaque secte, chaque école fera donc tous ses efforts pour chasser du gouvernement l'école ou la secte dominante, en sorte que, sous l'influence de l'enseignement classique, la vie sociale ne peut être qu'une interminable série de luttes et de révolutions, ayant pour objet la question de savoir à quel utopiste restera la faculté de faire sur le peuple, comme sur une vile matière, des expériences !

Oui, j'accuse le Baccalauréat de préparer, comme à

plaisir, toute la jeunesse française aux utopies socialistes, aux expérimentations sociales. Et c'est là sans doute la raison d'un phénomène fort étrange, je veux parler de l'impuissance que manifestent à réfuter le socialisme ceux-là mêmes qui s'en croient menacés. Hommes de la bourgeoisie, propriétaires, capitalistes, les systèmes de Saint-Simon, de Fourier, de Louis Blanc, de Leroux, de Proudhon ne sont, après tout, que des doctrines. Elles sont fausses, dites-vous. Pourquoi ne les réfutez-vous pas ? Parce que vous avez bu à la même coupe : parce que la fréquentation des anciens, parce que votre engouement de convention pour tout ce qui est Grec ou Romain vous ont inoculé le socialisme.

Vous en êtes un peu dans votre âme entiché.

Votre nivellement des fortunes par l'action des tarifs, votre loi d'assistance, vos appels à l'instruction gratuite, vos primes d'encouragement, votre centralisation, votre foi dans l'État, votre littérature, votre théâtre, tout atteste que vous êtes socialistes. Vous différez des apôtres par le degré, mais vous êtes sur la même pente. Voilà pourquoi, quand vous vous sentez distancés, au lieu de réfuter, — ce que vous ne savez pas faire, et ce que vous ne pourriez faire sans vous condamner vous-mêmes, — vous vous tordez les bras, vous vous arrachez les cheveux, vous en appelez à la compression, et vous dites piteusement : *La France s'en va !*

Non, la France ne s'en va pas. Car voici ce qui arrive : pendant que vous vous livrez à vos stériles lamentations, les socialistes se réfutent eux-mêmes. Ses docteurs sont en guerre ouverte. Le phalanstère y est resté ; la triade y est restée, l'atelier national y est resté ; votre nivellement des conditions par la Loi y restera. Qu'y a-t-il encore debout ? Le *crédit gratuit*. Que n'en démontrez-vous l'absurdité ?

Hélas! c'est vous qui l'avez inventé. Vous l'avez prêché pendant mille ans. Quand vous n'avez pu étouffer l'Intérêt, vous l'avez réglementé. Vous l'avez soumis au *maximum*, donnant ainsi à penser que la *propriété est une création de la Loi*, ce qui est justement l'idée de Platon, de Lycurgue, de Fénelon, de Rollin, de Robespierre ; ce qui est, je ne crains pas de l'affirmer, l'essence et la quintessence non-seulement du socialisme, mais du communisme. Ne me vantez donc pas un enseignement qui ne vous a rien enseigné de ce que vous devriez savoir, et qui vous laisse consternés et muets devant la première chimère qu'il plaît à un fou d'imaginer. Vous n'êtes pas en mesure d'opposer la vérité à l'erreur ; laissez au moins les erreurs se détruire les unes par les autres. Gardez-vous de bâillonner les utopistes, et d'élever ainsi leur propagande sur le piédestal de la persécution. L'esprit des masses laborieuses, sinon des classes moyennes, s'est attaché aux grandes questions sociales. Il les résoudra. Il arrivera à trouver pour ces mots : Famille, Propriété, Liberté, Justice, Société, d'autres définitions que celles que nous fournit votre enseignement. Il vaincra non-seulement le socialisme qui se proclame tel, mais encore le socialisme qui s'ignore. Il tuera votre universelle intervention de l'État, votre centralisation, votre unité factice, votre système protecteur, votre philanthropie officielle, vos lois sur l'usure, votre diplomatie barbare, votre enseignement monopolisé.

Et c'est pourquoi je dis : Non, la France ne s'en va pas. Elle sortira de la lutte, plus heureuse, plus éclairée, mieux ordonnée, plus grande, plus libre, plus morale, plus religieuse que vous ne l'avez faite.

Après tout, veuillez bien remarquer ceci : quand je m'élève contre les études classiques, je ne demande pas qu'elles soient *interdites* ; je demande seulement qu'elles ne soient pas *imposées*. Je n'interpelle pas l'État pour lui dire : Soumettez tout le monde à mon opinion, mais bien : Ne me courbez pas sous l'opinion d'autrui. La différence est grande, et qu'il n'y ait pas de méprise à cet égard.

M. Thiers, M. de Riancey, M. de Montalembert, M. Barthélemy Saint-Hilaire, pensent que l'atmosphère romaine est excellente pour former le cœur et l'esprit de la jeunesse, soit. Qu'ils y plongent leurs enfants; je les laisse libres. Mais qu'ils me laissent libre aussi d'en éloigner les miens comme d'un air pestiféré. Messieurs les réglementaires, ce qui vous paraît sublime me semble odieux, ce qui satisfait votre conscience alarme la mienne. Eh bien ! suivez vos inspirations, mais laissez-moi suivre la mienne. Je ne vous force pas, pourquoi me forceriez-vous ?

Vous êtes très-convaincus qu'au point de vue social et moral le beau idéal est dans le passé. Moi, je le vois dans l'avenir. « Osons le dire à un siècle orgueilleux de lui-même, disait M. Thiers, l'antiquité *est ce qu'il y a de plus beau au monde.* » Pour moi, j'ai le bonheur de ne pas partager cette opinion désolante. Je dis désolante, car elle implique que, par une loi fatale, l'humanité va se détériorant sans cesse. Vous placez la perfection à l'origine des temps, je la mets à la fin. Vous croyez la société rétrograde, je la crois progressive. Vous croyez que nos opinions, nos idées, nos mœurs doivent, autant que possible, être jetées dans le moule antique; j'ai beau étudier l'ordre social de Sparte et de Rome, je n'y vois que violences, injustices, impostures, guerres perpétuelles, esclavage, turpitudes, fausse politique, fausse morale, fausse religion. Ce que vous admirez, je l'abhorre. Mais enfin, gardez votre jugement et laissez-moi le mien. Nous ne sommes pas ici des avocats plaidant l'un pour l'enseignement classique, l'autre contre, devant une assemblée chargée de décider en violentant ma conscience ou la vôtre. Je ne demande à l'État que sa neutralité. Je demande la liberté pour vous comme pour moi. J'ai du moins sur vous l'avantage de l'impartialité, de la modération et de la modestie.

Trois sources d'enseignement vont s'ouvrir : celui de l'État, celui du Clergé, celui des Instituteurs prétendus libres.

Ce que je demande, c'est que ceux-ci soient libres, en effet, de tenter, dans la carrière, des voies nouvelles et fécondes. Que l'Université enseigne ce qu'elle chérit, le grec et le latin ; que le Clergé enseigne ce qu'il sait, le grec et le latin. Que l'une et l'autre fassent des platoniciens et des tribuns ; mais qu'ils ne nous empêchent pas de former, par d'autres procédés, des hommes pour notre pays et pour notre siècle.

Car, si cette liberté nous est interdite, quelle amère dérision n'est-ce pas que de venir nous dire à chaque instant : Vous êtes *libres !*

Dans la séance du 23 février, M. Thiers est venu dire pour la quatrième fois :

> « Je répéterai éternellement ce que j'ai dit : La liberté que donne la loi que nous avons rédigée, c'est la liberté selon la Constitution.
>
> « Je vous mets au défi de prouver autre chose. Prouvez-moi que ce n'est pas la liberté ; pour moi, je soutiens qu'il n'y en a pas d'autre possible.
>
> « Autrefois, on ne pouvait pas enseigner sans la permission du gouvernement. Nous avons supprimé l'autorisation préalable; tout le monde pourra enseigner.
>
> « Autrefois on disait : Enseignez telles choses ; n'enseignez pas telles autres. Aujourd'hui nous disons : Enseignez tout ce que vous voudrez enseigner. »

C'est une chose douloureuse de s'entendre adresser un tel défi et d'être condamné au silence. Si la faiblesse de ma voix ne m'eût interdit la tribune, j'aurais répondu à M. Thiers.

Voyons donc à quoi se réduit, au point de vue de l'instituteur, du père de famille et de la société, cette Liberté que vous dites si entière.

En vertu de votre loi, je fonde un collége. Avec le prix de la pension, il me faut acheter ou louer le local, pourvoir à l'alimentation des élèves et payer les professeurs. Mais à côté de mon Collége, il y a un Lycée. Il n'a pas à s'occuper du local et des professeurs. Les contribuables, *moi compris*, en font les frais. Il peut donc baisser le prix de la pension de manière à rendre mon entreprise impossible. Est-ce là de la liberté? Une ressource me reste cependant, c'est de donner une instruction si supérieure à la vôtre, tellement recherchée du public, qu'il s'adresse à moi malgré la cherté relative à laquelle vous m'avez réduit. Mais ici, je vous rencontre, et vous me dites : Enseignez ce que vous voudrez, mais, si vous vous écartez de ma routine, toutes les carrières libérales seront fermées à vos élèves. Est-ce là de la liberté?

Maintenant je me suppose père de famille; je mets mes fils dans une institution libre : quelle est la position qui m'est faite? Comme père, je paye l'éducation de mes enfants, sans que nul me vienne en aide; comme contribuable et comme catholique, je paye l'éducation des enfants des autres, car je ne puis refuser l'impôt qui soudoie les Lycées, ni guère me dispenser, en temps de carême, de jeter dans le bonnet du frère quêteur l'obole qui doit soutenir les Séminaires. En ceci, du moins, je suis libre. Mais le suis-je quant à l'impôt? Non, non, dites que vous faites de la *Solidarité*, au sens socialiste, mais n'ayez pas la prétention de faire de la Liberté.

Et ce n'est là que le très-petit côté de la question. Voici qui est plus grave. Je donne la préférence à l'enseignement libre, parce que votre enseignement officiel (auquel vous me forcez à concourir, sans en profiter) me semble communiste et païen; ma conscience répugne à ce que mes fils s'imprègnent des idées spartiates et romaines qui, à mes yeux du moins, ne sont que, la violence et le brigandage glorifiés. En conséquence, je me soumets à payer la pension pour mes fils, et l'impôt pour les fils des autres. Mais qu'est-ce que je trouve ? Je trouve que votre enseignement mythologique et guerrier a été indirectement imposé au collège libre, par l'ingénieux mécanisme de vos grades, et que je dois courber ma conscience à vos vues sous peine de faire de mes enfants des parias de la société. — Vous m'avez dit quatre fois que j'étais libre. Vous me le diriez cent fois, que cent fois je vous répondrais : Je ne le suis pas.

Soyez inconséquents, puisque vous ne pouvez l'éviter, et je vous concède que dans l'état actuel de l'opinion publique vous ne pouviez fermer les collèges officiels. Mais posez une limite à votre inconséquence. Ne vous plaignez-vous pas tous les jours de l'esprit de la jeunesse? de ses tendances socialistes? de son éloignement pour les idées religieuses? de sa passion pour les expéditions guerrières, passion telle, que, dans nos assemblées délibérantes, il est à peine permis de prononcer le mot de *paix*, et il faut prendre les précautions oratoires les plus ingénieuses pour parler de justice quand il s'agit de l'étranger? Des dispositions si déplorables ont une cause sans doute. A la rigueur ne serait-il pas possible que votre enseignement mythologique, platonicien, belliqueux et factieux y fût pour quelque chose? Je ne vous dis pas de le changer cependant, ce serait trop exiger de vous. Mais je vous dis : Puisque vous laissez naître à côté de vos Lycées, et dans des conditions déjà bien difficiles, des écoles dites *libres*, permettez-leur d'essayer, à leurs périls et risques, les voies chrétiennes et scientifiques. L'expérience vaut la peine d'être faite. Qui sait ? Peut-être, sera-t-elle un progrès. Et vous voulez l'étouffer dans son germe !

Enfin, examinons la question au point de vue de la Société, et remarquons d'abord qu'il serait étrange que la société fût libre, en matière d'enseignement, si les instituteurs et les pères de famille ne le sont pas.

La première phrase du rapport de M. Thiers sur l'instruction secondaire, en 1844, proclamait cette terrible vérité :

« L'éducation publique est l'intérêt peut-être le plus grand d'une nation civilisée, et, par ce motif, *le plus grand objet de l'ambition des partis.* »

Il semble que la conclusion à tirer de là, c'est qu'une nation qui ne veut pas être la proie des partis doit se hâter de supprimer l'éducation *publique,* c'est-à-dire *par l'État,* et de proclamer la liberté de l'enseignement. S'il y a une éducation confiée au pouvoir, les partis auront un motif de plus pour chercher à s'emparer du pouvoir, puisque, du même coup, ce sera s'emparer de l'enseignement, *le plus grand objet de leur ambition.* La soif de gouverner n'inspire-t-elle pas déjà assez de convoitise? ne provoque-t-elle pas assez de luttes, de révolutions et de désordres? et est-il sage de l'irriter encore par l'appât d'une si haute influence ?

Et pourquoi les partis ambitionnent-ils la direction des études? Parce qu'ils connaissent ce mot de Leibnitz : « Faites-moi maître de l'enseignement, et je me charge de changer la face du monde. » L'enseignement par le pouvoir, c'est donc l'enseignement par un parti, par une secte momentanément triomphante ; c'est l'enseignement au profit d'une idée, d'un système exclusif. « Nous avons fait la république, disait Robespierre, il nous reste à faire des républicains; tentative qui a été renouvelée en 1848. Bonaparte ne voulait faire que des soldats, Frayssinous que des dévots, Villemain que des rhéteurs. M. Guizot ne ferait que doctrinaires, Enfantin que des saint-simoniens, et tel qui s'indigne de voir l'humanité ainsi dégradée, s'il était jamais en position de dire *l'État c'est moi,* serait peut-être tenté de

ne faire que des économistes. Eh quoi ! ne verra-t-on jamais le danger de fournir aux partis, à mesure qu'ils s'ar-
rachent le pouvoir, l'occasion d'imposer universellement
et uniformément leurs opinions, que dis-je ? leurs erreurs
par la force ? Car c'est bien employer la force que d'interdire législativement toute autre idée que celle dont on est
soi-même infatué.

Une telle prétention est essentiellement monarchiste, encore que nul ne l'affiche plus résolûment que le parti républicain ; car elle repose sur cette donnée que les gouvernés
sont faits pour les gouvernants, que la société appartient au
pouvoir, qu'il doit la façonner à son image ; tandis que,
selon notre droit public, assez chèrement conquis, le pouvoir n'est qu'une émanation de la société, une des manifestations de sa pensée.

Je ne puis concevoir, quant à moi, surtout dans la bouche des républicains, un cercle vicieux plus absurde que
celui-ci : D'année en année, par le mécanisme du suffrage
universel, la pensée nationale s'incarnera dans les magistrats, et puis ces magistrats façonneront à leur gré la pensée
nationale.

. Cette doctrine implique ces deux assertions : Pensée nationale fausse, pensée gouvernementale infaillible.

Et s'il en est ainsi, républicains, rétablissez donc tout à la
fois Autocratie, Enseignement par l'État, Légitimité, Droit
divin, Pouvoir absolu, irresponsable et infaillible, toutes
institutions qui ont un principe commun et émanent de la
même source.

S'il y a, dans le monde, un homme (ou une secte) infaillible, remettons-lui non-seulement l'éducation, mais tous les
pouvoirs, et que ça finisse. Sinon, éclairons-nous le mieux
que nous pourrons, mais n'abdiquons pas.

Maintenant, je répète ma question : Au point de vue social, la loi que nous discutons réalise-t-elle la liberté ?

Autrefois il y avait une Université. Pour enseigner, il fallait sa permission. Elle imposait ses idées et ses méthodes, et force était d'en passer par là. Elle était donc, selon la pensée de Leibnitz, maîtresse des générations, et c'est pour cela sans doute que son chef prenait le titre significatif de *grand maître*.

Maintenant tout cela est renversé. Il ne restera à l'Université que deux attributions : 1° le droit de dire ce qu'il faudra savoir pour obtenir les grades : 2° le droit de fermer d'innombrables carrières à ceux qui ne se seront pas soumis.

Ce n'est presque rien, dit-on. Et moi je dis : Ce rien est tout.

Ceci m'entraîne à dire quelque chose d'un mot qui a été souvent prononcé dans ce débat : c'est le mot UNITÉ ; car beaucoup de personnes voient dans le Baccalauréat le moyen d'imprimer à toutes les intelligences une direction, sinon raisonnable et utile, du moins uniforme, et bonne en cela.

Les admirateurs de l'Unité sont fort nombreux, et cela se conçoit. Par décret providentiel, nous avons tous foi dans notre propre jugement, et nous croyons qu'il n'y a au monde qu'une opinion juste, à savoir : la nôtre. Aussi nous pensons que le législateur ne pourrait mieux faire que de l'imposer à tous; et, pour plus de sûreté, nous voulons tous être ce législateur. Mais les législateurs se succèdent; et qu'arrive-t-il ? C'est qu'à chaque changement, une Unité en remplace une autre. L'enseignement par l'État fait donc prévaloir l'uniformité en considérant isolément chaque période ; mais, si l'on compare les périodes successives, par exemple, la Convention, le Directoire, l'Empire, la Restauration, la Monarchie de Juillet, la République, on retrouve la diversité et, qui pis est, la plus subversive de toutes les diversités, celle qui produit dans le domaine intellectuel, comme sur un théâtre, des changements à vue, selon le caprice des machinistes. Laisserons-nous toujours descendre l'intelligence nationale, la conscience publique à ce degré d'abaissement et d'indignité ?

Il y a deux sortes d'Unités. L'une est un point de départ. Elle est imposée par la force, par ceux qui détiennent momentanément la force. L'autre est un résultat, la grande consommation de la perfectibilité humaine. Elle résulte de la naturelle gravitation des intelligences vers la vérité.

La première Unité a pour principe le mépris de l'espèce humaine, et pour instrument le despotisme. Robespierre était Unitaire quand il disait : « J'ai fait la république; je vais me mettre à faire des républicains. » Napoléon était Unitaire quand il disait : « J'aime la guerre, et je ferai de tous les Français des guerriers. » Frayssinous était Unitaire quand il disait : « J'ai une foi, et par l'éducation je plierai à cette foi toutes les consciences. » Procuste était Unitaire quand il disait : « Voilà un lit : je raccourcirai ou j'allongerai quiconque en dépassera ou n'en atteindra pas les dimensions. » Le Baccalauréat est Unitaire quand il dit : « La vie sociale sera interdite à quiconque ne subit pas mon programme. » Et qu'on n'allègue pas que le conseil supérieur pourra tous les ans changer ce programme ; car, certes, on ne pourrait imaginer une circonstance plus aggravante. Quoi donc ! la nation tout entière serait assimilée à l'argile que le potier brise quand il n'est pas satisfait de la forme qu'il lui a donnée ?

Dans son rapport de 1844, M. Thiers se montrait admirateur très-ardent de cette nature d'Unité, tout en regrettant qu'elle fût peu conforme au génie des nations modernes.

« Le pays où ne règne pas la liberté d'enseignement, disait-il, serait celui où l'État, animé d'une volonté absolue, voulant jeter la jeunesse dans le même moule, la frapper, comme une monnaie, à son effigie, ne souffrirait aucune diversité dans le régime d'éducation, et, pendant plusieurs années, ferait vivre tous les enfants sous le même habit, les nourrirait des mêmes aliments, les appliquerait aux mêmes études, les soumettrait aux mêmes exercices, les plierait, etc...

« Gardons nous, ajoutait-il, de calomnier cette prétention de l'État d'imposer l'unité de caractère à la nation, et de la regarder comme une inspiration de la tyrannie. On pourrait presque dire, au contraire, que cette volonté forte de l'État d'amener tous les citoyens à un type commun, s'est proportionnée au patriotisme de chaque pays. C'est dans les républiques anciennes, où la patrie était le plus adorée, le mieux servie, qu'elle montrait des exigences les plus grandes à l'égard des mœurs et de l'esprit des citoyens... Et nous qui, dans le siècle écoulé, avons présenté toutes les faces de la société humaine, nous qui, après avoir été Athéniens avec Voltaire, avons un moment voulu être Spartiates sous la Convention, soldats de César sous Napoléon, si nous avons un moment songé à imposer d'une manière absolue le joug de l'État sur l'éducation, c'est sous la Convention nationale, au moment de la plus grande exaltation patriotique. »

Rendons justice à M. Thiers. Il ne proposait pas de suivre de tels exemples. « Il ne faut, disait-il, ni les imiter ni les flétrir. C'était du délire, mais le délire du patriotisme. »

Il n'en reste pas moins que M. Thiers se montre encore ici fidèle à ce jugement par lui prononcé : « L'Antiquité est ce qu'il y a de plus beau au monde. » Il montre une prédilection secrète pour le despotisme absolu de l'État, une admiration instinctive pour les institutions de Crète et de Lacédémone qui donnaient au législateur le pouvoir de jeter toute la jeunesse dans le moule, de la frapper, comme une monnaie, à son effigie, etc., etc.

Et je ne puis m'empêcher de signaler ici, car cela rentre bien dans mon sujet, les traces de ce *conventionalisme* classique qui nous fait admirer dans l'antiquité, comme des vertus, ce qui était le résultat de la plus dure et de la plus immorale des nécessités. Ces anciens qu'on exalte, je ne saurais trop le répéter, vivaient de brigandage, et, pour rien au monde, n'auraient touché un outil. Ils avaient pour ennemi le genre humain tout entier. Ils s'étaient condamnés à une guerre perpétuelle et placés dans l'alternative de toujours vaincre ou de périr. Dès lors il n'y avait et ne pouvait y avoir pour eux qu'un métier, celui de soldat. La communauté devait s'attacher à développer uniformément chez tous les citoyens les qualités militaires, et les citoyens se soumettaient à cette *unité* qui était la garantie de leur existence [1].

Mais qu'y a-t-il de commun entre ces temps de barbarie et les temps modernes?

[1] Dans l'ébauche à laquelle nous avons emprunté la note précédente (page 454), l'auteur examine ces deux questions :

1° Si le renoncement à soi-même est un ressort politique préférable à l'intérêt personnel ;

2° Si les peuples anciens, et notamment les Romains, ont mieux pratiqué ce renoncement que les modernes.

Il se prononce, on le pense bien, pour la négative sur la première comme sur la seconde. Voici l'un de ses motifs à l'égard de celle-ci :

« Lorsque je sacrifie une partie de ma fortune à faire construire des « murs et un toit, qui me préservent des voleurs et de l'intempérie des « saisons, on ne peut pas dire que je sois animé du renoncement à moi-« même, mais qu'au contraire, j'aspire à ma conservation.

« De même lorsque les Romains sacrifiaient leurs divisions intestines « à leur salut, lorsqu'ils exposaient leur vie dans les combats, lorsqu'ils « se soumettaient au joug d'une discipline presque insupportable, ils ne « renonçaient pas à eux-mêmes ; bien au contraire, ils embrassaient le « seul moyen qu'ils eussent de se conserver et d'échapper à l'extermina-« tion dont les menaçait sans cesse la réaction des peuples contre leurs « violences.

« Je sais que plusieurs Romains ont fait preuve d'une grande abné-« gation personnelle, et se sont dévoués pour le salut de Rome. Mais « cela s'explique aisément. L'intérêt qui détermina leur organisation « politique n'était pas leur seul mobile. Des hommes habitués à « vaincre ensemble, à détester tout ce qui est étranger à leur associa-« tion, doivent avoir un orgueil national, un patriotisme très-exalté. « Toutes les nations guerrières, depuis les hordes sauvages jusqu'aux « peuples civilisés, qui ne font la guerre qu'accidentellement, tombent « dans l'exaltation patriotique. A plus forte raison les Romains dont « l'existence même était une guerre permanente. Cet orgueil national « si exalté, joint au courage que donnent les habitudes guerrières, au « mépris de la mort qu'il inspire, à l'amour de la gloire, au désir de

Aujourd'hui, dans quel objet précis et bien déterminé frapperait-on tous les citoyens, comme une monnaie, à la même effigie? Est-ce parce qu'ils se destinent tous à des carrières diverses? Sur quoi se fonderait-on pour les jeter dans le même moule?... *et qui tiendra le moule?* Question terrible, qui devrait nous faire réfléchir. *Qui tiendra le moule?* S'il y a un moule (et le Baccalauréat en est un), chacun en voudra tenir le manche, M. Thiers, M. Parisis, M. Barthélemy Saint-Hilaire, moi, les rouges, les blancs, les bleus, les noirs. Il faudra donc se battre pour vider cette question préalable, qui renaîtra sans cesse. N'est-il pas plus simple de briser ce moule fatal, et de proclamer loyalement la Liberté?

D'autant que la Liberté, c'est le terrain où germe la véritable Unité et l'atmosphère qui la féconde. La concurrence a pour effet de provoquer, révéler et universaliser les bonnes méthodes, et de faire sombrer les mauvaises. Il faut bien admettre que l'esprit humain a une plus naturelle proportion avec la vérité qu'avec l'erreur, avec ce qui est bien qu'avec ce qui est mal, avec ce qui est utile qu'avec ce qui est funeste. S'il n'en était pas ainsi, si la chute était naturellement réservée au Vrai, et le triomphe au Faux, tous nos

« vivre dans la postérité, devait fréquemment produire des actions
« éclatantes.

« Aussi, je ne dis pas qu'aucune vertu ne puisse surgir d'une société
« purement militaire. Je serais démenti par les faits, et les bandes de
« brigands elles-mêmes nous offrent des exemples de courage, d'éner-
« gie, de dévouement, de mépris de la mort, de libéralité, etc. — Mais je
« prétends que, comme les bandes de pillards, les peuples pillards, au
« point de vue du renoncement à soi-même, ne l'emportent pas sur les
« peuples industrieux, et j'ajoute que les vices énormes et permanents de
« ceux-là ne peuvent être effacés par quelques actions éclatantes, indi-
« gnes peut-être du nom de vertu, puisqu'elles tournent au détriment de
« l'humanité. »

(*Ébauche inédite de l'auteur, un peu antérieure à 1830.*)

efforts seraient vains ; l'humanité serait fatalement poussée, comme le croyait Rousseau, vers une dégradation inévitable et progressive. Il faudrait dire, avec M. Thiers : *L'antiquité est ce qu'il y a de plus beau au monde*, ce qui n'est pas seulement une erreur, mais un blasphème. — Les intérêts des hommes, bien compris, sont harmoniques, et la lumière qui les leur fait comprendre brille d'un éclat toujours plus vif. Donc les efforts individuels et collectifs, l'expérience, les tâtonnements, les déceptions même, la concurrence, en un mot, la Liberté — font graviter les hommes vers cette Unité, qui est l'expression des lois de leur nature, et la réalisation du bien général.

Comment est-il arrivé que le parti *libéral* soit tombé dans cette étrange contradiction de méconnaître la liberté, la dignité, la perfectibilité de l'homme, et de leur préférer une Unité factice, stationnaire, dégradante, imposée tour à tour par tous les despotismes au profit des systèmes les plus divers ?

Il y a à cela plusieurs raisons : c'est d'abord qu'il a reçu, lui aussi, l'empreinte romaine de l'éducation classique. N'at-il pas pour meneurs des Bacheliers ? Ensuite, à travers les péripéties parlementaires, il espère bien voir tomber en ses mains cet instrument précieux, ce *moule* intellectuel, objet, selon M. Thiers, de toutes les ambitions. Enfin les nécessités de la défense contre l'injuste agression de l'Europe, en 92, n'ont pas peu contribué à populariser en France l'idée d'une puissante Unité.

Mais de tous les mobiles qui déterminent le libéralisme à sacrifier la liberté, le plus puissant est la crainte que lui inspirent, en matière d'éducation, les envahissements du clergé.

Cette crainte je ne la partage pas, mais je la comprends.

Considérez, dit le libéralisme, la situation du clergé en France, sa savante hiérarchie, sa forte discipline, sa milice de quarante mille membres, tous célibataires et occupant le premier poste dans chaque commune du pays, l'influence qu'il doit à la nature de ses fonctions, celle qu'il tire de la parole qu'il fait retentir sans contradiction et avec autorité en chaire, ou qu'il murmure au confessionnal, les liens qui l'attachent à l'État par le budget des cultes, ceux qui l'assujettissent à un chef spirituel qui est en même temps roi étranger, le concours que lui prête une compagnie ardente et dévouée, les ressources qu'il trouve dans les aumônes dont il est le distributeur ; considérez qu'il regarde comme son premier devoir de s'emparer de l'éducation, et dites si, dans ces conditions, la liberté de l'enseignement n'est pas un leurre.

Il faudrait un volume pour traiter cette vaste question et toutes celles qui s'y rattachent. Je me bornerai à une considération, et je dis :

Sous un régime libre, *ce n'est pas le Clergé qui fera la conquête de l'Enseignement, mais l'Enseignement qui fera la conquête du Clergé. Ce n'est pas le Clergé qui frappera le Siècle à son effigie, mais le Siècle qui fera le Clergé à son image.*

Peut-on douter que l'enseignement, dégagé des entraves universitaires, soustrait, par la suppression des grades, au conventionalisme classique, ne s'élançât, sous l'aiguillon de la rivalité, dans des voies nouvelles et fécondes ? Les institutions libres, qui surgiront laborieusement entre les lycées et les séminaires, sentiront la nécessité de donner à l'intelligence humaine sa véritable nourriture, à savoir : la science de ce que les choses sont et non la science de ce qu'on en disait il y a deux mille ans. « L'antiquité des temps est l'enfance du monde, dit Bacon, et, à proprement parler, c'est notre temps qui est l'antiquité, le monde ayant acquis du savoir et de l'expérience en vieillissant. » L'étude des œuvres de Dieu et de la nature dans l'ordre moral et dans l'ordre matériel, voilà la véritable instruction, voilà celle qui dominera dans les institutions libres. Les jeunes gens qui l'auront reçue se montreront supérieurs par la force de l'intelligence, la sûreté du jugement, l'aptitude à la pratique de la vie, aux *affreux petits rhéteurs* que l'université et le clergé auront saturés de doctrines aussi fausses que surannées. Pendant que les uns seront préparés aux fonctions sociales de notre époque, les autres seront réduits d'abord à oublier, s'ils peuvent, ce qu'ils auront appris, ensuite à apprendre ce qu'ils devraient savoir. En présence de ces résultats, la tendance des pères de famille sera de préférer les écoles libres, pleines de sève et de vie, à ces autres écoles succombant sous l'esclavage de la routine.

Qu'arrivera-t-il alors ? Le clergé, toujours ambitieux de conserver son influence, n'aura d'autre ressource que de substituer, lui aussi, l'enseignement des choses à l'enseignement des mots, l'étude des vérités positives à celle des doctrines de convention, et la substance à l'apparence.

Mais, pour enseigner, il faut savoir, et, pour savoir, il faut apprendre. Le clergé sera donc forcé de changer la direction de ses propres études, et la rénovation s'introduira jusque dans les séminaires. Or, pense-t-on qu'une autre nourriture ne fasse pas d'autres tempéraments ? Car, prenons-y garde, il ne s'agit pas ici seulement de changer la matière, mais la méthode de l'enseignement clérical. La connaissance des œuvres de Dieu et de la nature s'acquiert par d'autres procédés intellectuels que celle des théogonies. Observer les faits et leur enchaînement est une chose ; admettre sans examen un texte *tabou* et en tirer les conséquences en est une autre. Quand la science remplace l'intuition, l'examen se substitue à l'autorité, la méthode philosophique à la méthode dogmatique ; un autre but exige un autre procédé, et d'autres procédés donnent à l'esprit d'autres habitudes.

Il n'est donc pas douteux que l'introduction de la science dans les séminaires, résultat infaillible de la liberté d'enseignement, ne doive avoir pour effet de modifier, au sein de ces institutions, jusqu'aux habitudes intellectuelles. Et c'est là, j'en ai la conviction, l'aurore d'une grande et désirable révolution, celle qui réalisera l'Unité religieuse.

Je disais tout à l'heure que le *conventionalisme* classique faisait de nous tous des contradictions vivantes, Français par nécessité et Romains par l'éducation. Ne pourrait-on pas dire aussi qu'au point de vue religieux nous sommes des contradictions vivantes?

Nous sentons tous dans le cœur une puissance irrésistible qui nous pousse vers la religion, et en même temps nous sentons dans notre intelligence une force non moins irrésistible qui nous en éloigne, et d'autant plus, c'est un point de fait, que l'intelligence est plus cultivée, en sorte qu'un grand docteur a pu dire : *Litterati minus credunt.*

Oh ! c'est un triste spectacle ! Depuis quelque temps surtout, nous entendons pousser de profonds gémissements sur l'affaiblissement des croyances religieuses, et, chose étrange, ceux-là mêmes qui ont laissé s'éteindre dans leur âme jusqu'à la dernière étincelle de la foi sont le plus disposés à trouver le doute impertinent... chez les autres. « Soumets ta raison, disent-ils au peuple, sans quoi tout est perdu. C'est bon à moi de m'en rapporter à la mienne, car elle est d'une trempe particulière, et, pour observer le Décalogue, je n'ai pas besoin de le croire révélé. Même quand je m'en écarterais quelque peu, le mal n'est pas grand ; mais toi, c'est différent, tu ne peux l'enfreindre sans mettre en péril la société... et mon repos. »

C'est ainsi que la peur cherche un refuge dans l'hypocrisie. On ne croit pas, mais on fait semblant de croire. Pendant que le scepticisme est au fond, une religiosité de calcul se montre à la surface, et voici qu'un *conventiona-*

lisme nouveau, et de la pire espèce, déshonore l'esprit humain.

Et cependant tout n'est pas hypocrisie dans ce langage. Encore qu'on ne croie pas tout, encore qu'on ne pratique rien, il y a au fond des cœurs, comme dit Lamennais, une racine de foi qui ne sèche jamais.

D'où vient cette bizarre et dangereuse situation ? ne serait-ce pas qu'aux vérités religieuses, primordiales et fondamentales, auxquelles toutes les sectes et toutes les écoles adhèrent d'un consentement commun, se sont agrégés, avec le temps, des institutions, des pratiques, des rites, que l'intelligence, malgré qu'on en ait, ne peut admettre ? Et ces additions humaines ont-elles aucun autre support, dans l'esprit même du clergé, que le dogmatisme par lequel il les rattache aux vérités primordiales non contestées?

L'Unité religieuse se fera, mais elle ne se fera que lorsque chaque secte aura abandonné ces institutions parasites auxquelles je fais allusion. Qu'on se rappelle que Bossuet en faisait bon marché quand il discutait avec Leibnitz sur les moyens de ramener à l'Unité toutes les confessions chrétiennes. Ce qui paraissait possible et bon au grand docteur du dix-septième siècle, serait-il regardé comme trop audacieux par les docteurs du dix-neuvième ? Quoi qu'il en soit, la liberté de l'enseignement, en faisant pénétrer d'autres habitudes intellectuelles dans le clergé, sera sans doute un des plus puissants instruments de la grande rénovation religieuse qui seule peut désormais satisfaire les consciences et sauver la société (1).

Les sociétés ont un tel besoin de morale, que le corps qui s'en fait, au nom de Dieu, le gardien et le distributeur, acquiert sur elles une influence sans bornes. Or, il est d'ex-

1 Voir, dans *Justice et Fraternité*, les pages 316 et 317.

(*Note de l'éditeur.*)

périence que rien ne pervertit plus les hommes que l'influence illimitée. Il arrive donc un temps où, loin que le sacerdoce persiste à n'être que l'instrument de la religion, c'est la religion qui devient l'instrument du sacerdoce. Dès ce moment un antagonisme fatal s'introduit dans le monde. La Foi et l'Intelligence, chacune de leur côté, tirent tout à elles. Le prêtre ne cesse d'ajouter, à des vérités sacrées, des erreurs qu'il proclame non moins sacrées, offrant ainsi à l'opposition du laïque des motifs de plus en plus solides, des arguments de plus en plus sérieux. L'un cherche à faire passer le faux avec le vrai. L'autre ébranle le vrai avec le faux. La religion devient superstition, et la philosophie incrédulité. Entre ces deux extrêmes, la masse flotte dans le doute, et on peut dire que l'humanité traverse une époque critique. Cependant l'abîme se creuse toujours plus profond, et la lutte se poursuit non-seulement d'homme à homme, mais encore dans la conscience de chaque homme, avec des chances diverses. Une commotion politique vient-elle épouvanter la société, elle se jette, par peur, du côté de la foi ; une sorte de religiosité hypocrite prend le dessus, et le prêtre se croit vainqueur. Mais le calme n'a pas plutôt reparu, le prêtre n'a pas plutôt essayé de mettre à profit la victoire, que l'intelligence reprend ses droits et recommence son œuvre. Quand donc cessera cette anarchie ? quand est-ce que se scellera l'alliance entre l'intelligence et la foi ? — Quand la foi ne sera plus une arme ; quand le sacerdoce, redevenu ce qu'il doit être, l'instrument de la religion, abandonnera les formes qui l'intéressent, pour le fond qui intéresse l'humanité. Alors ce ne sera pas assez de dire que la religion et la philosophie sont sœurs, il faudra dire qu'elles se confondent dans l'Unité.

Mais je descends de ces régions élevées, et, revenant aux grades universitaires, je me demande si le clergé éprouvera une grande répugnance à abandonner les voies routinières de l'enseignement classique, ce à quoi, d'ailleurs, il ne sera nullement obligé.

Il serait plaisant que le communisme platonicien, le paganisme, les idées e t les mœurs façonnées par l'esclavage et le brigandage, les odes d'Horace, les métamorphoses d'Ovide, trouvassent leurs derniers [défenseurs et professeurs dans les prêtres de France! Il ne m'appartient pas de leur donner des avis. Mais ils me permettront bien de citer ici l'extrait d'un journal qui, si je ne me trompe, est rédigé par des ecclésiastiques :

Quels sont donc, parmi les docteurs de l'Église, les apologistes de l'enseignement païen? Est-ce saint Clément, qui a écrit que la science profane est semblable aux fruits et aux confitures qu'on ne doit servir qu'à la fin du repas? Est-ce Origène, qui a écrit que, dans les coupes dorées de la poésie païenne, il y a des poisons mortels? Est-ce Tertullien qui appelle les philosophes païens les patriarches des hérétiques : *Patriarchœ hæreticorum?* Est-ce saint Irénée, qui déclare que Platon a été l'assaisonnement de toutes les hérésies? Est-ce Lactance, qui constatait que de son temps les hommes lettrés étaient ceux qui avaient le moins de foi? Est-ce saint Ambroise disant qu'il est très-dangereux pour les chrétiens de s'occuper de l'éloquence profane? Est-ce saint Jérôme enfin, qui, dans sa lettre à Eustochie, condamnant avec énergie l'étude des païens, disait : Qu'y a-t-il de commun entre la lumière et les ténèbres ? Quel accord peut-il exister entre le Christ et Bélial ? Qu'a affaire Horace avec le Psautier, Virgile avec l'Évangile ?... Saint Jérôme qui regrette si cruellement le temps qu'il a consacré dans sa jeunesse à l'étude des lettres païennes : « Malheureux que j'étais, je me privais de nourriture pour ne pas quitter Cicéron; dès le grand matin, j'avais Plaute dans les mains. Si quelquefois, rentrant en moi-même, je commençais la lecture des prophètes, leur style me paraissait inculte, et, parce que j'étais aveugle, je niais la lumière. »

Mais écoutons parler saint Augustin :

« Les études par lesquelles je suis parvenu à lire les écrits des autres et à écrire ce que je pense étaient pourtant bien plus utiles et bien plus solides que celles auxquelles on me força depuis de m'adonner, qui concernaient les aventures de je ne sais quel Énée, et qui me faisaient pleurer sur le sort de Didon, mourant d'amour, tandis qu'oubliant mes

propres fautes, je trouvais moi-même la mort dans ces lectures funestes... Ce sont pourtant ces folies qu'on appelle les *belles et honnêtes let-*
tres: Tales dementiæ honestiores et uberiores litteræ putantur... Qu'ils
crient contre moi ces *marchands de belles-lettres*, je ne les crains pas,
et je m'applique à sortir des mauvaises voies que j'ai suivies... Il est
vrai que, de ces études, j'ai retenu beaucoup d'expressions qu'il est utile
de savoir, mais *tout cela peut s'apprendre ailleurs que dans des lectures*
si frivoles, et on devrait conduire les enfants dans une voie moins
dangereuse. Mais qui ose te résister, ô maudit torrent de la coutume !...
N'est-ce pas pour suivre ton cours qu'on m'a fait lire l'histoire de Jupiter
qui, en même temps, tient la foudre et commet l'adultère? On sait bien
que c'est inconciliable; mais, à l'aide de ce faux tonnerre, on diminue
l'horreur qu'inspire l'adultère et on porte les jeunes gens à imiter les
actions d'un dieu criminel.

« Et néanmoins, ô torrent infernal, on précipite dans tes flots tous les
enfants, on fait de cet usage coupable une grande affaire. Cela s'accomplit publiquement, sous les yeux des magistrats, pour un salaire
convenu... C'est le vin de l'erreur que nous présentaient dans notre
enfance des maîtres ivres ; ils nous châtiaient quand nous refusions de
nous en abreuver, et nous ne pouvions en appeler de leur sentence à
aucun juge qui ne fût ivre comme eux. Mon âme était ainsi la proie des
esprits impurs, car ce n'est pas d'une seule manière qu'on offre des sacrifices aux démons. »

Ces plaintes si éloquentes, ajoute la feuille catholique,
cette critique si amère, ces reproches si durs, ces regrets si
touchants, ces conseils si judicieux, ne s'adressent-ils pas
aussi bien à notre siècle qu'à celui pour lequel écrivait saint
Augustin? Ne conserve-t-on pas, sous le nom d'enseignement classique, le même système d'études contre lequel
saint Augustin s'élève avec tant de force? Ce torrent du paganisme n'a-t-il pas inondé le monde? Ne précipite-t-on
pas chaque année, dans ses flots, des milliers d'enfants qui
y perdent la foi, les mœurs, le sentiment et la dignité humaine, l'amour de la liberté, la connaissance de leurs droits
et de leurs devoirs, qui en sortent tout imprégnés des fausses
idées du paganisme, de sa fausse morale, de ses fausses vertus, non moins que de ses vices et de son profond mépris
pour l'humanité?

Et cet effroyable désordre moral ne naît pas d'une perversion de volontés individuelles abandonnées à leur libre
arbitre. Non, il est législativement imposé par le mécanisme
des grades universitaires. M. de Montalembert lui-même,
tout en regrettant que l'édude des lettres antiques ne fût pas
assez forte, a cité les rapports des inspecteurs et doyens des
facultés. Ils sont unanimes pour constater la résistance, je
dirài presque la révolte du sentiment public contre une tyrannie si absurde et si funeste. Tous constatent que la jeunesse française calcule avec une précision mathématique ce
qu'on l'oblige d'apprendre et ce qu'on lui permet d'ignorer,
en fait d'études classiques, et qu'elle s'arrête juste à la limite
où les grades s'obtiennent. En est-il de même dans les autres branches des connaissances humaines, et n'est-il pas
de notoriété publique que, pour dix admissions, il se présente
sente cent candidats tous supérieurs à ce qu'exigent les
programmes ? Que le législateur compte donc la raison publique et l'esprit des temps pour quelque chose.

Est-ce un barbare, un Welche, un Gépide qui ose ici
prendre la parole ? Méconnaît-il la suprême beauté des monuments littéraires légués par l'antiquité, ou les services
rendus à la cause de la civilisation par les démocraties
grecques?

Non certes, il ne saurait trop répéter qu'il ne demande
pas à la loi de proscrire, mais de ne pas prescrire. Qu'elle
laisse les citoyens libres. Ils sauront bien remettre l'histoire
dans son véritable jour, admirer ce qui est digne d'admiration, flétrir ce qui mérite le mépris, et se délivrer de ce
conventionalisme classique qui est la plaie funeste des sociétés modernes. Sous l'influence de la liberté, les sciences
naturelles et les lettres profanes, le christianisme et le paganisme, sauront bien se faire, dans l'éducation, la juste
part qui leur revient, et c'est ainsi que se rétablira entre les
idées, les mœurs et les intérêts, l'Harmonie qui est, pour les

consciences comme pour les sociétés, la condition de l'ordre.

LIBERTÉ, ÉGALITÉ [1].

Les mots ont leurs changeantes destinées comme les hommes. En voici deux que tour à tour l'humanité divinise ou maudit, — de telle sorte qu'il est bien difficile à la philosophie d'en parler de sang-froid. — Il fut un temps où celui-là eût risqué sa tête qui aurait osé examiner les syllabes sacrées, car l'examen suppose un doute ou la possibilité d'un doute. Aujourd'hui, au contraire, il n'est pas prudent de les prononcer en certain lieu, et ce lieu est celui d'où sortent les lois qui dirigent la France ! — Grâce au ciel, je n'ai à m'occuper ici de la Liberté et de l'Égalité qu'au point de vue économique. Par ce motif, j'espère que le titre de ce chapitre n'affectera pas d'une manière trop douloureuse les nerfs du lecteur.

Mais comment se fait-il que le mot *Liberté* fasse quelquefois palpiter tous les cœurs, enflamme l'enthousiasme des peuples et soit le signal des actions les plus héroïques, tandis que, dans d'autres circonstances, il semble ne s'échapper du rauque gosier populaire que pour répandre partout le découragement et l'effroi ? Sans doute il n'a pas toujours le même sens et ne réveille pas la même idée.

Je ne puis m'empêcher de croire que notre éducation toute romaine entre pour beaucoup dans cette anomalie.....

Pendant de longues années le mot *Liberté* frappe nos jeunes organes, portant avec lui un sens qui ne peut s'ajuster aux mœurs modernes. Nous en faisons le synonyme de suprématie nationale au dehors, et d'une certaine équité, au dedans, pour le partage du butin conquis. Ce partage était en effet, entre le peuple romain et le sénat, le grand sujet des dissentions, au récit desquelles nos jeunes âmes prennent toujours parti pour le peuple. C'est ainsi que luttes du Forum et liberté finissent par former

[1] Dans les premiers mois de 1850, l'auteur, qui travaillait au second volume des *Harmonies*, commençait pour ce volume un chapitre intitulé : Liberté, Égalité. Il renonça bientôt à lui donner cette destination et ne l'acheva point. Nous reproduisons ici ce fragment qui rentre dans l'idée de l'opuscule qu'on vient de lire.

(Note de l'éditeur.)

dans notre esprit une association d'idées indestructibles. Être libre, c'est lutter ; la région de la liberté, c'est la région des orages...

Ne nous tardait-il pas de quitter le collége pour aller tonner dans les places publiques contre le *barbare étranger* et l'*avide patricien* ?

Comment la liberté ainsi comprise peut-elle manquer d'être tour à tour un objet d'enthousiasme ou d'effroi pour une population laborieuse ?...

Les peuples ont été et sont encore tellement opprimés, qu'ils n'ont pu et ne peuvent conquérir la liberté que par la lutte. Ils s'y résignent quand ils sentent vivement l'oppression, et ils entourent les défenseurs de la liberté de leurs hommages et de leur reconnaissance. Mais la lutte est souvent longue, sanglante, mêlée de triomphes et de revers ; elle peut engendrer des fléaux pires que l'oppression... Alors le peuple, fatigué du combat, sent le besoin de reprendre haleine. Il se tourne contre les hommes qui exigent de lui des sacrifices au-dessus de ses forces, et se prend à redouter le mot magique au nom duquel on le prive de sécurité et même de liberté...

Quoique la lutte soit nécessaire pour conquérir la liberté, n'oublions pas que la liberté n'est pas la lutte, pas plus que le port n'est la manœuvre. Les écrivains, les politiques, les discoureurs imbus de l'idée romaine font cette confusion. Les masses ne la font pas. Lutter pour lutter leur répugne, et c'est en cela qu'elles justifient le mot profond : Il y a quelqu'un qui a plus d'esprit que les gens d'esprit, ce quelqu'un, c'est *tout le monde*...

Un fonds commun d'idées rattache les uns aux autres les mots *Liberté*, *égalité*, *propriété*, *sécurité*.

Liberté, qui a pour étymologie *poids*, *balance*, implique l'idée de justice, d'égalité, d'harmonie, d'équilibre — ce qui exclut la lutte, ce qui est justement l'inverse de l'interprétation romaine.

D'un autre côté, liberté c'est *propriété* généralisée. Mes facultés m'appartiennent-elles si je ne suis pas libre d'en faire usage, et l'esclavage n'est-il pas la négation la plus complète de la propriété comme de la liberté ?

Enfin, liberté c'est *sécurité*, car sécurité c'est encore propriété garantie non-seulement dans le présent mais dans l'avenir...

Puisque les Romains, j'insiste là-dessus, vivaient de butin et chérissaient la liberté ; — puisqu'ils avaient des esclaves et chérissaient la liberté, — il est bien évident que l'idée de liberté n'était pour eux nullement incompatible avec les idées de vol et d'esclavage. — Donc il doit en être de même de toutes nos générations collégiennes, et ce sont celles qui régentent le monde. Dans leur esprit la propriété du produit des facultés, ou la propriété des facultés elles-mêmes n'a rien de commun avec la liberté, est un bien infiniment moins précieux. Aussi les atteintes théoriques à la propriété ne les émeuvent guère. Loin de là, pour peu que les lois y procèdent avec une certaine symétrie et dans un but en apparence philanthropique, cette sorte de communisme les charme...

Il ne faut pas croire que ces idées disparaissent quand le premier feu de la jeunesse est éteint, quand on s'est passé la fantaisie de troubler, à la manière des tribuns romains, le repos de la cité ; quand on a eu le bonheur de prendre part à quatre ou cinq insurrections, et qu'on a fini par choisir un état, travailler et acquérir de la *propriété*. — Non, ces idées ne passent pas. Sans doute on tient à sa propriété, on la défend avec énergie ; mais on fait peu de cas de la propriété d'autrui... Qu'il s'agisse de la violer, pourvu que ce soit par l'intervention de la loi, on n'en a pas le moindre scrupule... — Notre préoccupation à tous est de courtiser la loi, de tâcher de nous mettre dans ses bonnes grâces ; et, si elle a pour nous un sourire, vite nous lui demandons de violer à notre profit la propriété ou la liberté d'autrui... Cela se fait avec une naïveté charmante non-seulement par ceux qui s'avouent communistes ou communautaires, mais encore par ceux qui se proclament fanatiques de la propriété, par ceux que le seul mot de communisme met en fureur, par des courtiers, des fabricants, des armateurs, et même par les propriétaires par excellence, les propriétaires fonciers...

PROTECTIONISME

ET COMMUNISME.

A MONSIEUR THIERS.

Monsieur,

Ne soyez point ingrat envers la révolution de Février. Elle vous a surpris, froissé peut-être ; mais aussi elle vous a préparé, comme auteur, comme orateur, comme conseiller intime [1], des triomphes inattendus. Parmi ces succès, il en est un assurément fort extraordinaire. Ces jours derniers on lisait dans *la Presse :*

« L'association pour la défense du travail national (l'ancien comité Mimerel) vient d'adresser à tous ses correspondants une circulaire, pour leur annoncer qu'une souscription est ouverte à l'effet de concourir à la propagation dans les ateliers du livre de M. Thiers sur la Propriété. L'association souscrit elle-même pour 5,000 exemplaires. »

J'aurais voulu être présent quand cette flatteuse annonce est tombée sous vos yeux. Elle a dû y faire briller un éclair de joie railleuse.

---

[1] Au moment où parut cet opuscule, c'est-à-dire en janvier 1849, M. Thiers était fort en crédit à l'Élysée.

(*Note de l'éditeur.*)

On a bien raison de le dire : les voies de Dieu sont aussi infaillibles qu'impénétrables. Car si vous voulez bien m'accorder pour un instant (ce que j'essaierai bientôt de démontrer) que le Protectionisme, en se généralisant, devient Communisme, comme un carpillon devient carpe; pourvu que Dieu lui prête vie, il est déjà assez singulier que ce soit un champion du Protectionisme qui se pose comme le pourfendeur du Communisme ; mais, ce qui est plus extraordinaire et plus consolant encore, c'est qu'une puissante association, qui s'était formée pour propager théoriquement et pratiquement le principe communiste (dans la mesure qu'elle jugeait profitable à ses membres), consacre aujourd'hui la moitié de ses ressources à détruire le mal qu'elle a fait avec l'autre moitié.

Je le répète, c'est là un spectacle consolant. Il nous rassure sur l'inévitable triomphe de la vérité, puisqu'il nous montre les vrais et premiers propagateurs des doctrines subversives, effrayés de leurs succès, élaborer maintenant le contre-poison et le poison dans la même officine.

Ceci suppose, il est vrai, l'identité du principe Communiste et du principe Prohibitioniste, et peut-être n'admettez-vous pas cette identité, quoique à vrai dire, il ne me paraît pas possible que vous ayez pu, sans en être frappé, écrire quatre cents pages sur la Propriété. Peut-être pensez-vous que quelques efforts consacrés à la liberté commerciale ou plutôt au *Libre-Echange*, l'impatience d'une discussion sans résultat, l'ardeur du combat, la vivacité de la lutte m'ont fait voir, comme cela ne nous arrive que trop souvent à nous autres polémistes, les erreurs de mes adversaires à travers un verre grossissant. Sans doute, c'est mon imagination, afin d'en avoir plus facilement raison, qui gonfle la théorie du *Moniteur industriel* aux proportions de celle du *Populaire*. Quelle apparence que de grands manufacturiers, d'honnêtes propriétaires, de riches banquiers, d'habiles hommes d'État se soient faits, sans le savoir et sans le vouloir, les initiateurs, les apôtres du Communisme en France? — Et pourquoi pas, je vous prie ? Il y a bien des ouvriers, pleins d'une foi sincère dans le *droit au travail*, par conséquent communistes sans le savoir, sans le vouloir, qui ne souffriraient pas qu'on les considérât comme tels. La raison en est que, dans toutes les classes, l'intérêt incline la volonté, et la volonté, comme dit Pascal, est le principal organe de la créance. Sous un autre nom, beaucoup d'industriels, fort honnêtes gens d'ailleurs, font du Communisme comme on en fait toujours, c'est-à-dire à la condition que le bien d'autrui sera seul mis en partage. Mais sitôt que, le principe gagnant du terrain, il s'agit de livrer aussi au partage leur propre bien, oh ! alors le Communisme leur fait horreur. Ils répandaient le *Moniteur industriel*, maintenant ils propagent le livre de la Propriété. Pour s'en étonner, il faudrait ignorer le cœur humain, ses ressorts secrets, et combien il a de pente à se faire habile casuiste.

Non, Monsieur, ce n'est pas la chaleur de la lutte qui m'a fait voir sous ce jour la doctrine prohibitioniste, car c'est au contraire parce que je la voyais sous ce jour, avant la lutte, que je m'y suis engagé [1]. Veuillez me croire ; étendre quelque peu notre commerce extérieur, résultat accessoire qui n'est certes pas à dédaigner, ce ne fut jamais mon motif déterminant. J'ai cru et crois encore que la Propriété est engagée dans la question. J'ai cru et je crois encore que notre tarif douanier, à cause de l'esprit qui lui a donné naissance et des arguments par lesquels on le défend, a fait au principe même de la Propriété une brèche par laquelle tout le reste de notre législation menace de passer.

[1] Voy., au tome Ier, les lettres adressées à M. de Lamartine en janvier 1845 et octobre 1846, et, au tome II, l'article *Communisme*, du 27 juin 1847.

(*Note de l'éditeur.*)

En considérant l'état des esprits, il m'a semblé qu'un Communisme qui, je dois le dire pour être juste, n'a pas la conscience de lui-même et de sa portée, était sur le point de nous déborder. Il m'a semblé que ce Communisme-là (car il y en a de plusieurs espèces) se prévalait très-logiquement de l'argumentation prohibitioniste et se bornait à en presser les déductions. C'est donc sur ce terrain qu'il m'a paru utile de le combattre ; car puisqu'il s'armait de sophismes propagés par le comité Mimerel, il n'y avait pas espoir de le vaincre tant que ces sophismes resteraient debout et triomphants dans la conscience publique. C'est à ce point de vue que nous nous sommes placés à Bordeaux, à Paris, à Marseille, à Lyon, quand nous avons fondé l'Association du LIBRE-ÉCHANGE. La liberté commerciale, considérée en elle-même, est sans doute pour les peuples un bien précieux ; mais enfin, si nous n'avions eu qu'elle en vue, nous aurions donné à notre association le titre d'*Association pour la liberté commerciale*, ou, plus politiquement encore, *pour la réforme graduelle des tarifs*. Mais le mot *Libre-Échange* implique *libre disposition du fruit de son travail*, en d'autres termes *Propriété*, et c'est pour cela que nous l'avons préféré [1]. Certes, nous savions que ce mot nous susciterait bien des difficultés. Il affirmait un principe, et, dès lors, il devait ranger parmi nos adversaires tous les partisans du Principe opposé. Bien plus, il répugnait extrêmement aux hommes même les mieux disposés à nous seconder, c'est-à-dire aux négociants, plus préoccupés alors de réformer la douane que de vaincre le Communisme. Le Havre, tout en sympathisant à nos vues, refusa d'adopter notre bannière. De toute part on me disait : « Nous obtiendrons plutôt quelques adoucissements à notre tarif en n'affichant pas des

[1] Voy., au tome II, l'article *Libre-Échange*, du 20 décembre 1846.
(*Note de l'Éditeur.*)

prétentions absolues. » Je répondais : Si vous n'avez que
cela en vue, agissez par vos chambres de commerce. On me
disait encore : « Le mot *Libre-Échange* effraie et éloigne le
succès. » Rien n'était plus vrai ; mais je tirais de l'effroi
même causé par ce mot mon plus fort argument pour son
adoption. Plus il épouvante, disais-je, plus cela prouve que
la notion de Propriété s'efface des esprits. La doctrine Prohibitioniste a faussé les idées, et les fausses idées ont produit la Protection. Obtenir par surprise où par le bon vouloir du ministre une amélioration accidentelle du tarif, c'est
pallier un effet, non détruire une cause. Je maintins donc
le mot *Libre-Échange*, non en dépit, mais en raison des obstacles qu'il devait nous créer ; obstacles qui, révélant la
maladie des esprits, étaient la preuve certaine que les bases
mêmes de l'ordre social étaient menacées.

Il ne suffisait pas de signaler notre but par un mot ; il
fallait encore le définir. C'est ce que nous fîmes et je trans-
cris ici, comme pièce à l'appui, le premier acte ou le manifeste de cette association.

Au moment de s'unir pour la défense d'une grande cause, les soussignés sentent le besoin d'exposer leur *croyance* ; de proclamer le *but*,
la *limite*, les *moyens* et l'*esprit* de leur association.

L'ÉCHANGE est un droit naturel comme la PROPRIÉTÉ. Tout citoyen
qui a créé ou acquis un produit doit avoir l'option ou de l'appliquer
immédiatement à son usage, ou de le céder à quiconque, sur la surface
du globe, consent à lui donner en échange l'objet qu'il préfère. Le
priver de cette faculté, quand il n'en fait aucun usage contraire à l'ordre
public et aux bonnes mœurs, et uniquement pour satisfaire la convenance d'un autre citoyen, c'est légitimer une spoliation, c'est blesser la
loi de la Justice.

C'est encore violer les conditions de l'Ordre ; car quel ordre peut
exister au sein d'une société où chaque industrie, aidée en cela par la
loi et la force publique, cherche ses succès dans l'oppression de toutes
les autres ?

C'est méconnaître la pensée providentielle qui préside aux destinées
humaines, manifestée par l'infinie variété des climats, des saisons, des

forces naturelles et des aptitudes, biens que Dieu n'a si inégalement répartis entre les hommes que pour les unir, par l'échange, dans les liens d'une universelle fraternité.

C'est contrarier le développement de la prospérité publique, puisque celui qui n'est pas libre d'*échanger* ne l'est pas de choisir son travail, et se voit contraint de donner une fausse direction à ses efforts, à ses facultés, à ses capitaux, et aux agents que la nature avait mis à sa disposition.

Enfin, c'est compromettre la paix entre les peuples ; car c'est briser les relations qui les unissent et qui rendent les guerres impossibles, à force de les rendre onéreuses.

L'Association a donc pour but la LIBERTÉ DES ÉCHANGES.

Les soussignés ne contestent pas à la société le droit d'établir, sur les marchandises qui passent la frontière, des taxes destinées aux dépenses communes, pourvu qu'elles soient déterminées par la seule considération des besoins du Trésor.

Mais sitôt que la taxe, perdant son caractère fiscal, a pour but de repousser le produit étranger, au détriment du fisc lui-même, afin d'exhausser artificiellement le prix du produit national similaire, et de rançonner ainsi la communauté au profit d'une classe, dès cet instant la Protection ou plutôt la Spoliation se manifeste, et *c'est là* le principe que l'Association aspire à ruiner dans les esprits et à effacer complétement de nos lois, indépendamment de toute réciprocité et des systèmes qui prévalent ailleurs.

De ce que l'Association poursuit la destruction complète du régime protecteur, il ne s'ensuit pas qu'elle demande qu'une telle réforme s'accomplisse en un jour, et sorte d'un seul scrutin. Même pour revenir du mal au bien et d'un état de choses artificiel à une situation naturelle, des précautions peuvent être commandées par la prudence. Ces détails d'exécution appartiennent aux pouvoirs de l'État ; la mission de l'Association est de propager, de populariser le Principe.

Quant aux moyens qu'elle entend mettre en œuvre, jamais elle ne les cherchera ailleurs que dans les voies constitutionnelles et légales.

Enfin l'Association se place en dehors de tous les partis politiques. Elle ne se met au service d'aucune industrie, d'aucune classe, d'aucune portion du territoire. Elle embrasse la cause de l'éternelle justice, de la paix, de l'union, de la libre communication, de la fraternité entre tous les hommes, la cause de l'intérêt général, qui se confond partout, et sous tous les aspects, avec celle du *Public consommateur.*

Y a-t-il un mot dans ce programme qui ne révèle le désir ardent de raffermir ou même de rétablir dans les esprits la notion de Propriété, pervertie par le Régime Restrictif? N'est-il pas évident que l'intérêt commercial y est au second plan et l'intérêt social au premier? Remarquez que le tarif, en lui-même, bon ou mauvais au point de vue administratif ou fiscal, nous occupe peu. Mais sitôt qu'il agit *intentionnellement* dans le sens protecteur, c'est-à-dire sitôt qu'il manifeste une pensée de spoliation et la négation, en principe, du droit de Propriété, nous le combattons, non comme tarif, mais comme système. C'est là, disons-nous, la pensée que nous nous efforcerons de ruiner dans les intelligences afin de la faire disparaître de nos lois.

On demandera sans doute pourquoi, ayant en vue une question générale de cette importance, nous avons circonscrit la lutte sur le terrain d'une question spéciale.

La raison en est simple. Il fallait opposer association à association, engager des intérêts et des soldats dans notre armée. Nous savions bien qu'entre Prohibitionistes et Libres-Échangistes la polémique ne peut se prolonger sans remuer et, à la fin, résoudre toutes les questions morales, politiques, philosophiques, économiques qui se rattachent à la Propriété; et puisque le comité Mimerel, en ne s'occupant que d'un but spécial, avait compromis ce principe, nous devions espérer relever ce principe en poursuivant, nous aussi, le but spécial opposé.

Mais qu'importe ce que j'ai pu dire ou penser en d'autres temps? Qu'importe que j'aie aperçu ou cru apercevoir une certaine connexité entre le Protectionisme et le Communisme? L'essentiel est de savoir si cette connexité existe. C'est ce que je vais examiner.

Vous vous rappelez sans doute le jour où, avec votre habileté ordinaire, vous fîtes arriver sur les lèvres de M. Proudhon cet aveu devenu célèbre : « Donnez-moi le Droit au travail, et je vous abandonne le Droit de propriété. » M. Proudhon ne cachait pas qu'à ses yeux ces deux Droits sont incompatibles.

Si la Propriété est incompatible avec le Droit au travail, et si le droit au travail est fondé sur le même principe que la Protection, qu'en devrons-nous conclure, sinon que la Protection est elle-même incompatible avec la Propriété ? En géométrie on regarde comme une vérité incontestable que deux choses égales à une troisième sont égales entre elles.

Or, il est arrivé qu'un orateur éminent, M. Billault, a cru devoir soutenir à la tribune le Droit au travail. Cela n'était pas facile en présence de l'aveu échappé à M. Proudhon. M. Billault comprenait fort bien que faire intervenir l'État pour pondérer les fortunes et niveler les situations, c'est se mettre sur la pente du Communisme ; et qu'a-t-il dit pour déterminer l'Assemblée nationale à violer la propriété et son principe ? Il vous a dit tout simplement que ce qu'il vous demandait de faire vous le faisiez déjà par vos tarifs. Sa prétention ne va pas au delà d'une application un peu plus large de doctrines par vous admises et appliquées. Voici ses paroles :

Portez vos regards sur nos tarifs de douane ; par leurs prohibitions, leurs taxes différentielles, leurs primes, leurs combinaisons de tous genres, c'est la société qui aide, qui soutient, qui retarde ou avance toutes les combinaisons du travail national (très-bien) ; elle ne tient pas seulement la balance entre le travail français, qu'elle protége, et le travail étranger, mais, sur le sol de la patrie, les diverses industries la voient encore, et sans cesse, intervenir entre elles. Entendez devant son tribunal les réclamations perpétuelles des unes contre les autres ; voyez, par exemple, les industries qui emploient le fer se plaignant de la protection accordée au fer français contre le fer étranger ; celles qui emploient le lin ou le coton filés protestant contre la protection accordée au fil français, contre l'exclusion du fil étranger, et ainsi des autres. La société (*il fallait dire le gouvernement*) se trouve donc forcément mêlée à toutes les luttes, à tous les embarras du travail ; elle y intervient activement tous les jours, directement, indirectement, et la première fois que vous aurez des questions de douane, vous le verrez, vous serez, bon gré mal gré, forcés de prendre fait et cause, et de faire par vous-mêmes la part de tous les intérêts.

Ce ne saurait donc être une objection contre la dette de la société envers le travailleur dénué, que cette nécessité qu'elle créerait au gouvernement d'intervenir dans la question du travail.

Et veuillez bien remarquer que M. Billault, dans son argumentation, n'a nullement eu la pensée de vous infliger une sanglante ironie. Ce n'est pas un Libre-Échangiste déguisé se complaisant à rendre palpable l'inconséquence des Protectionistes. Non, M. Billault est lui-même protectioniste *bonâ fide*. Il aspire au nivellement des fortunes par la Loi. Dans cette voie, il juge l'action des tarifs utile; et rencontrant comme obstacle le Droit de propriété, il saute par-dessus, comme vous faites. On lui montre ensuite le Droit au travail qui est un second pas dans la même voie. Il rencontre encore comme obstacle le Droit de propriété ; il saute encore par-dessus. Mais, se retournant, il est tout surpris de voir que vous ne le suivez plus. Il vous en demande le motif. Si vous lui répondiez : J'admets en principe que la loi peut violer la Propriété, mais je trouve inopportun qu'elle le fasse sous la forme du Droit au travail ; M. Billault vous comprendrait, et discuterait avec vous cette question secondaire d'opportunité. Mais vous lui opposez le Principe même de la Propriété. Cela l'étonne et il se croit en droit de vous dire : Ne faites pas aujourd'hui le bon apôtre, et si vous repoussez le Droit au travail, que ce ne soit pas au moins en vous fondant sur le Droit de Propriété, puisque ce Droit vous le violez par vos tarifs quand cela vous convient. Il pourrait ajouter avec quelque raison : Par les tarifs protecteurs vous violez souvent la propriété du pauvre au profit du riche. Par le Droit au travail vous violeriez la propriété du riche à l'avantage du pauvre. Par quel malheur le scrupule s'empare-t-il si tard de vous [1] ?

---

[1] Cette pensée par laquelle, suivant l'auteur, M. Billault pouvait

Entre M. Billault et vous il n'y a donc qu'une différence. Tous deux vous cheminez dans la même voie, celle du Communisme. Seulement, vous n'y avez fait qu'un pas, et il en a fait deux. Sous ce rapport, l'avantage, à mes yeux du moins, est de votre côté. Mais vous le perdez du côté de la logique. Car, puisque vous marchez comme lui, le dos tourné à la Propriété, il est au moins fort plaisant que vous vous posiez comme son chevalier. C'est une inconséquence que M. Billault a su éviter. Mais, hélas! c'est pour tomber, lui aussi, dans une triste logomachie! M. Billault est trop éclairé pour ne pas sentir, au moins confusément, le danger de chacun de ses pas dans une voie qui aboutit au Communisme. Il ne se donne pas le ridicule de se poser en champion de la Propriété au moment où il la viole; mais qu'imagine-t-il pour se justifier? Il invoque l'axiome favori de quiconque veut concilier deux choses inconciliables: *Il n'y a pas de principes.* Propriété, Communisme, prenons un peu partout, selon la circonstance.

« A mon sens, le pendule de la civilisation, qui oscille de l'un à l'autre principe, selon les besoins du moment, mais qui s'en va toujours marquant un progrès de plus, après avoir fortement incliné vers la liberté absolue de l'individualisme, revient vers la nécessité de l'action gouvernementale. »

Il n'y a donc rien de vrai dans le monde, il n'y a pas de principes puisque *le pendule doit osciller d'un principe à l'autre selon les besoins du moment.* O métaphore, où nous conduirais-tu, si l'on te laissait faire (1)!

fortifier son argumentation, un autre protectioniste devait l'adopter bientôt. Elle fut développée par M. Mimerel, dans un discours prononcé le 27 avril 1850, devant le conseil général de l'agriculture, des manufactures et du commerce. Voy. le passage de ce discours cité au tome V, dans l'opuscule *Spoliation et Loi.* (Note de l'éditeur.)

1 Voy., au présent volume, page 94, le chap. xviii des *Sophismes.* Voy. aussi les p. 101 et 102. (Note de l'éditeur.)

Ainsi que vous le disiez fort judicieusement à la tribune, on ne peut pas dire — encore moins écrire — tout à la fois. Il doit être bien entendu que je n'examine pas ici le côté économique du régime protecteur ; je ne recherche pas encore si, au point de vue de la richesse nationale, il fait plus de bien que de mal ou plus de mal que de bien. Le seul point que je veux prouver c'est qu'il n'est autre chose qu'une manifestation du Communisme. MM. Billault et Proudhon ont commencé la démonstration. Je vais essayer de la compléter.

Et d'abord que faut-il entendre par *Communisme* ? Il y a plusieurs manières, sinon de réaliser la communauté des biens, du moins de le tenter. M. de Lamartine en comptait quatre. Vous pensez qu'il y en a mille et je suis de votre avis. Cependant je crois que toutes peuvent rentrer dans trois catégories générales, dont une seule, selon moi, offre de véritables dangers.

Premièrement, deux ou plusieurs hommes peuvent imaginer de mettre leur travail et leur vie en commun. Tant qu'ils ne cherchent ni à troubler la sécurité, ni à restreindre la liberté, ni à usurper la propriété d'autrui, ni directement ni indirectement, s'ils font du mal ils se le font à eux-mêmes. La tendance de ces hommes sera toujours d'aller poursuivre dans de lointains déserts la réalisation de leur rêve. Quiconque a réfléchi sur ces matières sait que les malheureux périront à la peine, victimes de leurs illusions. De nos jours, les communistes de cette espèce ont donné à leur chimérique Élysée le nom d'Icarie, comme s'ils avaient eu le triste pressentiment du dénouement affreux vers lequel on les précipite. Nous devons gémir sur leur aveuglement, nous devrions les avertir s'ils étaient en état de nous entendre, mais la société n'a rien à redouter de leurs chimères.

Une autre forme du Communisme, et assurément la plus brutale, c'est celle-ci : Faire une masse de toutes les valeurs existantes et partager *ex æquo*. C'est la spoliation devenue règle dominante et universelle. C'est la destruction non-seulement de la Propriété, mais encore du travail et du mobile même qui détermine l'homme à travailler. Ce Communisme-là est si violent, si absurde, si monstrueux, qu'en vérité je ne puis le croire dangereux. C'est ce que je disais, il y a quelque temps, devant une assemblée considérable d'électeurs appartenant en grande majorité aux classes souffrantes. Une explosion de murmures accueillit mes paroles.

J'en témoignai ma surprise. « Quoi ! disait-on, M. Bastiat ose dire que le Communisme n'est pas dangereux ! Il est donc communiste ! Eh bien, nous nous en doutions, car communistes, socialistes, économistes, ce sont fils de même lignage, comme c'est prouvé par la rime. » J'eus quelque peine à me tirer de ce mauvais pas. Mais cette interruption même prouvait la vérité de ma proposition. Non, le Communisme n'est pas dangereux quand il se montre dans sa forme la plus naïve, celle de la pure et simple spoliation ; il n'est pas dangereux puisqu'il fait horreur.

Je me hâte de dire que si le Protectionisme peut être et doit être assimilé au Communisme, ce n'est pas à celui que je viens de décrire.

Mais le Communisme revêt une troisième forme.

Faire intervenir l'État, lui donner pour mission de pondérer les profits et d'équilibrer les fortunes, en prenant aux uns, sans consentement, pour donner aux autres, sans rétribution, le charger de réaliser l'œuvre du nivellement par voie de spoliation, assurément c'est bien là du Communisme. Les procédés employés par l'État, dans ce but, non plus que les beaux noms dont on décore cette pensée, n'y font rien. Qu'il en poursuive la réalisation par des moyens directs ou indirects, par la restriction ou par l'impôt, par les tarifs ou par le Droit au travail ; qu'il la place sous l'invocation de l'égalité, de la solidarité, de la fraternité, cela ne change pas la nature des choses ; le pillage des propriétés n'en est pas moins du pillage parce qu'il s'accomplit avec régularité, avec ordre, systématiquement et par l'action de la loi.

J'ajoute que c'est là, à notre époque, le Communisme vraiment dangereux. Pourquoi ? Parce que, sous cette forme, nous le voyons incessamment prêt à tout envahir. Et voyez ! l'un demande que l'État fournisse gratuitement aux artisans, aux laboureurs des *instruments de travail* ; c'est l'inviter à les ravir à d'autres artisans et laboureurs. L'autre veut que l'État prête sans intérêt ; il ne le peut faire sans violer la propriété. Un troisième réclame. l'éducation gratuite à tous les degrés ; gratuite ! cela veut dire : aux dépens des contribuables. Un quatrième exige que l'État subventionne les associations d'ouvriers, les théâtres, les artistes, etc. Mais ces subventions, c'est autant de valeur soustraite à ceux qui l'avaient légitimement gagnée. Un cinquième n'a pas de repos que l'État n'ait fait artificiellement hausser le prix d'un produit pour l'avantage de celui qui le vend ; mais c'est au détriment de celui qui l'achète. Oui, sous cette forme, il est bien peu de personnes qui, une fois ou autre, ne soient communistes. Vous l'êtes, M. Billault l'est, et je crains qu'en France nous ne le soyons tous à quelque degré. Il semble que l'intervention de l'État nous réconcilie avec la spoliation, en en rejetant la responsabilité sur tout le monde, c'est-à-dire sur personne, ce qui fait qu'on jouit du bien d'autrui en parfaite tranquillité de conscience. Cet honnête M. Tourret, un des hommes les plus probes qui se soient jamais assis sur les bancs ministériels, ne commençait-il pas ainsi son exposé des motifs du projet de loi sur les avances à l'agriculture ? « Il ne suffit pas de donner l'instruction pour cultiver les arts, il faut encore fournir les instruments de travail. » Après ce préambule, il soumet à l'Assemblée na-

tionale un projet de loi dont le premier article est ainsi
conçu :

Art. 1ᵉʳ. Il est ouvert, sur le budget de 1849, au ministre de l'agriculture et du commerce, un crédit de 10 millions destiné à faire des avances aux propriétaires et associations de propriétaires de fonds ruraux.

Avouez que si la langue législative se piquait d'exactitude,
l'article devrait être ainsi rédigé :

Le ministre de l'agriculture et du commerce est autorisé, pendant
l'année 1849, à prendre 10 millions dans la poche des laboureurs qui en
ont grand besoin et *à qui ils appartiennent*, pour les verser dans la
poche d'autres laboureurs qui en ont également besoin et *à qui ils n'appartiennent pas.*

N'est-ce pas là un fait communiste, et en se généralisant
ne constitue-t-il pas le Communisme ?

Tel manufacturier, qui se laisserait mourir plutôt que de
dérober une obole, ne se fait pas le moindre scrupule de
porter à la législature cette requête : « Faites une loi qui
élève le prix de mon drap, de mon fer, de ma houille, et
me mette à même de rançonner mes acheteurs. » Comme
le motif sur lequel il se fonde est qu'il n'est pas content de
son gain, tel que le fait l'échange libre ou le libre-échange
(ce que je déclare être la même chose, quoi qu'on en dise),
comme, d'un autre côté, nous sommes tous mécontents de
notre gain et disposés à invoquer la législature, il est clair,
du moins à mes yeux, que si elle ne se hâte de répondre :
« Cela ne me regarde pas ; je ne suis pas chargée de violer
les propriétés, mais de les garantir; » il est clair, dis-je, que
nous sommes en plein Communisme. Les moyens d'exécution mis en œuvre par l'État peuvent différer, mais ils ont
le même but et se rattachent au même principe.

Supposez que je me présente à la barre de l'Assemblée
nationale, et que je dise : J'exerce un métier, et je ne trouve
pas que mes profits soient suffisants. C'est pourquoi je vous
prie de faire un décret qui autorise MM. les percepteurs à

prélever, à mon profit, seulement un pauvre petit centime sur chaque famille française. — Si la législature accueille ma demande, on pourra, si l'on veut, ne voir là qu'un fait isolé de spoliation légale, qui ne mérite pas encore le nom de Communisme. Mais si tous les Français, les uns après les autres, viennent faire la même supplique, et si la législature les examine dans le but avoué de réaliser l'égalité des fortunes, c'est dans ce principe, suivi d'effets, que je vois et que vous ne pouvez vous empêcher de voir le Communisme.

Que pour réaliser sa pensée la législature se serve du douanier ou du percepteur, de la contribution directe ou de l'impôt indirect, de la restriction ou de la prime, peu importe. Se croit-elle autorisée à *prendre* et à *donner* sans compensation ? Croit-elle que sa mission est d'équilibrer les profits ? Agit-elle en conséquence de cette croyance ? Le gros du public approuve-t-il, provoque-t-il cette façon d'agir ? En ce cas, je dis que nous sommes sur la pente du Communisme, soit que nous en ayons ou non la conscience.

Et si l'on me dit : L'État n'agit point ainsi en faveur de tout le monde, mais seulement en faveur de quelques classes, je répondrai : Alors il a trouvé le moyen d'empirer le communisme lui-même.

Je sens, Monsieur, qu'on peut jeter du doute sur ces déductions, à l'aide d'une confusion fort facile. On me citera des faits administratifs très-légitimes, des cas où l'intervention de l'État est aussi équitable qu'utile ; puis, établissant une apparente analogie entre ces cas et ceux contre lesquels je me récrie, on me mettra dans mon tort, on me dira : Ou vous ne devez pas voir le Communisme dans la Protection, ou vous devez le voir dans toute action gouvernementale.

C'est un piége dans lequel je ne veux pas tomber. C'est pourquoi je suis obligé de rechercher quelle est la circonstance précise qui imprime à l'intervention de l'État le caractère communiste.

Quelle est la mission de l'État? Quelles sont les choses que les citoyens doivent confier à la force commune ? quelles sont celles qu'ils doivent réserver à l'activité privée? Répondre à ces questions, ce serait faire un cours de politique. Heureusement je n'en ai pas besoin pour résoudre le problème qui nous occupe.

Quand les citoyens, au lieu de se rendre à eux-mêmes un Service, le transforment en Service public, c'est-à-dire quand ils jugent à propos de se cotiser pour faire exécuter un travail ou se procurer une satisfaction *en commun*, je n'appelle pas cela du *Communisme*, parce que je n'y vois pas ce qui fait son cachet spécial : *le nivellement par voie de spoliation*. L'État *prend*, il est vrai, par l'Impôt, mais *rend* par le Service. C'est une forme particulière, mais légitime, de ce fondement de toute société, l'*échange*. Je vais plus loin. En confiant un service spécial à l'État, les citoyens peuvent faire une bonne ou une mauvaise opération. Ils la font bonne si, par ce moyen, le service est fait avec plus de perfection et d'économie. Elle est mauvaise dans l'hypothèse contraire ; mais, dans aucun cas, je ne vois apparaître le principe communiste. Dans le premier, les citoyens ont réussi ; dans le second, ils se sont trompés, voilà tout; et si le Communisme est une erreur, il ne s'ensuit pas que toute erreur soit du Communisme.

Les économistes sont en général très-défiants à l'endroit de l'intervention gouvernementale. Ils y voient des inconvénients de toute sorte, une dépression de la liberté, de l'énergie, de la prévoyance et de l'expérience individuelles, qui sont le fonds le plus précieux des sociétés. Il leur arrive donc souvent de combattre cette intervention. Mais ce n'est pas du tout du même point de vue et par le même motif qui leur fait repousser la Protection. Qu'on ne se fasse donc pas un argument contre nous de notre prédilection, trop prononcée peut-être, pour la liberté, et qu'on ne dise pas : Il n'est pas surprenant que ces messieurs repoussent le régime protecteur, car ils repoussent l'intervention de l'État en toutes choses.

D'abord, il n'est pas vrai que nous la repoussions en toutes choses. Nous admettons que c'est la mission de l'État de maintenir l'ordre, la sécurité, de faire respecter les personnes et les propriétés, de réprimer les fraudes et les violences. Quant aux services qui ont un caractère, pour ainsi parler, industriel, nous n'avons pas d'autre règle que celle-ci : que l'État s'en charge s'il en doit résulter pour la masse une économie de forces. Mais, pour Dieu, que, dans le calcul, on fasse entrer en ligne de compte tous les inconvénients innombrables du travail monopolisé par l'État.

Ensuite, je suis forcé de le répéter, autre chose est de voter contre une nouvelle attribution faite à l'État sur le fondement que, tout calcul fait, elle est désavantageuse et constitue une perte nationale ; autre chose est de voter contre cette nouvelle attribution parce qu'elle est illégitime, spoliatrice, et qu'elle donne pour mission au gouvernement de faire précisément ce que sa mission rationnelle est d'empêcher et de punir. Or, nous avons contre le Régime dit Protecteur ces deux natures d'objections, mais la dernière l'emporte de beaucoup dans notre détermination de lui faire, bien entendu par les voies légales, une guerre acharnée.

Ainsi, qu'on soumette, par exemple, à un conseil municipal la question de savoir s'il vaut mieux laisser chaque famille envoyer chercher sa provision d'eau à un quart de lieue, ou s'il est préférable que l'autorité prélève une cotisation pour faire venir l'eau sur la place du village ; je n'aurai aucune objection de *principe* à faire à l'examen de cette question. Le calcul des avantages et des inconvénients pour tous sera le seul élément de la décision. On pourra se tromper dans ce calcul, mais l'erreur même qui entraînera une perte de propriété, ne constituera pas une violation systématique de la propriété.

Mais que M. le maire propose de fouler une industrie pour le profit d'une autre, d'interdire les sabots pour l'avantage des cordonniers, ou quelque chose d'analogue; alors je lui dirai qu'il ne s'agit plus ici d'un calcul d'avantages et d'inconvénients, il s'agit d'une perversion de l'autorité, d'un détournement abusif de la force publique; je lui dirai : Vous qui êtes dépositaire de l'autorité et de la force publiques pour châtier la spoliation, comment osez-vous appliquer l'autorité et la force publiques à protéger et systématiser la spoliation ?

Que si la pensée de M. le maire triomphe, si je vois, par suite de ce précédent, toutes les industries du village s'agiter pour solliciter des faveurs aux dépens les unes des autres, si, au milieu de ce tumulte d'ambitions sans scrupule, je vois sombrer jusqu'à la notion même de Propriété, il me sera bien permis de penser que, pour la sauver du naufrage, la première chose à faire est de signaler ce qu'il y a d'inique dans la mesure qui a été le premier anneau de cette chaîne déplorable.

Il ne me serait pas difficile, Monsieur, de trouver dans votre ouvrage des passages qui vont à mon sujet et corroborent mes vues. A vrai dire, il me suffirait de l'ouvrir au hasard. Oui, si, renouvelant un jeu d'enfant, j'enfonçais une épingle dans ce livre, je trouverais, à la page indiquée par le sort, la condamnation implicite ou explicite du Régime Protecteur, la preuve de l'identité de ce régime, en principe, avec le Communisme. Et pourquoi ne ferais-je pas cette épreuve? Bon, m'y voilà. L'épingle a désigné la page 283; j'y lis :

« C'est donc une grave erreur que de s'en prendre à la concurrence, et de n'avoir pas aperçu que si le peuple est producteur, il est consommateur aussi, et que recevant moins d'un côté (ce que je nie, et vous le niez vous-même quelques lignes plus bas), payant moins de l'autre, reste alors, au profit de tous, la différence d'un système qui retient l'activité humaine, à un système qui la lance à l'infini dans la carrière en lui disant de ne s'arrêter jamais. »

Je vous défie de dire que ceci ne s'applique pas aussi bien à la concurrence qui se fait par-dessus la Bidassoa qu'à celle qui se fait par-dessus la Loire. — Donnons encore un coup d'épingle. C'est fait ; nous voici à la page 325.

« Les droits sont ou ne sont pas : s'ils sont, ils entraînent des conséquences absolues... Il y a plus, si le droit est, il est de tous les instants ; il est entier aujourd'hui, hier, demain, après-demain, en été comme en hiver, non pas quand il vous plaira de le déclarer en vigueur, mais quand il plaira à l'ouvrier de l'invoquer ! »

Soutiendrez-vous qu'un maître de forges a le droit indéfini, perpétuel, de m'empêcher de produire indirectement deux quintaux de fer dans mon usine, qui est une vigne, pour l'avantage d'en produire directement un seul dans son usine, qui est une forge ? Ce droit aussi est ou n'est pas. S'il est, il est entier aujourd'hui, hier, demain, après-demain, en été comme en hiver, non pas quand il vous plaira de le déclarer en vigueur, mais quand il plaira au *maître de forges* de l'invoquer !

Tentons encore le sort. Il nous désigne la page 63 : j'y lis cet aphorisme :

« La Propriété n'est pas, si je ne puis la *donner* aussi bien que la *consommer*. »

Nous disons, nous : « La Propriété n'est pas, si je ne puis l'*échanger* aussi bien que la *consommer*. » Et permettez-moi d'ajouter que le *droit d'échanger* est au moins aussi précieux, aussi socialement important, aussi caractéristique de la propriété que le *droit de donner*. Il est à regretter que dans un ouvrage destiné à examiner la propriété sous tous ses aspects, vous ayez cru devoir consacrer deux chapitres au Don, qui n'est guère en péril, et pas une ligne à l'Échange, si impudemment violé sous l'autorité même des lois du pays.

Encore un coup d'épingle. Ah! il nous met à la page 47.

« L'homme a une première propriété dans sa personne et ses facultés. Il en a une seconde, moins adhérente à son être, mais non moins sacrée, dans le produit de ces facultés qui embrasse tout ce qu'on appelle les biens de ce monde, et que la société est intéressée au plus haut point à lui GARANTIR, car, sans cette garantie, point de travail, sans travail, pas de civilisation, pas même le nécessaire, mais la misère, le brigandage et la barbarie. »

Eh bien, Monsieur, dissertons, si vous le voulez, sur ce texte.

Comme vous, je vois la propriété d'abord dans la *libre disposition* de la personne, ensuite des facultés, enfin du produit des facultés, ce qui prouve, pour le dire en passant, qu'à un certain point de vue, Liberté et Propriété se confondent.

A peine oserais-je dire, comme vous, que la Propriété du produit de nos facultés est moins adhérente à notre être que celle de ces facultés elles-mêmes. Matériellement, cela est incontestable ; mais qu'on prive un homme de ses facultés ou de leur produit, le résultat est le même, et ce résultat s'appelle *Esclavage*. Nouvelle preuve d'une identité de nature entre la Liberté et la Propriété. Si je fais tourner par force tout le travail d'un homme à mon profit, cet homme est mon esclave. Il l'est encore si, le laissant travailler librement, je trouve le moyen, par force ou par ruse, de m'emparer du fruit de son travail. Le premier genre d'oppression est plus odieux, le second est plus habile. Comme on a remarqué que le travail libre est plus intelligent et plus productif, les maîtres se sont dit : N'usurpons pas directement les facultés de nos esclaves, mais accaparons le produit plus riche de leurs facultés libres, et donnons à cette forme nouvelle de servitude le beau nom de *protection*.

Vous dites encore que la société est intéressée à *garantir* la propriété. Nous sommes d'accord ; seulement je vais plus loin que vous, et si par la *société* vous entendez le *gouvernement*, je dis que sa seule mission, en ce qui concerne la propriété, est de la *garantir* ; que s'il essaie de la *pondérer*, par cela même, au lieu de la garantir, il la viole. Ceci mérite d'être examiné.

Quand un certain nombre d'hommes, qui ne peuvent vivre sans travail et sans propriétés, se cotisent pour solder une *force commune*, évidemment ils ont pour but de travailler et de jouir du fruit de leur travail en toute sécurité, et non point de mettre leurs facultés et propriétés à la merci de cette force. Même avant toute forme de gouvernement régulier, je ne crois pas qu'on puisse contester aux individualités le *droit de défense*, le droit de défendre leurs personnes, leurs facultés et leurs biens.

Sans prétendre philosopher ici sur l'origine et l'étendue des droits des gouvernements, vaste sujet bien propre à effrayer ma faiblesse, permettez-moi de vous soumettre une idée. Il me semble que les droits de l'État ne peuvent être que la régularisation de droits personnels *préexistants*. Je ne puis, quant à moi, concevoir un *droit collectif* qui n'ait sa racine dans le *droit individuel* et ne le suppose. Donc, pour savoir si l'État est légitimement investi d'un droit, il faut se demander si ce droit réside dans l'individu en vertu de son organisation et en l'absence de tout gouvernement. C'est sur cette idée que je repoussais, il y a quelques jours, le droit au travail. Je disais : Puisque Pierre n'a pas le droit d'exiger directement de Paul que celui-ci lui donne du travail, il n'est pas davantage fondé à exercer ce prétendu droit par l'intermédiaire de l'État, car l'État n'est que la *force commune* créée par Pierre et par Paul, à leurs frais, dans un but déterminé, lequel ne saurait jamais être de rendre juste ce qui ne l'est pas. C'est à cette pierre de touche que je juge aussi entre la *garantie* et la *pondération* des propriétés par l'État. Pourquoi l'État a-t-il le droit de *garantir*, même par force, à chacun sa Propriété? Parce que ce droit préexiste dans l'individu. On ne peut contester aux individualités, le *droit de légitime défense*, le droit d'employer la force au besoin pour repousser les atteintes dirigées contre leurs personnes, leurs facultés et leurs biens. On conçoit que ce droit individuel, puisqu'il réside en tous les citoyens, puisse revêtir la forme collective et légitimer la *force commune*. Et pourquoi l'État n'a-t-il pas le droit de *pondérer* les propriétés? Parce que pour les pondérer il faut les ravir aux uns et en gratifier les autres. Or, aucun des trente millions de Français n'ayant le droit de prendre, par force, sous prétexte d'arriver à l'égalité, on ne voit pas comment ils pourraient investir de ce droit la *force commune*.

Et remarquez que le droit de *pondération* est destructif du droit de *garantie*. Voilà des sauvages. Ils n'ont pas encore fondé de gouvernement. Mais chacun d'eux a le *droit de légitime défense*, et il n'est pas difficile de voir que c'est ce droit qui deviendra la base d'une *force commune légitime*. Si l'un de ces sauvages a consacré son temps, ses forces, son intelligence à se créer un arc et des flèches, et qu'un autre veuille les lui ravir, toutes les sympathies de la tribu seront pour la victime; et si la cause est soumise au jugement des vieillards, le spoliateur sera infailliblement condamné. Il n'y a de là qu'un pas à organiser la force publique. Mais, je vous le demande, cette force a-t-elle pour mission, du moins pour mission légitime, de régulariser l'acte de celui qui défend, en vertu du droit, sa propriété, ou l'acte de celui qui viole, contre le droit, la propriété d'autrui? Il serait assez singulier que la force collective fût fondée non sur le droit individuel, mais sur sa violation permanente et systématique! Non, l'auteur du livre que j'ai sous les yeux ne peut soutenir une semblable thèse. Mais ce n'est pas tout qu'il ne la soutienne pas, il eût peut-être dû la combattre. Ce n'est pas tout d'attaquer ce Communisme grossier et absurde que quelques sectaires posent dans des feuilles décriées. Il eût peut-être été bon de dé-voiler et de flétrir cet autre Communisme audacieux et subtil qui, par la simple perversion de la juste idée des droits de l'État, s'est insinué dans quelques branches de notre législation et menace de les envahir toutes.

Car, Monsieur, il est bien incontestable que par le jeu des tarifs, au moyen du régime dit Protecteur, les gouvernements réalisent cette monstruosité dont je parlais tout à l'heure. Ils désertent ce droit de légitime défense préexistant dans chaque citoyen, source et raison d'être de leur propre mission, pour s'attribuer un prétendu droit de nivellement par voie de spoliation, droit qui ne résidant antérieurement en personne ne peut résider davantage dans la communauté.

Mais à quoi bon insister sur ces idées générales? A quoi bon démontrer ici l'absurdité du Communisme, puisque vous l'avez fait vous-même (sauf quant à une de ses manifestations, et selon moi la plus pratiquement menaçante), beaucoup mieux que je ne saurais le faire?

Peut-être me dites-vous que le principe du Régime Protecteur n'est pas en opposition avec le principe de la Propriété. Voyons donc les procédés de ce régime.

Il y en a deux: la prime et la restriction.

Quant à la prime, cela est évident. J'ose défier qui que

ce soit de soutenir que le dernier terme du système des primes, poussé jusqu'au bout, ne soit pas le Communisme absolu. Les citoyens travaillent à l'abri de la force commune chargée, comme vous dites, de *garantir* à chacun le sien, *suum cuique*. Mais voici que l'État, avec les plus philanthropiques intentions du monde, entreprend une tâche toute nouvelle, toute diffférente, et, selon moi, non-seulement exclusive, mais destructive de la première. Il lui plaît de se faire juge des profits, de décider que tel travail n'est pas assez rémunéré, que tel autre l'est trop; il lui plaît de se poser en *pondérateur* et de faire, comme dit M. Billault, osciller le pendule de la civilisation du côté opposé à la *liberté de l'individualisme*. En conséquence, il frappe sur la communauté tout entière une contribution pour faire un cadeau, sous le nom de primes, aux exportateurs d'une nature particulière de produits. Sa prétention est de favoriser l'industrie; il devrait dire *une* industrie aux dépens de *toutes* les autres. Je ne m'arrêterai pas à montrer qu'il stimule la branche gourmande aux dépens des branches à fruits; mais, je vous le demande, en entrant dans cette voie, n'autorise-t-il pas tout travailleur à venir réclamer une prime, s'il apporte la preuve qu'il ne gagne pas autant que son voisin? L'État a-t-il pour mission d'écouter, d'apprécier toutes ces requêtes et d'y faire droit? Je ne crois pas; mais ceux qui le croient doivent avoir le courage de revêtir leur pensée de sa formule et de dire : Le gouvernement n'est pas chargé de garantir les propriétés, mais de les niveler. En d'autres termes: il n'y a pas de Propriété.

Je ne traite ici qu'une question de principe. Si je voulais scruter les primes à l'exportation dans leurs effets économiques, je les montrerais sous le jour le plus ridicule, car elles ne sont qu'un don gratuit fait par la France à l'étranger. Ce n'est pas le vendeur qui la reçoit, mais l'acheteur, en vertu de cette loi que vous avez vous-même constatée à propos de l'impôt : le consommateur, en définitive, supporte toutes les charges, comme il recueille tous les avantages de la production. Aussi, il nous est arrivé au sujet de ces primes la chose la plus mortifiante et la plus mystifiante possible. Quelques gouvernements étrangers ont fait ce raisonnement : « Si nous élevons nos droits d'entrée d'un chiffre égal à la prime payée par les contribuables français, il est clair que rien ne sera changé pour nos consommateurs, car le prix de revient sera pour eux le même. La marchandise dégrévée de 5 fr. à la frontière française paiera 5 fr. de plus à la frontière allemande ; c'est un moyen infaillible de mettre nos dépenses publiques à la charge du Trésor français. » Mais d'autres gouvernements, m'assure-t-on, ont été plus ingénieux encore. Ils se sont dit : « La prime donnée par la France est bien un cadeau qu'elle nous fait ; mais si nous élevons le droit, il n'y a pas de raison pour qu'il entre chez nous plus de cette marchandise que par le passé ; nous mettons nous-mêmes une borne à la générosité de ces excellents Français. Abolissons, au contraire, provisoirement ces droits ; provoquons ainsi une introduction inusitée de leurs draps, puisque chaque mètre porte avec lui un pur don gratuit. » Dans le premier cas, nos primes ont été au fisc étranger ; dans le second, elles ont profité, mais sur une plus large échelle, aux simples citoyens.

Passons à la restriction.

Je suis artisan, menuisier, par exemple. J'ai un petit atelier, des outils, quelques matériaux. Tout cela est incontestablement à moi, car j'ai fait ces choses, ou, ce qui revient au même, je les ai achetées et payées. De plus, j'ai des bras vigoureux, un peu d'intelligence et beaucoup de bonne volonté. C'est avec ce fonds que je dois pourvoir à mes besoins et à ceux de ma famille. Remarquez que je ne puis produire directement rien de ce qui m'est nécessaire,

ni fer, ni bois, ni pain, ni vin, ni viandes, ni étoffes, etc.,
mais j'en puis produire la *valeur*. En définitive, ces choses
doivent, pour ainsi dire, sortir, sous une autre forme, de
ma scie et de mon rabot. Mon intérêt est d'en recevoir honnêtement la plus grande quantité possible contre chaque
quantité donnée de mon travail. Je dis honnêtement, car
je ne désire violer la propriété et la liberté de personne.
Mais je voudrais bien qu'on ne violât pas non plus ma propriété ni ma liberté. Les autres travailleurs et moi, d'accord sur ce point, nous nous imposons des sacrifices, nous
cédons une partie de notre travail à des hommes appelés
fonctionnaires, parce que nous leur donnons la *fonction*
spéciale de garantir notre travail et ses fruits de toute atteinte, qu'elle vienne du dehors ou du dedans.

Les choses ainsi arrangées, je m'apprête à mettre en activité mon intelligence, mes bras, ma scie et mon rabot.
Naturellement j'ai toujours les yeux fixés sur les choses qui
sont nécessaires à mon existence. Ce sont ces choses que
je dois produire indirectement en en créant la *valeur*. Le
problème est pour moi de les produire le plus avantageu-
sement possible. En conséquence, je jette un coup d'œil
sur le monde des *valeurs*, résumé dans ce qu'on appelle
un prix courant. Je constate, d'après les données de ce prix
courant, que le moyen pour moi d'avoir la plus grande
quantité possible de combustible, par exemple, avec la
plus petite quantité possible de travail, c'est de faire un
meuble, de le livrer à un Belge, qui me donnera en retour
de la houille.

Mais il y a en France un travailleur qui cherche de la
houille dans les entrailles de la terre. Or, il est arrivé que
les fonctionnaires, que le mineur et moi *contribuons* à payer
pour maintenir à chacun de nous la liberté du travail, et
la libre disposition de ses produits (ce qui est la Propriété),
il est arrivé, dis-je, que ces fonctionnaires ont conçu une

autre pensée, et se sont donné une autre mission. Ils se
sont mis en tête qu'ils devaient *pondérer* mon travail et celui du mineur. En conséquence, ils m'ont défendu de me
chauffer avec du combustible belge, et quand je vais à la
frontière avec mon meuble pour recevoir la houille, je
trouve que ces fonctionnaires empêchent la houille d'entrer,
ce qui revient au même que s'ils empêchaient mon meuble
de sortir. Je me dis alors : Si nous n'avions pas imaginé de
payer des fonctionnaires afin de nous épargner le soin de
défendre nous-mêmes notre propriété, le mineur aurait-il
eu le droit d'aller à la frontière m'interdire un échange
avantageux, sous le prétexte qu'il vaut mieux pour lui que
cet échange ne s'accomplisse pas ? Assurément non. S'il
avait fait une tentative aussi injuste, nous nous serions bat-
tus sur place, lui, poussé par son injuste prétention, moi,
fort de mon droit de légitime défense. Nous avions nommé
et nous payions un fonctionnaire précisément pour éviter
de tels combats. Comment donc se fait-il que je trouve le
mineur et le fonctionnaire d'accord pour restreindre ma
liberté et mon industrie, pour rétrécir le cercle où mes facultés pourront s'exercer ? Si le fonctionnaire avait pris
mon parti, je concevrais son droit ; il dériverait du mien,
car la légitime défense est bien un droit. Mais où a-t-il puisé
celui d'aider le mineur dans son injustice ? J'apprends alors
que le fonctionnaire a changé de rôle. Ce n'est plus un
simple mortel investi de droits à lui délégués par d'autres
hommes qui, par conséquent, les possédaient. Non. Il est
un être supérieur à l'humanité, puisant ses droits en lui-
même, et parmi ses droits, il s'arroge celui de pondérer les
profits, de tenir l'équilibre entre toutes les positions et
conditions. C'est fort bien, dis-je, en ce cas, je vais l'accabler de réclamations et de requêtes, tant que je verrai un
homme plus riche que moi sur la surface du pays. Il ne
vous écoutera pas, m'est-il répondu, car s'il vous écoutait il

serait Communiste, et il se garde bien d'oublier que sa mission est de *garantir* les propriétés, non de les niveler.

Quel désordre, quelle confusion dans les faits! et comment voulez-vous qu'il n'en résulte pas du désordre et de la confusion dans les idées? Vous avez beau combattre le Communisme, tant qu'on vous verra le ménager, le choyer, le caresser dans cette partie de la législation qu'il a envahie, vos efforts seront vains. C'est un serpent qui, avec votre approbation, par vos soins, a glissé sa tête dans nos lois et dans nos mœurs, et maintenant vous vous indignez de ce que la queue s'y montre à son tour!

Il est possible, Monsieur, que vous me fassiez une concession; vous me direz, peut-être : Le régime protecteur repose sur le principe communiste. Il est contraire au droit, à la propriété, à la liberté; il jette le gouvernement hors de sa voie et l'investit d'attributions arbitraires qui n'ont pas d'origine rationnelle. Tout cela n'est que trop vrai; mais le régime protecteur est *utile;* sans lui le pays, succombant sous la concurrence étrangère, serait ruiné.

Ceci nous conduirait à examiner la restriction au point de vue économique. Mettant de côté toute considération de justice, de droit, d'équité, de propriété, de liberté, nous aurions à résoudre la question de pure utilité, la question vénale, pour ainsi parler, et vous conviendrez que cela n'est pas mon sujet. Prenez garde d'ailleurs qu'en vous prévalant de l'utilité pour justifier le mépris du droit, c'est comme si vous disiez : « Le Communisme, ou la spoliation, condamné par la justice, peut néanmoins être admis comme expédient. » Et convenez qu'un tel aveu est plein de dangers.

Sans chercher à résoudre ici le problème économique, permettez-moi une assertion. J'affirme que j'ai soumis au calcul arithmétique les avantages et les inconvénients de la protection au point de vue de la seule richesse, et toute considération d'un ordre supérieur mise de côté. J'affirme, en outre, que je suis arrivé à ce résultat : que toute mesure restrictive produit un avantage et deux inconvénients, ou, si vous voulez, un profit et deux pertes, chacune de ces pertes égale au profit, d'où il résulte une perte sèche, définitive, laquelle vient rendre ce consolant témoignage qu'en ceci, comme en bien d'autres choses, et j'ose dire en tout, Utilité et Justice concordent.

Ceci n'est qu'une affirmation, c'est vrai; mais on peut l'appuyer de preuves mathématiques.

Ce qui fait que l'opinion publique s'égare sur ce point, c'est que le Profit de la protection est visible à l'œil nu, tandis que des deux Pertes égales qu'elle entraîne, l'une se divise à l'infini entre tous les citoyens, et l'autre ne se montre qu'à l'œil investigateur de l'esprit.

Sans prétendre faire ici cette démonstration, qu'il me soit permis d'en indiquer la base.

Deux produits, A et B, ont en France une valeur normale de 50 et 40. Admettons que A ne vaille en Belgique que 40. Ceci posé, si la France est soumise au régime restrictif, elle aura la jouissance de A et de B en détournant de l'ensemble de ses efforts une quantité égale à 90, car elle sera réduite à produire A directement. Si elle est libre, cette somme d'efforts, égale à 90, fera face : 1° à la production de B qu'elle livrera à la Belgique pour en obtenir A ; 2° à la production d'un autre B pour elle-même; 3° à la production de C.

C'est cette portion de travail disponible appliqué à la production de C dans le second cas, c'est-à-dire créant une nouvelle richesse égale à 10, sans que pour cela la France soit privée ni de A ni de B, qui fait toute la difficulté. A la place de A, mettez du fer ; à la place de B, du vin, de la soie, des articles Paris ; à la place de C, mettez de la ri-

chesse absente, vous trouverez toujours que la Restriction
restreint le bien-être national [1].

Voulez-vous que nous sortions de cette pesante algèbre ?
je le veux bien. Vous ne nierez pas que si le régime prohibitif est parvenu à faire quelque bien à l'industrie houillère
ce n'estqu'en élevant le prix de la houille. Vous ne nierez
pas non plus que cet excédant de prix, depuis 1822 jusqu'à
nos jours, n'ait occasionné une dépense supérieure, pour
chaque satisfaction déterminée, à tous ceux qui emploient
ce combustible, en d'autres termes, qu'il ne représente une
perte. Peut-on dire que les producteurs de houille, outre
l'intérêt de leurs capitaux et les profits ordinaires de l'industrie, ont recueilli, par le fait de la restriction, un *extra-
bénéfice* équivalent à cette perte ? Il le faudrait pour que la
protection, sans cesser d'être injuste, odieuse, spoliatrice et
communiste, fût au moins *neutre* au point de vue purement
économique. Il le faudrait pour qu'elle méritât d'être assimilée à la simple Spoliation qui déplace la richesse sans la
détruire. Mais vous affirmez vous-même, page 236, « que les
mines de l'Aveyron, d'Alais, de Saint-Étienne, du Creuzot,
d'Anzin, les plus célèbres de toutes, n'ont pas produit un
revenu de 4 p. 100 du capital engagé ! » Pour qu'un capital
en France donne 4 p. 100, il n'a pas besoin de protection.
Où est donc ici le profit à opposer à la perte signalée ?

Ce n'est pas tout. Il y a là une autre perte nationale.
Puisque, par le renchérissement relatif du combustible, tous
les consommateurs de houille ont perdu, ils ont dû restreindre proportionnellement leurs autres consommations, et
l'ensemble du travail national a été nécessairement découragé dans cette mesure. C'est cette perte qu'on ne fait jamais entrer en ligne de compte, parce qu'elle ne frappe pas
les regards.

[1] Voy., au tome II, les articles *Un profit contre deux pertes, Deux
pertes contre un profit.*

Permettez-moi encore une observation dont je suis surpris qu'on ne se soit pas plus frappé. C'est que la protection appliquée aux produits agricoles se montre dans toute son odieuse iniquité à l'égard de ce qu'on nomme les Prolétaires, tout en nuisant, à la longue, aux propriétaires fonciers eux-mêmes.

Imaginons dans les mers du Sud une île dont le sol soit devenu la propriété privée d'un certain nombre d'habitants.

Imaginons, sur ce territoire approprié et borné, une population prolétaire toujours croissante ou tendant à s'accroître [1].

Cette dernière classe ne pourra rien produire *directement* de ce qui est indispensable à la vie. Il faudra qu'elle livre son travail à des hommes qui soient en mesure de lui fournir en échange des aliments, et même des matériaux de travail; des céréales, des fruits, des légumes, de la viande, de la laine, du lin, du cuir, du bois, etc.

Son intérêt évident est que le marché où se vendent ces choses soit le plus étendu possible. Plus elle se trouvera en présence d'une plus grande abondance de ces produits agricoles, plus elle en recevra pour chaque quantité donnée de son propre travail.

Sous un régime libre, on verra une foule d'embarcations aller chercher des aliments et des matériaux dans les îles et les continents voisins, et y porter en paiement des produits façonnés. Les propriétaires jouiront de toute la prospérité à laquelle ils ont droit de prétendre; un juste équilibre sera maintenu entre la valeur du travail industriel et celle du travail agricole.

Mais, dans cette situation, les propriétaires de l'île font

. Voy., au présent tome, la 3e lettre de l'opuscule *Propriété et Spoliation*, p. 407 et suiv. (*Note de l'éditeur.*)

ce calcul : Si nous empêchions les prolétaires de travailler pour les étrangers et d'en recevoir en échange des subsistances et des matières premières, ils seraient bien forcés de s'adresser à nous. Comme leur nombre croît sans cesse, et que la concurrence qu'ils se font entre eux est toujours plus active, ils se presseraient sur cette portion d'aliments et de matériaux qu'il nous resterait à exposer en vente, après avoir prélevé ce qui nous est nécessaire, et nous ne pourrions manquer de vendre nos produits à très-haut prix. En d'autres termes, l'équilibre serait rompu dans la valeur relative de leur travail et du nôtre. Ils consacreraient à nos satisfactions un plus grand nombre d'heures de labeur. Faisons donc une loi prohibitive de ce commerce qui nous gêne, et, pour l'exécution de cette loi, créons un corps de fonctionnaires que les prolétaires contribueront avec nous à payer.

Je vous le demande, ne serait-ce pas le comble de l'oppression, une violation flagrante de la plus précieuse de toutes les Libertés, de la première et de la plus sacrée de toutes les Propriétés ?

Cependant, remarquez-le bien, il ne serait peut-être pas difficile aux propriétaires fonciers de faire accepter cette loi comme un bienfait par les travailleurs. Ils ne manqueraient pas de leur dire :

« Ce n'est pas pour nous, honnêtes créatures, que nous l'avons faite, mais pour vous. Notre intérêt nous touche peu, nous ne pensons qu'au vôtre. Grâce à cette sage mesure, l'agriculture va prospérer ; nous, propriétaires, nous deviendrons riches, ce qui nous mettra à même de vous faire beaucoup travailler, et de vous payer de bons salaires. Sans elle nous serions réduits à la misère, et que deviendriez-vous? L'île serait inondée de subsistances et de matériaux de travail venus du dehors, vos barques seraient toujours à la mer ; quelle calamité nationale ! L'abondance, il est vrai, régnerait autour de vous, mais y prendriez-vous part ? Ne dites pas que vos salaires se maintiendraient et s'élèveraient parce que les étrangers ne feraient qu'augmenter le nombre de ceux qui vous commandent du travail. Qui vous assure qu'il ne leur prendra pas fantaisie de vous livrer leurs produits pour rien ? En ce cas, n'ayant plus ni travail ni salaires, vous périrez d'inanition au milieu de l'abondance. Croyez-nous, acceptez notre loi avec reconnaissance. Croissez et multipliez ; ce qu'il restera de vivres dans l'île, au delà de notre consommation, vous sera livré contre votre travail, qui, par ce moyen, vous sera toujours assuré. Surtout gardez-vous de croire qu'il s'agit ici d'un débat entre vous et nous, dans lequel votre liberté et votre propriété sont en jeu. N'écoutez jamais ceux qui vous le disent. Tenez pour certain que le débat est entre vous et l'étranger, ce barbare étranger, que Dieu maudisse, et qui veut évidemment vous exploiter en vous offrant des transactions perfides, que vous êtes libres d'accepter ou de repousser. »

Il n'est pas invraisemblable qu'un pareil discours, convenablement assaisonné de sophismes sur le numéraire, la balance du commerce, le travail national, l'agriculture nourricière de l'État, la perspective d'une guerre, etc., etc., n'obtînt le plus grand succès, et ne fît sanctionner le décret oppresseur par les opprimés eux-mêmes, s'ils étaient consultés. Cela s'est vu et se verra.

Mais les préventions des propriétaires et des prolétaires ne changent pas la nature des choses. Le résultat sera une population misérable, affamée, ignorante, pervertie, moissonnée par l'inanition, la maladie et le vice. Le résultat sera encore le triste naufrage, dans les intelligences, des notions du Droit, de la Propriété, de la Liberté et des vraies attributions de l'État.

Et ce que je voudrais bien pouvoir démontrer ici, c'est que le châtiment remontera bientôt aux propriétaires eux-mêmes, qui auront préparé leur propre ruine par la ruine du public consommateur ; car, dans cette île, on verra la population, de plus en plus abaissée, se jeter sur les aliments les plus inférieurs. Ici elle se nourrira de châtaignes, là de maïs, plus loin de millet, de sarrasin, d'avoine, de pommes de terre. Elle ne connaîtra plus le goût du blé et de la viande. Les propriétaires seront tout étonnés de voir l'agriculture décliner. Ils auront beau s'agiter, se réunir en comices, y ressasser éternellement le fameux adage : « Faisons des fourrages ; avec des fourrages, on a des bestiaux ; avec des bestiaux, des engrais ; avec des engrais, du blé. » Ils auront beau créer de nouveaux impôts pour distribuer des primes aux producteurs de trèfle et de luzerne ; ils se briseront toujours contre cet obstacle : une population misérable hors d'état de payer la viande, et, par conséquent, de donner le premier mouvement à cette triviale rotation. Ils finiront par apprendre, à leurs dépens, que mieux vaut subir la concurrence, en face d'une clientèle riche, que d'être investi d'un monopole en présence d'une clientèle ruinée.

Voilà pourquoi je dis : non-seulement la prohibition c'est du Communisme, mais c'est du Communisme de la pire espèce. Il commence par mettre les facultés et le travail du pauvre, sa seule Propriété, à la discrétion du riche : il entraîne une perte sèche pour la masse, et finit par envelopper le riche lui-même dans la ruine commune. Il investit l'Etat du singulier droit de prendre à ceux qui ont peu pour donner à ceux qui ont beaucoup ; et quand, en vertu de ce principe, les déshérités du monde invoqueront l'intervention de l'Etat pour opérer un nivellement en sens inverse, je ne sais vraiment pas ce qu'il y aura à leur répondre. En tout cas, la première réponse, et la meilleure, serait de renoncer à l'oppression.

Mais j'ai hâte d'en finir avec ces calculs. Après tout,

quelle est la position du débat? Que disons-nous et que dites-vous? Il y a un point, et c'est le point capital, sur lequel nous sommes d'accord : c'est que l'intervention du législateur pour niveler les fortunes en prenant aux uns de quoi gratifier les autres, c'est du *communisme*, c'est la mort de tout travail, de toute épargne, de tout bien-être, de toute justice, de toute société.

Vous vous apercevez que cette doctrine funeste envahit sous toutes les formes les journaux et les livres, en un mot le domaine de la spéculation, et vous l'y attaquez avec vigueur.

Moi, je crois reconnaître qu'elle avait précédemment pénétré, avec votre assentiment et votre assistance, dans la législation et dans le domaine de la pratique, et c'est là que je m'efforce de la combattre.

Ensuite, je vous fais remarquer l'inconséquence où vous tomberiez si, combattant le Communisme en perspective, vous ménagiez, bien plus, vous encouragiez le Communisme en action.

Si vous me répondez : « J'agis ainsi parce que le Communisme réalisé par les tarifs, quoique opposé à la Liberté, à la Propriété, à la Justice, est néanmoins d'accord avec l'Utilité générale, et cette considération me fait passer par-dessus toutes les autres; » si vous me répondez cela, ne sentez-vous pas que vous ruinez d'avance tout le succès de votre livre, que vous en détruisez la portée, que vous le privez de sa force et donnez raison, au moins sur la partie philosophique et morale de la question, aux communistes de toutes les nuances ?

Et puis, Monsieur, un esprit aussi éclairé que le vôtre pourrait-il admettre l'hypothèse d'un antagonisme radical entre l'Utile et le Juste ? Voulez-vous que je parle franchement ? Plutôt que de hasarder une assertion aussi subversive, aussi impie, j'aimerais mieux dire : « Voici une ques-

tion spéciale dans laquelle, au premier coup d'œil, il me
semble que l'Utilité et la Justice se heurtent. Je me réjouis
que tous les hommes qui ont passé leur vie à l'approfondir
en jugent autrement ; je ne l'ai sans doute pas assez étudiée. » Je ne l'ai pas assez étudiée ! Est-ce donc un aveu si
pénible que, pour ne pas le faire, on se jette dans l'inconséquence jusqu'à nier la sagesse des lois providentielles qui
président au développement des sociétés humaines ? Car
quelle plus formelle négation de la Sagesse Divine que de
décider l'incompatibilité essentielle de la Justice et de l'U-
tilité ! Il m'a toujours paru que la plus cruelle angoisse dont
un esprit intelligent et consciencieux puisse être affligé,
c'est de trébucher à cette borne. De quel côté se mettre,
en effet, quel parti prendre en face d'une telle alternative ?
Se prononcera-t-on pour l'Utilité ? c'est à quoi inclinent les
hommes qui se disent pratiques. Mais à moins qu'ils ne sachent pas lier deux idées, ils s'effraieront sans doute devant
les conséquences de la spoliation et de l'iniquité réduites
en système. Embrassera-t-on résolûment, et quoi qu'il en
coûte, la cause de la Justice, disant : Fais ce que dois, ad-
vienne que pourra ? C'est à quoi penchent les âmes honnêtes ; mais qui voudrait prendre la responsabilité de plonger son pays et l'humanité dans la misère, la désolation et
la mort ? Je défie qui que ce soit, s'il est convaincu de cet antagonisme, de se décider.

Je me trompe. On se décidera, et le cœur humain est
ainsi fait qu'on mettra l'intérêt avant la conscience. C'est ce
que le fait démontre, puisque partout où l'on a cru le régime protecteur favorable au bien-être du peuple, on l'a
adopté, en dépit de toute considération de justice ; mais
alors les conséquences sont arrivées. La foi dans la propriété s'est effacée. On a dit comme M. Billault : Puisque
la propriété a été violée par la Protection, pourquoi ne le
serait-elle pas par le droit au travail ? D'autres, derrière

M. Billault, feront un troisième pas, et d'autres, derrière ceux-là, un quatrième, jusqu'à ce que le Communisme ait prévalu [1].

De bons et solides esprits, comme le vôtre, s'épouvantent devant la rapidité de cette pente. Ils s'efforcent de la remonter ; ils la remontent, en effet, ainsi que vous l'avez fait dans votre livre, jusqu'au régime restrictif, qui est le premier élan et le seul élan pratique de la société sur la déclivité fatale ; mais en présence de cette négation vivante du droit de propriété, si, à la place de cette maxime de votre livre : « Les droits sont ou ne sont pas ; s'ils sont, ils entraînent des conséquences absolues, » vous substituez celle-ci : « Voici un cas particulier où le bien national exige le sacrifice du droit ; » à l'instant, tout ce que vous avez cru mettre de force et de raison dans cet ouvrage, n'est que faiblesse et inconséquence.

C'est pourquoi, Monsieur, si vous voulez achever votre œuvre, il faut que vous vous prononciez sur le régime restrictif, et pour cela il est indispensable de commencer par résoudre le problème économique ; il faut bien être fixé sur la prétendue Utilité de ce régime. Car, à supposer même que j'obtinsse de vous son arrêt de condamnation, au point de vue de la Justice, cela ne suffirait pas pour le tuer. Je le répète, les hommes sont ainsi faits que lorsqu'ils se croient placés entre le *bien réel* et le *juste abstrait* la cause de la justice court un grand danger. En voulez-vous une preuve palpable ? C'est ce qui m'est survenu à moi-même.

Quand j'arrivai à Paris, je me trouvai en présence d'écoles dites démocratiques et socialistes, où, comme vous savez, on fait grand usage des mots *principe, dévouement, sacrifice, fraternité, droit, union.* La richesse y est traitée de haut en bas, comme chose sinon méprisable, du moins se-

---

[1] Voy., au tome V, les dernières pages du pamphlet intitulé *Spoliation et Loi.*   (*Note de l'éditeur.*)

condaire ; jusque-là que, parce que nous en tenons grand compte, on nous y traite, nous, de froids économistes, d'égoïstes, d'individualistes, de bourgeois, d'hommes sans entrailles, ne reconnaissant pour Dieu que le vil intérêt [1]. Bon, me dis-je, voilà de nobles cœurs avec lesquels je n'ai pas besoin de discuter le point de vue économique, qui est fort subtil et exige plus d'application que les publicistes parisiens n'en peuvent, en général, accorder à une étude de ce genre. Mais, avec ceux-ci, la question d'Intérêt ne saurait être un obstacle ; ou ils le croiront, sur la foi de la Sagesse Divine, en harmonie avec la justice, ou ils le sacrifieront de grand cœur, car ils ont soif de Dévouement. Si donc ils m'accordent une fois que le Libre-Échange, c'est le droit abstrait, ils s'enrôleront résolûment sous sa bannière. En conséquence, je leur adressai mon appel. Savez-vous ce qu'ils me répondirent ? Le voici :

Votre Libre-Echange est une belle utopie. Il est fondé en droit et en justice ; il réalise la liberté ; il consacre la propriété ; il aurait pour conséquence l'union des peuples, le règne de la fraternité parmi les hommes. Vous avez mille fois raison en principe, mais nous vous combattrons à outrance et par tous les moyens, parce que la concurrence étrangère serait fatale au travail national.

Je pris la liberté de leur adresser cette réponse :

Je nie que la concurrence étrangère fût fatale au travail national. En tout cas, s'il en était ainsi, vous seriez placés entre l'Intérêt qui, selon vous, est du côté de la restriction, et la Justice qui, de votre aveu, est du côté de la liberté ! Or, quand moi, l'adorateur du veau d'or, je vous mets en de-

---

[1] Voy. au tome II, la plupart des articles compris sous cette rubrique : *Polémique contre les journaux*, et notamment l'article intitulé : *Le Parti démocratique et le Libre-Échange.*

(*Note de l'éditeur.*)

meure de faire votre choix, d'où vient que vous, les hommes de l'abnégation, vous foulez aux pieds les principes pour vous cramponner à l'intérêt? Ne déclamez donc pas tant contre un mobile qui vous gouverne, comme il gouverne les simples mortels.

Cette expérience m'avertit qu'il fallait avant tout résoudre cet effrayant problème : Y a-t-il harmonie ou antagonisme entre la Justice et l'Utilité? et, par conséquent, scruter le côté économique du régime restrictif; car, puisque les Fraternitaires eux-mêmes lâchaient pied devant une prétendue *perte d'argent*, il devenait clair que ce n'est pas tout de mettre à l'abri du doute la cause de la Justice Universelle, il faut encore donner satisfaction à ce mobile indigne, abject, méprisable et méprisé, mais tout-puissant, l'Intérêt.

C'est ce qui a donné lieu à une petite démonstration en deux volumes, que je prends la liberté de vous envoyer avec la présente, [1] bien convaincu, Monsieur, que si, comme les économistes, vous jugez sévèrement le régime protecteur, quant à sa moralité, et si nous ne différons qu'en ce qui concerne son utilité, vous ne refuserez pas de rechercher avec quelque soin, si ces deux grands éléments de la solution définitive s'excluent ou concordent.

« Cette harmonie existe, ou du moins elle est aussi évidente pour moi que la lumière du soleil. Puisse-t-elle se révéler à vous! C'est alors qu'appliquant votre talent éminemment propagateur à combattre le Communisme dans sa manifestation la plus dangereuse, vous lui porteriez un coup mortel.

---

[1] Ces deux petits volumes, que l'auteur envoya en effet à M. Thiers, étaient la première et la seconde série des *Sophismes*.

(Note de l'éditeur.)

Voyez ce qui se passe en Angleterre. Il semble que si le Communisme avait dû trouver quelque part une terre qui lui fût favorable, ce devait être le sol britannique. Là les institutions féodales plaçant partout, en face l'une de l'autre, l'extrême misère et l'extrême opulence, avaient dû préparer les esprits à l'infection des fausses doctrines. Et pourtant que voyons-nous? Pendant qu'elles bouleversent le continent, elles n'ont pas seulement troublé la surface de la société anglaise. Le Chartisme n'a pas pu y prendre racine. Savez-vous pourquoi? Parce que l'association qui, pendant dix ans, a discuté le régime protecteur n'en a triomphé qu'en jetant de vives lumières sur le principe de la Propriété et sur les fonctions rationnelles de l'État [1].

Sans doute, si démasquer le Prohibitionisme c'est atteindre le Communisme, par la même raison, et à cause de leur étroite connexité, on peut aussi les frapper tous deux en suivant, comme vous avez fait, la marche inverse. La restriction ne saurait résister longtemps devant une bonne définition du Droit de Propriété. Aussi, si quelque chose m'a surpris et réjoui, c'est de voir l'association pour la défense des monopoles consacrer ses ressources à propager votre livre. C'est un spectacle des plus piquants, et il me console de l'inutilité de mes efforts passés. Cette résolution du comité Mimerel vous obligera sans doute à multiplier les éditions de votre ouvrage. En ce cas, permettez-moi de vous faire observer que, tel qu'il est, il présente une grave lacune. Au nom de la science, au nom de la vérité, au nom du bien public, je vous adjure de la combler, et vous mets en demeure de répondre à ces deux questions :

[1] Voy. au tome II, l'introduction.

(*Note de l'éditeur.*)

1° Y a-t-il incompatibilité, en principe, entre le régime protecteur et le droit de propriété ?

2° La fonction du gouvernement est-elle de garantir à chacun le libre exercice de ses facultés et la libre disposition du fruit de son travail, c'est-à-dire la Propriété, ou bien de prendre aux uns pour donner aux autres, de manière à pondérer les profits, les chances et le bien-être ?

Ah ! Monsieur, si vous arrivez aux mêmes conclusions que moi ; si, grâce à votre talent, à votre renommée, à votre influence, vous faisiez prévaloir ces conclusions dans l'opinion publique, qui peut calculer l'étendue du service que vous rendriez à la société française ? On verrait l'État se renfermer dans sa mission, qui est de garantir à chacun l'exercice de ses facultés, et la libre disposition de ses biens. On le verrait se décharger à la fois et de ses colossales attributions illégitimes et de l'effrayante responsabilité qui s'y attache. Il se bornerait à réprimer les abus de la liberté, ce qui est réaliser la liberté même. Il assurerait la justice à tous, et ne promettrait plus la fortune à personne. Les citoyens apprendraient à distinguer ce qu'il est raisonnable et ce qu'il est puéril de lui demander. Ils ne l'accableraient plus de prétentions et d'exigences ; ils ne l'accuseraient plus de leurs maux ; ils ne fonderaient plus sur lui des espérances chimériques ; et, dans cette ardente poursuite d'un bien dont il n'est pas le dispensateur, on ne les verrait pas, à chaque déception, accuser le législateur et la loi, changer les hommes et les formes du gouvernement, entasser institutions sur institutions et débris sur débris. On verrait s'éteindre cette universelle fièvre de spoliation réciproque par l'intervention si coûteuse et si périlleuse de l'État. Le gouvernement, limité dans son but et sa responsabilité, simple dans son action, peu dispendieux, ne faisant plus peser sur les gouvernés les frais de leurs propres chaînes, soutenu par le bon sens public, aurait une solidité qui, dans notre pays, n'a jamais été son partage, et nous aurions enfin résolu ce grand problème : *Fermer à jamais l'abîme des révolutions.*

FIN DU QUATRIÈME VOLUME.

TABLE DES MATIÈRES

Deuxième série.

PAMPHLETS.

FIN DE LA TABLE.

CORBEIL. — TYP. ET STÉR. DE CRÉTÉ.